教育部人文社会科学研究规划基金项目"浙东区域非遗传承人口述史研究"（项目批准号：19YJA760052）资助

浙东区域非遗传承人口述史研究

——以海港北仑区为例

沈燕红　胡修远　著

浙江大学出版社
ZHEJIANG UNIVERSITY PRESS

图书在版编目(CIP)数据

浙东区域非遗传承人口述史研究：以海港北仑区为例 / 沈燕红，胡修远著. — 杭州：浙江大学出版社，2021.8

ISBN 978-7-308-21590-9

Ⅰ.①浙… Ⅱ.①沈… ②胡… Ⅲ.①非物质文化遗产—介绍—宁波 Ⅳ.①G127.553

中国版本图书馆 CIP 数据核字(2021)第 138777 号

浙东区域非遗传承人口述史研究——以海港北仑区为例

沈燕红　胡修远　著

责任编辑	吕倩岚
责任校对	吴　庆
封面设计	周　灵
出版发行	浙江大学出版社
	(杭州市天目山路 148 号　邮政编码 310007)
	(网址：http://www.zjupress.com)
排　　版	杭州朝曦图文设计有限公司
印　　刷	杭州良诸印刷有限公司
开　　本	710mm×1000mm　1/16
印　　张	21.5
插　　页	8
字　　数	417 千
版 印 次	2021 年 8 月第 1 版　2021 年 8 月第 1 次印刷
书　　号	ISBN 978-7-308-21590-9
定　　价	78.00 元

前 言

　　本书为教育部人文社会科学研究规划基金项目"浙东区域非遗传承人口述史研究"（项目批准号：19YJA760052）最终成果，是一部以访谈为主体的口述史专著。

　　口述史，是 20 世纪中叶在美国兴起的一门史学分支学科，以挖掘史料与再现底层声音的特色优势盛行于当代国际学术界。传承人，是非物质文化遗产的承载者和传递者，是非遗代代相传、生生不息的代表性人物，也是非物质文化遗产是否濒危的检验标准。"传承人口述史"的全新概念，由中国民协原主席、文化学者冯骥才创造性地提出，是国内文化艺术界在非遗保护和抢救中对口述史的运用而获得的学术发现。冯骥才认为："非物质文化遗产是无形的、动态的、活动的，是不确定的，它保存在传承人的记忆和行为中，想要把非遗以确定的形式保存下来，口述史是最好的方式。"[①]

　　我国非遗传承人口述史的研究和实践刚刚起步，尤其区域非遗的研究存在很大的空间。两年多前，项目选题申报时，笔者目力所及，尚未发现聚焦浙东某个区域，全景式观照各级各类非遗传承人的口述史研究专著。

　　本书在充分借鉴和吸收国内外相关研究成果的基础上，从区域非遗切入，将镜头集聚在"古之海濡地、今之东方港"的浙东宁波北仑区，关注那些名不见经传，虽几经存灭却依然留传至今的口头和行为文化遗产，关注那些文化的活化石、非遗的传承者。以个体的"人"为中心，通过对北仑区域内省、市、区级非遗项目的三十余位代表性传承人的田野走访、口述采录及甄别整理，忠实地展示他们的非遗人生、从艺过程、制作技艺（或表演艺术）、作品内容、师承关系、心路历程等；以直观、感性的第一手资料和鲜活的艺术样态，还原千百年来海港北仑人的劳动场景和生存状态，揭示多彩非遗所承载的独具地域特征的民俗文化风貌与族群历史价值。

---

　　① 冯骥才：《"传承人口述史"是非遗工作的"灵丹妙药"》，http://www.chinanews.com/cul/2015/06-17/7350338.shtml，2015 年 6 月 16 日。

正如著名史学专家定宜庄在其专著《老北京人的口述历史》中所述：我想做的，是通过对若干人进行口述访谈的方式，从个人"生活经历"和"生命过程"角度入手，看他们如何记忆和表述、怎样与社会环境联系，从而构成历史记忆和社会本质的过程。这也是本书《浙东区域非遗传承人口述史研究》的基本研究思路。

本书"传承人口述史研究"的特点如下。

地域性和历史性——时空交织的聚焦呈现。浙东，作为一个地域概念，狭义上常指浙江的宁波、绍兴、台州和舟山。宁波是河姆渡文化的发祥地、"海上丝绸之路"的东方始发港。北仑，属于宁波经济技术开发区，濒临浩瀚东海。千百年来，先民在长期的劳动与生活实践中形成了种类多样、内涵丰富、风格独特的非物质文化遗产，包括民间文学、民间音乐与舞蹈、民间美术、戏剧曲艺、杂技与竞技、手工制作技艺、传统医药、民俗等各个方面，有着天才的艺术创造和极高的历史价值。非遗中特别富有活力的一面，惟有在其所属的区域社会中才能真正展现。因此，我们深入区域各个角落，寻找那些处于边缘位置的人们的"隐藏历史"，挖掘村落文明、家族背景以及个人生命史，唤醒传承人的文化自觉意识，以达到传承人口述史采录的最大有效化。聚焦区域非遗传承人的口述史，不难发现：这些赓续不断、历久弥新的文化创造，无不凝结着一代代北仑民众的智慧力量、审美情感和价值追求，体现了独具地域特征的思维方式、文化信仰和历史精神。

口头性和人民性——关注底层的史学取向。口述史最简单的定义就是"亲历者通过口头叙述的历史"①，自然具有口头性特点。非遗传承人，大多长期生活在乡村，浸润于村落文化中，接受着民间技艺的涵化，文化程度普遍不高，属于普通民众。我们重点访谈的省、市级非遗项目代表性传承人，除几位年事太高、身体欠佳的未能成访，还有三十余位，也是年老者为多。其中少数几人年纪较轻，如师范毕业的新碶民间剪纸传承人胡维波，是北仑高塘小学老师，有普通话基础。她与我们交谈时，用比较书面的语言口述剪纸的历史、艺术和传承过程。绝大数传承人年龄在 60—89 岁，有几位已达 90 多岁高龄，如造趺传承人周德兴、郭巨抬阁传承人林铺锦老人等。那个年龄且一辈子靠技艺吃饭的人，大多家境贫困，初中文化已是不错的学历，有的是小学文化甚至未曾上学读书。因此，非遗传承人口述史的"对话之旅"②基本以本地方言进行，更具"口头性"。与传统史学关注重大历史事件和重要历史人物的宏大叙事不同，倾听那些来自底层百姓的声音，也凸显了口述史"人民性"的重要特征。正如英国口述史大家保尔

·汤普逊(Paul Thompson)所言:"口述历史用人民自己的语言把历史交还给了人民。它在展现过去的同时,也帮助人民自己动手构建自己的将来。"①

记忆性和原真性——客观中立的书写方式。口述史具有自我言说和个人记忆的显著特点,而每个人的生命都是独一无二的。传承人个体的生命记忆、生平讲述和技艺回顾,都有无可替代的独特价值。每个人的年龄、职业、受教育程度、社会生活状况不同,每个人的人生经历、心灵情感、表达方式不同,每个人的逻辑思维、记性好坏、记忆强度不同,乃至提取记忆的方法和运用的技巧也不同,加之采访人使用不同的提问方式、是否及时捕捉信息并加以引导等,因而各位非遗传承人的口述呈现明显的个性特征。这些凭借个体记忆的口述史,虽然带有相当的主观成分,甚至其真实性或可信度也可能要打点折扣,但毕竟个人口述与记忆中,蕴含着极其丰富的人类生活信息和社会发展变迁情况,具有极高的文化与史料价值。正如口述史专家陈墨所言:"正确对待人类的记忆和陈述中存在缺漏、错误乃至谎言……须尽可能保持其记忆和陈述的原初模样,而不必甚且不能由采访人或编纂者越俎代庖、任意改变其信息内容和表达方式。"②本书在口述材料的整理与文本转换过程中,遵循客观中立的书写原则,以尽可能保证传承人口述史研究的原生态、历史性与深广度。

---

① Paul Thompson. *The Voice of the Past*:*Oral History*,p. 265. 转引自杨祥银:《口述史学:理论与方法——介绍几本英文口述史学读本》,《史学理论研究》2002 年第 4 期,第 146—154 页。

② 陈墨:《口述史学研究:多学科视角》,人民文学出版社 2015 年版,第 20 页。

目　录
Contents

绪　论

第一节　口述史研究现状与本书研究价值

一、口述史研究现状

1. 国外研究的现状和趋势

口述史传统源远流长,西方的《荷马史诗》就是众所周知的口述作品。现代意义上的口述史肇始于 20 世纪中叶的美国。1948 年,艾伦·内文斯在哥伦比亚大学创立了口述史研究中心,第一次使用"口述史"这一概念,并运用口述史方法,采访精英人士,记录他们的回忆。随后,美国的多所高校、图书馆建立了口述历史档案馆。1967 年,美国成立口述历史协会。受美国影响,加拿大、英国、德国、意大利、澳大利亚、新西兰、新加坡等国家,纷纷展开口述史的研究。

20 世纪 70 年代,口述史学取得突破性进展。美国的《口述历史评论》、《口述历史参考文献》,英国的《口述历史》等刊物定期出版。英国保尔·汤普逊 1978 年撰写的《过去的声音:口述史》(The Voice of the Past:Oral History)一书,具有极高的口述史理论水平,成为口述史学科的入门之作。口述史作为一种独特的研究方法,渗透于经济史、劳工史、社会史、妇女史等领域,涌现了众多著作,如英国的《乡村生活与劳动》、《渔猎生活》,法国的《野草汤》、《骄傲的马》,日本的《我是盲女》、《啊! 野麦岭——制丝女工哀史》等。

20 世纪八九十年代,口述史发展呈繁荣态势。1983 年,美国哥伦比亚大学召开了口述史学和妇女史国际大会;1994 年,又召开口述史学国际大会,来自 40 多个国家的 400 多名学者参加研讨。1999 年,英国开启著名的"世纪之谈:BBC 千年口述历史项目",访谈对象涉及社会各个行业人物,影响深远。这个时期,英美等国比较经典的口述史学理论著作有:《口述历史:跨学科文集》、《交互式口述历史访谈》、《记录口述历史：社会科学家的实践指南》、《从事口述史学》、《口述史学读本》等。

至今，经过七十余年发展，国外关于口述史实践及理论研究的著作数量巨大，内容涵盖方方面面，无论是政治精英还是普通百姓都成为口述史的研究对象，其中也包括"非遗"传承人。

2. 国内研究的现状和趋势

国内的现代口述史从20世纪80年代正式开启。1981年《国外社会科学》杂志第1期刊载《面向过去之窗：口述历史入门》和《哲学诠释学和经历的交流——口述历史的范型》两篇译文，"口述史"第一次进入国内学者的视野，引起了广泛的关注和研讨，随之产生了一大批研究成果。

（1）理论研究方面。杨雁斌较早推介口述史理论和方法，20世纪90年代发表了《面向大众的历史学——口述史学的社会含义辨析》、《口述史的基本理论面面观》等系列文章。杨祥银《与历史对话：口述史学的理论与实践》（中国社会科学出版社2004年）是较早总结和阐释口述史的理论著作。其他有影响的如：周新国《中国口述史的理论与实践》（中国社会科学出版社2005年）、李向平和魏扬波《口述史研究方法》（上海人民出版社2010年）、定宜庄《口述史读本》（北京大学出版社2011年）、杨祥银《美国现代口述史学研究》（中国社会科学出版社2016年）等。这些理论著述，为口述史实践提供了指导。

（2）口述史实践方面。20世纪90年代出现了一批口述史实践研究的著作。如：杨立文《创造平等：中国西北女童教育口述史》（民族出版社1995年）、张晓《西江苗族妇女口述史研究》（贵州人民出版社1997年）、朱元石《共和国要事口述史》（湖南人民出版社1999年）、定宜庄《最后的记忆：十六位旗人妇女的口述历史》（中国广播电视出版社1999年）等，既有史料价值又有学术价值，在国内口述史实践上具有开创性意义。进入21世纪，口述史实践类著作不断涌现，较有代表性的有李小江《20世纪中国妇女口述史》（三联书店2003年）、刘小萌《中国知青口述史》（中国社会科学出版社2004年）、王庆祥《中国末代皇帝溥仪与我》（京华出版社2007年）、定宜庄《老北京人的口述历史》（中国社会科学出版社2009年）、李珂《中国劳模口述史（第一辑）》（社会科学文献出版社2018年）等。口述史实践研究在各个领域遍地开花，呈现一派欣欣向荣的景象。

（3）非遗口述史研究。口述史运用于非遗领域，近年来已成为一大亮点和热点。冯骥才、王文章主持的非物质文化遗产传承人口述史调查项目，开创了国内非遗口述史研究的先河。2010年出版的《中国民间艺术传承人口述史丛书》（10卷）、2011年出版的《中国木版年画传承人口述史丛书》（14卷），以及陆续出版的

《中国民间文化杰出传承人口述史丛书》(15 卷)最具代表性。2015 年,苑利、顾军主编的《北京非物质文化遗产传承人口述史丛书》由首都师范大学出版社出版。目前,关于浙江非遗传承人口述史研究的编著主要有如下几部。《浙江档案》杂志社编著的《传人——浙江省国家级非物质文化遗产传承人口述档案集萃》(浙江摄影出版社 2011 年),记录 27 位国家级非遗传承人代表的口述史。浙江省政史委编著的《我与非遗的故事:口述历史》(中国社会科学出版社 2012 年),依照非遗项目类别分为 9 个部分,共收入 40 位传承人的口述史料和 200 多幅照片。陈文华主编的《留住传承人》(浙江工商大学出版社 2013 年),采访了浙江省 43 位第一批、第二批国家级非遗传承人,以图文并茂的形式呈现。蔡亮主编的《用声音叙事:我是"非遗"传承人》(浙江大学出版社 2016 年),探寻了 33 位浙江曲艺类非遗传承人的故事,以中英双语出版。

　　综上,不管是国外还是国内,学界对口述史的热情高涨。口述史作为一种特殊的研究方法和文本样式已在历史学、社会学、人类学等领域广泛运用,相关理论体系亦已形成。但"传承人口述史"是一个崭新的概念,是国内文化艺术界在非遗保护和抢救中运用口述史而获得的学术发现。换言之,我国非遗传承人口述史的研究和实践才刚刚起步,尤其区域非遗的研究存有很大的空间。两年多前,本项目选题申报时,笔者目力所及,尚未发现聚焦浙东某个区域,全景式观照各级各类非遗传承人的口述史研究专著。因此,"浙东区域非遗传承人口述史研究"非常值得探究,也于 2019 年 3 月获得了教育部人文社科项目立项。

二、研究目标与价值

　　本书是一部以访谈为主体的口述史专著,重点采录"古之海濡地、今之东方港"的浙东宁波北仑区内三十余位省、市、区级非遗传承人的口述史,深入区域的各个角落,忠实地记录传承人的非遗人生、从艺过程、制作技艺(或表演艺术)、作品内容、师承关系、心路历程等,揭示多样非遗所承载的独具地域特色的民俗文化风貌和族群历史价值。同时,对区域人文历史、生态环境、非遗分布,以及传承人的历史与现状进行调研和分析,并从学理层面阐释传承人口述史的核心价值和文化样式,从方法层面总结传承人口述的操作实践与技巧,形成具体的、具象的、实际的传承人口述史方法体系。

　　本书将浙东宁波北仑区所辖街道作为更小的区域单位,在街道地域环境与文化生态背景的观照下,挖掘与梳理各个街道所蕴藏的民间音乐、民间舞蹈、戏剧、曲艺、民间美术、传统手工技艺、民俗等独特的非遗宝藏,将分布在不同街道的重要代表性非遗传承人口述史,撰写成一部 30 万字的专著,共分绪论和九大章节。一则留住传统文化记忆,保护区域珍贵遗产;二则为其他区域非遗传承人口述史研究提供个案参考和有益借鉴;三则丰富和完善非物质文化遗产理论、口述史理论及实践,并为中国"传承人口述史"新学科的构建添砖加瓦。

三、研究主要内容

1.美国口述史研究对我国非遗口述史实践的启示

口述史作为20世纪中叶兴起于美国的一门史学分支学科,以挖掘史料与再现底层声音的专业优势引起史学界重视,也同时引起了人文学科其他领域的关注。美国现代口述史的发展,社会基础广泛,研究成果突出,诸多口述史理论与实践专著成为很多国家口述史工作的指导性著作。作为一门实践性和操作性较强的学科,为保证口述史料的客观性和准确性,美国口述史学界探索了一系列记录、保管、编辑和使用口述史料的方法和程序,具有很强的实践指导作用。口述史研究更多是"自下而上看历史",关注社会底层平民的生活,利用口述历史方法描述与赋权那些没有文字记录的和在历史上被轻视与抛弃的人群,挖掘拯救那些处于边缘位置的人们的"隐藏历史"和历史记忆,对推动社会发展起到了重要作用。这些对我国非遗口述史研究与实践都有启迪作用。

2.浙东区域地理生态与非遗保护现状研究——以北仑区为例

浙东,作为一个地域概念,狭义上常指浙江的宁波、绍兴、台州和舟山。宁波,书藏古今,港通天下,人文积淀丰厚,历史文化悠久。这里是7000年中华文明的曙光——河姆渡文化的发祥地,"海上丝绸之路"的东方始发港。千百年来,先民在长期劳动中形成了风格独特、内涵丰富、品种多样的非物质文化遗产,包括民间文学、戏剧曲艺、音乐舞蹈、杂技竞技、美术、手工技艺、信仰民俗等,有着天才的艺术创造力和极高的历史文化价值。北仑属于宁波经济技术开发区,濒临大海。海港北仑,人文荟萃,孕育了多姿多彩的非物质文化遗产。这些代代相传的文化创造,无不凝聚着一代代北仑人的智慧聪明、审美理想和情感诉求,体现了独特的人生价值观念、思维行为方式和集体文化意识。非物质文化遗产有传承性、口头性、活态性特征,加之作为临港经济开发区的快速发展,北仑的非遗遭遇了困境与挑战。"每一分钟,我们的田野里、山坳里、深邃的民间里,都有一些民间文化及其遗产死去。"(冯骥才)①如何保护与抢救渐行渐远的文化遗产,挖掘区域非遗珍贵资源,成为刻不容缓的课题。而非遗传承人口述史研究,就是从源头上保护非遗的一种重要途径。

---

① 张英:《冯骥才 中国民间文化的守望者》,http://www.infzm.com/content/75386?depk3e,2012年5月15日。

3.浙东区域非遗代表性传承人从艺经历和技术技艺口述史研究

2006年12月,浙东宁波北仑区将造跰等12项民族民间艺术项目列为第一批区级非物质文化遗产名录。2009年6月13日,在全国第四个"文化遗产日",北仑区公布并表彰了第一批非遗传承基地和代表性传承人,命名地处北仑的梅山小学"水浒名拳"等8处为非遗传承基地。第一批传承人共12位,分别是水浒名拳传承人傅信阳、梅山舞龙传承人林国成、梅山舞狮传承人沈国平、马灯舞传承人方兆兴、唱新闻传承人应振爱、蛟川走书传承人乐静、剪纸传承人张其培和乐翠娣、造跰传承人周德兴、抬阁传承人汪玉庠、制秤技艺传承人郑银娥和鼓阁传承人屠明华。此后又发布了第二至第五批区级非物质文化遗产名录。截至2018年5月,第五批宁波市文化遗产名录公布,北仑区有非遗代表性项目名录省级6个、市级24个、区级55个;市级代表性传承基地23个、区级代表性传承基地37个,综合传承基地1个,省优秀民间文艺人才11名。按非遗项目的不同类别,我们遴选省、市、区级的北仑区域(含地名文化)非遗代表性传承人三十余位,采录他们的口述史,展示他们的非遗人生、从艺过程、制作技艺(或表演艺术)、作品内容、师承关系、心路历程等,写成专著一本。这也是本书的主体内容。

四、研究思路与方法

本着"以史为鉴"、"洋为中用"的原则,首先,我们查阅大量的文献资料,梳理国内外口述史理论与应用实例,确立本次非遗口述史实践的理论框架和案例范本;其次,考察浙东海港北仑区域非遗的项目数量、地理分布、分类特征及其传承人的基本情况;然后,根据不同对象,拟好采访提纲,按照地域集中、非遗级别、时间恰当等原则,实地走访调研,对代表性传承人进行口述访谈、录音、拍照等;接着,在获取的第一手口述资料基础上,转录文字文本,整理并甄别传承人的口述内容,理清传承人的非遗人生、从艺过程、制作技艺(或表演艺术)、作品内容、师承关系、心路历程等,揭示多彩非遗所承载的独具地域特色的民俗文化风貌和族群历史价值;最后,对采集整理的资料展开进一步研究,将本次成果和相关理论与经验融合,并纳入现有史学环境和文化环境,从文化机理和访谈方法两个层面,得出结论,总结提升,为区域性非遗口述史研究提供理论借鉴和个案参考。

作为跨学科的非遗传承人口述史研究,我们综合采用口述历史学、社会学、心理学、艺术人类学等多学科视角下的文献研究法、田野调查法、口述访谈法、叙事学研究法等方法,结合相关文献资料、已有研究成果,对照口述访谈所得的珍贵资料,形成对研究对象的客观认识,以保证浙东区域非遗传承人口述史研究的原生态、历史性与深广度。

第二节　海濡之乡:浙东北仑的地域环境

浙东,作为一个地域概念,广义上指"上八府"。乾隆《浙江通志》记载:"元至正二十六年,置浙江等处行中书省,而两浙始以省称,……次宁波,次绍兴、台州、金华、衢州、严州(今建德)、温州、处州(今丽水),凡八府,皆大江(钱塘江)之左,是为浙东。"

浙东,狭义上,专指浙江的宁波、绍兴、台州与舟山。

宁波,是我国首批沿海开放城市、现代化国际港口城市,也是有着 7000 年河姆渡文化的国家历史文化名城。宁波,简称"甬",古代大钟的一个象形字。境内有一座形似覆钟的甬山,有一条流经甬山的甬江,因此又被称为"甬上"。

北仑,是宁波六个市辖区之一,位于宁波市东部、甬江口南岸,因拥有深水良港——北仑港而著名,有着丰富的文化遗存以及现代化的 4 个港区、5 个国家级开发区。

一、宁波:书藏古今,港通天下

宁波,地处我国海岸线中段,长江三角洲南翼,是中国大运河南端出海口、"海上丝绸之路"东方始发港。"港通天下"的宁波舟山港是全球首个年货物吞吐量突破 10 亿吨的大港,也是世界集装箱运输发展最快的港口,兼具多功能、综合性、一体化的现代深水良港。2020 年,宁波舟山港货物吞吐量连续 12 年保持全球第一,集装箱吞吐量位列全球第三。

宁波,具有悠久的历史。早在 7000 年前,先民们就在这里繁衍生息,创造了灿烂的河姆渡文化。公元前 2000 多年的夏代,宁波为"鄞"地。鄞由"堇"和"邑"(阝)两字合成。顾祖禹《读史方舆纪要》记载:"夏时有堇子国,以赤堇山为名……加邑为鄞。"赤堇山有两处:一在今鄞县天童、宝幢一带,一在奉化境内。春秋时为越国境地,秦时属会稽郡的鄞、鄮、句章和余姚四县。由于依山面海,集市兴旺,"海人持货贸易于此",所以把附近的山称为鄮山(今阿育王寺附近)。鄮即"贸、邑"两字的合写,意即贸易的地方。"鄮"字形象地反映了这个地方的特质,甬商的渊源可追溯于此。到了汉朝,这四个县的范围大致如下:鄞县包括现在的市区、西南郊和奉化东南一带,鄮县包括原江东区以东、鄮山以北的地方,句章包括江北到慈溪、镇海、北仑一带,余姚包括现境和慈溪一带。

唐开元二十六年(738)设州,因四明山而称"明州",辖鄞、慈溪、奉化、翁山(今舟山)四县;唐长庆元年(821)州治迁至三江口,建子城,为一千多年来城市的发展奠定基础。明洪武十四年(1381),取"海定则波宁"之义,改称宁波,一直沿用至今。

"书藏古今"的宁波天一阁建于明嘉靖年间,是国内现存历史最为悠久的私家藏书楼,是第二批全国重点文物保护单位(1982 年)、第一批全国古籍重点保护单位(2008 年),2020 年获批成立国家级古籍修复技艺传习所。① 宁波,人文荟萃,人才辈出,也是中国著名的甬商之乡和院士之乡。

目前,宁波市辖海曙、江北、镇海、北仑、鄞州、奉化 6 个区,宁海、象山 2 个县,慈溪、余姚 2 个县级市。共有 73 个镇、10 个乡、73 个街道办事处、734 个居民委员会和 2477 个村民委员会。②

二、北仑:*海濡之乡*,*滨海新城*

北仑,以其独特的地理环境、悠久的历史传统、丰富的文化遗存,以及优越的深水良港、4 个现代化港区和 5 个国家级开发区,傲立于东海之滨。

1. *海濡之乡——三面环海、浙陆最东*

北仑,三面环海,为"海濡之乡"。地处浙江省陆地东端、全国海岸线中段,地理坐标介于东经 121°38′50″至 122°11′00″,北纬 29°41′30″至 30°01′00″之间。③ 区境四址:北部金塘洋面与舟山市定海区交接;东部崎头洋、东南佛渡水道与舟山市普陀区水域相连;南隔象山港与象山县相望;西南与鄞州区接壤;西北濒甬江,与镇海区分界;境域东西最大直线距离 52 千米,南北最大直线距离约 30 千米。北仑区陆域面积 615 平方千米,海域面积 258 平方千米,海岸线 150 千米,其中大陆岸线 88 千米,是宁波市辖区内海域面积最大、海岸线最长的一个区。④

北仑位于浙东丘陵区内,属天台山余脉。全区系丘陵平原间隔地貌,有大小山丘不下千座,高度多在海拔 200—500 米。境域百姓习惯称丘陵为"山"。最高为太白山,海拔 653.6 米,是北仑和鄞州两区界山。以太白山为起点,东西走向的天台山余脉,越狮子岭、昆亭岭,自九峰山、福泉山向东潜崎头洋,是北仑的主体山区。这部分地貌为丘陵,南、北、东濒临东海,称穿山半岛。半岛海岸线长,

---

① 陈青:《天一阁获批成立国家级古籍修复技艺传习所》,《宁波日报》2020 年 06 月 10 日,第 A10 版。

② 数据来自宁波市人民政府网,http://www.ningbo.gov.cn/col/col1229099784/index.html。

③ 参见宁波市北仑区统计局:《北仑概览 2020》,数据截至 2019 年末。

④ 数据来自宁波市北仑区人民政府网,http://www.bl.gov.cn/col/col1229020337/index.html。

多江湾,南北分布着梅山岛和大榭岛两个"姐妹岛"及其他大小岛屿 29 个。北仑的西北部绵延着另一条南北走向的山脉,越育王岭至青峙杨公山,总称灵峰山,其山基潜入海域,也散落着一些小岛。以灵峰山为屏,东边是大碶-柴桥平原,西边是长山平原。环海山间多峡谷,系由洪水冲刷和海潮冲积而形成。

数千年前,北仑境域内尚是一片大海,只有太白山和灵峰山等露出海面。地壳运动和大自然风、水作用造成沉积,形成"海退"后,陆地逐渐显露。唐至北宋初,区境北部沿海地区(今新碶一带)尚为"海濡之地"、"斥卤之区",或纵或横的山脉周围尽是盐碱沼泽,俗称"唐涂宋滩"。宋庆历七年(1047)王安石任鄞县知县,不辞辛劳,兴修水利,始筑王公塘(又称荆公塘)、穿山碶,围海造地、阻咸蓄淡、扩大陆域。后经明、清历次筑塘阻潮、改造自然,形成了育王岭以东的完整陆域。新中国成立后,又陆续围筑新塘,陆域面积不断扩大。经过数千年洪水冲击和泥沙淤填,又经先祖与后人经年累月的筑塘围垦,终于有了北仑今天的半岛地形和南北两翼的梅山岛、大榭岛。

北仑区域属亚热带海洋性气候,温和湿润,四季分明,雾日少,无霜期长,水气丰富,雨量充沛,年均降水量 1310 毫米,年均气温 16.7℃。[1] 境内河网密布,全境分小浃江、岩泰(岩河、泰河)、芦江和山丘海岛 4 个水系,流域广阔,支流纵横,水网交织。其中岩泰水系、芦江水系为滨海独立水系;山丘海岛为溪流,源于西南山岙,流经相关砌闸注入东海。境内河流拦蓄能力低,水位受降水及外海潮位影响大,降水期大径流排海,少雨期水位明显下降,易受旱。而潮汐受气象及地形影响,在穿山半岛南北岸具有北低南高的变化规律,夏季夜高潮位高于日高潮位,冬季夜高潮位低于日高潮位。南岸海域潮流流速自东向西逐渐趋缓,潮流流向总体上呈西南—东北走向。[2]

2.河姆渡系——历史悠久、底蕴深厚

北仑历史悠久,文化底蕴深厚。大致可以分为以下几个阶段[3]。

(1)境内在新石器时代已有先民居住。今北仑的小港横山与金头湾、郭巨大岭下村、大榭下厂村东岳宫、柴桥沙溪蛇山脚下等地,均发现有新石器时代后期人类居住遗迹,系河姆渡文化的组成部分。

(2)夏商西周时,属越国。秦王政二十五年(前 222),属会稽郡鄞县。

(3)唐元和四年(809),明州甬江口建望海镇。后梁天平三年(909)扩为望海

县,未几改定海县;同年,鄞县改为鄞县。至宋熙宁十年(1077)前,区域之大部分(今大碶、新碶、柴桥、郭巨等)为鄞县属地,随鄞县区划变动,先后属鄞县、句章县、鄞县东境;惟崇邱乡(今小港)时属定海县。

(4)宋熙宁十年(1077),鄞县东境之灵岩、泰邱、海晏三乡划归定海县,区域全境始属定海县。清康熙二十六年(1687),定海县更名为镇海县。之后,建制相沿几百年未变。

(5)1984年,镇海县域部分地区划出,新建了宁波市滨海区。1985年,镇海县撤销,滨海区扩大。甬江为界,其南宁波市滨海区、北镇海区。1987年,滨海区更名为北仑区。

(6)目前,北仑区辖新碶、小港、大碶、柴桥、霞浦、戚家山、春晓、梅山、大榭、白峰、郭巨11个街道,下属行政村195个,社区居委会62个。

3.滨海新城——4个港区、5个国家级开发区

滨海新城北仑,港口资源极为丰富。20世纪70年代末,兴建北仑港。北仑境内港域4个港区——北仑港区、大榭港区、穿山港区、梅山港区,是宁波舟山港的重要组成部分。

依托得天独厚的港口优势,以及地处长江三角洲经济圈南翼的区位优势,北仑相继设立宁波经济技术开发区(1984年10月)、宁波保税区(1992年11月)、宁波大榭开发区(1993年3月)、浙江宁波出口加工区(2002年7月)和宁波梅山保税港区(2008年2月)5个国家级开发区。

2019年,5个国家级开发区全年实现生产总值1961.45亿元,完成财政总收入621.81亿元[①]。

目前,作为"海濡之乡、滨海新城"的北仑区,各街道、乡镇的经济、社会、文化各方面也在加速发展、齐头并进。北仑,这个东方大港,已成为浙江省乃至长江三角洲地区改革开放、对外交流的重要窗口和经济增长最具活力的前哨之一。

---

① 参见《北仑年鉴2020》,浙江人民出版社2020年版,第172页。

第三节 仑港风华:区域非遗与传承人群

一、丰厚的文化积淀

北仑是一座年轻的港城,建区时间不长,才三十余年。但区域的历史文化源远流长,境内早期就有原始人居住。20世纪80年代发现的横山、大岭、沙溪等新石器时代遗址,属河姆渡文化系。先民们零星地生活在这块土地上,依山傍海,下海捕鱼,上山打猎,平地拓荒,耕种劳作,繁衍生息。夏商西周,北仑属越,依然人烟稀少,为荒蛮之地。

东周至汉晋时期,移民陆续迁入,人烟逐渐增多,留下了白峰、陈华、丁家山、墩田等遗址以及柴桥长墩冈、白峰百丈村、霞浦山前村等春秋战国时期之后的墓葬群,共有15处之多,出土大量珍贵文物。2019年7月至2020年5月,北仑新碶黄山路西延的平风岭隧道两侧坡地,又发现一处东周"四顾山遗址"和一处汉代"平风岭窑址"。东周遗址文化堆积较厚,遗迹类型多样。出土文物以陶器和原始瓷器为主,主要包括印纹硬陶罐,泥质陶豆、陶盆等,还有原始瓷碗、瓷杯、瓷盅、瓷盘,也见有青铜铲、箭镞、鱼钩,铁锛等金属器,另有石锤、石锛等石器和少量竹木器,表明当时这里是人们生产生活的一个重要场所。

东汉时,随着佛教的传入,北仑大碶灵峰寺已有佛国道场之称。唐宋以后,社会发展,航运发达,文化繁荣,内外交往增加。庆历七年(1047),26岁的王安石任鄞县县令。他考察东西十三乡,率众兴修水利,惠及当地百姓。在北仑筑王公塘、凿穿山碶。光绪《镇海县志》载:王荆国公宰鄞时筑海塘,塘起(北仑小港)孔墅岭下,自西而东,横亘以阻海。又在穿山出海处筑堤捍浦为河,于堤西石岩凿三窍为穿山碶。自此,北仑区域内先后筑建大小海塘百余条。有塘必有碶,碶是塘的"眼"。至明朝,围塘造碶有了进一步发展。自此,"宋塘明碶"遍及北仑沿海各地。

北仑还有众多的烽火台、营垒、炮台等海防遗址。西部金鸡山、戚家山、小浃江口和笠山一带,有炮台、碉堡、营垒、瞭望台等30多处,是明清时期我国东南沿海军民抗击外敌入侵的历史见证。

二、多样的非遗资源

丰厚的历史文化积淀,凝结成了北仑区丰富多彩、独具特色的非物质文化遗产,诸如人生礼仪、岁时节令、民间信仰、口头文学、音乐舞蹈、戏剧曲艺、民间美术、体育竞技、手工技艺、传统医药等。这些文化遗产是先人留下的宝贵精神财富,在群众的生产生活中代代相传,凝聚着祖祖辈辈北仑人的聪明才智和审美追求,蕴含着独特的地域色彩和文化精神。这些非遗资源,是北仑千百年历史长河中积淀下来的一颗颗发光的宝石和闪亮的文化结晶,也是推动社会不断前进的文化动力。

星移斗转,时光流逝,诸多非物质文化遗产失去了生存的土壤。这些昔日与群众生产生活息息相关的非遗,如今逐步退出了人们的生活,离开人们的视线。尤其是老一辈传承人年老病故,有些非遗恐将消失得无影无踪。为了抢救濒危的非物质文化遗产,北仑区自 2005 年起,着手民族民间艺术普查活动;2007 年,进一步展开非物质文化遗产调查,收集到 25743 条区域非遗线索;2008 年底,完成 9 个乡镇街道的非遗普查工作。对这些普查数据,我们整理后得出 17 大类 621 个非遗项目,列表如下(表 0-1)。

表 0-1　北仑区域非物质文化遗产种类、数量和分布　　　　　　单位:项

项目种类	分布地									合计
	大碶街道	柴桥街道	梅山乡	新碶街道	春晓镇	白峰镇	霞浦街道	小港街道	戚家山街道	
民间文学	10	9	24	10	27	16	10	7	11	124
民间音乐	5	3	4	1	1	2	4	1		21
民间舞蹈	4	5	4	1	2	6	3			25
戏曲	1			1						2
曲艺	3			1		2				6
民间杂技	1						1			2
民间美术	3	3	3	4	3	2	2	3	1	24
民间手工技艺	8	13	11	9	19	15	2	4	7	88
生产商贸习俗	6	1	9	5	5			10		42
消费习俗	2		7	2	4	3	2	2	2	24
人生礼俗	5	3	9	11	14	15	6	5	8	76
岁时节令	3	2	6	6	5	7	5	8	8	50
民间信仰	8	6	9		10	11	7	7		68
民间知识	1	2	7		4	3	2		2	21

项目种类	分布地									合计
	大碶街道	柴桥街道	梅山乡	新碶街道	春晓镇	白峰镇	霞浦街道	小港街道	戚家山街道	
体育与竞技	4	1		4	2	3	2	2	4	22
传统医药	1	2	4	3		5		1		16
其他	2		1	2		1	2		2	12
合计	67	50	98	64	96	94	49	51	52	621

资料来源:据《甬上风物——宁波市非物质文化遗产田野调查(北仑区)》数据整理。

从非遗种类看:排在前四位且每个街道乡镇均有分布的是民间文学 124 项(占 19.97%)、民间手工技艺 88 项(占 14.17%)、人生礼俗 76 项(占 12.24%)、民间信仰 68 项(占 10.95%);排在倒数第三的是曲艺 6 项(占 0.97%),并列末位的是民间杂技和戏曲各 2 项(各占 0.32%),相对来说后三类非遗对技艺的要求高、难度较大,数量相对偏少。

从非遗分布看:东南沿海乡镇非遗项目比较丰富,排在前三的是梅山乡 98 项、春晓镇 96 项、白峰镇(含郭巨)94 项;大碶 67 项位于第四,是 17 个非遗种类分布齐全的街道;戚家山街道采集到的非遗仅 11 类,6 类空缺。

三、丰富的非遗内涵

无论是民间文学、传统技艺、民间艺术、民间习俗还是其他类,都蕴含独特的地域色彩和生活气息,具有丰富的非遗内涵。[①]

1. 北仑的民间文学

北仑的民间文学主要包括民间传说和故事、民间歌谣、民间谚语,是千百年来当地及周边人们口耳相传保留下来的口述文学,是区域人群生命情感与历史记忆的质朴汇聚。

(1)民间传说和故事。以当地的历史人物、风物地名、风俗信仰等为题材,时代久远、口头传播、情节虚构、充满幻想,往往包含超自然的、想象的成分,大多表达人们的美好愿望。**历史人物题材**:如有王安石传说,公元 1047 年,王安石任鄞县知县,兴修水利、救灾济民。当时北仑域内灵岩、泰邱、海晏等地属鄞县,留下了王安石筑王公塘、凿穿山碶的故事。又如戚继光抗倭传说,戚继光是明代著名

---

① 此部分内容通过非遗传承人口述整理,并结合查阅《宁波市非物质文化遗产大观》。

抗倭名将，北仑戚家山、穿山、郭巨一带，留下不少与戚继光有关的历史遗迹，也流传很多戚家军抗倭的故事。**风物地名题材**：比如梅山街道担峙的传说、桃湾林的传说、龙底村的传说，春晓街道杨沙山的传说、狮子岭与盐箩石的传说、慈峰山的传说，大碶街道薛家桥的传说、芦山的传说、南安亭的传说，新碶街道大树村的传说、四顾山的传说，小港街道望娘岗的传说，霞浦街道黄牛礁的传说等，赋予家乡的山川风物、村落地名以传奇和神秘的色彩，表达了一种热爱家乡村落的思想追求和审美情思。**风俗信仰题材**：比如岩潭老龙的传说、桥洞菩萨的传说、韦陀菩萨的传说、仙姑赐雨的传说、洪溪庙的传说、万湫山庙的传说、青龙山的传说、描龙的传说等。其中不难看出东海边上的半岛居民独有的三种民间信仰——海龙王信仰、佛教菩萨信仰、道教仙姑仙翁信仰。这些传说和故事，寄托着民众祈求风调雨顺、国泰民安的朴素情感和美好愿望。

(2)民间歌谣。“劳动人民集体的口头诗歌创作，属于民间文学中可以歌唱和吟诵的韵文部分”①，是历代北仑人民生活经验的总结和劳动智慧的结晶，具有鲜明的地域特征和文化特色。北仑民间歌谣大致分为劳动歌谣、生活歌谣、爱情歌谣、仪式歌谣、时政歌谣和儿歌等，大多句式匀称、短小精悍、诙谐幽默、通俗易懂，反映了不同时代的社会风貌和人民生活。**劳动歌谣**：包括田歌、山歌和渔歌，着重表现旧时北仑人民的繁重劳动和艰辛生活。如流传于原大碶、新碶乡的《长工四季歌》，流传于原郭巨乡的《挑柴桥担》，流传于原塔峙乡的《木匠住倒屋》。**爱情歌谣**：如流传于原长山乡的《廿岁姑娘七岁郎》、流传于原大碶、新碶乡的《金莲、银莲》，以及北仑境内和舟山都有传播的长歌《金生弟》。**仪式歌谣**：如《上轿歌》、《哭嫁歌》、《贺新郎》、《哭七七》、《浇梁》，真实地反映了当地新娘出嫁、婚礼现场、丧葬等红白喜丧场合中的风俗仪式。**儿歌**：如《囡要啥人抱》、《六月荷花朵朵开》、《火萤头，夜夜来》等，充满童趣和娱乐，也是大人教育小孩日常知识的一种方式。

(3)民间谚语。流传于当地民间，言简意赅、鲜明生动、易于记诵的固定话语，是群众生产和生活的直接反映，也是当地社会历史风貌的形象呈现。北仑的民间谚语丰富多彩，涉及气象农事、婚姻家庭、勤俭节约、为人处世、社会公德等诸多领域。通俗生动的谚语，反映种种深刻的道理，给人以启迪和教育。**气象农事**：如“石板泛潮，落雨明朝”、“小暑响雷犯重梅”。**婚姻家庭**：如“娶囡看娘，种田看塘”、“男扫帚，女畚斗，配勿好，一世愁”、“家常便饭粗布衣，知冷知热是夫妻”、“兄弟如手足，爹娘亲骨肉”、“千里烧香，勿如孝敬爹娘”。**勤俭节约**：如“好吃勿

① 钟敬文：《民间文学概论》，上海人民出版社 1980 年版，第 238 页。

过粗茶饭,好看勿如素打扮"、"新三年,旧三年,缝缝补补又三年"、"瞌睡勿论好眠床,肚饥勿论好羹汤"、"省吃俭用,一世勿穷"。**为人处世**:如"路是人开,树是人栽"、"勿怕人家看勿起,只怕自家勿争气"、"好汉做事做到头,好马跑路跑前头"、"跑马莫怕山,行船莫怕滩"、"生意不成仁义在,买卖勿成人情在"。**社会公德**:如"赚钱要公道,有钱莫霸道"、"人要好话听,出口莫伤人"、"冷粥冷饭好吃,冷言冷语难听"、"轻担让重担,空手让挈篮"、"上半夜想想人家,下半夜忖忖自家"。

2. 北仑的传统技艺

北仑的传统技艺主要指祖祖辈辈流传下来的民间手工技艺,具有地域性和多样性的特点,分布于区域的各个街道村落,涵盖了工具制作、农产品加工、渔盐业生产、编织扎制和金属工艺等方面。

(1)工具制作,如:柴桥董氏木杆秤制作技艺,当地人还将木秤视为吉祥物,称之为"当家财神",以寓意"有秤当家,家财兴发";梅山渔民滩涂作业简易而便利的交通工具"泥马"制作技艺。

(2)农产品加工,如:春晓绿茶制作非常有名,成为宁波八大名茶乡之一;又如北仑各村落都有传统粮食制品,以糯米为主,年糕、米馒头、长面、麻饼灰汁团和糯米麻糍等都有着自己的制作特色和文化内涵,如年糕寓意"年年高兴"或小孩"年年长高"等。这些粮食制品还与当地风俗发生种种关联,如逢岁时节令、祭祀、婚庆等重要仪式中,都需摆放上述粮食制品。

(3)渔盐业生产,如:晒盐技艺是北仑历史悠久的手工技艺之一,最早可追溯到宋代。旧时新碶、小港、梅山一带均有制盐业。它以海水为基本原料,并利用近海滩涂之泥,用火煎或日晒、风吹等方式结晶成粗细不同的成品盐。梅山、春晓、白峰一带的住民,有很多从事渔猎,他们从古代滩涂作业逐渐扩展到近海捕捞和海产品加工处理。

(4)编织扎制,如:各渔农村落搓箬绳、织渔网、编织蓑衣、布鞋缝制、弹棉花等传统技艺。

(5)金属工艺,如:新碶贺仁泰锡业店的锡器传统制作技艺,造型简约玲珑、比例协调,平和柔滑,颇具美感和神韵。从当地百姓使用锡器的广泛性和长久性,可见其与酒文化、茶文化、婚嫁文化和民间信仰的关系,体现古朴的民俗民风。

3. 北仑的民间艺术

北仑的民间艺术主要包括民间音乐、民间舞蹈、曲艺和民间美术等,大都形成于清代,很多与庙会有着密切的联系,极具乡土气息和地域特色。庙会是古老的传统民俗文化活动,与民间宗教及岁时风俗有关,一般在农历新年、元宵节、二月二龙抬头以及寺庙的节日或规定的日期举行。旧时北仑地区,庙会是每年最具群众性的娱乐活动。由于时代的变迁,在过去的数百年里,这些民间活动和民间艺术历经风雨、几度兴衰。

(1)民间音乐:有丝竹乐、吹打乐、鼓阁等形式,多与民间婚庆丧葬、迎神赛会等风俗生活密切相连。丝竹乐,活泼清新、细腻雅致,曲调幽美流畅、婉转柔和;吹打乐,既有粗犷豪放、节奏鲜明的特点,又有曲调流畅、韵律优美的特征。鼓阁,一个有鼓有锣的亭阁,是民间庙会中一支流动的器乐合奏队,在旧时行会和当代文艺大巡游中出现,适宜边走边演奏,为老百姓所喜闻乐见。

(2)民间舞蹈:品类丰富、各具特色,穿山造趺、梅山舞龙舞狮、沃家狮象窜、车子灯舞、马灯舞、跳蚤会、踩高跷、后所大补缸、郭巨抬阁等比较有名。比如跳蚤会源于"济公斗火神"故事,舞姿风趣妖娆、别具一格,寄托了人们"驱赶火神、祈求太平"的良好愿望。车子灯舞曾是沿海人民抗倭时,筹集资金、传递军情的掩护方式,后来演变为节日喜庆和娱乐表演的舞蹈节目。踩高跷,不仅俏皮活泼、诙谐幽默,而且技艺高超、难度极大。民间舞蹈许多从敬神、请神和娱神的宗教活动中,逐步走向娱人自乐,成为北仑人民欢庆太平盛世或元宵、庙会时,增强节日气氛的民俗活动。

(3)曲艺:以唱新闻和蛟川走书为代表,颇受当地百姓的欢迎。曲艺是中华民族各种"说唱艺术"的统称,是用"口语说唱"来叙述故事、演绎人物、表达思想、抒发感情并反映社会生活的,它讲述百姓自己爱听的故事。如唱新闻,流传于大碶一带,由一锣一鼓作为伴奏,采用自由的民歌小调和宁波方言,演唱社会时事和当地新近发生的故事。蛟川走书,也是带有表演的说唱,多取材于古书史籍的征战故事和民间流传的言情案例,以弘扬真善美、惩治假恶丑为主要内容,极具艺术魅力。

(4)民间美术:丰富多样、特色鲜明,有芦江农民画、新碶民间剪纸、漆绘、漆塑、脱胎漆器、虎头鞋制作、大头娃娃制作、风筝制作等种类。如芦江农民画是农民自己制作自己欣赏的绘画,具有浓郁的乡土气息和田园色彩。新碶民间剪纸,以传统题材为主,多用象征、寓意等手法,反映人们吉祥如意、安康幸福的审美追求和美好祝愿。虎头鞋针法细腻、色彩鲜艳、栩栩如生,寄寓对孩子未来幸福的希望。漆塑是漆艺的立体造型,白峰漆塑工艺独特,艺术精湛,品位较高。脱胎漆器主要用于寺庙塑像和制匾,质地轻巧,造型别致,做工精细,是著名的手工艺之一。北仑民间美术的创作,丰富精彩、特色鲜明,也是北仑人人生观、价值观和审美观的展现。

4.北仑的民间习俗

北仑的民间习俗繁复多样,分布于北仑整个区域,与河姆渡文化有着密切的联系,主要包括各种生产商贸习俗、消费习俗、人生礼俗、岁时习俗和民间信仰等。东南沿海渔村街道的习俗主要体现与渔业生产、生活相关的民俗风情,中西部村落街道则更多体现与农业生产、生活有关的风土人情。

(1)生产商贸习俗,包括农业生产、造船和出海捕鱼、商店经营、传统集市等。

农业生产习俗:北仑地处长江以南水田稻作文化区,报春牛、敬牛、插秧、敬龙祈雨等习俗尤为盛行,凸显农耕文化色彩。

造船和出海捕鱼习俗:北仑濒临东海,东北部与舟山相望,南部接象山港,特有的地理位置决定了北仑海上渔业兴旺与造船技能的形成,同时也有许多禁忌与讲究的习俗。比如造船要挑选良辰吉日,并有一系列的程序讲究和祭拜仪式;渔船出海,俗称"开洋",渔汛结束,称谓"谢洋",都要到附近的庙里举行隆重的祭祀仪式。

商店经营、传统集市:境内的北仑港是"海上丝绸之路"的始发港口之一。清朝晚期,宁波因为地理优势又成为重要的通商口岸,因此它的经济得到迅速发展。商贸需求的大量增加、商人队伍的急剧扩大,使商贸习俗逐渐形成和完善,遗留下来的经商习俗以及传统集市习俗等,至今在北仑有着很深的影响。柴桥传统集市、新碶集市等货源充足,人气很旺,热闹非凡。

(2)消费习俗,主要有服饰、造屋、坐火柜等风俗。

服饰:旧时北仑由于沿海山区的特定环境,对着装有特别要求。如过去流行的栲衣、龙裤、肚兜、布襕、蒲鞋等,都是当地渔民捕鱼或岸上劳作不可缺的生活服饰。特别是穿笼裤和栲衣,更是海边渔民特有的服饰习俗,具有结实耐用、保暖御寒、防水防潮的特点。

造屋:就是建造房子,俗称砌屋,当地都有选地、择日、立柱、上梁、落成、搬迁等特定的仪式。

坐火柜:火柜,一种长方体用来取暖的床具,可以同时坐四人,底下还可煨番薯、年糕,用瓦罐放炭火里煲汤等功能。北仑东部海岛农村冬春季节,气候湿冷,农家人都有坐火柜取暖、吃吃东西、拉拉家常的习俗。

(3)人生礼俗,包括婚嫁、生育、祝寿、丧葬等,其重点为婚嫁礼俗。

婚嫁习俗:一代代北仑人传承下来,形成了约定俗成的风气和程式,具有本土特色,并十分讲究。北仑传统婚嫁习俗,一般经过以下仪式:提亲、订婚、嫁妆、贺礼、请帖、搬嫁妆、享献、开面、迎亲、拜堂、坐床、合卺、拜见长辈、喜宴、闹洞房、斟茶、回门、出厨、满月担。虽然不同乡镇街道在婚嫁礼俗的某些细节上有差异,但也是大同小异,对于相关程序的遵守,都非常细致。

生育礼俗:包括产妇坐月子,小孩满月、百日、周岁礼俗等。

祝寿礼俗:为岁数逢十的老人祝寿,是北仑传统的敬老习俗,如"六十大寿"、"七十大寿""八十大寿",有些地方有"做九不做十"的习惯。

丧葬礼俗:"事死如事生",对去世的亲人,北仑也有一整套礼俗。

(4)岁时习俗,包括除夕、春节、元宵节、清明节、立夏、端午节、七夕、中秋节、重阳节传统节日里的民俗活动。北仑地处东海之滨,先人以农、樵、渔、盐为业,以茅屋、石房为居所,他们代代沿袭下来的岁时节令习俗,反映了一定历史条件下,祈求丰收与平安、向往祥和与欢乐的朴素愿望。

除夕:一年之中最重要的节令,北仑民间一直保持着掸尘、挂春联、祭祀祖宗、吃年夜饭、分压岁钱等习俗。

元宵节:元宵节与春节相接,白昼为市,热闹非凡,夜间燃灯,蔚为壮观。北仑地区的元宵节一般从正月十三开始上灯,到正月十八落灯,延续五天,以祈求来年五谷丰登、六畜兴旺。北仑各地闹元宵形式多样,吃汤团、行灯会和猜灯谜等也成为当地人世代相沿的习俗。

清明,祭拜去世的亲人;立夏,拼蛋;端午,吃粽子;中秋,吃月饼;重阳节,登高,孝敬老人等,与周边地区习俗相差不多。

七夕:北仑地区,尤其农村,至今还流传着七夕节用槿树叶洗发的习俗。这习俗,大概和七夕"圣水"信仰有关。

(5)民间信仰,葛仙翁信俗和茅洋寺葛仙母信俗名气较大。北仑灵峰寺距今已近1950年历史,是浙东最早的佛教圣地,可与中国佛教第一寺——洛阳白马寺媲美。灵峰寺虽为佛教寺院,但一直是佛道合一,是葛仙翁(葛洪)的道场所在地。葛仙翁信俗,是源于人们对葛洪的景仰而逐渐形成的一种民间信仰习俗。大碶灵峰寺葛仙翁信仰和小港茅洋寺葛仙母信俗的香期,至今每年还吸引数万信徒。

北仑与海天佛国普陀山隔海相望,很多习俗渗透着佛教文化的辐射和影响。以民间信仰为基础,形成了众多庙会。嘉溪村的古阿育王寺是阿育王寺的旧址,历代众多高僧曾居住于此;古镇柴桥的古瑞岩寺与天童寺、阿育王寺并称"浙东三名寺",在周边地区产生了许多相关的民间信仰和习俗。新碶街道三山娘娘宫祀奉的海神天后——"妈祖"。此外,区域大部分百姓还信奉太平尊神、灶神、财神,有各种娱神、祭神仪式。

5.其他类

其他类的非遗包括传统体育竞技与游艺、民间知识、传统医药等内容。在体育竞技与游艺中,梅山的水浒名拳比较有代表性。水浒名拳始于宋代盛行于明朝,是北仑人民抵御外敌侵略中产生与发展起来的拳种,具有明显的海防特色。梅山岛是武术之乡,自明朝始深受倭寇和海盗侵扰之苦,梅山沈氏后人在借鉴前人拳术的基础上,创立"梅山水浒名拳"以抵抗侵扰者,名震浙东一带。时至今日,学武仍是当地居民一种独特的强身健体、娱乐休闲的方法。

民间知识是北仑人民在生产生活实践中长期积累、口头流传下来的自然知识,包括气象知识、医药知识等,比如艾草用于辟邪、驱蚊、祛毒等。

传统医药,在北仑比较有名的有顾氏伤科和丁氏中医等,为广大病患者解除病痛。

四、非遗名录和传承人群

1.省、市、区三级非遗项目与传承人概况

北仑区政府先后于 2006 年、2008 年、2010 年、2012 年、2016 年公布了五批区级非物质文化遗产名录,其中,有项目先后于 2006 年、2010 年、2015 年、2018 年入选宁波市级非遗名录,又有项目分别于 2007 年、2009 年、2012 年入选浙江省级非遗名录。优秀项目传承人获评了宁波市级传承人和浙江省级传承人荣誉。

截至 2020 年底,北仑区非物质文化遗产项目三个级别的名录和传承人,如表 0-2 所示。

省级项目 6 个,市级 24 个(含省级),区级 55 个(含市级和省级);

省级代表性传承人 5 人,1 人已故,现有 4 人;

市级代表性传承人 25 人;区级 49 人,1 人已故(王智成),现 48 名;

优秀民间文艺人才两批,合计 12 人,1 人已故,现有 11 人。

表 0-2　北仑区非物质文化遗产省、市、区级名录和传承人

项目类别	序号	项目名称	申报单位、地区	非遗级别	批准时间	传承人
传统音乐(4项)	1	鼓阁	郭巨街道、大碶街道	区级	2006 年 12 月	屠明华
	2	马灯调	郭巨街道、霞浦街道	区级	2008 年 9 月	
	3	敲酒杯	春晓街道	区级	2008 年 9 月	
	4	碑塔鼓阁	梅山街道碑塔村村民委员会	区级	2012 年 6 月	洪正伟

项目类别	序号	项目名称	申报单位、地区	非遗级别	批准时间	传承人
传统舞蹈（12项）	5	造趺	柴桥街道、梅山街道	区级	2006 年 12 月	周翠珠（省四）周德兴（省三）
				市级	2006 年 6 月	
				省级（三）	2009 年 7 月	
	6	造趺	梅山街道文化站	区级	2016 年 10 月	俞世华
				市级（五）	2018 年 6 月	
	7	梅山舞狮	梅山街道	区级	2006 年 12 月	沈海迪
				市级（三）	2010 年 6 月	
	8	狮象窜	柴桥街道	区级	2006 年 12 月	沃凡诚
				省级（四）	2012 年 6 月	
	9	车子灯	郭巨街道	区级	2006 年 12 月	赵信昌
				市级（五）	2018 年 6 月	
	10	梅山舞龙	梅山街道	区级	2006 年 12 月	林国成沈国平
	11	大补缸	柴桥街道	区级	2006 年 12 月	丁孟素
	12	高跷	霞浦街道	区级	2006 年 12 月	
	13	跳蚤会	郭巨街道	区级	2006 年 12 月	李根荣
				市级（五）	2018 年 6 月	
	14	跑马灯（市）马灯舞（区）	郭巨街道、梅山街道、霞浦街道	区级	2008 年 9 月	林布安（市）方兆兴（区）
				市级（五）	2018 年 5 月	
	15	板凳龙	新碶街道星阳村村民委员会	区级	2012 年 6 月	贺裕成
	16	咸昶戏灯	春晓街道咸昶村村民委员会	区级	2012 年 6 月	缪松华
曲艺（2项）	17	唱新闻	大碶街道	区级	2006 年 12 月	应振爱
				市级	2006 年 6 月	
				省级（二）	2007 年 6 月	
	18	蛟川走书	大碶街道	区级	2006 年 12 月	乐静（省三）
				市级	2006 年 6 月	
				省级（三）	2009 年 7 月	

项目类别	序号	项目名称	申报单位、地区	非遗级别	批准时间	传承人
传统美术（11项）	19	新碶民间剪纸	新碶街道	区级	2006年12月	张其培 胡维波 朱立峰（区）
				市级（三）	2010年6月	
	20	虎头鞋	大碶街道	区级	2010年6月	乐翠娣
				市级（四）	2015年6月	
	21	虎头鞋（谢墅虎头鞋制作工艺）	北仑区小港街道谢墅公共服务中心	区级	2016年10月	沈翠珠
	22	芦江农民画	柴桥街道	区级	2010年6月	
	23	风筝制作技艺	戚家山街道、北仑区教育局	区级	2010年6月	林明良 张瑞星
	24	白峰漆塑	白峰街道	区级	2010年6月	唐美定
				市级（四）	2015年6月	
	25	脱胎漆器	宁波北仑慧济文化艺术品有限公司	区级	2010年6月	柯建云
				市级（三）	2010年6月	
	26	古船模制作技艺	北仑古德船模有限公司	区级	2012年6月	陈霖
	27	宫灯制作工艺	小港街道文化站	区级	2016年10月	周富澄
	28	骨木镶嵌	北仑南海雕刻工艺厂	区级	2016年10月	陈海成
	29	彰髹漆艺	宁波明川文化艺术有限公司	区级	2016年10月	姚炬炜
				市级（五）	2018年6月	
民间文学（5项）	30	乐涵的传说	小港街道、戚家山街道	区级	2008年9月	陈性立
				市级（三）	2010年6月	
	31	王安石的传说	柴桥街道	区级	2010年6月	
	32	戚家军抗倭传说	戚家山街道	区级	2010年6月	
	33	古阿育王寺传说	大碶街道文化站	区级	2012年6月	乐炳成
	34	葛仙翁传说	大碶街道文化站	区级	2012年6月	乐炳成

项目类别	序号	项目名称	申报单位、地区	非遗级别	批准时间	传承人
传统体育、游艺与杂技（3项）	35	水浒名拳	梅山街道	区级	2008 年 9 月	傅信阳（省三）
				市级（三）	2010 年 6 月	
				省级（三）	2009 年 7 月	
	36	宁波传统儿童游戏	九峰幼儿园	区级	2012 年 6 月	群体传承王秋红（区）
				市级（四）	2015 年 6 月	
	37	弹弓竞技	霞浦街道文化站	区级	2016 年 10 月	严从平
传统技艺（9项）	38	竹梢晒盐	梅山街道	区级	2008 年 9 月	
	39	揲箩绳技艺	柴桥街道	区级	2008 年 9 月	
	40	传统年糕制作工艺	大碶街道、戚家山街道	区级	2008 年 9 月	
	41	木杆秤制作技艺	柴桥街道、白峰街道	区级	2008 年 9 月	郑银娥
				市级（三）	2010 年 6 月	
	42	锡器制作技艺	新碶街道	区级	2010 年 6 月	贺信华
	43	绿茶制作技艺	春晓街道	区级	2010 年 6 月	鲁孟军
				市级（四）	2015 年 6 月	
	44	拓印术	俞启慧工作室	区级	2012 年 6 月	罗超阳王智成（过世）
	45	胡琴制作技艺	北仑区大碶街道文化站	区级	2016 年 10 月	王忠康
				市级（五）	2018 年 6 月	
	46	木胎干漆夹苎技艺	北仑南海雕刻工艺厂	区级	2016 年 10 月	陈海成
民俗（7项）	47	坐火柜头	郭巨街道、梅山街道	区级	2008 年 9 月	
	48	郭巨婚俗	郭巨街道	区级	2008 年 9 月	
	49	灵峰寺葛仙翁信俗	大碶街道、灵峰寺	区级	2010 年 6 月	释可善
				市级（三）	2010 年 6 月	
				省级（四）	2012 年 6 月	
	50	茅洋寺葛仙圣母信俗	小港街道、茅洋寺	区级	2010 年 6 月	释妙永

续　表

项目类别	序号	项目名称	申报单位、地区	非遗级别	批准时间	传承人
民俗 （7项）	51	郭巨抬阁	郭巨街道西门村 村民委员会	区级	2012年6月	汪玉庠（代）
				市级（四）	2015年6月	
	52	纱船	春晓街道	区级	2008年9月	王志初 郑国定
				市级（三）	2010年6月	
	53	端午赛龙舟 习俗	北仑区小港街道 文化站	区级	2016年10月	群体传承
				市级（五）	2018年6月	
传统医药 （1项）	54	丁氏中医	春晓街道	区级	2010年6月	丁明波
传统戏剧 （1项）	55	响器木偶	郭巨街道西门村 村民委员会	区级	2012年6月	纪昌德
				市级（四）	2015年6月	

2."三位一体"保护模式下:优秀非遗项目和传承人

2008年,宁波率先创新性地把非遗项目、非遗传承人和非遗基地三者纳入整体保护,明确提出"三位一体"非遗保护模式,构成了目标一致、分工协作、联合发展的共同体。

2018年11月,宁波市级非遗表演类"三位一体"项目评估结果公布,共评出10个示范项目、20个优秀项目和25个合格项目,有两项市级非遗被列入限期整改。北仑区的梅山舞狮、余姚市的姚剧、宁海县的宁海平调、鄞州区的龙舟竞渡等10个项目被立为示范项目。北仑区的宁波传统儿童游戏、梅山水浒名拳被评为优秀项目。

2019年6月,北仑区的2个项目——绿茶制作技艺、木杆秤制作技艺,参加第一批至第四批宁波市级非物质文化遗产传统技艺类"三位一体"现场考评。考核组在听取汇报、材料审核及实地考察后,对照15个基础指标和8个提升指标,依次对这两个项目的专项经费、保护制度、生产性保护状况、档案管理等进行全面评估,对两个项目的保护传承情况给予肯定并通过。

2020年8月,北仑区的4个项目——新碶民间剪纸、虎头鞋、白峰漆塑、脱胎漆器,参加第一批至第四批宁波市级非物质文化遗产传统美术类"三位一体"现场考评。专家组对照20个基础指标和6个提升指标,依次对4个项目的基地建设、项目保护、传承人履职、政府支持等方面进行了全面评估,给予充分的肯定。2020年9月,宁波市文广旅游局公布了第一批至第四批宁波市级非物质文化遗产传统美术类项目"三位一体"评估结果(甬文广旅发〔2020〕91号),共评出

10个示范项目、15个优秀项目和20个合格项目。北仑区的新碶民间剪纸同鄞州的朱金漆木雕、骨木镶嵌、金银彩绣,宁海的泥金彩漆等10个项目获评示范项目。北仑的虎头鞋、白峰漆塑、脱胎漆器,获评合格项目。2020年北仑区通过"三位一体"评估的4个项目,如表0-3所示。

表 0-3　宁波市级非遗传统美术类"三位一体"项目(北仑区)

序号	项目名称	传承人	传承基地	评估结果
1	新碶民间剪纸	张其培、胡维波、朱立峰	新碶街道大同股份经济合作社	示范项目
2	虎头鞋	乐翠娣	大碶街道坝头社区居民委员会	合格项目
3	白峰漆塑	唐美定	北仑区白峰成人中等文化技术学校	合格项目
4	脱胎漆器	柯建云	宁波北仑慧济文化艺术品有限公司	合格项目

资料来源:《关于2020年度北仑区达标非物质文化遗产代表性传承人、传承基地的公示》,http://www.bl.gov.cn/art/2020/11/10/art_1229055347_3665701.html。

第一章 浙东北仑区大碶街道 非遗传承人口述史

第一节 大碶街道地域文化生态

大碶街道位于北仑区西南部,地处育王岭以东,俗称岭里。域境东与霞浦街道、柴桥街道接壤,南与春晓街道和鄞州区东吴镇相邻,西南与宁波鄞州区五乡镇相连,西北接小港街道,北挨新碶街道,区域面积 105.5 平方千米。

大碶属亚热带季风气候,四季分明,雨量充沛,湿润温和,年平均气温 18℃。地势西南高、东北低,地形属丘陵-平原。南半部系丘陵山区,树林青翠茂密,溪流清澈蜿蜒。其山属天台山余脉,其中西南与鄞州区交界的太白山主峰海拔635 米,为北仑境内最高峰。北部为平原地区,水网密布,以岩河为主体,大小河流交叉纵横。岩河,地处原灵岩乡得名。系原始浦道,旧称大浦河,有三个源头。西源起于璎珞河头,南源出嘉溪牡丹岩与乌石岙两溪,东源出新路岙。三路水至大碶三江口汇合,遂成岩河主流,穿越大碶集镇,出下三山大闸注入金塘水道。原河道弯曲,有"十八望娘弯"传说,全长 16 千米。支流丰富,有湖塘河、邬隘河、扎马河、柴楼河、横河、王隘河、赛灵岩河、大碶环镇河、凤洋河、大树河等。

岩河弯弯,水清灵动,哺育着岩乡人民,孕育众多望族。如湖塘河畔的乐氏,先祖乐定鲁官至御史中丞,其八子登科,其中更有两子在唐代分授兵部尚书、刑部尚书,同效朝廷,位高权重,声名赫赫。柴楼河边上的谢氏,书香氤氲,耕读传家,自谢泰宗的"泰"字辈后,科甲不绝,明末至清登进士 8 人,中举人 14 人,出仕18 人,入内阁 2 人,28 人有著作留世。横河岸上的李氏,重教办学,系教育世家,他们教导子女热血救国,为罕见的"一门两烈士、全家十党员"的革命大家庭。岩河与泰河交界处的巉头村顾氏,顾宗瑞 1946 年在上海创办泰昌祥轮船公司,后到香港发展,带领儿孙创下不凡业绩,成为当时航运业巨头。大碶钟灵毓秀、人才辈出,还培育了著名音乐家周大风、"留学生文学鼻祖"於梨华、乡土文学作家鲁彦等文学艺术家。

　　大碶，是浙东著名侨乡。大碶现有海外侨胞、台港澳同胞 2900 多人，分布在 20 个国家和地区，他们中不乏工商、科技巨子。以顾宗瑞及其子顾国华和顾国和、严信才赵友飞夫妇、孙周月琴及其弟周敏国、陈怡良、叶杰全、严文英、江兴浩、王月明、陈秀松、虞惺等为代表的爱国爱乡人士，桑梓情深，慷慨解囊，资助家乡文教福利事业；或牵线搭桥引外资，或回乡投资办实业，为家乡经济建设做贡献。有 8 位荣获"浙江省爱乡楷模"称号，5 位荣获"宁波市荣誉市民"称号。

　　大碶民营经济发达，区域内有个私工商企业 2200 多家，工业体系以模具制造、电子电器、机械五金为主，是著名的"中国模具之乡"。距"东方大港"北仑港 5 千米，宁波出口加工区、宁波保税区（南区）均在境内，是开发热土和改革先锋。自然资源和农产品丰富，太白山茶叶、塔峙岙桂花、邬隘无核橘、牌门杨梅等为当地特产。作为北仑的"后花园"，当地有古阿育王寺遗址、千年古刹灵峰寺、保存完整的乐氏宗祠和新开发的九峰山风景旅游区。

　　大碶，1996 年被命名为浙江省"东海文化明珠镇"，2014 年获 2012—2013 年度国家级生态乡镇称号，2019 年被认定为 2018 年度浙江省美丽乡村示范乡镇，2021 年获 2018—2020 年度全国侨联系统优秀"侨胞之家"荣誉。

　　大碶街道，省、市级非遗项目及代表性传承人有：蛟川走书传承人乐静、唱新闻传承人应振爱、灵峰寺葛仙翁信俗传承人释可善、虎头鞋传承人乐翠娣、胡琴制作技艺传承人王忠康等。

第二节　大碶非遗传承人口述史

一、蛟川走书传承人乐静口述史

传承人简介

乐静,生于1948年,祖籍宁波北仑大碶湖塘村。父母和胞姐都是甬剧演员,记事起跟随家人在上海讨生活。受父母的影响和先施乐园曲艺氛围的熏陶,自幼爱唱宁波滩簧和宁波小调。1958年,随父母支援大西北。1962年,返回宁波落户成家,务农。1969年,经蛟川走书艺人汪康章先生启蒙、唱四明南词的胞姐指导,开始学习蛟川走书。1972年,在舟山六横演出成功,正式走上从艺之路。之后,主唱"蛟川走书",兼唱"犁铧走书",成为地道的宁波民间艺人。2005年,出版蛟川走书的工具书《奇葩留香》。2006年,收集30支老宁波小调,刻录光盘免费送人。花甲之年,自学电脑,开设"宁波民间曲艺"网站,建博客、微博,传播宁波文化。

系北仑区非物质文化遗产"蛟川走书"代表性传承人,第三批(2009年7月)浙江省级非遗项目传承人。其代表作品有《包公案》、《金刀传》、《五虎平西》、《白鹤图》、《宏碧缘》、《风云龙虎会》、《兄妹英雄传》等。

采访时间:2019年10月23日
采访地点:宁波市鄞州东钱湖灵湖新村1幢5号
受访者:乐静
采访人:沈燕红
口述整理:沈燕红、胡修远、沈姝辰
采访照片:随访学生张力文、徐赛、姚雨婕摄,旧照由传承人提供

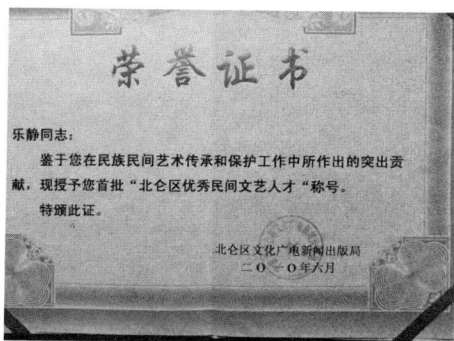

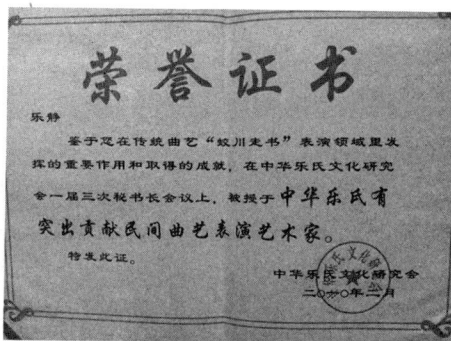

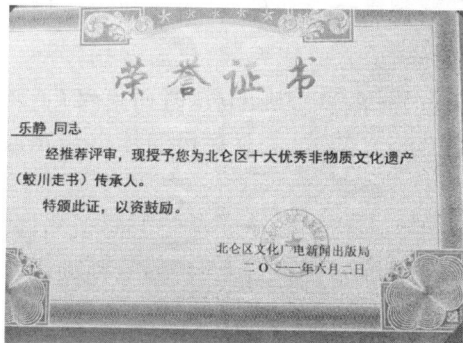

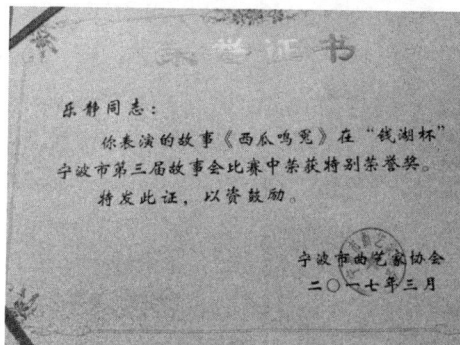

采访手记

宁波的声音
——访蛟川走书传承人乐静

蛟川走书是北仑民间曲艺中的一朵绚丽奇葩,它起源于宁波北仑,兴盛于镇海,2006 年被列为宁波市首批非物质文化遗产。我们一行,有幸采访了"蛟川走书"非遗传承人——乐静老师。

初见乐静老师,她穿着一身墨绿色镶金边旗袍,妆容精致,雍容华贵,神采奕奕,生于1948年的她依旧中气十足。乐静老师与我们畅谈她的艺术生涯。乐老师的父亲是一名音乐工作者,母亲也从事表演工作,姐姐更是在宁波甬剧团工作;从小她就生活在一个戏曲的环境中。蛟川走书的曲调与甬剧的曲调大体一致。乐静老师骄傲地告诉我们:她学习蛟川走书十分轻松,因为其中的曲调她从小便听,学习起来事半功倍,这样的天赋是多少学习蛟川走书的人羡慕不来的。

但学习蛟川走书也是极其考验即兴发挥本领的。因为蛟川走书中,演唱的人需要自编自导自演,它没有固定的台词,又需要唱词的押韵,所以即兴发挥的能力高低决定了表演的好坏。蛟川走书表演至少需要三人:两位演奏扬琴和二胡,曲调勇猛刚强;一位一边表演一边时而做旁白,时而扮男声,时而扮女声,转换自如。一场完整的蛟川走书表演需要整整三个小时,这对演员的体力与功底是一个极大的考验。

而乐静老师在蛟川走书上的天赋让她的事业在改革开放时期走向了巅峰。那是蛟川走书的旺季,整个宁波对走书的需求达到了顶峰,预约乐静老师的人络绎不绝。在那将近十年的时间里,乐静老师跑遍了宁波周边所有地区表演走书。但好景不长,随着娱乐活动的增加,蛟川走书受到了来自各方的冲击,受众面逐渐缩小。幸好还有一些愿意学习蛟川走书的人上门求学,对于积极学习的人,乐静老师向来是来者不拒。对于蛟川走书,乐静老师是真的热爱。

秉承着"活到老学到老"的精神,年逾古稀的乐静老师能熟练上网,现在还不断录制着《包公案》并将视频上传至优酷,还开设了宁波曲艺专栏,凭着自己对走书的满腔热爱,以民间艺人的身份,默默发挥着自己的力量。

如果你有缘来到宁波,一定要来听一听蛟川走书,听一听宁波的声音。

乐静口述史

漂泊岁月,戏剧人生

我1948年1月出生,71岁(虚岁73)。① 我是北仑本地人,祖籍就在北仑大碶湖塘,我的祖辈一直在那里。后来一家人随父亲去上海讨生活,我记事开始就在上海嘞。

我的父母都是搞宁波滩簧(甬剧前身)的,父亲是剧团的板鼓师,母亲是演

---

① 传承人乐静老师,1948年1月出生,71岁(虚岁73),为2019年采访时年龄。当地人一般出生即算一岁,过农历年即长一岁,俗称"虚岁"。日常询问年龄,大都报的是虚岁。正式场合,也会告知周岁。

员。母亲不但会滩簧，还会唱许多江南小调，后来做专职太太。受父母影响，我自幼爱唱宁波滩簧和宁波小调。

　　那时我们住在上海西康路，父亲在上海先施乐园上班。先施乐园是上海一个闹猛（方言，热闹）的地方，不亚于上海大世界，里面有甬剧、越剧、沪剧、京剧、滑稽戏等十几种戏剧的演出。我还没念书的时候，就跟着父亲一起去先施乐园，整天整天地看表演。所以，听着听着就会唱了。人家孩子小时候就是玩，跳橡皮筋、踢毽子；我小时候玩是唱戏，唱甬剧，唱越剧，唱各种戏。

　　1954年6周岁，我受上海堇风甬剧团邀请出演一名儿童角色，团长说服了父母亲，让我去客串一个月。这一个月的舞台锻炼，为我以后的舞台生涯打下了决定性的基础。记得那天我到堇风甬剧团报到，上午教了我四句台词，下午就演出。这是我第一次上舞台，我也不知道戏名，只知道是一部新排演的民国时期（背景）的戏。父母只当让我来玩玩，每天二毛钱的点心钱，根本不当一回事，但我的表演受到了长辈们的夸奖。自打堇风甬剧团演出后，我成了小明星。上海立艺甬剧团、众艺甬剧团先后邀请我客串孩子戏：在《田螺姑娘》《祝福》《济公活佛》等戏中饰演小角色。

　　1956年8周岁，我就读于上海澳门路第二小学。后来响应国家的号召，1958年12月的时候父母下放农村，我跟随去支援大西北。那个时候的我才10周岁，父亲已有50多岁。我的姐姐在另一个甬剧团，没跟我们一起去。人家都说"大西北遍地是牛羊，苹果树上长满了苹果"，我从来没在农村生活过，更不知道大西北，听了以后很兴奋。到学校里跟老师同学们告别：我要动身去大西北啦！人家祝贺我：好哇！支援大西北，光荣！

　　后来，我们乘了七天七夜的闷罐子火车到了西北。到了后，军用车来接。我们有站着的，有坐着的，都挤在车上，就像电影里放的那样。车又开了一天，我们终于到达了目的地——甘肃省天祝藏族自治县（原古浪县）大靖公社五星大队。车上的人眼睛鼻子全都"没了"，满脸都是黄沙。大队里的领导迎接我们：欢迎上海新户人家！并准备了一大锅的粥招待我们。因为当地没有大米，粥招待客人，算是最珍贵的级别了。就那样，我们住了下来，我在五星大队大秦街小学继续读书。那时大西北的环境非常恶劣，生活条件异常艰苦。住了四年，我们决定回来。

　　1962年14周岁（虚岁16），为了要生活，我的爸爸没办法，就把我许配给了郭巨的一户人家。我迁居到宁波北仑（当时属镇海县）郭巨，成了真正的农民。读书也罢，做农民也罢，爱唱爱跳始终是我的天性。为丰富农村文艺生活，大队办起农村俱乐部，发现了我这个文艺天才。逢年过节，我活跃在公社范围内（演出）。

1964 年 16 周岁起,我开始长期从事农村俱乐部演艺活动,活动范围扩大到全县。虽然条件比不上城市里的大舞台,但对我来说,每夜无报酬的排练、演出使我兴奋不已:不求钱财,只求舞台。俱乐部以演小戏、表演唱、对口词、快板等多样化的节目为主,在那里我又学到许多舞台经验。

从 1962 到 1967 年,无论是演大型的京剧样板戏还是小品表演唱,我都是骨干演员。其间,我见识了地方曲艺"蛟川走书",爱听大家讲走书大王朱阿根的故事,研究他小巧精悍的演出形式。而我产生浓厚兴趣并将表演"蛟川走书"作为终身职业,得益于汪康章先生的启蒙。

先生启蒙,胞姐指点

1969 年 21 岁,经蛟川走书艺人汪康章先生启蒙、唱宁波四明南词的胞姐指导,我开始学习蛟川走书。

汪康章先生是我的邻居,郭巨南门唱走书的半盲艺人。他 6 岁师从舟山六横沃阿定,学唱舟山翁洲老调,16 岁又拜蛟川走书著名艺人高礼刚为师,19 岁正式独立唱蛟川走书。他集创作、伴奏、演唱于一身,能拉二胡、敲扬琴、编故事,说、嚎、弹、唱皆佳。(那时他)因为"文革"而失业在家,做些杂工养家。

我以邻居的身份拜访汪先生,串门时听他讲蛟川走书。他夫妻俩平易近人,我放工后,吃过饭就去串门,每晚上听他讲蛟川走书。汪先生无意中成了我的启蒙老师。

他善于讲古代走书,也会唱抗日战争、解放战争、地下斗争、反特故事的走书。汪先生给我讲了唐、宋、元、明、清的走书片段,讲抗日战争的"五一兵站",讲解放战争的"保密局枪声",讲反特故事"厦门奇案",讲"红岩"、"党的女儿"……我真奇怪近乎文盲的汪先生哪来这许多知识,更佩服他的记性。

我觉得演戏像一潭清水,使人赏心悦目;说书就像无边的大海,天水一色,上下五千年,无所不包。说书人要样样懂一点,才能说出好书。怪不得有人调侃说:"唱走书的人是九仙,八仙上天了,留下第九仙为百姓唱走书呢!"如此曲种,我深深爱上了!

我提出要正式拜师学艺,可汪先生以唱走书现在是违法的为由,不收徒弟。其实宁波走书艺人授徒都是口传身教,并无剧本。若收了好徒弟,也不肯倾囊相授,要留点资本,自己没了绝活就变成"教了学生,饿死先生"。因此,为讨生活,人人都会留一手,大都不爱收徒。我一直称呼长我三岁的汪先生为"康章哥",但心里认定他是我启蒙老师。

没正式拜师,就没人传书于我,也就没书可唱。但我已经决定要成为一名蛟川走书艺人,我相信自己有能力和毅力,有条件能实现(这个愿望)。

我决定自己写台词,来个死记硬背。旧书都是"大毒草",我买了一本刚上书架的《海岛怒潮》,白天下地劳动,晚上煤油灯下先看书,有时看到凌晨2点。足足看了半个多月,熟记于心。再做"编剧",编唱词,配曲调,然后自我"导演",最后死记硬背做"唱书先生"。废寝忘食奋战一个月后,我决定试演一场。汪先生特地带着二胡、扬琴,亲自为我做伴奏。村里人笑呵呵地都带着椅子、凳子来听我唱书,还热情地鼓励我。我怀着忐忑之心,登上了书台。但我的首演失败了!

我请教汪先生,汪先生首先肯定了我的优点并鼓励我。他说我扮相俊美、表情丰富、吐字清晰、嗓音甜美、字正腔圆、出口成文,而且有毅力、能刻苦、接受能力强、爱钻研、有上进心,一定会成为一个出色的走书艺人。

他认为我所缺少的是唱走书的窍门。汪先生说,说书人要会"卖关子",才能把听众紧紧抓住,如果不会编"关子"也就说不好书。听师一席话,我茅塞顿开。先生所授的"关子秘籍",打开了我通向蛟川走书的艺术之门。

汪先生又说唱书必须要(通博):古今中外、歌舞小调,农耕渔樵、四时八节,历史野史、天文地理,测字算命、烟花柳巷,帝后龙孙、达贵官人,乞丐贱民、民间传说,都要学一点。哪怕学些皮毛知识,也会起到画龙点睛的作用,不至于牛头不对马嘴。要不,咋称"九仙"呢!不但要学会演唱,还要学伴奏,学二胡、扬琴、琵琶等乐器和乐理知识。

为了更好地表演蛟川走书,我又到胞姐那里学习取经。家住宁波的胞姐艺名金小玉,原是甬剧演员。"文革"时,甬剧团几近解散,胞姐变成了怀抱琵琶唱南词的说书先生。姐姐告诉我:"唱长篇大书要学会'拉路头',就是要即兴自编自唱,千万不能死记硬背。要按照情节选调,唱词落板要押韵,这样才能既通俗又文雅。"好在南词、甬剧、蛟川同根同宗,只是派系不同,还算对口。

我学的第一部书是姐教我的《母女会》。姐又让我认识了几位在农村场子里活动的同行,互相交流,互相探讨。我学的第一部长篇传统古书是水浒中的《武十回》。此书由原甬剧演员王力生编辑"关子"后变成用于演唱的宁波走书,由原宁波滩簧老演员崔定夫传教给我,崔的女儿又传我《羊城暗哨》。我开始有了唱书的资本。

姐和汪先生都教我说:先生领进门学一分,同行互助学二分,听众批评指点学二分,自己努力学五分,学无止境,能者皆为师。不但要学演唱,还要学音乐伴奏。要受得起批评、经得起磨难。

1972年24周岁,我带着盲艺人胡小毛琴师和学来的三部现代新书进舟山地区,在六横一炮打响——行话叫"落地红"。从此,我正式走上从艺之路。功夫不负有心人,从此我几十年如一日,如饥似渴地向艺海进军,开始了我的走书舞台生涯。

根在北仑，花开镇海

"蛟川走书"不是镇海的，是顶呱呱北仑的。外面都只知道"镇海蛟川"，其实是"北仑蛟川"，我跟你说。它为什么叫"蛟川"？因为这个北仑的穿山半岛啊，古时候有个民间传说。据传，舟山六横的桃花老龙投胎到霞浦一家百姓为女儿，长成大姑娘后在洗澡时被人发现是龙，龙受惊穿山入海，留下"望娘十八弯"。穿过的这个山，叫"穿山"，成了地名。母龙为"蛟"，公的是龙；龙本来生活在水中，"川"即水，"穿"、"川"又同音：这个"蛟川"，名字是这样取过来的。

1986 年之前，北仑是没有的，只有一个镇海县。1986 年的时候，镇海县分开了：一个北仑区，一个镇海区。因为本来全都叫镇海县——宁波镇海县，那么就叫"镇海蛟川走书"了。那这个"镇海蛟川走书"的艺人有个特点，什么特点呢？那些唱得大紫大红的，全都是北仑人，没有一个镇海人。镇海人唱红的，全是"犁铧走书"，没有一个是唱"蛟川走书"的。所以北仑才是真正的"蛟川走书"的发源地。我之前就说过"蛟川走书"根在北仑，红在镇海，花开镇海！

那么，宁波最早的曲艺其实是四明南词。四明南词很文雅，是文人书生他们自己写自己欣赏。喝喝茶，吃吃瓜子，闭着眼睛听，这些是要很悠闲很富裕的生活才能够享受的嘛。后来清政府倒台了，不是乱世了嘛，那谁去听这个东西呢？没人听。那些写稿的人都是当初考不上去的秀才，写的词、配的乐都非常好听，叫江南丝竹。唉，乱世了嘛，那你说这些文人干吗去？肩不能挑手不能拿，没办法过生活，就跑到农村里去了。那个很好听的调子就分出去，一部分被"宁波滩簧"吸收了，一部分被"蛟川走书"吸收了。

那么"蛟川走书"的源头又在哪里呢？我是听我的先生说的，也就是我的老师说的。先生说：太平天国失败了，有好多人都逃走了。一部分人往南边逃，逃到海边，逃到舟山，难以过日子，就拿了一个竹板，家家户户立门头，讨点饭吃。他们站在人家门口，哆嘎哆嘎（方言，象声词）唱几句，比如说，唱个《孟姜女》，主人就给他们一把番薯干。大家不是喜欢听故事嘛！渐渐地，有人唱得长一些，唱一段小故事或本地的新鲜事。后来呢，他们就说唱唐、宋、元、明、清的历史了，南逃的人很多是有文化的。大户人家就会把他们请到自己的家里，在堂屋里唱一夜，一宿两餐，再给几个钱。那个时候是没有乐器的，就这样清唱，后来一步一步慢慢才有乐器配合。就那样，在舟山地区形成了一个翁洲老调，是一种走书艺术。我先生的先生，是舟山人，就唱翁洲老调。这个后来很赚钱，唱红了就慢慢向北发展，有的往（北仑）穿山，有的往（北仑）郭巨发展。

舟山的翁洲老调传到北仑的时候，正是四明南词没落的时候，艺人没钱赚了。他们虽然感到翁洲老调唱的那个词不好，调也不好，很粗的"下里巴人"，可是赚钱呐！我这个"阳春白雪"也想赚钱！于是一部分人加入了翁洲老调的艺人队伍，用四明南词的调子对翁洲老调加以改造。翁洲老调到了北仑后，形式就不一样，调子也不一样，有动作有伴奏了，那就改成了"蛟川走书"。

后来又有一部分艺人，是"宁波滩簧"的，想要改革、改良甬剧。他们觉得四明南词的调子很好听，也把那个调子加进去了。我小时候，立艺甬剧团里主要的音乐负责人，就是从四明南词过去的：比如周庭发，是我爸爸那个时候的导演，所有人都是听他的，他把南词调子放到甬剧里去。很多前辈甬剧演员，就是唱四明南词出身的，如董风甬剧团的贺显明、徐凤仙，等等。所以，甬剧的调子和蛟川的调子啊，很像。

北仑这个"蛟川走书"有什么不好呢？它的局限性大。

一是传唱的地域范围太小。真奇怪嘞，就隔了一条甬江，江南是北仑，江北是镇海。江南喜欢"蛟川走书"，江北就是喜欢"犁铧走书"，人们说"蛟川走书"是镇海的走书，可是他们喜欢的却是"犁铧走书"，不喜欢"蛟川走书"。过育王岭到鄞县地界爱听犁铧走书，进育王岭北仑地界爱听蛟川走书。所以，蛟川走书局限在北仑区，而且几代蛟川艺人都出生在北仑区。

二是"蛟川走书"比"犁铧走书"要求高，造成了它的局限。"宁波走书"分两支：一支是"蛟川走书"，一支是"犁铧走书"。"蛟川走书"吸收了其他艺术的长处，已经改良；"犁铧走书"是真正民间的，说话非常土，调子从田里来。这两支走书的要求，一直是"蛟川"高，"犁铧"低。"蛟川走书"最少三人，必须扬琴、二胡伴奏；"犁铧走书"则可二人一台书，一把四弦琴，一名演员。"蛟川走书"温文尔雅，有南词风韵；"犁铧走书"勇猛刚强，有俚俗风貌。"蛟川走书"的艺人需要三年学徒，才能满师，因为要求多，唱出来的字句要押韵，故事情节要背熟，有点像评弹；"犁铧"没事，两三个人只要会唱了，站在台上不慌张，谁都可以去，因为"犁铧走书"很土，没什么要求。

北仑以外，宁波地区的象山、余姚、宁海、鄞县、慈溪、奉化，镇海骆驼，全都爱接受"犁铧走书"。北仑这个地方太小了，外面都是"犁铧"，都把你包围了，像抗战时期的农村包围城市。不管你到什么地方，人家问你唱什么，回答说唱"宁波走书"。现在"宁波走书"发展成国家级的，其实就是这个"犁铧走书"，"蛟川"只有省一级。那按我们内行人的话来说："犁铧走书"，它唱得真正的不地道，也是国家级的；我们"蛟川走书"弱弱的，躲在北仑豆腐干一样的那么一块地。

走遍甬舟，唱进书场

过去北仑地区的百姓们，逢年过节、婚丧喜事、迎佛送神、做寿拜生、庆典祝贺都会请蛟川走书艺人来唱上十天半月。上档次的艺人更是发展到宁波、上海城里的茶室书场，水平差一点的艺人则在乡村、海岛。

为了能长期演唱，我主唱蛟川走书，兼学犁铧走书。春季在农闲地区唱，夏季到休鱼期海岛唱，秋季到棉花地区唱，冬季到水稻地区唱。几十年来，我走进舟山的深山冷坳、孤岛野村、乡村市镇，走遍宁波过去的七县一市，最后唱进了乡镇书场、舟山书场、宁波书场。

我正式的走书生涯大致可以分为几个阶段。

1972—1976，"文革"期间，唱书就像搞地下工作，全靠老百姓支持。一次在鄞县高钱村偷偷唱水浒《武十回》，群众非常欢喜。十几年没听到传统古书了，村民扶老携幼、成群结队地来听书。我眉飞色舞，演唱劲头十足。书台下鸦雀无声，个个聚精会神。正听我绘声绘色讲武松杀嫂时，二个"放哨"的听众急闯入场，大喊："公社联防抓人来了！"这一声犹如炸雷，听书群众骂骂咧咧地乱成一片。

果然联防队来了！我不慌不忙解下桌围，连同扇子、茶杯、静木，一起交给听书的群众收藏，盲人琴师早有群众把他转移到安全地方。我取出道具——一条围裙、二只袖套，摘下深度眼镜，打扮成一个听书的村妇，很随意地迎着联防队员走出大门。联防队员只知道抓一个"戴眼镜的女唱书"，怎么也想不到这女唱书竟在他们眼皮底下大模大样走掉了！

1976—1986，"文革"结束后十年，是我唱书的旺季，一年要唱400场。那时，人家要我唱书需预约，最起码提前一个星期，否则请不到。有时候他们就过来抢的啦。我跑出去外面唱书，就是连着唱，过年都没工夫回家。一年365天，我最起码要唱400场。怎么会400场呢？下午一场、晚上一场，就等于两场了嘛，那一年不就400场了。三个小时一场，一天要整整六个小时还要多。人家听得入迷，还要求再长一点，再长一点。六个多小时嘴巴不空的，我一空下面都鸦雀无声：你说多辛苦啊！

那是难忘的岁月，群众听书的热情如此高涨。记得我应邀去鄞县大嵩区演唱，在大嵩东村大会堂"站无虚席"（没法坐，只能站）。附近村里来联系演唱要排队论先后，我比别人书费高5元一场，而且村里要求唱10场，我只能答应唱7场，因为来预定的村子太多了。在咸祥书场一连唱了100多场，买票的听众每天拥挤得不行，后来干脆买月票。也是在这里我教了第一个徒弟陈素英——后改名王梅芳，鄞县人。

有一个春节，我在北仑的三山（现在的春晓）演唱，会堂里站不下那么多听众，只能在晒谷场搭台唱。那时天下大雪，台下听众们打着伞，抱着火囱，坐在长凳上拥挤取暖；台上拉二胡的旁边生着一只煤球炉子，敲扬琴的怀抱着一只热水袋，我在没有扩音设备的露天书台上，冒着雪唱《三花奇缘》。这村唱罢那村又唱,听众是追着我听,我唱到哪儿,他们听到哪儿。唱完整个正月,我收了第二个徒弟黄燕君,才16岁,慈溪人。她唱了十年书,后来改行。

在慈溪观城书场唱书时,来了一位刚学走书的女演员。她自我介绍叫沈健丽,是三个孩子的母亲。她学了一本《宝剑金钗》,觉得不够,要拜我为师。我觉得她年纪才小我三个月,徒弟应该年轻些才好,加上她有家庭负担。我就对她说:"学书要时间,经济对你来说很重要。你已经能唱了,在演唱中能逐步完善,不用刻意拜师。"后来她果然在演艺界逐步成熟,在丈夫的帮助下成名。

舟山地区是每年必去的。舟山书场年年跟我定下隔年(方言,明年,下一年)合同,而且我在各书场演出票价都比别的演员高一毛钱。让我印象特别深刻的是,我乘船还没到书场,听众早已客满。我似乎走遍了大大小小的舟山各岛,腥味的海风很怡人。每到休渔期,我就在豪放的渔民家中吃"百家饭"。舟山人爱自己的家乡。他们说:"全世界中国最好,全中国浙江最好,全浙江舟山最好,全舟山我们这里最好!"所以就连青浜这样一个2000平方米大的小岛,女儿也不肯嫁往外地。

1980年32岁,经过考核,我加入镇海县成立的民间曲艺小组。从这以后我的足迹从海岛、山村、乡镇扩展到城市书场。不但扩展了地域,而且艺人间有了互相讨教的机会。我有幸先后拜会了前辈老艺人王永兴、汤鑫生、刘兴耕三位老师,他们给了我许多帮助。王老师是唱书艺人,他给我讲"关子"如何产生,分"明关"、"暗关"、"急急关"、"拉关";汤老师是南词琴师出身,他讲了许多笑话,行话叫"插口";刘老师在图书馆工作,给了我一本查历史的小册子,叫我查考。我如获至宝,事实证明前辈的帮助对我起了很大作用。

1986年镇海县分为镇海区和北仑区,当领导问我留在镇海区还是北仑区时,我毫不犹豫地选择了北仑区。38岁,我成立了个体经营的北仑曲艺队,属北仑文广局领导,有了正式营业证。

1986年以后,电视机多了,各种文娱活动多了,走书渐渐走下坡路。冲击最大的是农村里打麻将。为什么呢?听书有听书的一批听众,看戏有看戏的一批听众,只有打麻将谁都会去打的。我给你说,假如他在那边做戏,我在这边说书,影响不到我的。记得有一年,我白天唱书,晚上她们做戏。结果白天的人很多,晚上听戏的人没有了,主角逃走了。戏台班子的人晚上敲门来了,着急地说:先生先生帮帮忙!我说:帮什么忙?她说:我们的台柱逃走了,只能把其他的角色提上去了。请您演一个老太太,她的儿子要上京赶考嘞,给他话别多叮咛几句。那我给她去救场,跟她说好,不要你钱,但只救一次场。我演完任务完成,早点回来休息了。她又来敲门说:六十块钱给你。我说:这什么钱?我不要工资,不是跟你讲过吗?他说:这是彩钱,观众丢上来的钱。哦,这叫彩钱,那我不懂,反正我和做戏的不一样。

随着电视的普及、麻将牌的盛行、文艺生活的多样化,走书逐步衰落。许多老艺人去世,中年人转行,北仑区唱走书的也就剩下余金虎、梅企泉、朱雪亮和我四个艺人。第二年,我加入了区曲艺协会,后又加入宁波曲艺协会,不久又转为宁波曲艺家协会会员。我有了演唱证,不用再每个月来回跑着开介绍信了。只是余金甫、梅企泉先后转行,不久朱雪亮谢世。此后我夫妻母子同台演出,成了家庭组合,我自封为北仑曲艺队队长。

有人见北仑地区喜欢蛟川走书,也想来赚些钱。于是叫上一人敲敲扬琴,说"我也是蛟川走书"。我叫他"伪蛟川",现在跑进北仑来的都是"伪蛟川"。真正的蛟川走书艺人没有啦,就剩我一个传承人以及我带的几个徒弟了。

毕生追求,奇葩留香

20世纪90年代的时候我就问一些年轻人:"你们知道宁波的曲艺是什么吗?"他们说:"什么曲艺? 不知道。"我又问:"那宁波的戏剧是什么?"他们回答说:"宁波是越剧。"我告诉他们宁波本地剧种是甬剧。我又问他们:"知道宁波小调和宁波走书吗?"他们摇摇头,用奇怪的目光看着我,好像我是天外来客!

反正宁波的曲艺什么的都不知道! 那我心想惨了,唉,我们老一辈过去(过世)以后,他们这一辈全都不知道了,老祖宗留给我们的艺术、宁波百姓的根要没有了! 那个时候没有"非遗"两个字的,没有像现在那样抓得紧,我就感觉到这些东西都要走末路了。那时的年轻人特别地崇洋,什么东西都说外国好,连月亮也是外国的圆。20世纪90年代就是这样的风气啦,崇洋媚外!

那个时候我就收集(资料),想写一本书,为的就是把蛟川走书传承下去。这本书相当于是工具书,里面有说书不可缺少的堂威、赋子、开相、打扮、诗句、风景、摆设、拳脚、刀枪等等,还有走书选段、书帽等:这些老先生是保密的。假如你要学唱书的,这本书就是宝贝;假如你不想学唱书的,这本书就是一根草,啥也不是。

我就自己收集自己写,写了这么一本书,叫《奇葩留香》。为什么叫《奇葩留香》? 因为那时的年轻人看到我们说书的,就像看到奇葩一样,觉得我们是天外来客一样的。他们喜欢摇滚,反正一些外来的东西是潮流,而我们的东西是奇葩。《奇葩留香》2005年由民族出版社出版,书是自费的,花了一万多块钱。谁也没有叫我弄过,自己弄的。我是民间艺人,自负盈亏。

2006年58岁,我收集宁波民国时期的流行小调30首:我的孙女帮我打字,我自己唱,请宁波的姐夫给我拉二胡,用录音机把我唱的全录下来,先后录制了5个光盘。为了能让大家听懂,我儿媳妇全给我打上字幕。我自费花钱免费送人,送了500多盘。

有一次全国"乐氏研究会"在宁波召开,我姓乐,也去参加了。哎呀,我想带些什么礼物去呢?那我就带了这个光盘,分给他们。开会了,大家说这一次到宁波来最大的收获,就是带走了宁波的文化,也就是我的这个光盘!你说这句话听着舒服伐(方言,吗)?唉,宁波的文化!这是宁波的文化、宁波的文明、宁波的根!

还有一次我跑到电视台参加宁波的达人活动,就这样说:"我希望有一天,你从火车或者飞机一下来就能听到宁波的声音,比如说宁波的甬剧、宁波的走书。那你就会感到,哎呦,我到的地方是宁波了,有这样一种感觉。不要一下来就猪八戒背媳妇,全都是北方的东西,感觉不到我已经到宁波的家了。我希望宁波的电视台有宁波话!"那时宁波电视台还没有贾军的宁波老话节目《阿拉讲大道》。我说:"宁波的声音其实是我们宁波的根,一点不能丢!"所以,那时采访我的人特别多,宁波晚报、钱江晚报的记者全来了。他们问我:人家要你这个光盘,你什么价格?我说:不需要价格!他们说:你这个版权不要?我说:什么版权,我又不是为了赚钱,为了赚钱我干吗那么累!

后来人家说了:你这个刻光盘太麻烦,你应该学电脑,然后上传。为了更好地把蛟川走书、犁铧走书、宁波小调、宁波滩簧、甬剧、唱新闻都推向社会,让更多的年轻人了解它、喜欢它、接受它,我年过花甲学电脑;还开了"宁波民间曲艺"网站,把我收集到的各个宁波民间走书艺人现场演出,都摄制成视频放到网站上;把我知道的民间故事发到博客上,在微博上介绍宁波蛟川走书,呼吁大家关心。你只要网上搜索宁波走书、奇葩留香、乐静等关键词,就会在优酷视频网等上面看到我上传的作品。

2009年61岁,3月,成为宁波北仑蛟川走书传承人。

2009年61岁,10月,成为浙江省第三批省级蛟川走书传承人。

2010年62岁,成为市级宁波小调传承人。同时评为北仑区优秀民间艺人。受邀成为宁波东钱湖旅游学校传承宁波走书教授、指导老师。在新的形势下,我又收了徒弟张玲球,她是带艺拜师。我为东钱湖社区编写大型清装甬剧"钱湖情缘",为表演唱段谱曲;为北仑区新四军历史研究会编写革命历史故事《江南武工队》《宁波江姐——冯和兰》。

2011年63岁,获授省级北仑区十大优秀非遗蛟川走书传承人。

2012年64岁,元旦,我又一次登上蛟川走书舞台,在宁波城隍庙民乐书场演唱《包公案》。一连二十场,场场爆满,唱了个满堂红!从这以后,我开始又活跃在"江湖上"!开始写作"宁波趣话"、"宁波闲话"、"宁波小调",近50万字,于2016年完稿。

2013年65岁,二次成立东钱湖旅游度假区乐静曲艺队,担任队长。

2015年67岁,由宁波曲协举办"蛟川走书专场录制"。

2016年68岁,加入浙江省曲艺协会。

2018年70岁,北仑电视台录制走书《包公案》20小时。我还自费先后买了两台家庭摄像机,录制下《包公案》、《金刀传》、《五虎平西》、《白鹤图》、《宏碧缘》、《风云龙虎会》、《兄妹英雄传》。总之,别人点哪一本书,我就唱哪一本书,同时录制哪一本书。10月,收蛟川走书男女徒弟8名,并辅导排演节目。

2019年71岁,继续在基层乡镇、文化礼堂演出和参加公益活动。

蛟川走书,是我毕生追求的事业,我要尽我全力传承发扬它!我就是要把宁波声音留下来,我要把宁波老底子的文化留下来,我要把宁波草根文化留下来。

二、唱新闻传承人应振爱口述史

传承人简介

应振爱，生于 1940 年，出生地镇海，现为宁波市北仑区大碶街道坝头社区人。自小喜欢文艺，11 岁就能唱抗美援朝、保家卫国的事情。会唱甬剧，会唱京剧样板戏，会唱小调，会拍戏演出。因传承非遗需要学唱新闻，65 岁正式拜师第三代传人盲艺人顾阿火先生，新闻一唱已有 15 年时间。为使老祖宗遗留的文化继续得到传承，收爱徒蒋晗朦小姑娘，悉心调教，开发潜能，使其在文艺界颇有名气。

系北仑区非物质文化遗产"唱新闻"代表性传承人，第二批（2007 年 6 月）浙江省级非遗项目传承人。其代表作品有《处理》、《计划生育就是好》、《和谐家庭》等。

采访时间：2019 年 03 月 23 日
采访地点：宁波市北仑区大碶街道周隘陈村老年房
受访者：应振爱
采访人：沈燕红
口述整理：沈燕红、胡修远、沈姝辰
采访照片：随访学生徐文静、吴沛寒、马家辉、张力文摄，旧照由传承人提供

采访手记

结缘与传承

——访唱新闻传承人应振爱

唱新闻,是浙东地区比较流行的古老的地方传统曲艺,在北仑、镇海、鄞州、象山、奉化一带尤为普遍,曾称为"三北新闻"、"宁波新闻"。唱新闻的历史悠久,距今大概有百余年。最初起源于南宋时期盲人唱"朝报",后来由唱官方新闻演变为唱社会新闻。

我们前往大碶,拜访唱新闻传承人应振爱老师。应振爱1940年8月出生,镇海人。得知我们的到来,老人家十分热情地接待了我们,并讲述了自己的前半生经历及与唱新闻的结缘。老人家八十高龄了,但岁月并没有在老人身上留下很深的印记。第一眼看到的应师傅:红润的面颊,稳健的步伐以及有条不紊的谈话,让人深深地感慨,不愧是唱新闻的传承人!

提及和唱新闻的结缘,应振爱表示这与自己的业余爱好有关。他11岁时就站在凳子上,唱唱调子,讲讲抗美援朝,宣传保家卫国。退休以后,由于有文艺特长,大碶文化站招他进站。他64岁时,响应非遗传承号召,去学唱新闻,将之传承下来。

第一次上台表演,他唱的是自己编的《计划生育就是好》。唱新闻基本上是一个人唱,也有两个人唱的,调子也很简单。唱新闻是没有配乐的,就一个鼓,一个锣。表演时,演唱者右手挟一根鼓杆及打锣木片,左手提一面小锣,腿上还搁着一只小鼓,边唱边用鼓槌或锣片有节奏地叩打鼓或小锣。为了让我们了解得更清楚,应老伯直接拿出了道具,现场给我们表演了一小段。

他收过两个徒弟,其中一个徒弟叫蒋晗曚,当时只有9岁,是大碶实验小学的学生,她的父母对学唱新闻也十分支持。但现在上中学,学业比较重,没什么时间学习唱新闻了。但通常有表演,都会让她来唱,是让她不要忘记,继续培养兴趣。后来,她的表演能力也越来越好。有一个表演,就是应老伯写的一个戏,叫她扮奶奶,应老伯扮孙子,演出效果非常好。说着,应老伯就站起身,指着墙上的剧照给我们看。

他对徒弟的要求是一定要讲北仑本地话。因为唱新闻最难的地方就是用土话来唱。而现如今越来越多的年轻人都不会或不说方言了,年轻人也大都听不懂在唱些什么,所以唱新闻未来是否能继续传承,应振爱也表示担忧。他希望能够多点年轻人学会唱新闻,将已经传唱了百年的非物质文化遗产一直传承下去。

应振爱口述史

我自小喜欢文艺,65 岁拜师学唱新闻

我 1940 年 8 月出生,今年虚岁 80,出生于宁波镇海。1963 年我调到北仑大碶粮管所工作,居住芦山村庙后路 33 号职工宿舍,宁波市北仑区大碶街道坝头社区人。后因拆迁,搬到了现在的大碶街道周隘陈村老年房。我老婆就是周隘陈村人。

我父亲原在镇海的一家米厂当会计,但我 10 岁的时候父亲去世了。当时家里相当的穷,我还有两个阿弟,全家就靠我的母亲。那时候我母亲就是靠做裁缝,手工给人家缝衣服,那样也不能维持生活。于是我 11 岁就跟着人家落泥涂,在镇海后海塘捡泥螺、捉螃蟹,补贴家里生活。1958 年我 18 岁,在镇海久丰纱长当学徒,十三块五角一个月。食堂的汤不用花钱,其他的菜两分几分的,基本上能养活自己,但是不能照顾母亲。

1962 年,我到了宁波轻工业局供销科。到供销科这段时间相当短,因为年纪轻被人家看不起。轻工业局供销科要管宁波四十多家厂,轻工业原料分配这些都要管。那我一个小年轻,坐办公室当干部,被别人看不起。实事求是地讲啊,像现在要培养青年人什么的,过去没有的。因此,在轻工业经销科呆了几个月后,精兵简政下放到宁波玻璃厂,很复杂的嘞,来来去去。在宁波玻璃厂工作了一段时间,接着就回家了。1963 年经济回涨,我到大碶粮管所当临时工。当时我单身,住在粮管所站里。结婚后,住到粮管所家属宿舍,就是庙后路的芦山村。粮管所工作,一直干到了 50 岁退休。我不是生病退休的,当时省里有一份文件,工龄 30 年以上,年龄 50 岁可以自愿让子女顶替工作岗位。因为我的儿子工作很辛苦,而粮管所很轻松。我想让我儿子轻松点,所以我就提前退休了。

我是喜欢文艺的。11 岁的时候,我就在街头站矮凳子上,唱唱马灯调,讲讲抗美援朝、保家卫国的事情。那时候不像现在有舞台,过去长板凳一根,两个人站在上面,就开始唱调调,宣传抗美援朝,让大家参军去。后来宣传婚姻法,我就排戏了,就那么一集一集排下来;再到"三反"、"五反",后来到"文化大革命"的时候也排戏,那时候排的是甬剧。

我50周岁退休以后，原大碶文化站姓高的站长看我会讲文艺，就把我招进去了。刚开始没工资，怎么办呢？就叫我给他们弄饭，后来我就把他们的招待所食堂（当初叫大碶公社食堂）给承包了，就这么赚了一些钞票。多余的时间我开始写小品，其实我文化程度交关（很）低，只读了三年的书。在文化站，我因此非常虚心向人家学习，经常会写一些作品。后来文化站的乐炳成老师看我这么会写，就辅导我。我一写出作品，就给他看看，可以改的地方他帮我改。我也有很多作品上了宁波文化馆的群里，比如说《处理》。我写这则小品的思路是怎么出来的呢？是因为我看到上面号召植树造林，但是有些人绳子一根，拉在两棵树之间，用来晾衣服，给树挂得歪倒了。这是错误的，要对这种行为进行纠正。我就用这个事情写出了一个小品，效果挺好，还得了奖。

64岁的时候，我在文化站没什么事做，就给他们帮帮忙，晚上给他们管管门。后来大碶办周大风艺校，周大风是宁波籍著名作曲家、音乐理论家、《采茶舞曲》的作者。当时的大碶街道文化站站长周山涓是周大风的侄女，我就在那里给他们帮忙。结果上面来文件了，非文化物质遗产要有传承人了。当时唱新闻的这个非物质文化遗产在象山、鄞州、镇海、奉化都有，大家都要抢哎。哪个地方能抢到，对领导来说也是一个工作呀。大碶唱新闻的老一辈顾阿火，在宁波很有名的。周山涓站长寻来寻去，没找到合适的传承人，叫我："老应，老应，找来找去找不到人，你会唱甬剧，会唱小调，会演出的，你给我去学唱新闻去。"我说：不要，65岁的人了，再去拜师傅啊？我这样回绝，那她也没办法了。

实际上从我自身来讲呢，我对这唱新闻不是很爱好。我喜欢唱各种小调，特别是甬剧。京剧、样板戏我也都会唱的，比如《红灯记》《沙家浜》《智取威虎山》等，都能来几段，现在也还是能唱的，就对这唱新闻不感兴趣。过了一个月，他们敲紧急锣鼓，人寻勿着（方言，找不到），住在敬老院里的顾阿火先生得重病，差口气了。那大碶唱新闻传承人要没了，非物质文化遗产要被别地方人拿走了，所以叫我去顶替的，是这样子的，我实事求是讲的嘛。

那我也想，这是我工作的一部分，应该支持。拜师的时候不要太热闹！电视台紧紧跟着，一路走进去一路拍进去的。这样子正式拜师傅，有仪式的。我去拜师的时候，师傅给我唱了一段他在敬老院今天吃的什么饭，明天吃什么饭，院长对我们怎么好，生病了怎么关心，随口就唱出来，十分形象生动。实际上从我拜师开始到我最后演出，中间的每次考核，电视台都有拍录。拜师以后，要买敲的小鼓，到处没得买。后来到柴桥去买，电视台也跟去了，拍进去了。柴桥老街有一个老同志做小鼓的，那就去预订了。我从老街走进去，电视台摄像跟着，一直摄到店里。柴桥街道两旁的村里人都在看，这不知道是什么人呀？一个头发雪白的老头。哈哈！

后来,我信心也足了,领导弄得这么隆重、这么支持,这花头是有的(方言,比喻有妙处、有意义、有前途等),这样子我就学下去。师傅顾阿火先生是个瞎子(方言,盲人),过去唱新闻都是瞎眼(失明)的。每次到师傅那里去,我就给他买些饭菜去,直到师傅身体已不行了,我要学也不能学了。

过了一年多,我就登台演出了,唱的是自己编的《计划生育就是好》。那时候场子都是满的,在大碶文化馆剧场,每个人的表情都不一样。第一次演出是我印象最深刻的。

唱新闻历史悠久,我师傅是第三代传人

唱新闻是浙东地区流行的一种民间曲艺,一种说唱形式,过去也叫"三北新闻"、"宁波新闻",在阿拉(我们)北仑、鄞县、镇海、奉化、象山和舟山一带交关(非常,很)普遍。

唱新闻已经有100多年的历史,过去叫"唱堂会"。一个盲人,一面小锣,一个小鼓,走村入户,在人家的堂前、明堂这样的地方,用方言说唱老百姓自己的故事。唱新闻是最底层的艺人,比唱戏的还低等。唱完以后,听唱的人会给一些米呀、番薯呀,作为报酬。有些听戏的人生活也非常苦,有可能唱完一天,唱的人什么东西也没拿到。所以,过去大多数唱新闻的人都是很可怜的。

盲人唱新闻有"三最"、"三不"的特性。他们主动送唱上门与老百姓最接近。唱的内容全是人们身边所发生之事,最贴近生活。唱罢任凭听众自愿出钱,他们的劳酬最低廉。盲艺人且耿直无畏,不怕贪官权威,不怕歹徒作恶,不惧生命安危,将真人真事直言不讳编唱惩恶扬善新闻,唱出老百姓敢怒而不敢言的心里话。故而较受人们欢迎。

唱新闻,从唱"朝报"演变而来。朝报呢,就是朝廷的报纸、官方的报纸。唱新闻开始于清末光绪年间,主要流传宁波三北地区,故称为"三北新闻"或"宁波新闻",主要唱社会新闻。新闻的内容哪里来?有人专门收集民间逸闻趣事,比如他坐到剃头店或者茶坊里,听一些百姓聊天的家长里短、日常琐碎,如某某媳妇怎么、怎么样等等,然后记在脑子里,晚上就可以去唱了。但是不会指名道姓地唱,就唱这样的一件事情、一个现象。唱新闻实际上也蛮好的,不用特意编剧本。他脑子想一下就可以出来了,就可以唱了。过去从事新闻演唱的都是盲人。演唱的内容多是当地街头巷尾流传的一些古今故事,伴随流行的小调。

唱新闻一般在堂前、晒场、街头、庙会、码头等等的地方表演,按照地点不同,分别叫唱堂会、唱灯头、唱门头、唱航船……也就是只要有人的地方就能唱。最多是在天热的时候,晚上乘凉的地方。人们三三两两,端着小凳子,围成一圈,一边摇着蒲扇,一边嗑着瓜子,听艺人唱新闻,跟着故事情节起伏或悲或喜,或开怀

大笑或义愤填膺,或思考一些生活道理和人生意义。新闻散场,各自回家,生活依旧一样过。

新闻多是一人演唱,也有两人对唱。调子也很简单,有三四种,一个像甬剧的调子。对于唱历史人物这种我不是很清楚,但是过去打官司什么的都是有。有一个《三县评审》,那是我师傅创作的,我没有那么大的本事。伴奏也很简单,只需一面小锣、一个花鼓或者一个大饼鼓、一块笃笃板就可以。艺人在演唱时,右手挟一根鼓杆及打锣木片,左手提一面小锣,两膝膝盖上按着一只小鼓。演唱前先打击几番,俗称"闹场"。"闹场"结束,开始演唱。开头往往会先唱一个"书帽子"。"书帽子"的唱词以四句或六句为常见,如:

(四句)天上星多月不明,地上人多出新闻,新闻出在何方地? 某某乡里某某村。

(六句)天上星多月不明,地上山高路不平。海里浪大船不稳,河里鱼多水要混。朝中官多出奸臣,世上人多出新闻。

"书帽子"拖腔一完,即转入正书。正书里有说有唱,一场唱罢,再敲打几番锣鼓,接着说唱。我现在记性不太好,头天晚上准备的词,第二天唱着唱着,忘了下边的内容。那我就多敲几下鼓,一边加一些其他材料,一边回忆正书内容,绕着绕着,又把故事接上。我已经有舞台经验,观众也听不出来。

新闻书目有两类:一种是小书目,也叫开场书,比如《光棍调》、《打养生》、《游码头》等;一种是大书目,也叫当家书,有《拆鸳鸯》、《三县并审》、《杨乃武与小白菜》等。

北仑唱新闻的第三代传承人是我师傅顾阿火(1912—2007),大碶后洋村,是宁波市的代表人物。顾阿火出身贫苦,6岁时生了一场病,发热,当时医疗条件不好,结果双目失明。9岁时母亲不幸过世。为求生计,12岁拜当地盲人唱书先生陆中狗为师,传授的方式:口传、耳听、心记。他悟性极高,又勤奋好学,唱新闻时口齿清楚,声情并茂,很受群众欢迎。

我师傅很有名气,被大户人家请去,连续唱三天6小时,每天2小时,在当时艺人中比较少见的。我师父还经常到象山港,船靠码头停下来了,他就在码头上唱新闻,唱完了以后这条船给一些鱼,那条船给一些鱼,第二天他就去卖掉了,那这钱就多了。他的生意在艺人中还是最好的。

他还根据听到的消息自己改编,并在表演、唱腔等方面进行探索性的改革,成为盲艺人中的佼佼者,且是坚持创作的为数不多的艺人之一。他所演唱的《三县并审》,就是根据清末年间,慈溪一祝姓人家由于婚姻纠葛而引起慈溪、镇海、鄞县三县官同堂会审的真实故事编成。

1937年，誉称民国"文胆"的陈布雷及夫人王允默来大碶省亲扫墓时，在鼎家弄听过陆中狗与顾阿火等徒弟唱新闻，并许诺支持盲人唱新闻的具体办法。但抗战（全面）爆发，此事无果。1937年农历十一月十一日在大碶头天宝堂聚集来自奉化、慈溪、象山、舟山、岱山等地五十余位盲艺人，此日定为"盲艺人唱新闻日"。1943年，后来任浙江省副省长的王博平曾登门请顾阿火参加抗日救亡宣传活动。

新中国成立前，新闻艺人是社会底层的卖唱艺人；新中国成立后，生活有了改善，他们大多参加了曲艺团体举办的现代新书目学习班和交流演出，演唱水平不断提高。改革开放后，唱新闻受到各级文化部门重视。省、市专门为顾阿火先生拍摄了专题节目。

顾阿火先生新闻唱了八十多年，一直到95岁去世。现在师傅的唱新闻传承人由我接班，我从拜师到现在已经唱了15年。

说唱过时观众渐少，坚持收徒传承非遗

社会先进了，现在我们有报纸、有电视，新闻每天都可以知道。现在的手机还要快，一边新闻刚出来一边马上就知道了。过去只有广播，再早的时候广播也没有。我只知道我小时读书的时候，自己做了一个矿石收音机，铜丝圈绕两圈，很简单的，能收听一些新闻，已经很宝贝啦。

现在表演唱新闻，不同的人有不同的反应。对老年人来说，这种形式已经好多年没有听说过了，看看表演，回忆下过去事情；对中年人来说呢，就是不知道唱新闻在唱什么；对少年来说，他们不要听，因为少年读书都是讲普通话，我们唱新闻都是要讲土话。实际上味道老扣（方言，不对味，不喜欢的意思）啦！在整个社区演出或晚会表演中，新闻唱一场8分钟左右。有时候根本没人在听，他们说：多唱唱什么？赶快下来。对北仑来说，最多的演出是重阳节，小小的台子搭一个。重阳节吃粽子，吃粽子的那边人很多，我徒弟在台上唱得嘴巴干了，都没有多少人看。过去唱新闻的一般都是眼睛看不见的，为了生计。有人和我开玩笑说，啊，你唱新闻你眼睛也要瞎掉了啦。我听过，也是一笑了之。

有一次，北仑文化馆开会，我就反映：不是你唱好唱坏，主要是社会在前进，你这种东西没人听了。现在都用手机，我80岁老头都在用手机，谁还会听你这些东西？讲实话，在一个文艺演出大舞台，大大的舞台多少人？你一个人去唱唱，那就是把你塞角落里，人家叫塞牙缝嘛。这说明社会在前进，我认为也是好现象。但唱新闻这样的非物质文化遗产是老祖宗遗留下来的，因此还是要传承下去。

那么，我还是要坚持，要传承。比如办培训班，我到太白社区的老年协会、坝头社区的老年协会去上课，讲讲我们唱新闻怎么样；到大碶实验小学去上课，45分钟一节课，我像老师一样，给小朋友传授唱新闻。

后来我又收了几个徒弟，最好的一个徒弟是通过正式拜师仪式收下的。那是2015年6月7日，几位非遗传承人同时在北仑梅山举行了收徒拜师仪式。6位省级、市级非传承人坐在台上，要来学的徒弟递拜师帖、鞠躬敬茶、行拜师礼。我收来的徒弟叫蒋晗曚，当时15岁的女孩，是几个人中最年轻的了。上面要求唱新闻培养年纪轻的，最好去学校里寻几个接班人。有一次，北仑实验小学到文化站表演，我看到蒋晗曚这个小姑娘，演对手戏很好，我就推荐了她。于是9岁的时候，她就跟我学唱新闻了。她的父母十分支持，她父亲是北仑运输公司的，母亲是大碶老百姓大药房的。刚开始学的时候，小姑娘跟我说：让我用普通话唱新闻。我说普通话就不算新闻了，那她后来也同意了用土话唱。小姑娘天资聪明，在北仑演艺界已小有名气，15岁时算是正式拜师行礼从艺。我做师傅的还要倒贴啦，她喜欢喝酸奶的，我给她拎去，一箱一箱的。我也蛮喜欢小孩的，小孩总是要哄一哄的，这样她有积极性。上台去唱几分钟，文化站有300块的补贴也蛮好的。

现在麻烦在哪里？小时候还好，后来考进泰山初中了，学业忙了；后来高中考进了，你叫她唱新闻，她不能唱了。现在还跟着我，但是没办法教她唱了。假使上面领导有任务来了，我会让她去唱。一个是我喉咙不好，另一个年纪大了记性不好，让她唱是让她不要忘记，继续培养兴趣。那后面呢，她的表演能力相当强啦，我写的一个戏，叫她扮奶奶，我扮孙子，角色反串，效果非常好，获了个大奖。我现在都不怎么演出了，除了省里、市里有通知下来了，有非遗的专场演出才会出去。

我收徒弟，主要是一定要讲北仑本地话。最难的地方也是教她们土话，教年纪轻的人没办法。年纪大的人像我这样的随便教教，他是讲这里的话，那会唱就好了。一个姓顾的人大概也50多岁了，很早的时候，人家唱新闻，他每次都去听。这样子听过了，要上台表演了，跟我说：应师傅，我敲鼓不会。那我就教他几下子。那后来呢，他登台表演实际上来说比我好，到市里也去表演过了。现在我记性不好，自己写的东西自己要忘记的。我和文化馆人讲，要把这人留下来，他舞台形象各方面都比我好。

2006、2007年，大碶唱新闻先后被列入北仑区、宁波市、浙江省非物质文化遗产名录，我继师傅顾阿火顾后，成了省非物质文化遗产传承人，我要让唱新闻继续传承下去。

三、灵峰寺葛仙翁信俗传承人释可善口述史

传承人简介

释可善,生于 1973 年,出生地福建。因福建各类信仰较多,耳濡目染,自小好奇,渐感深奥,终成信仰。先到福州的西禅寺,后被明阳老和尚带到宁波天童寺。又到了宁波七塔寺,受恩师月西老和尚点化,18 岁正式出家。2003 年成为北仑灵峰寺的住持,打理寺中大小事务。他对葛洪的医药贡献和思想精髓有独到的理解,着力做好"灵峰寺葛仙翁信俗"的保护和传承工作。

系宁波市北仑区佛教协会会长,北仑区非物质文化遗产"灵峰寺葛仙翁信俗"传承人,第四批(2012 年 6 月)浙江省级非遗项目传承人。

采访时间:2019 年 10 月 24 日
采访地点:宁波市北仑区大碶街道灵峰山灵峰寺
受访者:释可善师傅、上持师傅
采访人:沈燕红
口述整理:沈燕红、胡修远、沈姝辰
采访照片:随访学生吴沛寒、欧骐瑜、张力文摄,旧照由传承人提供

左:释可善师傅;右:上持师傅

灵峰香期

采访手记

一山一寺一仙翁
——访灵峰寺葛仙翁信俗传承人释可善

《抱朴子》、《肘后备急方》所写的简易治疗方法我们耳熟能详,青蒿素治疗疟疾的奇效让我们引以为傲,葛仙翁（葛洪）的著作对后世的影响依旧如此巨大。我们前往浙东道教圣地灵峰寺,去探寻葛仙翁信俗的传承故事。

葛洪,字稚川,自号抱朴子,东晋著名医药学家,晋丹阳郡(今江苏句容)人。三国方士葛玄之侄孙,世称小仙翁。他曾受封为关内侯,后隐居罗浮山炼丹。在西晋战乱时期,葛洪为躲避战祸,背着母亲在北仑灵峰山燕窝岩避难修行。适逢当地疫病流行,许多百姓生命垂危。葛洪因精通炼丹之术,对医道亦深有研究,于是在灵峰寺炼丹采药,行医治病,受到当地百姓爱戴。百姓为其在灵峰寺建殿塑像以供奉,为此有了每年四月初一信众前往灵峰寺上香求得"戒牒"保佑平安的习俗。

到达灵峰寺,接待我们一行人的是葛仙翁信俗传承人可善师傅和上持师傅。可善师傅虽是灵峰寺主持,但却十分和蔼。他为我们讲解了葛仙翁的著作与思想对于现代人的影响,让我们更深刻了解到《肘后备急方》有关"青蒿一握,以水二升渍,绞取汁,尽服之"的记载对于屠呦呦制取青蒿素的重要启示,也让我们得知"身心健康、百病不生"的语句原来出自葛仙翁口中,更让我们知道了葛洪对于化学领域的重要贡献，欧洲人更是对其推崇备至。

可善师傅也为我们勾画了每年四月初一、四月初十、五月初五到六月初一，这三个香期众多信众从四面八方浩浩荡荡如潮水般涌来，只为到寺里上香、取碟、纳福的盛大场景，"香烟和云雾交织，红烛与日月齐光"都难以描述。可善师傅也讲到过去香期时他对于信众们安全问题、住宿问题和火灾隐患的担心，现在有政府的支持和帮助，他再也不用担心这些问题了。

对于葛仙翁非物质文化遗产，可善师傅说政府十分重视，为此邀请了七十余位国内外著名学者成立了一座葛洪文化研究中心。对于葛洪文化的保护、挖掘、推广、传承，政府也进行了一系列的规划，举办了多场有关葛洪的讲座和研讨会，更邀请了百余位清华北大浙大的著名学者举办了一场场葛洪健康论坛、葛洪中医药论坛，撰写论文一千余篇，得到了医学界的广泛认同。但是，可善师傅认为在北仑区域本土内，葛洪思想的宣传力度还是有所欠缺的，这需要我们大学里的老师、学生一齐进行挖掘和传播。

释可善口述史

结茅炼丹，慈悲济世

葛洪，东晋丹阳郡句容（今江苏句容）人。三国方士葛玄的侄孙，世称"葛仙翁"，著作有《抱朴子》《金匮药方》《肘后备急方》等。葛洪被列入影响中国的100个重要人物，联合国存有葛洪纪念像。他在中国哲学史、医药学史以及科学史上都有很高的地位。

葛洪一生游历很多地方。据史志记载，东晋时期战乱不断，葛洪为避战役，曾到过江苏的南京、浙江的杭州、普陀、灵峰等地，结茅炼丹，著书立说，最终归隐于广东的罗浮山。

相传在咸和二年，葛洪携母逃难，来到当时的鄞东（现北仑灵峰一带）。见这里沿海地区瘟疫流行，百姓因传染而死者众多，他决定留下来。一边上山采药、制药、炼丹，一边分文不收地为贫民消除病痛之苦和瘟疫之难，使贫病者起死回生。葛洪在灵峰寺及周围一带留下了许多遗迹，如炼丹时用的水井、捣过药的灵岩、炼丹的灶等。还留下了许多民间传说，如葛洪背母逃生、尝百草治病救人等等。百姓为感念葛洪恩德，把他奉为神仙，在他炼过丹的灵峰寺内，树碑立传、建殿塑像来供奉他。

有关"葛洪背母逃生"的孝道传说，也被后人津津乐道。据传，葛洪事母至孝，背着母亲来到鄞东，在茅洋岗（现位于北仑小港依山村境内）扎茅安顿下来，自己则在灵峰山采药炼丹，免费救治百姓。葛洪虽忙，但时常返回茅洋岗探望母亲；实在抽不出时间，葛洪也不忘每天朝母亲所在的茅洋岗磕头跪拜。人们感念其孝道,在茅洋岗建庵,后改寺。茅洋禅寺又称望娘寺,是葛母修道成佛之地。灵峰山通往茅洋岗,有一条古道,人们称为"孝子岭"。宁波人耳熟能详的"灵峰转茅洋,谢银一千两",就包含了这样一个功德无量的"孝"的典故。

葛洪这个人,真的非常了不起!他原先自己当过官,又是儒者,然后学道,后来又到这边来学佛,也就是说各方面都很有成就。联合国教科文组织已经把他定为当今世界一百个最有贡献的人之一,把他置于很高的地位。

从化学来讲,在西方国家,葛洪被认定为化学的一个鼻祖。我们北仑区统战部长去英国考察,很惊讶地发现在剑桥等一些大学里,葛洪的像放在居里夫人的前面。葛仙翁竟然在国外有这么高的知名度,在世界上有相当的知名度。武警总医院原院长雷志勇将军讲到四大发明之一的火药,说最早是葛洪炼丹的时候发现的。当然这个还有争议。如果真的是葛洪发明的火药,这个事情就不得了。

从医学来讲,葛洪有一本著名的书《肘后备急方》,又叫《肘后救卒方》。"肘后"意为可以携带在胳膊肘里面,"备急"意为以备救急,"方"即方子、处方。所以,《肘后备急方》是中国最早的急救手册。葛洪在《肘后备急方》里首次记载"天花"这种烈性传染病,比西方最早记载天花的阿拉伯医生雷撒斯还要早 500 多年。据说,中国古代预防天花的种痘术传入欧洲各地,挽救了无数人的生命,成为中国古代医学对人类的卓越贡献。《肘后备急方》还记载了一种由犬咬人引起的病症,提到以毒攻毒治疗狂犬病的方法。可以说是免疫治疗思想的萌芽。所以,葛洪也是我国中医免疫学的先驱。后来欧洲巴斯德的工作方法虽然更加科学,但比葛洪晚了 1000 多年。

从药物学来讲,葛洪《肘后备急方》也发挥了很大的作用。2003 年参与治疗"非典"的六个中医经典处方中,有四个在《肘后备急方》中有详细的记载。其中"黄连解毒汤"对于各种细菌病毒的疗效,比所有各种抗生素总疗效更好。其对"非典"发挥了不可忽视的临床治疗作用,功劳归属也首推葛洪。"非典"时期,雷志勇将军带领医院受命抗击"非典",就用葛洪的药救治病人,做出了杰出的贡献。他说,人家用西医方法治"非典",虽然治好了,但好多人留下了后遗症,身体没有了质量,骨质疏松坏死;他用葛洪留下的药方把病人治好了,被治者健康如初,身体还是很好。因此,联合国给他颁发了抗击"非典"最有贡献奖。另外,"非典"时期,海内外广泛使用的"艾草消毒",也是来自《肘后备急方》。其他可举的例子,如:中国中医科学院科技合作中心陈康林教授,他对野生真菌很有研究,美国的休斯顿授予了他最高医学奖,还以他的成就给他命名,专门搞了个"陈康林周"。陈康林教授对野生药用真菌分类与应用研究,也是受到了葛洪的启发。我们的宁波人屠呦呦,诺贝尔医学奖获得者、共和国勋章获得者,也是从葛洪的《肘后备急方》里拿了他的青蒿处方，然后按照他的方式提取的青蒿素，救了这么多的疟疾病人。

从武术来讲，国遗永京拳（葛家拳）源于东晋时期道学家葛洪的"神仙养生功"。清朝末年，葛洪45世孙徽商葛锦贵，为防范匪寇，游学四方，遍访名师，吸取各家之长，在先祖葛洪"今胜于古"思想影响下，将其家传养生为主的"神仙养生功"，改革为御敌于外的技击术"葛家拳"，得到了葛氏族人及徽商的认可。现在，葛洪47世孙葛永志是永京拳（葛家拳）的传承人。

从道教理论来讲，《抱朴子》为葛洪的著名代表作，也是道教的经典之作。这本书表明他自己关于长生术的见解和实践，还表达葛洪的社会政治主张和思想。

所以，无论在道学上、武术上、医药学上、化学上，还是古代的炼丹术，甚至为人处世方面，葛洪都有相当成就。这个人是全才，实在太厉害了。

从我个人讲，葛洪最大的成就应该还是在医学上。因为，老百姓拿着这个《肘后备急方》，放在袖子里面，拿出来随时可用。方子很方便、很灵活。比如说，你要是感冒了，叫你跑步出点汗，肯定也好了；有些让你被子里捂捂，喝点热汤也好了；有些给你吃点药也好了。他有好多的急用方式，对老百姓最贴切，既不花什么钱，又能解决问题，又有实效，药到病除，相当地惠民。而且，他当时来到灵峰寺一带，做慈善一样地免费给百姓看病，具有慈悲济世的情怀。他跟佛教的华严文化也是对接的，华严讲的是海纳百川，他讲的是"最吉祥文化"，也就是身心健康。身体没有疾病，心里没有烦恼，这就是最吉祥。

所以，大家怀念他，报答他的这种救命之恩也好，治病之恩也好，变成一种信俗，一种敬仰。每年十几万人来请他的戒牒。

在缺医少药的时代，人们用他的药方，治好了病，他的形象在群众心中崇高伟大，他也逐渐成为一方的医神和保护神，不仅仅是求医问药，凡祈福禳灾之事都来求他。为供奉方便，自晋代以来，浙、赣、粤、苏等地的信众纷纷到其炼丹或曾住地兴建宫庙。特别是在浙东地区，各地的葛洪信众甚多，而北仑的灵峰寺因是葛洪信俗的祖庭，祭拜的人更多。

另据考证，宁波的葛洪后裔有近4万人，其中宁海2.7万人，至今已历44代。宁海的档案馆、天一阁都可查到资料，宁海是国内葛洪后裔最大的聚居地，拥有完整系统的奉葛洪为一世祖的大批宗谱。奉化也有5000多人，鄞州、镇海各有1000多人。据史料记载，葛洪在30多岁时选宁海为主修炼地，写成著名的《抱朴子》。

四月香期，信众如潮

信俗是民俗的一种，是一种信仰，也是一种崇拜。就像屈原，代表一种爱国精神,然后形成了端午节吃粽子来纪念屈原的信俗。信俗,往往通过特定的节日,以某种形式生成一种民间的习俗。信俗是地方的、民族的,也可以是国家的、世界的。

葛仙翁信俗也称为葛仙翁信仰,是以崇奉和颂扬葛洪的医药文化、孝文化、行善立德精神为核心,以浙江各地灵峰山为主要活动场所,以香期庙会、民间习俗和故事传说等为表现形式的民俗文化。

灵峰寺葛仙翁信俗主要由这样几块内容组成。

1. 庙会香期:分大、小香期

咱们灵峰山上的灵峰寺及其后的"葛仙翁殿",作为一种儒道兼容的奇特现象已存在了 1000 多年,唐代就已经有香期。"葛仙翁殿"的神案上,一侧放文房四宝、一侧放《抱朴子》书卷模型。以前每到农历四月初十葛仙翁生日,都有数万人上山祭祀这位被神化了的"走方郎中"。在漫长的葛仙翁信俗长河中,约定俗成,经久流传,最后被广大信徒接受和遵守。

历史上信仰最盛时期的灵峰寺庙会香期有:每年的正月初一、初八、十八、廿八;四月初一到初十;端午节、五月卅到六月初一;七月十五、十二月初八、清明节等。特别是葛洪的生日四月初十,香期从四月初一开始至初十连续十天,香客人数能达到十几万。除了来自周边地区的信众外,还有来自全国各地乃至东南亚各国的信男善女们。咸丰年间,四方香客仍绵延不绝。《镇海县志》记有"每年四月初十,香客如潮,寺院可得碎银数千两"。民国时,还成立了专门的机构来管理每年的"葛仙翁"乡祀活动。

1992 年,宁波市政府发文批准修复开放灵峰寺,相关习俗恢复。目前我们主要保留了三个香期:四月初一到初十、五月初五、五月卅到六月初一。虽然信俗已得到恢复,但内涵是否原汁原味,有待进一步考量和发掘。

我到灵峰寺后,特别有印象的、规模较大、人气很旺的香期是有一年闰四月的大香期(农历四月初一至初十),因为有两个四月,相当于两个大香期。原来一个大香期十几万人,闰四月的那年香客翻倍。香期期间还举行大型的民俗文化活动。香客最多的来自慈溪、余姚、象山、宁海,还有舟山,上海也有一部分,然后是全国各地的。宁波三北地区最多,比如慈溪最起码两三万,余姚也起码两三万。而北仑本地人没有多少,最多一两百人。余姚、慈溪的文化底蕴要比北仑好,因为北仑建区(北仑区、开发区)也就二十几年的时间。建区前,北仑这里很荒凉的,一片荒野滩涂、渔村农田,一块寂静的土地。现在,北仑是一个活力四射、功能齐全、外来人口聚集的现代化新区,对传统的东西反而有点隔膜。好多人都不知道北仑有个灵峰寺,有个葛仙翁信俗,更不知道有个庙会香期。

2.民间习俗：坐夜、取丹井仙水、请葛牒、顶牒、朝圣母等

坐夜。一般从四月初八、初九夜开始，众人到寺院坐夜。大家都席地而坐，点着香烛，念诵《金刚经》《心经》或者其他经典，坐以待旦。坐夜的目的，一是表示虔诚；二祈求朦胧中能受到仙翁点化，以祛病禳灾，求得平安健康。坐夜人数日渐增多，初十夜最多，那晚大殿走廊、寺内寺外、林间路边都挤满了人。从山脚到山巅的小路上，星星点点，烛火摇曳，像一条火龙。香烟和云雾交织，红烛与日月齐光，如此壮观而祥和的场面一直维持到第二天凌晨。

取丹井仙水。丹井是当年葛仙翁炼丹池，清水碧冽，常年不枯，位于灵峰葛仙殿旁，二三尺见方，三尺多深。井碑上刻有："丹井还以洗药开，青芝琼草隐根亥。只今但又清澄水，饮者能令老转孩。"我们做仪式的时候，将丹井圣水分装瓶内，放置在葛仙神案前，分发给参祭的香客。香客也会自己用小瓶子取水，带回家中，给家里身体欠佳的人饮用，入山取水者很多，因而被称为"丹井仙水"。

请葛牒。葛牒又称"灵峰牒"，民间多称为"戒牒"或"关碟"，类似通关文书。宁波方言中，"葛"、"戒"、"关"三字读音相近，大家混为一谈。灵峰戒牒，是灵峰寺特有的一种标志，其核心含义为驱魔、禳邪、医病、祛灾。

相传晋武帝泰始三年葛洪至灵峰山上修炼成仙后，便传下灵峰寺寺牒。寺牒分为红牒、黄牒、端午牒（紫牒）三种：红牒主要用于答谢菩萨、求财求智、出入平安；黄牒主要用于祭祀祖先、超度亡灵、解怨释结；端午牒又称"药牒"，主要用于医病祛灾，保佑身体康健。

戒牒的样子，像个长信封，边长一尺多、宽4寸，上下都不封口；还有小戒牒，淡黄色，长6寸，宽3寸；都用石墨印制。戒牒按制作材料，又分"金牒"和"纸牒"。"金牒"以金粉印刷，成本高，一般富裕家庭的香客会请买；"纸牒"分大小几种不同规格，为一般普通民众所请。灵峰寺请牒、顶牒的习俗，寄托着信众追求美好生的企盼，千百年以来，经久不衰，成为灵峰葛仙翁信仰的主要内容。

采仙草。朝山香客在山上随意采摘花草树木，当作仙草带回家，以保佑家里身体健康。在下山前，香客小心翼翼把这些仙草藏在身上，不让生人看见。求棉、粮丰收的，如慈溪、余姚一带的棉农、稻农把草木扎成小包，夹在劈开的竹梢头中，插在田里，祈求丰收，防止病虫害。光绪《镇海县志》载："四月十日传为葛仙翁生日，灵峰香市最盛，闰月及壬申日尤盛，端午山中松枝折取殆尽，云可疗病兼驱蝗虫。"求渔船平安的，就把仙草藏在船头的船板内，一旦遇到风暴，即拿出来烧掉，以保劫后余生；家有病人的，挂于门后或枕下，可以祛病消灾；无病无灾的，也可放置家中，以保平安，以防不测。据说，当年的方竹林，就被香客拔光了。

朝圣母。灵峰东有茅洋寺，传说是葛洪母亲的住处。在宁波方言中，茅洋和望娘同音。传说葛洪带着母亲逃难至此，葛洪每天从灵峰越过孝子岭去茅洋看

望母亲,葛母教导葛洪要多行善事。从此信众从灵峰转茅洋拜祭葛仙圣母成为风俗。葛仙圣母信俗千年香会参与性强,影响面广,历史久远,都是民众自发组织、自愿参与。同样也是驱瘟、除恶、消灾、祛病和祈求平安健康、延年益寿的信俗活动,也反映葛仙母劝人为善、洁身自好、求治大众、不图浮财、以劳动为荣的深刻内涵。

3. 传说故事

葛仙翁传说的内容极为丰富,久传不衰。葛洪云游全国,关于他的传说在各地都有流传。随着葛洪炼丹术与《抱朴子》一书传到东南亚及欧美,世界很多地方都有葛仙翁的传说。浙东地区是葛仙翁传说的中心,围绕着葛仙翁生平、修炼得道和为民惩恶除害、为民造福,从他十三岁时烧树枝为灯的"葛洪抄书"到他得道成仙后的"竹米救民",有很多传奇故事。

我国历代百姓津津乐道的有关葛仙翁的两个著名传说故事,就发生在北仑境内。一个故事是《塌东京涨崇明》,孝子葛洪背母逃生到鄞东瓶壶山"燕窝",结茅以居。他一边隔山侍奉老母,一边精心炼丹著书,然后吐饭成蜂、插筷成竹、得道成仙。这篇传说有相连的完整故事,又有跌宕起伏富有传奇色彩的内容,表现中华民族"百善孝为先"的优良传统文化。另一个故事是《济药救民》,他从江苏句容家乡出发云游到广东罗浮山,又辗转到杭州,留下了罗浮山传说与杭州葛岭、葛炉的传说。尤其是来到鄞县东(今北仑区大碶沿山村一带)时,他见这里遭瘟疫之危,葛洪毅然凭医药知识,就地采莘草为药,选一巨岩为臼,捣烂莘草,挨家挨户送药上门,抢救苍生,极为灵验。得救的人们感恩戴德,挽留他在汉明帝时的瓶壶山佛国道场"燕窝"住下。并将葛洪捣药的石岩称为"灵岩",将莘采集地附近村庄定名为莘岙、莘峰村,又将瓶壶山改名为"灵峰山"。

北仑区文广局副局长凌晓军组织人员,历经2年时间,深入挖掘葛洪与北仑灵峰的渊源,于2018年10月编纂出版了民间故事《葛仙翁的传说》。这本书是北仑区首部记述葛洪在灵峰山炼丹传道期间为民施药治病的故事汇编。这些民间传说既体现了劳动人民的智慧与创造,又展示了历代民众对正义、平等、友善、幸福的向往。

古老信俗,多重价值

葛仙翁信俗因近千百年积淀,内涵十分丰富。其中以我们北仑灵峰山为祖庭的葛仙翁信俗在浙江地区最有代表性。那葛仙翁信俗有哪些特征呢?我们可以归纳一下。

民间自发。我们从"信俗"的角度尝试理解,"信俗"即信仰习俗,就是老百姓自发的,我们不去组织这个事情。就像过年一样,没有谁去组织要过年,民间自然有过年的习俗,因为在思想上早有沉淀了。所以,葛仙翁信俗,就如你刚才问我的一样,并不是我来灵峰寺才有的,而是上千年民间自发传承下来的。

历史悠久。灵峰寺作为宁波最早佛教寺院,建于东汉明帝永平十六年。葛洪在南方各地寻药炼丹,(足迹)遍及南京、杭州、普陀等地,东晋咸和二年到此地灵峰山,适逢瘟疫流行,便广采草药,亲自捣煎,布施众人,使百姓起死回生,被尊称为"葛仙翁"。由此算来葛仙翁崇拜具有悠久的历史,已经有 1700 年了。

地域广阔。灵峰寺葛仙翁信俗仅浙江而言,就覆盖广阔的地域,从宁波、台州、绍兴,一直到杭嘉湖地区。古代有 72 个小灵峰,现存庙宇有香火的小灵峰仍有几十处,主要有:奉化甬山清水庵小灵峰、奉化后葛小灵峰、余姚大隐小灵峰、宁海岔路小灵峰、宁海井山小灵峰、宁海妙山小灵峰、宁波江北慈城小灵峰。而且,浙、赣、粤、苏、台、港几省和东南亚各国,也广泛分布。

信众广泛。灵峰寺葛仙翁信俗的信众,按身份主要可分为:渔民,主要分布在舟山、象山、宁波沿海,祈求出海顺利;农民,主要为鄞州、慈溪、余姚、杭嘉湖的种植户,求丰收增产;市民、商贾,求平安健康、顺利发财。各个年龄段都有,年轻的走孝子岭,求父母双全;老年人拜葛洪,祈求过世后能得到葛仙翁关牒庇佑。

风俗古老。葛仙翁信俗的古老,主要在坐夜等活动中体现,又称守庚申。守庚申亦称"守三尸"、"斩三尸"。指在庚申日通宵静坐不眠,以消灭"三尸"。葛洪《抱朴子内篇·微旨》已经指出"三尸"的性质及危害,表明魏晋道教已视灭"三尸"为修道所必需。如此古老的风俗流传下来,可谓不易。

地域代表。葛洪是真实的历史人物,同时又是宁波地区最大的地方神祇,具有代表性。葛洪本是江苏句容人,因为逃避战乱和寻丹药来到宁波。他们是整族迁移的,如今在宁波有大约 4 万葛洪后裔。其中宁海大约 2.7 万,鄞州、镇海、奉化也有相当多后裔。

多重价值。作为一种民间信仰,灵峰寺葛仙翁信俗具有民俗学价值、宗教学价值、医药学价值和医疗的民本思想价值、孝伦理价值、历史学价值和现代旅游价值。

一是一切,精神永传

您问,葛洪在我的心目当中占有什么样的位置? 我们对葛仙翁信俗传承做了哪些工作? 继续传承下去有什么样的打算和期望?

我对葛洪不光是崇敬,应该用敬仰来表达。因为他一生这么无私,救助了很多人。他为国也好、为民也好、为了民族文化也好,做出了这么大的贡献! 还有慈悲怜悯的这种菩萨心,所以我们这里尊称他为葛仙翁菩萨。他这么有觉悟,还有情怀,为百姓做这么多的事情,所以我个人是很崇敬、非常敬仰的! 这么上千年下来,在历史长河中,你看古来多少英雄汉,南北山头沃土泥,什么大将军、什么部长、什么局长,好多都不知道了(被遗忘了)。但是葛洪这上千年下来,在全世界、在我们寺里,还有这么多人怀念他,这么多年每一年都有人祭祀他。这实在是了不起的一个事情。

葛洪不仅仅是发明了这么多东西,解决了多少的疾病和痛苦,也改变了我们的生活,改变了我们的思想,所以说他相当了不起。比如说艾灸,是葛洪的老婆鲍姑发明的。艾有穿透性,气血不通,就用艾灸一下,然后就通了,不堵塞了,疾病就好了。他们一家人都很神奇。

我觉得应该有更多人去推广,有更多人的去挖掘(葛洪)。我们也举行了一些研讨活动。

2003年11月,在宁波宁海召开首届"葛洪与中国文化国际学术研讨会",邀请了清华、北大、浙大等著名大学的教授,全国24个省区市以及韩国、德国、美国、加拿大等国的一百余位学者参加,收集了1000多篇论文,汇编成中英文的论文集。资料很珍贵,以前印的也不多,后来都拿光了。

2012年6月,"灵峰寺葛仙翁信俗"被浙江省人民政府列为第四批省级非物质文化遗产名录。同年,又在北仑召开了灵峰山葛洪文化研讨会,组织专家研究葛洪医药成就及医药文化思想,做好葛洪养生之道与灵峰山休闲养生文化的开发和利用,推动葛仙翁信俗的传承保护。

2013年,北仑区、灵峰寺与宁波大学浙东文化与海外华人研究院联合成立了灵峰葛洪非物质文化遗产研究中心,梳理灵峰葛洪非物质文化遗产资源,对葛仙翁信俗在浙东传承现状进行调研。2014年10月,宁波大学张伟、张如安教授主编的《灵峰寺志》由浙江大学出版社出版。可惜,寺志完成后,这个中心没有继续做下去

2017年,北仑区成立了葛洪文化研究中心,并拨付一定的资金,着力保护、挖掘、推广、传承、使用(葛洪文化)。葛洪信俗文化方面,还成立了官方的各种专委会,成立了北仑区灵峰葛洪文化挖掘传承工作领导小组和办公室,由原先的北仑区胡奎区长做组长,宣传部部长龚国文、统战部部长陆亚芬和我们做副组长,原来的副区长、区人大常委会副主任丁素珍做办公室主任,文广局副局长李晓军等做组员。区政府把北仑富邦广场的两间房子作为研究中心的办公地点,每年有一笔经费支持。然后我们组织了一个班子进行日常的运行,邀请了70多位全国著名专家——包括上面提到的,开展各种课题的研究。

2017年5月,举办"葛洪非遗文化展演及高峰论坛"。5月1日上午,作为浙江省非物质文化遗产项目的葛洪非遗文化展演在北仑灵峰寺举行。活动通过武术表演、中医义诊等形式,展现葛洪信俗孝道和中医药养生文化。5月1日下

午,以葛洪文化研究与实践为主题的葛洪非物质文化遗产高峰论坛在北仑举行,就葛洪信俗及孝道文化、中医药及养生文化、文化产业发展三个方面做演讲,与会部门和嘉宾就灵峰山葛洪文化展开了深入研讨。

2018年10月,"宁波北仑葛洪与中医药文化研讨会"暨《葛仙翁的传说》一书首发式,在北仑的博地影秀城举行。会上,中国中医科学院中医药科技合作中心与北仑葛洪文化研究中心签订战略合作协议,共同试制研发葛洪养生茶、葛洪养生香等系列养生产品。在研讨会环节,多位专家学者从不同角度,系统总结葛洪中医药成果,阐述葛洪中医药文化的开发利用方向,并对北仑如何传承发展葛洪文化提出新思路。

去年,我们灵峰寺按照葛洪流传下来的方子,做了一款五行香,用水木金火土五行比会人体五脏。这香用五种不同的药材制成,点起来后对人的身体有调节作用,使人感到非常的舒服。五行香纯天然,既有抗菌功能,又能安定人的心神,让人在享受中得到健康和快乐。我们推崇葛洪养生的理念,不是叫你去吃药——吃药是不得已的,而是在你生活里养成这个很好的习惯,然后很好地享受,再得到终极的健康。这很了不起!

2019年上半年,我们搞了一个葛洪中草药园。由省医药局和我们市里、区里领导一起,共同给研究中心打造这么一个试验园。这个试验基地135亩,也是科普基地。葛洪书中写的大概有一千多种药材,我们把每个药种下去。这个药的属性是什么? 能治什么病? 在古代它都有,我们把它重新开发利用。

上个月末刚刚成立一个土壤研究专委会,由徐恒泳博导作为项目负责人带队研究——他是大连化学物理研究所的,也是我们研究中心聘请的教授之一——用葛洪的思想和方法,做土壤的改良研究,做到文化、技术、应用三个方面贯穿在一起,质量兴农,质量兴国。用他研制的土壤,种下去的菜长得特别茂盛,而且虫子不会吃。前些天,农业部的领导到我这个地方来,就是为了考察土壤改良的效果。我那天开玩笑说,土壤改良了,种的菜长好了,吃得很健康。自然你医保问题解决了,压力就没有了,然后生意好,家庭也好了。所以抓住了土壤这个源头,一切都解决了,这就是葛洪"一是一切"的思想。

近年来,我们召开葛洪文化研讨会,开展葛洪非物质文化遗产申请国遗研究,进一步挖掘、保护和合理开发利用地域文化资源;组织专家研究葛洪医药成就及医药文化思想,做好葛洪养生之道与灵峰山休闲养生文化的开发和利用,推动葛洪信俗的传承保护等一系列工作。每逢香期,灵峰寺都举办"葛仙翁信俗文化传承"、"葛洪信俗与非物质文化遗产"展览等活动。

那么现在来讲,关于葛仙翁信俗的传承其实有大量的工作要去做。寺庙,它毕竟不是这么一个机构,有些事情我们没有办法去搞。我们现在也就是做些研究中心的联络工作,让这些教授们去做。我们需要像你们一样有学识的人,要有这种课题,去做这个研究;希望有文字功底的人来写一些东西,甚至拍成电影,哪怕做点小微信、小短文,甚至用现在流行的抖音来宣传"灵峰寺葛仙翁信俗",我觉得都挺好的。

葛洪以及灵峰山作为重要的非物质文化遗产,集道教、医药、养生、休闲于一体,是北仑独有的文化特质。咱们北仑,海的文化——北仑港世界闻名;我们也着力将历史最悠久的灵峰山,打造成世界知名的道教名山。

四、虎头鞋传承人乐翠娣口述史

传承人简介

乐翠娣,生于1941年,宁波市北仑区大碶街道坝头社区人。北仑地区为数不多的女红技艺传承人,七八岁开始学女红。曾获2008年浙江省"千镇万村种文化"展演演示活动才艺演示奖;2009年端午传统女红技艺现场展示中获得"女红巧手奖";2009年列入首批"浙江省优秀民间文艺人才";2010年列入首批"北仑区优秀民间文艺人才";2010年获浙江省"民间手工艺——虎头鞋"创意设计邀请赛金奖;2010年上海世博会现场制作虎头鞋,向参观者展示她的绝活;2011年在浙江省"民间巧女"手工技艺大赛上,荣获优秀参展项目奖;2011年成为北仑区十大优秀非物质文化遗产(女红技艺)传承人。如今虽已古稀之年,仍精神矍铄,手艺精湛。

系北仑区非物质文化遗产"虎头鞋"代表性传承人,第二四批(2015年6月)宁波市级非遗项目传承人。其代表作品有"满月鞋"(软壳鞋)、"九针孔"(硬底鞋)等。

采访时间:2019年03月23日
采访地点:宁波市北仑区大碶街道兴盛家园7号楼105室
受访者:乐翠娣与老伴
采访人:沈燕红
口述整理:沈燕红、胡修远、沈姝辰
采访照片:随访学生张力文、马家辉、吴沛寒、徐文静摄,旧照由传承人提供

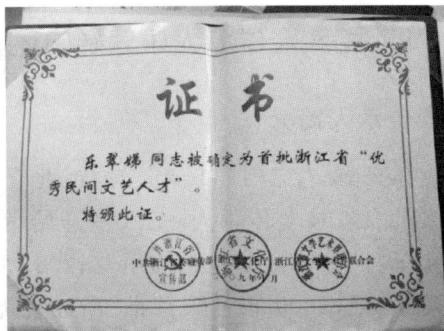

采访手记

在细致活中窥见真知

——访虎头鞋传承人乐翠娣

午后的阳光正好,懒散且肆意地洒在人的身上,我们一行人穿梭在大街小巷,找寻着虎头鞋传承人乐翠娣老师的住所,寻寻觅觅一番,最终来到了乐老师家门口。未见其人先闻其声,乐老师中气十足的声音打破了我们对从事女红者惯有的认知,让我们不得不重新审视这位女红艺术家。

乐老师热情迎我们入门,贴心备好鞋套,邀我们入座,便侃侃而谈。老师很随性,想到什么便说什么,从她的人生经历到虎头鞋的制作以及她的学徒,她眉目含笑,眸中流光闪现,处处张扬着她生活的幸福美满。

乐老师出生于 1941 年,是宁波本地人。她的父亲是石匠,雕刻的狮子活灵活现;母亲擅长刺绣,家中衣物尽出其手。受父母熏陶,乐老师十来岁便开始绣虎头鞋,稍大点,家中姊妹的衣物由她缝制。待 21 岁出嫁,她所有的嫁妆由自己一手完成。

谈到虎头鞋,乐老师眼眸中闪现了让人难以忽略的自豪,她一边介绍虎头鞋的来源、寓意,一边迫不及待地向我们展示她的工艺品,如数家珍,"这是虎头靴,这是棉鞋,这是绑带棉鞋,这是翘角虎头鞋,这是扣带虎头鞋;这是刚满月的孩子要穿的虎头鞋,这是双满月的孩子要穿的;这双底软,适合头七个月的婴儿穿;这双硬底,适合八个月以后学步婴儿穿……"经乐老师介绍,虎头鞋最早起源于唐宋,兴于明清,因老虎象征王者,父母便让婴儿穿上虎头鞋,希望自己的孩子虎虎生威。当谈到虎头鞋的制作步骤,老师娓娓道来:首先在纸上画出花纹,再根据底稿做出虎头鞋的轮廓以及绣上蝙蝠,寓意有福;然后上胶,待胶水风干后置于太阳底下曝晒;接着封口,最后打眼成品。其中虎眼是老师最为自豪之处,将虎眼绣圆是难点,鲜有人完美达标,但是老师却是这为数不多的其中一员。

说起自己的徒弟,老师脸上溢满温柔,对小徒弟尤为疼爱,她的小徒弟是个瘦瘦的小女孩儿。小徒弟今天在她家中学习,然我们一行人采访乐老师没一会儿,小徒弟便告辞了。"囡囡走啦?乖,慢慢走哦,路上小心点!"老师叮嘱着小徒弟,眼中满是宠溺。

此次访谈,受益匪浅,不仅了解了非遗文化,还在乐老师的身上学到了不少。在不到两个小时的拜访中,发现老师很有主见,她有着对文化传承客观的认知。她说她反对照样画葫芦,因为这是个细致活,在比对与模仿中难免失真。要想传承,必先将这门艺术熟稔于心,正如古代文人骚客追求作品天人合一的境界,她亦追求"针人合一"。原来,对一件事物的精通,不囿于擅长,而在于理解。我想,我们对非遗文化的记录与了解,最终目的也不局限于文化单一的传承,难能可贵的是对文化的理解,然后在理解之上加以传播。时光如水,总是无言,相信虎头鞋作为非遗文化不仅不会失传,反而会在时光的沉淀下历久弥新!

乐翠娣口述史

阿爹是花草石匠,我七八岁始学女红

我虚龄 79 岁,1941 年 6 月出生。我是本地人,一出生就在大碶,一直待在这里。原来住在大碶老贺村,后来搬到这里的大碶街道兴盛家园,属于北仑区大碶街道坝头社区。我的老伴是舟山金塘人,小的时候到这里做学徒,我们后来认识的。

我爸爸妈妈生过 10 个小孩,当时没有计划生育。我上有两个姐姐去世了,所以我变成了大女儿,爸爸妈妈开始重视我了,当时重男轻女思想很严重。我下有弟弟妹妹 6 个,但又去世两个,现在只剩下 4 个了。我的阿哥年纪老了后,也没有了。不算不在世的,我现在兄弟姐妹 5 个,我排名老大。

我从来没看见过爷爷、奶奶、外公、外婆,我出生时他们都不在世了。我做女红(针线活)是受我阿爹(爸爸)的影响,他是做石匠的,花草石匠。我的阿爹讲:人家像我一样做啦,和我一样快,但是没有我的好;和我一样好,但是没有我的快。我阿爹说:我刻的狮子的毛都会动的啦!我心里想:我阿爹扯淡(吹牛)真会

扯,做出的毛会动?但是真的会动呢,活灵活现,栩栩如生!我的阿娘(妈妈)呢,也很聪明,从小就会做衣服,我们家自力更生。不过,我的弟弟妹妹他们都不会做针线活。

受父母的影响,我从小做针线活,成了一种爱好。我七八岁的时候,还是个小孩子,大人在做女红工作的时候,我把剪刀抢过来做。做女红,就是这样子开始的。我从小都不做家务粗活,专做针线细工活。十几岁开始做衣服,弟弟妹妹的衣服都是我做的。十四五岁会做虎头鞋,做好的鞋子经常送人。

15岁小学毕业以后,我马上去上海的第二十五五金厂打工。两年后,1958年左右,我被下放,回到了老家大碶老贺村,做食堂会计。有一个在镇海水利局的朋友,介绍我去宁波药行街做讲解员。1959—1960,我连续两届担任了"大跃进"展览馆、十年成就展览馆的讲解员,我和我老头就在那时认识。因为老头的表妹也是讲解员,和我同住一室,她介绍我和老头认识了。他是第三农机厂厂长,他的事迹,也陈列在展览中。1961年回家后,21岁的我和老伴结婚。出嫁的时候,我的嫁妆全部是自己动手做的,没有请过其他人帮忙,过去请裁缝也是请不起的。

结婚以后,我在大碶粮管所做粮食助进,和唱新闻的应振爱一起工作过。后来在一家小厂做会计。我老头因工作需要调到宁波贵泗,从江南调到江北,我那时已有3个孩子,2个儿子、1个女儿,全家跟着去江北。老头介绍我到那边做服装的厂里。1972年,全区有四十多个手工业社组,其中12个单位转入大集体,归二轻局管,有弹棉花,有串棕棚,有剖钢,有五金,有做服装等,我们的单位就是其中之一。我在服装厂里,做到了车间主任。后来一个会计因没加上工资,不肯做了。别人说我的算盘拨得好,让我来做会计,其实我也不太要做。厂里将这种情况反映到了二轻局,局里指示从自己单位物色人员。所以选了十个候选人,一起测试做加减乘除四则运算,结果别人都做错了。我做得快,没检查就交上去,都对的。单位领导说,别的人跟我没法比,就定下来让我做主办会计。江北的主办会计,不比我江南时做的会计轻松,什么都要管。我做了8年主办会计,老头工作又换到原地方了,我们全家就只好再全都跟过来。我41岁回来,进入了无线电十厂,做劳保用品的后勤工作。44岁我生了一场大病,医生让我不要再工作了,所以我44岁提前病退,拖到50岁算正式退休。

我们家里生活条件非常艰苦,我老伴是他家里主要劳力,44元工资,10元要带给父母,赡养父母亲;我是家里老大,有弟弟妹妹,我也要赡养我的父母亲;我们自己还有三个孩子要抚养。所以,身体又一点点养好,我帮人家做衣服、做鞋子、剪纸等赚钱,补贴家用。我们自己家里人所有穿的,包括我老伴穿的男同志鞋子,样样东西都是我做出。从此,也与剪纸、虎头鞋等女红针线活结下一世情缘。

虎头鞋虎虎生威,道道工序全是功夫

虎头鞋是中国传统民间手工艺制作的一种童鞋,因鞋头呈虎头模样,所以称虎头鞋。

虎头鞋蛮早就有嘞,全国各地都有的。考究一下,也没有准确答案,据说唐宋时期有的,最晚在明清时期就有。在北仑,虎头鞋有着悠久的历史,还有这么一个传说:很久以前,一对母子遭恶徒袭击,孩子勇敢地冲上去搏斗。要紧关头,穿在男孩脚上的虎头鞋松脱下来,立刻变为一只斑斓猛虎,迅速扑向歹徒,将母子俩救下。从那以后,当地居民认为虎头鞋有驱鬼辟邪的功能,都给自家孩子缝制虎头鞋。孩子满月和周岁时,人们会给孩子穿上虎头鞋,希望孩子能长得虎虎生威、健壮活泼。小孩最好穿 7 双虎头鞋,会变得聪明勇敢。

虎头鞋有哪些品种?我去拿经常展示的样品鞋子给你们看。这是靴子,这是棉鞋,这是绑带棉鞋,这些样子都是我自己想的,扣子也是我自己敲的。这是翘角鞋,鞋角翘起来的。这是熨斗棉鞋,过去老式的人穿的鞋子都这样,对折就成。这是绣花鞋,有一根带子,口要滚好,要滚两层,底也滚、面也滚。这是约拢(方言,折拢)鞋,就是一块布带底带面连在一起。宁波有个姓应的人,她会做这种虎头鞋。有一次,在药行街的宁波文化宫展示,我去宁波第一医院看病路过,看到她的一排鞋子。这种鞋子没有带子,小孩子的脚一动,鞋子就立马脱出了。别(小)看婴儿,他们的脚特别会动。我跟她说,我会做这种鞋子,从小就做,过去用单根线,后来用双根线,鞋子剖开,里外一样,但是后来没有做下去。她那时候到北京也去展示过,带去这种虎头鞋,不过一双都没有卖出。

虎头鞋从样式来说,主要就刚才给你们看的这些品种了。不同品种的虎头鞋,鞋面的花纹都差不多,鞋头有只老虎。这双鞋子,整个造型是只老虎,比较特殊,双满月小孩子穿,再好不过嘞。鞋子是有尺寸的,做手工按市尺计量,最小的鞋子二寸六分,最大的不超过三寸两分的。鞋子可以穿五六个月,最多可以穿 7 个月。这种还不会走路的小孩子穿的鞋子,鞋底和鞋面都是软的,所以叫软底鞋、软壳鞋。当然,刚出生的婴儿是不穿鞋子的。小孩子七八个月以后要落地了,鞋子要用硬底了,尺寸也要再大。还有一种"挪周鞋",周岁以后的孩子学会了行走穿的。为了增加鞋子的牢固、美观,所穿虎头鞋的底布满菱形针孔,针线密密麻麻,亦称"九针孔"。还有这个鞋子的口子,会做衣服的人也不一定做得好。什么原因呢?因为碰没碰到(方言,动不动)就要转弯,碰没碰到就要转弯,一只脚就这么大嘛!就像船大河坝小,船要转弯很难转弯,一般人都做不了。我现在不做这种鞋子了,别看这种小鞋子,做起来全是功夫啦。世博会带到上海去展示,外国人问我 500 元买,我不卖,不能让老外认为中国老太婆很要(看重)钱;

问我 50 元买,那我也不卖,做一双需要两三天的功夫。

虎头鞋制作工序,以满月鞋为例,我有现成的资料给你们看。

款式简介:这款虎头鞋是当地人给婴儿满月时穿的鞋,鞋底软软的,俗称"软壳鞋"。鞋面上用绣花线绣出老虎头的样子,鼻子大、眼神凶猛、虎牙锋利,额头上"王"字意思(是)老虎呢,是兽中之王,虎虎生威,可以保护幼儿平安、健康成长。在鞋的侧面(鞋帮)处绣上两只蝙蝠,希望孩子未来幸福的。双股鞋祥使鞋子穿着时不易脱落,增加了鞋子牢固性和美观性。

制作工序:

1.根据脚长剪纸样。2.设计画案。3.画案复印到面料上,注意面料丝缕方向。4.绣绷绕布条,为了增加面料和绣花绷之间的阻力;传统绣架则将整块面料上绣绷。

5.绣花(绣花线):

(1)眼睛:眼白用白色单股线沿面料经向丝缕,按画案轮廓绣平整;眼珠用黑色双股线横向打底,再(把)眼珠外轮廓勾圆,用黑色单股线沿面料经向丝缕绣平整;睫毛用橘色线,在眼睛下方绣几根弯弯睫毛。

(2)鼻子:用玫红色单股线沿面料经向丝缕绣平整,用其他亮色绣花线绣出鼻孔模样;

(3)王"字":用黄色单股线沿面料经向丝缕绣平整;

(4)眉毛:用黑色单股线沿画案绣;

(5)嘴巴:大红色单股线绣嘴唇,沿面料经向丝缕绣;

(6)虎牙:用白色单股线沿画案绣;

(7)胡须:用黑色单股线绣胡须左右各三根;

(8)耳朵:可用暗黄色或咖啡色,因为表示的是老虎的毛发,沿面料经向丝缕绣,然后用亮色(如绿色)勾勒;

(9)蝙蝠:玫红色单股线沿面料纬向绣出蝙蝠的身体,黄色单股线勾勒翅膀的花纹,用黑色单股线绣蝙蝠的脚、头,最后用黑色双股线打籽做为蝙蝠的眼睛。

6.调浆糊:面粉和一定比例的水混合,在火上烧,边烧边搅拌。

7.鞋面修样:裁剪面料,比纸样大 1cm。

8.做鞋面:鞋面上粘一层全棉布(做为鞋袼褙),再粘一层白色的纯棉面料,做为鞋夹里。

9.做鞋底:

(1)鞋靶:两层纯棉布粘浆糊做鞋靶。

(2)鞋靶干后剪鞋底样,之后涂浆糊铺上鞋底面料,剪下鞋底。

(3)按鞋样剪鞋底夹里,鞋底铺上一层薄棉,鞋底口滚边。

10.剪出鞋样。11.鞋口滚边。12.鞋面脚后跟拼合。13.鞋面底滚边。14.固定鞋底、鞋面:注意间距均等;鞋底毛边,因为婴儿脚较嫩,起到保护作用。15.锁眼、钉扣。

这款虎头鞋款式简单,但是却实际包含20多道步骤(包括绣花9道),工序较多,时间长,单单鞋面晾干及做袼褙就需要两天以上,因此制作的人越来越少。

做这种鞋子呢,我不用量脚的,小孩子的脚就这点大。先弄张纸头,样子画出来,花样画出来,用复写纸印到缎子布上去,要一模一样大,避免出现尺寸大小误差;然后,缎子布用做枕头绣花的大花棚子拉紧,一棚七双、八双花样一起做,把虎头花样绣出来;做好后,拆开棚子,把花样一个个剪开,用浆糊、衬布粘好,不能直接晒太阳,要在阴影下晾干再放到太阳底下,否则要起泡的;再剪样子,样子剪出来后,再弄扣子;扣子弄好后,再用裁剪的斜条布滚口,底也滚口,面也滚口;滚口以后,再锁眼、钉纽子。这样一所虎头鞋做好,做做两天还要多。

整个过程中,老虎眼珠子这步很关键。眼珠子总要做黑的嘛,眼白做圆的也可以的,不过我喜欢眼白做得弯弯的,看起来有点凶。然后鼻子、眉毛等,后面绣的是一只蝙蝠,象征享福的意思。对于其他人来说做眼睛最难,为什么呢?因为它这个眼白是直线绣上去的,做这个有技巧的,要横横地绣上去。在我看来,做眼睛一点也不难,我教过别人很多次,但是她们总是做不好,其他的倒还好教。

千镇万村种文化,真正的女红技艺人

其实,我是个真正的女红传承人。所谓女红,就是女人穿的东西样样会做,实际上就是女裁缝。相应的就是男裁缝,主要做西服。我自认为,正式称得上女红技艺人。这里小孩子的出生衣服、满月周岁的虎头鞋,人们都认得出是我做的。我还给人家做婚嫁服装,我的妹妹出嫁、哥哥娶媳妇,所有的服装都是我亲手做。我一个妹夫在东北,带来一些皮,我给我爸爸、哥哥裁皮服。我还做老年人的寿衣。老人过世了,穿的如意百褶裙,就像戏文里的有前襟、后襟的衣服,我也做。除了渔民穿的龙裤没做过,其他我样样会做。从婴儿出生,到老年人百年后的服装都会做,所以是真正的女红手艺人。

北仑区,我首个批准的非遗项目其实是剪纸。有一次,到市里开会领奖,北仑区就派我一个人作为代表。大概有二十几个非遗传承人,围坐在会议室,按着顺序,从那边到这边每个人都要发言。我刚好坐在一个角落,最后一个发言。其他人讲的话很多,轮到我,我就干干净净几句话:这个剪纸啦,我们要古为今用,要紧跟时代,要不断创新。主持会议的领导总结发言时,特别做了补充:那个乐翠娣,不但剪纸好,做的虎头鞋也很好。当时,文化宫的两位领导都在场。

后来,镇海的太白社区一个领导打电话联系我,希望我去给那边的人指导做

鞋子。她们会做鞋子,但是没有做得很好,一直不能获奖。然后我就拿去一个样本,当着她们的面不用看鞋子,直接就画出来了,然后用一把剪刀剪出来了。镇海也把我的情况向上面做了汇报。

因为北仑区要定十个非遗项目,缺少做虎头鞋的传承人。本来还有一个老婆婆做虎头鞋,她说这个鞋子只教自己的子女,不教别的人。那只有她和我两个人,区里就要我做虎头鞋的传承人。

2008年,浙江省开展第一届"千镇万村种文化"活动。我就被派到杭州武林广场,去指导虎头鞋制作,获2008年浙江省"千镇万村种文化"展演演示活动才艺演示奖,省里奖励3000元,区里奖励3000元;在"名城宁波"第九届"海上丝绸之路"文化节之"巧手绣和谐"2009年端午传统女红技艺现场展示中获得"女红巧手奖";2009年被列入首批"浙江省优秀民间文艺人才";2010年列入首批"北仑区优秀民间文艺人才";2010年获浙江省"民间手工艺——虎头鞋"创意设计邀请赛金奖;2010年上海世博会宁波滕头案例馆,现场制作虎头鞋,向全世界参观者现场展示,受到广泛好评;2011年在浙江省"民间巧女"手工技艺大赛上,荣获优秀参展项目奖;2011年成为北仑区十大优秀非物质文化遗产(女红技艺)传承人;2011年参加中央电视台拍摄"中华长歌行我们的节日"端午特别节目,传承虎头鞋制作技艺;2012年参加宁波职业技术学院非遗展示嘉年华虎头鞋展示活动,并受邀请教大学生虎头鞋制作技艺;2013年开始,在非遗基地坝头社区设固定教学点,每星期为学生上课。

我正式的成人徒弟收了四个,2015年6月在梅山那边举行过拜师仪式,报纸都登过。一个是北仑文化馆的徐巧妮,路远,工作忙,但她很记得我,过年都会买东西来拜访我;一个是小港职高的老师张燕,她已经在教学生了;一个也在小港做衣服的李文巧,衣服做得很好,鞋子也做;一个是我们社区的乐亚盈。她们跟我学之前,虎头鞋一点都不会做的。20年前,也有人从跟我做衣服开始,一直叫我师傅。刚才在我家的那个小女孩,也是一个小徒弟,很聪明的,在跟我学剪纸。

我对徒弟的要求很高的,要超过我,要做得比我好。我跟他们说过,做鞋子,不要我给你一个鞋样,就照鞋样一样做。要自己会创造鞋的样子,看到小孩的脚你要立马可以画出样子,所以现在非常满意的徒弟没有。

你们说我对虎头鞋未来有什么样的展望?当然想传承下去。我女儿不学这个,讲究赚钞票,对我说:阿姆,我像侬这样做鞋子,饭也没得吃嘞。我的孙女24岁,在读研究生,特别想跟我学,但是没有工夫。所以,传承的人一要有兴趣,二要有一份安稳的工作,空余时间才可以做这个,否则你没有固定经济来源,做鞋子不赚钱,怎么做?

五、胡琴制作技艺传承人王忠康口述史

传承人简介

王忠康,生于1955年,宁波市北仑区大碶街道竹山头人。初中文化,出身手艺世家。受祖辈们影响,性喜习艺,颇有天赋,自小能制胡琴。16岁拜师学习木工技艺,17岁出师从事相关手艺并制作胡琴。中年后,专业从事胡琴制作20多年。王师傅力求制作的每一把胡琴都做到三好:材料好、工艺好、音质好。好多拉琴的琴师说,他们见过很多的琴,像王师傅制作的工艺和音质这么好的胡琴的确少见!这是对王师傅很好的评价和肯定。如今,王忠康的儿子王宁利用业余时间,已在传承父亲的胡琴制作技艺。

系宁波市民间文艺家协会会员,北仑区非物质文化遗产"胡琴制作技艺(宁波康宁轩胡琴制作技艺)"代表性传承人,第五批(2018年6月)宁波市级非遗项目传承人。其代表作品有宁波走书胡琴(四弦胡琴)、宁波甬剧胡琴(甬剧琴)、越剧胡琴(越胡)、二胡、衍生品—骨木镶嵌微型胡琴工艺品等。

采访时间:2018年12月2日
采访地点:宁波市北仑区大碶街道竹山头103号,胡琴制作工坊
受访者:王忠康、王宁(儿子)
采访人:沈燕红
口述整理:沈燕红、胡修远、沈姝辰
采访照片:随访学生余婷、马家辉、吴沛寒摄,旧照由传承人提供

采访手记

坚持的伟大
——访胡琴制作技艺传承人王忠康

午后的大碶小巷里,乡人们都在享受闲适的时光,可当我们踏进王师傅家中的时候,他仍在热衷于胡琴的制作中。王老师傅家中很朴素,除去工作道具外,其他的都与其他乡人无异。在王师傅带领下我们进入了他的工作房,房中挂满了各式手工胡琴以及各种证书,热情的王师傅和他的儿子王宁向我们一一介绍了各式胡琴以及工作原材料。

王师傅今年已经 60 多岁了,但是年龄完全不妨碍王师傅的工作,制作过程他仍然熟练有力。每一把胡琴制作都需要付出很多的时间,那个年代的乡人,温饱都是问题,王师傅却能够坚持制作胡琴,至今已有 40 多年。我相信这和兴趣有着很大的关系,实际上王师傅也的确如此。

王师傅是家里 4 个孩子中最小的,打小对于木工这类手艺活有着浓厚的兴趣。王师傅顶着家里人反对去坚持这份兴趣,最后用行动成功地证明了自己,开始了自己的手艺活之路,这让我们感触很深。随访的一位学生感慨说:身为初入大学的新生,我也有着很多的兴趣与梦想,但现实中也有很多束缚。我想,我如果去追逐梦想,那么王老师傅是我的楷模,我需要向他学习那种追逐梦想的勇气与坚持;如果我选择认清现实,那么王老师傅一定也是我的楷模,我需要向他学习那种坚持不懈的笃定,在现实中努力奋斗。

王师傅和我们细致地介绍了制作胡琴流程,从选材到工艺,无一不贴合"细致入微"四字。与其他手艺人不同,王老师傅的选材相当独特,同一块木头的年轮分布、密度纹理、蛇皮的选材以及细致的加工等等都是重要的考量部分。一些细节的不同,往往会导致音色的微妙差别,而就是这一细节,使得王师傅成为各位演奏者所认可的胡琴制作大家。细节,往往是决定成败的关键。一把坚实的大锁挂在门上,一根铁杆费了九牛二虎之力,还是无法把它撬开。钥匙来了,那瘦小的身子钻进锁孔,只轻轻一转,大锁就"啪"的一声开了。钥匙的身上多了铁棍所没有的细节,而细节正是王师傅开启胡琴手艺的钥匙。

非物质文化遗产是我们的骄傲,同时也是我们的遗憾。中国许多的非物质文化遗产正在被遗忘,王师傅的胡琴制作技艺也是如此。虽然王师傅徒弟众多,但是真正像王师傅一样热爱胡琴制作的少之又少。王师傅呼吁,年轻一代应多多关注这些非物质文化遗产。艺术没有高低贵贱,胡琴制作工艺传承了这么多年,经受住了时间的考验,证明它是一门值得也是应该传承下去的艺术。

与王师傅的青年时代相比,随访学生认为,我们有些人的青春好像少了一种执着与热爱,在浮华的时代里沉沦,不曾回头看看,拾起那些被我们遗忘的艺术。也许这是时代发展的必然,但我们不希望文化遗产消失是时代必然,我们希望大家能多回头看看那些艺术,从中学习到老一辈留给我们的无尽精神财富。

王忠康口述史

出身手艺世家,难忘胡琴初心

我今年虚岁 64,我们当地人习惯用虚岁表示年龄,周岁 63,属羊,1955 年 6 月出生,北仑区大碶人。我原来住在大碶街道鲤蛟村,后因拆迁买了新房子,搬到现在的竹山头 103 号,也属于大碶地块。

我的祖辈都是本地人,从事手艺生活(方言,职业、工作),偶尔制作胡琴。我的太祖生于咸丰七年,光绪二十年去世,做木工类手艺。因家里各类工具齐全,别人会寻上门来,请帮忙把胡琴搞一下、修一下。自己呢,也做过几把胡琴,流传下来,数量不多。那时的胡琴制作不像现在复杂,非常简单,也非常方便,因为自然资源丰富。屋落周边、坟头阡陌,到处有蛇出没,乌梢蛇等,随手捉几条,取其皮,做琴皮;山上毛竹也很多,随意砍伐一根,用毛竹筒做琴筒;再去搞一根木棒做琴杆,一把简简单单、能发出乐声的胡琴就制成了。我的太祖奶奶非常长寿,活了 99 岁,我出生的时候,太祖奶奶还在世。人们说人生七十古来稀,我的爷爷、奶奶也蛮长命,都活了 70 多岁。我五六岁的时候,太祖奶奶、爷爷、奶奶三人相继离世。爷爷生前也是做木工生意的,从太祖那里继承了做家具、制胡琴的技艺。我现在用的一些木工工具蛮多是爷爷时候留下来,市场上有些已经见不到了,拆迁时丢掉了一些,很是可惜。我的父亲和伯父都做木工,以家具类为主,也会做胡琴。所以,说起来,我们家族做胡琴是有渊源的。

我什么时候接触(学习)胡琴制作技艺的呢?其实,我打小对手艺类东西非常欢喜,而且一学就会。我是家中 4 个孩子中最小的,记得读小学的时候,认得几个字,也没咋好好读书,自己做胡琴,我们一拨同学聚头,拉着玩。可是父亲并不同意我做胡琴,胡琴在当地被称为"讨饭胡琴",一般是要饭的人挨家挨户乞讨时拉唱之用。小孩子如果拉胡琴,被家人发现,就会受到责骂:你难道以后想做讨饭人吗?真没出息!制作胡琴不能养家糊口,琴做得再好,也没人要,卖不出去。但我对手艺活实在很感兴趣,就背着父亲,偷偷地用上代传下来的锯、刨、斧、钻等工具做胡琴、拷小凳子,每次都小心翼翼,生怕把工具弄钝、弄坏了,被父亲知道就要挨骂。当然,后来还是被发现了。父亲看着我的一些作品,觉得我有这方面天赋,可以吃这口饭,就同意我做手艺了,那年我读完初中 16 岁。于是跟着父亲,我开始先做木工,做家具。那时"文革"后期,手艺人都要闷声不响,低头做事。做琴拉琴这类事情是不允许的,会被审查、甚至拉去批斗。

关于我的拜师经历,除了师承祖辈,我还跟一位师傅学了 10 个月,是我的表姐夫介绍的。师傅名叫乐中良,原大碶乌隘人,后搬到大碶绿化,和我表姐夫从小熟悉,经常聚在一起。大概我 15 岁时候,他在我们这边做生活(方言,即手艺、木工活)。他的手艺好,木工活特别多。我当初读书心思不太有,书包东一扔西一扔,却经常跑到他做活儿的地方去看,一看就半天、一天的,走也走不开。第二年辰光,表姐夫向乐师傅推荐我,说:要么跟你一起做生活?师傅看我介有兴趣,而且做木工也蛮有手法,也很欢喜我,就收下了我这个徒弟。我们师徒关系很好,我不像别人喊师傅,叫师傅"阿哥"。我跟师傅学木工,不需要师傅特别教,主要靠眼睛看,一看就有感觉。平时呢,我中饭吃得比师傅快,抢先去干活。师傅见我悟性很好,动作又快,平时也不需很多指点,所以对我特别满意。师傅只带我一个徒弟,别的人一个也没带。我是其入室弟子,也是关门弟子。师傅 1980 年去了香港,他是香港出生的,父亲在那边。

这样,我跟着父亲和乐师傅两人学做了一年左右木工家具后出师。17 岁开始,一边其他木工师傅经常叫我一起干活,一边我自己也独立接生活。我就利用家里以前搜集的红木秤杆等材料,在夜里和休息日重拾我小时候的爱好,私底下做起了胡琴。为了一心一意做手艺,做自己喜欢的事情,我十八九岁时,干脆从家里的农业户口划出来,成了"代售户"。所谓"代售户",是那种不用种田,也不用在割早稻、割晚稻的农忙季节去帮忙,但可以向生产队买粮食的户口。代售户是不同于农业户和供应户的第三种户籍,原是 20 世纪 50 年代末 60 年代初城镇人下放到农村的一种特殊户籍,改革开放后,联产到户,分田到户,这种特殊的户籍取消了。后来,我自己也陆陆续续带了很多木工徒弟,光大碶就有 6 个,他们个个手艺非常了得。

大概 20 多年前,有人上门叫我帮他修胡琴,经我一修,胡琴跟新买的一样,特别高兴。随着社会的发展,人们对胡琴的认识也发生了变化,把胡琴当作了一种文化,我就萌生了专业做胡琴的念头。之后我所有接到的做家具之类的木工活,都分给徒弟去做,我专门从事胡琴制作。这一做,就没有停下来过。

慧眼识得红木料,为寻蟒皮跑苏州

制作胡琴的材料哪里找来?说起来还是很有趣的。以前我在外面做事,看到红木,人家没什么用,要扔掉的,我付点钱拿回来。大概十五六年前,有两个浙江永康人,一个住在霞浦,一个住在邬隘,在这里做订秤生意,骑着自行车挨家挨户地去问:你们要秤吗?要秤问我买。有的家里有老的大秤,但秤柱没了,秤杆顺道卖给订秤的永康人,20 元、30 元一根的。永康人积聚了 5 根、10 根秤杆,就拿来给我看,我一看是红木做的秤杆就留下,不是红木的还给他,收进来的价格80 元、100 元一根,最低我出到 60 元一根,我的价格在十几年前还是出得很高的。永康人把旧秤杆收购来,刨刨后依旧可用,再卖出去;但是红木料的旧秤杆翻新后卖出去,就不合算,还是卖给我合算。每星期总会有四五根,长期拿来给我,来的时候总很早捣门。我打开门,一眼就认识哪些是红木哪些不是,红木的就收下。有一年快过年的时候,永康人问:秤杆还要吗?侬派啥用场的?我说:我要的,大批拿来吧,我都要的。永康人从老家乘火车,把从北仑这里收去放在家里的 40 多根红木秤杆都带给我,我全部收下了。后来永康人有两年的时间到舟山的定海、沈家门等角角落落搜秤杆,每次白峰码头跳上后,直接到我家,红木的都留给我。我从永康人的手里,收了好几百根红木秤杆,都有久远的年代,现在至少 500 元一根,还买不到。这些秤杆都是制作胡琴琴杆的上好料子。

制作胡琴的琴筒,要用板块木料。这么多年我一直吃木头饭,啥样的木头,我看一眼全部认得。我们用想方设法去寻找板块木料:一用搜地皮的方式去收集,也就是一户一户人家去找,是否有可用的红木木料;二从专门搜集古董的朋友那里打听,有好的红木木料从他们手中转买过来;三我们自己去跑古玩市场,到处去跑去搜,宁波、杭州呀都去过,反正看到好的料,都收购过来,一直跑一直投钱。另外,我儿子王宁的爷爷、也就是我父亲时候,家庭比较殷实,住着四合院，家里还有祖上的红木材料留到现在。

用明清老红木制作的胡琴是胡琴中最高档的一类，木料颜色为咖啡色，纹理清晰，密度好，发音明亮，有金属音，振动均匀。我们所讲的明清老红木的木料，通常所指的为旧料老红木，又称为家具料。旧家具的年代多为明清和民国的，历经百年后存世稀少所以特别珍贵。旧时宁波、舟山一带的红木家具料，全国有名。当初的木料是航船从福建那边运输过来，那时的船小，航运速度慢，在大海上不知要漂多少天，才能到达长江三角洲。这样，木料经过海水日日夜夜的浸泡，里面的浆水都泡出了，就像被腌过一样。运到宁波、舟山后，木材商人又将它们在淡水里浸泡三年，晒干后才派上用场。这种木料历经海水烂过、淡水泡过、烈日暴晒，木质干燥而稳定，不会变形，是做家具的上好材料，也是制作高档胡琴的绝佳选材。但随着时代的发展，家具的式样和材料都在发生变化，以前家家户户可见的红木家具，现在也越来越少，可用于胡琴制作的旧料老红木也越发少见。

胡琴制作，当然不能缺少蛇皮，主要用到蟒蛇和乌梢蛇。小时候在山野上可以看到的野生蛇，因为生态环境变化，现在也很少有了。这些年，我和儿子王宁两人跑到苏州市场去购买蛇皮。苏州、无锡那边，二胡很有名。"瞎子阿炳"就是无锡人，他的《二泉印月》是二胡曲子中的千古绝唱。苏州、无锡交易市场上的蛇皮，主要是海南人拿过来的。海南环境湿热，好多人家都成养蛇专业户。蛇肉卖到广东那边，广东人喜欢吃蛇肉；蛇皮销往苏州、无锡，主要用于胡琴制作。我现存的有蟒蛇皮和乌梢蛇皮，其中一条大的蟒蛇皮有 4 米多长，60 多公分宽。我家非遗工作坊已获国家林业局审批的"蟒皮使用许可证"。

胡琴的构造怎么样？大家可以参观一下这房间里挂着的很多胡琴。胡琴是由琴筒、琴杆、琴头、琴轸、千斤、琴马、弓子和琴弦等组成。我们专门整理出来一本（册子），介绍胡琴制作的九道工序，说起来太复杂了，你们可以拿去后看看。

切磋交流声远扬，儿承父业代有人

我的代表作品有宁波走书胡琴（四弦胡琴）、宁波甬剧胡琴（甬剧琴）、越剧胡琴（越胡）、二胡、衍生品—骨木镶嵌微型胡琴工艺品等。制琴技艺得到了上辈人指导，如今又听取各位演奏家的指导和建议，不断完善制琴技艺。对于我来说，力求制作的每一把胡琴都做到材料好、工艺好、音质好，有了这三好，拿出去就不塌台、不丢面子了。好多拉琴的琴师说，他们见过很多的琴，像王师傅制作的工艺和音质这么好的琴的确少见！这是对我的很好的评价，我很高兴。

在北仑地区，喜欢制作胡琴的同行，经常到我这里取经，相互切磋交流。我的师傅乐中良现居住在深圳，也跟我长年保持着联系。他在深圳每天拉琴，他拉的就是我做的胡琴。我们通过电话、视频,有时晚上聊天,聊聊过去和现在做琴、拉琴情景,一聊就几个小时。常州越剧团、上海越剧团,北仑、宁波各剧团来定制专业胡琴,主胡都是出自我这里。无锡、苏州那边的二胡制作技艺很多,但那边人的越胡,都到我这里蒙皮。杭州的一些胡琴蒙皮都带到我这里来。我的胡琴更得到了省内外胡琴爱好者的青睐,有一对安徽夫妻,专程乘火车到我这里,买好了来回车票,大概下午2点到,男的拉,女的唱,挑了越剧胡琴,待了半小时就马上返回。广州、深圳那边看到我师傅演奏的琴,也都到我这里订琴。还有湖南纪委的一个人,到我这买琴。还有一个华侨,在霞浦看到了我做的胡琴,特意跑过来,买去了好几把琴,带到了法国巴黎,我的琴也走出了国门,走向国际。

因为胡琴,我认识了很多琴友,结交了很多朋友,生活面、交际面都扩展了。平时除了制琴,我常去宁波鼓楼后面的中山广场、北仑的一些公园,那里有很多拉唱的人。他们跟我都熟悉,见到我很热情地打招呼:王师傅,王师傅!

我曾先后参加2016年6月13日"美丽非遗薪火相传"——北仑区传统民间美术(工艺)作品展,2016年10月21日"山海风情"全国十一地文化馆大联动暨优秀民间美术(工艺)作品联展,2017年4月26日宁波职业技术学院校庆嘉年华活动,2017年5月28日秀美浃江龙舟赛暨端午文化集市,2017年6月10日梅山街道民俗文化艺术节开幕式暨梅山非遗风情秀活动,2017年6月10日北仑富邦世纪广场857玩咖文化市集,2017年10月27日宁波市第四届阿拉非遗汇·魅力港城暨北仑区第二届民俗文化庙会等展览展示活动。

关于传承,我觉得在甬剧、蛟川走书、越剧等众人喜闻乐见的表演中,胡琴作为一种重要的演奏乐器广为人知。但由于胡琴制作工艺复杂,如今会这门老手艺的人越来越少。现在蟒蛇又是国家一级保护动物,取材也有一定难度。好在我的儿子王宁,今年虚岁36,受到我们上一辈的影响,也非常欢喜这一行,跟着我已经做了十几年胡琴了。虽然他有谋生的一份主要职业,在一家做电梯的企业,但是晚上、休息天,都跟我一起做胡琴,从不像其他有些年轻人搓麻将等玩乐。王宁也会培养他的儿子制作胡琴的兴趣,肯定会教他,但孙子还小,最后是否能传承我们的衣钵,还要看缘分,不好说。当然,我是非常喜欢胡琴制作这门技艺能代代传承下去。

现在政府对非物质文化遗产也非常重视,每年会给一定的经费支持,这几天还在为我们这个项目拍宣传篇,据说是北仑第二个被拍摄的项目,第一个拍摄的是晒盐技艺。我们也会继续努力,非遗五年一次申报,争取下次能申报省级非遗项目和传承人。

六、"大碶"述考:地名传说口述史①

据大碶街道有关文化人士、当地百姓,以及胡琴制作技艺传承人王忠康、虎头鞋传承人乐翠娣等几位老人讲述,旧时他们称大碶镇上这个地块为"大碶头"。而"大碶头"的地名,是来自明朝时这里所筑的一条五眼长山碶(地方上称"碶门"为眼,有"一眼"、"两眼"……多眼之分),称为"长山大碶",简称"大碶"。"大碶"所在的地方,百姓称为"大碶头",后来就成了地名。

碶(qì),是宁波方言,"石"旁,"契"声,但老底子的各类字典、词典都未收录这个字,前些年的电脑打字库也不能输出,只能用"矼"字替代,"大碶"简写"大矼"。其实,带有"碶"字的地名是浙东甬舟沿海地区的特产,含有独特的历史积淀和地域文化内涵。据现在网上可查的新华字典、新版的现代汉语词典等解释:"碶",就是用石头砌的水闸;"大碶头",地名,在中国浙江省。

碶,是浙东海边先民在长期生产实践中创造出来的一种与海塘配套的水利设施,造型如桥,有活动门,具有拦海水、泄洪水、蓄淡水的功能,被称为"水利锁钥"。唐宋八大家之一的曾巩因鄞县知县张峋请求而写的《广德湖记》有一段描述宁波人造"碶"的文字:"鄞人累石堙水,阙其间而扃以木,视水之小大而闭纵之,谓之碶。"意思是:鄞州一带的人垒砌石头用来堵截水流,留个缺口以插入多道木板,可根据水流大小灵活增减,或关闭以拦截海水,或开启以排泄洪涝,这样的一种设施叫作"碶"。

一般地,沿海地区庄稼田最怕海潮袭击,民谚云:"咸潮浸一浸,一年呒收成。"因此,宁波、舟山等有河流、耕田且靠海的地方,在淡水、海水交汇多筑有"碶"。当潮位高涨时,必须用"碶"阻断河口,不让海水涌入。反之,当遇洪涝发大水时,打开"碶",让洪水流入大海。"碶"与"去",宁波话读音都为(qì),寓含百姓驱逐海水、洪水,让其快快离开的意愿。

老人们讲述,大碶地方的历史久远,大概可以追溯到东汉永平年间。东汉永平十年佛教传入中国;永平十六年,"灵峰开山之祖"普定禅师在此结精舍,名曰"佛国道场"。西晋时,葛洪仙翁在灵峰炼丹,在岩石上捣草制药,救治百姓疾病,岩石也有了灵性,被称为"灵岩"。灵峰禅寺,也成了葛仙翁(葛洪)的道场。于是,灵峰山被称为"第一灵山",此地被称为灵岩乡(今大碶一带)。灵岩乡有条岩

---

① 街道地名文化,具有独特的地域文化内涵,是珍贵的非物质文化遗产。既是作为生命个体的非遗代表性传承人生长的文化环境,又是一种群体传承人的口述史文化,是本项目研究不可或缺的重要组成。通过与街道有关文化人士、当地百姓等广义的非遗传承人,以及代表性传承人对所在街道、村落文化的口述访谈中获得,同时与文献资料互证。

河,源于太白山麓,蜿蜒曲折,流入大海。

大碶境域,古属鄞县,宋熙宁十年划归定海县(镇海县)。北宋庆历七年,王安石任鄞县县令,为整治水利,不辞辛劳,曾翻育王岭,亲赴海乡,考察鄞东(今北仑一带)山川地理。其《鄞县经游记》中写道:"辛巳,下灵岩,浮石湫之壑以望海,而谋作斗门于海滨,宿灵岩之旌教院。"此后,修堤筑碶,建成"王公塘"、"穿山碶"。位于今大碶街道石湫村南石塔山下的石湫河上的石湫古碶,碶桥长5米、宽3米。南宋《宝庆四明志》已称为"石湫市桥",宝庆二年重建。当时的定海县(今镇海),仅管辖一镇三市,石湫市是其一。其建碶年代早于大碶等诸砌,石湫碶桥是北仑地区现存最早的碶桥。明嘉靖三十二年,在石湫古碶外拓建千丈塘,建成"长山大碶"(后称"大碶头"),内通岩河,外接东海。"大碶头"与石湫以岩河相连,仅相距三五里地,刚好居于岩河的中游。

民国初期,境域属镇海县灵岩和泰邱两乡。民国二十一年置镇,二十五年设1镇8乡。1958年10月撤镇,1959年7月复设。1983年11月设大碶镇、邬隘乡、塔峙乡,1992年5月两乡并入。2003年8月撤镇建大碶街道。

2019年,大碶街道下辖38个村10个社区。10个社区为:学苑、太白、坝头、高田王、金泉、灵岩、横杨、富春、岩河、九峰山。总户数25328户,总人口64689人,其中城镇居民39894人,农村居民24795人,外来登记人口101573人。[1]

---

[1]　参见《北仑年鉴2020》,浙江人民出版社2020年版,第408页。

第二章 浙东北仑区柴桥街道
非遗传承人口述史

第一节 柴桥街道地域文化生态

柴桥街道位于北仑区中部,地处穿山半岛中部。域境东接白峰街道,西与大碶街道、霞浦街道相邻,南与春晓街道接壤,北隔穿山港与大榭开发区有大桥贯通,区域面积 65.2 平方千米。

柴桥,地形地貌较为复杂。地形丘陵与平原相连,紫石属半山区,柴桥以平原为主。南面群山,北部靠海,地势东南向西北倾斜。境内河流纵横,一条芦江贯穿全境。其主流从瑞岩寺水库出发,流经柴桥平原,穿过柴桥街市,蜿蜒注入大海。境域北部的穿山港航道,冬天不冻,平日不淤,水、陆交通便捷。

芦江清清,历史悠悠。柴桥留有很多古迹遗址和古宅民居:新石器时代的沙溪遗址距今 4500 多年,是柴桥历史文化的开始;位于后所村城南、建于清乾隆年间的项氏宗祠,用材考究,雕刻精美;位于河头村庙后的云雯庙后大殿,用材硕大,具有清中期风格;位于四合村朱家漕、建于清代晚期的虞家后新屋,是典型的畚斗楼式宅第民居;位于前郑村、建于清代晚期的三代经师堂,是经学家黄式三、黄以周、黄家岱的故居;位于大溟村姚江岸、建于清光绪年间的钟观光故居,集晚清传统民居和西洋风格于一体;位于芦南社区马家弄的"薄荷大王"曹莘耕故居,是民国时期的豪门大宅。其他还有十德堂、大本堂、孝谨堂、宁远堂、孝敬堂、黄氏宗祠、林氏宗祠、胡氏支祠、李家祠堂、沃家祠堂、梅家祠堂、胡家三连进、乾房连三进、久勤大屋、洪溪杨家、太师殿、姚江岸、曹天戈旧居等。

柴桥,是教育之乡。早在清乾隆年间,柴桥里人就创办芦江书院,后又名观澜书院、积书堂、海滨邹鲁。嘉庆十年(1805),芦江书院置田百亩,藏书万余卷。办学模式历经变迁,芦江书院至今依然存在。柴桥这块土地上孕育了我国著名植物学家钟观光、中国近代化学之父虞和钦、中国科学院院士李志坚与王阳元等众多名人。

柴桥,是文化古镇。境内瑞岩禅寺为浙东名刹,始建于唐武宗会昌年间,初为普化禅师精舍。据传,因山产灵芝,北宋年间守臣奏闻于朝,宋真宗钦赐山名"瑞岩"。后宋英宗赐名为"瑞岩山开善寺"匾额。自南宋,瑞岩寺与天童寺、阿育王寺为浙东三大名刹。明清以来,几经兴衰。清光绪三十年(1904)因钦赐龙藏经而名声大振,光绪三十二年(1906)建瑞岩禅寺藏经阁,现只剩一幢藏经阁。

柴桥,是生态之乡。境内拥有瑞岩国家森林公园、国家级生态村河头村与岭下村、AAAA 级瑞岩景区。柴桥花木种植遍布全街道,2000 年,被国家林业局和中国花卉协会授予"中国杜鹃花之乡"美誉。2014 年 6 月,环境保护部授予柴桥街道 2012—2013 年度国家级生态乡镇称号。

柴桥街道,省、市级非遗项目及代表性传承人有:造趺传承人周德兴,造趺传承人周翠珠,狮象窜传承人沃凡诚,木杆秤制作传承人郑银娥等。

第二节 柴桥非遗传承人口述史

一、造趺传承人周德兴口述史

传承人简介

周德兴,生于 1928 年,宁波市北仑区柴桥街道穿山村人。父母兄弟姐妹都去了上海,独留其一人在穿山,由爷爷奶奶带大。小学文化,做过牧童,一辈子农民,造趺是业余爱好。9 岁时,第一次扮演"天伴"角色"补缸匠",长大后做过"地盘"。21 岁开始,从上一辈师傅手里接管造趺,扮演角色、编写剧本、担任导演、培养艺苗,带领造趺队伍参加大型演出 30 次以上。曾在 20 世纪 80 年代编写一册《穿山史志》,其中第八篇《穿山的民间舞蹈造趺启示》,介绍了造趺概况;20 世纪 90 年代,编写了一篇《穿山村民间舞蹈造趺发展史》,对保存穿山造趺这一民间艺术做出了贡献。

系北仑区非物质文化遗产"造趺"代表性传承人,第三批(2009 年 7 月)浙江省级非遗项目传承人。其代表作品有:《薛丁山与樊梨花》、《孙悟空三打白骨精》、《金钱豹》、《王大娘补缸》等。

采访时间:2019 年 06 月 25 日
采访地点:宁波市北仑区柴桥街道穿山村后大街 50 号,穿山村村民委员会;宁波市北仑区柴桥街道穿山村羊井弄 10 号,周德兴家中
受访者:周德兴
采访人:沈燕红
口述整理:沈燕红、胡修远、沈姝辰
采访照片:随访学生张雯姣、沈岑摄,旧照由传承人提供

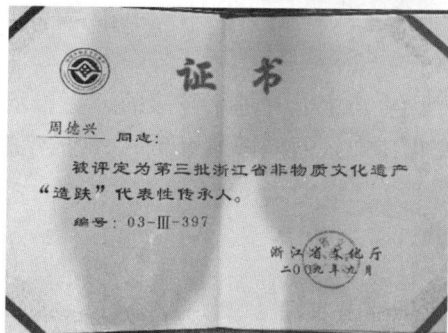

采访手记

造趺永远在我心中
——访造趺传承人周德兴

　　暑期里的一天,带着俩学生,我们有幸采访到浙江省第三批非物质文化遗产"造趺"代表性传承人——周德兴。

　　下过雨的天气,依旧不能影响我们一行人的热情。穿过古朴的石板小路,我们来到了周老师的家,推开虚掩的院子大门,碰到的是周老师刚来探亲的大女儿。她告知父亲周老师已早早地在穿山村村委会办公室等候我们的到来,还亲自带我们过去。92岁的周老师热情地迎接了我们,是一个和蔼、健谈的老爷爷。

老人向我们介绍,造跌,又名"肩背戏",俗称"马嘟嘟"。由 10 名十岁左右的俊美男女孩站在青壮年男子肩上,边舞边唱、做、念、打,常见于庙会及重大庆祝活动中。

周老师出生于 1928 年,是第六代传承人。祖宗三代都在穿山。通过老人的叙述,过往的故事不断在我们眼前浮现。周老师家里有一个哥哥,一个姐姐,一个弟弟还有一个妹妹。小时候哥哥姐姐弟弟都跟随父母去上海了,他由爷爷奶奶抚养长大,留下来照顾老人,在家种地、放牛。9 岁开始接触造跌,最早表演的王大娘补缸的故事。后来学出了就编写剧本,传统剧目有《薛丁山与樊梨花》、《王大娘补缸》、《孙悟空三打白骨精》、《真假美猴王》等。

周老师还为我们普及了天伴、地盘的说法。地盘是"盘",相当于底座,要打牢。地盘需要劳动工人,身体要健硕才好。因为天伴要站在地盘肩上,还要跑要打,地盘要保护好天伴。天伴由小女孩、小男孩扮演。老人还为我们讲述了造跌表演用的道具。比如《真假美猴王》的金箍棒,《薛丁山与樊梨花》中用到的铜柱、红缨枪等。造跌演员一般都是两两相对的,需要 10 个小孩,也就是 5 对。表演先出场,然后穿 8 字、分对、武打、合体,最后再穿 8 字退场。

周老师说,观众看造跌表演觉得惊险刺激,但是对于表演的人来说是非常不容易的。谈及传承这方面,周老师也表示,有些老人年纪大了不肯退出,又做不了地盘,只能慢慢地退出,造跌永远在他心中。

非物质文化遗产渐渐消失在我们的视线中,希望能有越来越多的人去传承,去注入新鲜的活力。相信在未来,非物质文化遗产依然能够熠熠生辉,绽放属于中华民族不一样的精神光芒。

周德兴口述史

自小留守穿山,一辈子都是农民

我 1928 年 9 月出生,虚岁 92,北仑区柴桥穿山村人。穿山出生,祖宗三代都是穿山人。我是造跌第三批省级非遗传承人、穿山造跌的第六代传人,但不是从自己的长辈继承过来的。我的爷爷、父母是否学过造跌,我不知道。儿子、孙子的,我知道。我儿子做过造跌地盘,我孙子做过造跌天伴,外孙也做过天伴。

我阿娘(母亲)生了 5 个小孩。我有阿哥、阿姐、阿弟、阿妹,我排行第三,兄弟里我是老二。我的父亲在上海大丰造纸厂做工人,母亲也在大丰造纸厂,(厂址在)上海余姚路 642 号。阿姐年纪轻的时候就过世了。16 岁的时候,妹妹也在大丰造纸厂工作。我的兄弟姐妹都在上海,解放前一家人在上海租房子住。哥哥是给外国人干活的,挪威人办的宝力格造纸厂。阿弟在上海石油公司,解放前到解放后都在石油公司工作。

家里唯一留下我在穿山，小时候是爷爷奶奶养大。我为什么留下来？我的阿爹说了，我爷爷奶奶、外公外婆都年纪较大了，我的兄弟姐妹统统在上海，因此需要留一个人在家里，一则可以照顾家产，二则以后照顾年老的爷爷奶奶。为什么是我，不是哥、弟呢？阿爹说我老实，不滑头滑脑，不适宜到外面闯荡，还是留在家里种地比较好。那我心里也有点气呼呼的，我想做工人哎，叫我做种地人！但是大人安排好了，那有什么办法呢？所以，我解放前、解放后都是种地的，一直是农民。大人在上海，一般一年一次，过年、春节的时候回到穿山一趟。其余时间，我是看不到我的阿爹阿娘的，就像现在的留守儿童一样。

我9岁开始读书，读了4年，初小毕业。当时日本人飞机扔炸弹，学校解散了，没地方读书了，就没读下去。13岁，我到郭巨河头村给老板去看牛，做了牧童。老板名字叫谢竹仙，自己不干农活的。老板不仅做地主，还做生意。老板开茶行的，茶叶收进来，再卖出去。老板家有100多亩土地，雇了很多人做长工。做工的人也是分层次的，作头最大，后面是半作，半作后面是看牛娃。老板雇一个亲信当作头，也就是作业的头头、监工。作头呢，是管农作物的，给半作分配工作。半作，再把任务分配给看牛娃。看牛娃呢，老板可以管你，作头可以管你，半作也可以管你，是最最低下的。你勤快，就对你好一点，要是偷懒的话就会凶你。我天天和长工们在老板家，只有清明、七月半可以回家住三天，其他时候不能回家来的——哎，做长工的嘛。小孩子嘛，身边没有亲人，家也看不到，总是会难过的。我平时到外面山坳放牛去了，眼睛总是望向我们穿山的山头，看看也是好的，能缓解一点思念家乡的感情。这牛一看，就看了4年，直到17岁。

我在1949年结婚的，刚刚解放前夕，那时22岁。1947年，国民党飞机扔炸弹。穿山住不了，逃难逃到河头村的堂姐家。那边山洞山屋里住着，炸弹扔不到。在逃难时认识了女方，她家是霞浦的，也逃难到那里。后来，我自己土屋造好了，毛竹种好了，但穿山还是回不了。每年扔炸弹，一年两年，炸弹扔了三年，1947到1949年。本来是不结婚的，那边女方啦，来催了。他们也要逃难，也有飞机扔炸弹，多一个人，多一个拖累。说反正是你们的人了，嫁给你们了。那年她20岁，和我差2岁。那时候娶新娘子，要花轿去抬来嘛。轿子是玻璃做的，玻璃花轿，太阳照下来玻璃不是要反光的么：光头太亮要散出去的，飞机上面的机枪就会扫射下来。下面光头反出来这么多，那怎么办呢？抬轿子的人棉袄都脱下，轿子四面都给盖好，光头别给反出去了，否则枪又要打下来了。玻璃大轿那时候是租来的哦，要相当于现在的两千块钱。那时候国民党的钱——金圆券。中国银行，什么银行的（货币），抵注（币值）太大了，一万块啦、两万块啦、三万块啦。都兑换成金圆券，一万块相当于一块，那么抵注小了，不然太大了，一万、五万、十万的。国民党时候，通货膨胀，钱不值钱了。和我结婚时，老婆在草包厂做草包袋。

我一直是种地的,是农民,造跋表演只是业余的。对于我表演造跋,老太婆(方言:妻子)大多数时间是支持的,有时也要说的。现在我92岁,她90岁啦,身体都蛮好的。

9岁接触造跋,编剧编史做导演

我第一次表演造跋,在9岁那年。有一天,一个人叫我去做天伴,也就是站在一个成年人肩膀上,扮演一个补缸匠。这个节目呢,名称叫《王大娘补缸》。有两个角色,一个是王大娘,一个是补缸匠。王大娘的一口缸破掉了,没人补;刚刚碰到了一个补缸匠,帮她缸补好。于是呢,王大娘和补缸匠就谈起了恋爱。王大娘是一个老太婆,但实际不是很老,只是妇女的一种称呼;补缸匠是小伙子,年纪稍微轻一点。王大娘也是由一个小姑娘立在成人肩上扮演,和我演对手角色。我就是从这么一个角色,开始造跋表演的。我的上代,有个专门搞造跋的,名叫丁财祥,老早过世了。当初,就是他到我家里来,因为他年纪大了,让我来试试。我就跟着师傅学,两年后出师。

造跋表演,我做过天伴、做过地盘。表演时,一般有5对。出师后,我自己做编剧,刚开始编写了《薛丁山与樊梨花》、《孙悟空三打白骨精》、《金钱豹》、《王大娘补缸》等5套剧本,以后每年都要换的,我还做导演。我虽然只读了四年书,但我自己也喜欢练练书法、写写字,还编一些穿山地方文化的书。我曾在20世纪80年代编写一册《穿山史志》,其中第八篇《穿山的民间舞蹈造跋启示》,介绍了穿山民间舞蹈造跋概况;20世纪90年代,我还编写了一篇《穿山村民间舞蹈造跋发展史》。我可以给你们看一看、讲一讲,你们对穿山造跋就会有总体的了解。

(一)造跋的名称。造跋,又叫"肩背戏",也称"造型"、"造脸",我们俗称"马嘟嘟"。由十名10岁左右的小孩子站在青壮年男子肩上,边舞边唱、做、念、打,一般在庙会及重大节庆活动中表演。站立在肩上的是"天伴",下面行走的是"地盘"。

(二)造跋的流传。造跋主要流传我们柴桥镇穿山村(原来名字叫荆堤村),早年芦江庙会时,看的人像潮水一样,都来看热闹。人太多,一般节目往往被人群所遮住,后面的群众很难看到。但造跋呢,由于小演员站在地盘的肩膀上表演,高出人群一大截,再加上表演很惊险,所以呢,特别引人注目。

(三)造跋的得名。据说,因为穿山村(荆堤村)靠海,旧时村中男子以做脚夫赚钱谋生,村里又有种田的农夫。因此呢,青壮年的脚夫和农夫,两夫就组成地盘表演。跋,指脚夫、农夫;造,就是小孩天伴化化妆,做个造型,也就是造型、造脸。合起来,"造跋"指站在两夫肩上的造型,以后一直流传到现在,称为穿山造跌。

（四）造跌的始于和历代活动。穿山村的造跌始于清道光十九年。当时由荆堤村丁、周二祖出访，从鄞州庙会时看见过这种艺术，移入荆堤村。穿山村附近芦江庙会隔年举行一次，造跌以少年扮童男童女或八仙，骑在成年人的肩上，但不会表演。这是造跌发展第一阶段。到了光绪年间（1875—1908），有艺祖尚秀武壮创造出成人双肩立童，由少年扮"活观音"及《借东风》等剧目中的人物，这是第二阶段。到 1912 年后，又发展成天伴扮演戏中人物，能唱会舞；地盘也能配合动作，有独特歌舞形式。造跌经历过三个发展阶段，中间又有变化，才形成现在的状况。

（五）造跌历代的主办艺人。第四代艺人丁玉清（生于 1904 年），曾扮演天伴中的小罗春和金钱豹等角色，他先后教了天伴打花鼓、大补缸、双看相等二十多套剧目，曾应邀去舟山、鄞县、镇海、三北等地庙会献艺十余次，得到了三北名流虞洽青先生赞赏，并赠送厚礼。第五代艺人王静波、丁三青、丁象藏。在新中国成立后为共庆全国解放，丁玉青老艺人传授给王静波、丁三青、丁象藏为天地盘导演，编排了如（古）时装戏、《红灯记》《智取威虎山》等。王静涛等造跌乐队，虽都年过半百，还作了新型时代曲调，造跌天伴唱腔完全一新。第六代艺人如周德兴、丁荣祥、丁尔荣、丁荣法、周方群、楼崇伟、丁召南等 30 多人。在 1982 年至1996 年，由村党支部的重视，在第六代的艺人共同创艺下，造跌曾先后在宁波、镇海、北仑、柴桥、霞浦等地游行表演 20 次之多，参加过宁波市人民政府主办的新中国成立三十五周年灯会、第一和第二届宁波市艺术届、市国际旅游节、市国际文化节、市十届三次人代会和政协会议开幕式文艺晚会，市九五宁波民俗风情交流活动开幕式大型文艺会、市九六宁波巡游串街迎外宾活动等，穿山村的造跌队，后继有人，第七代艺苗，正在成长创艺。第七代艺人，以周翠珠为代表。

从未忘记造跌，努力得到更好传承

造跌表演需要哪些道具？道具要很多啦。真假美猴王里面金箍棒，还有薛丁山和樊梨花铜柱，红缨枪都有的。道具买得到的去买，买不到的自己做；这里买不到的，需要去绍兴、杭州买。根据编剧，薛丁山、樊梨花、真假美猴王的衣服都是要配套的，和戏剧里面的服装是一样的。戏服自己做得出的做，做不出的也去绍兴买。

造跌表演中难度最大的动作是什么？武打。这武打小孩需要学几天呢？这也要看小孩的，聪明点的五天就学会了。现在小孩白天没空，一般得夜里练习，十夜就学会，可以表演了。武打动作，关键天伴与地盘要配合的。天伴打了，地盘要是不动，天伴不是要掉下来么！天伴要打了，地盘看一下，也要跟着打。所以天伴与地盘的配合也要学十天。表演基本环节:出场、穿8字、分对、武打、合体、再穿8字,最后退场。一般演出队伍,5对天伴10个小孩,要配20个地盘。因为地盘比较累,要换场的。如果累死了,还要继续做,那不是做不动了么,所以一个天伴要配两个地盘。

解放前,我印象深刻的表演有"三会"。一是礼拜会,庙里的菩萨走出来,前面菩萨,后面造趺,这是二月里的;三、四月的是青苗会,稻苗青青的;最后一个会呢,叫稻花会,大概五月份的时候。

这么多年,我至少参加过30次大型活动的造趺表演。印象特别深的一次是"胜利会"。抗日战争胜利,日本人投降了,东洋人打出了,全国都在庆祝。我们这里有造趺、狮子白象、高跷、彩炮队等游行队伍庆祝胜利,边走边演,观众人山人海。狮子白象在前面,造趺在后面。狮子白象表演时,大象鼻子把围观的群众挡开,圈出一块场地来,造趺就可以到里面的空地上表演。狮子白象地面表演,不太有高度,外围的人不怎么能看清楚。造趺小孩站在大人的肩膀上面,全部都看得到,观众特别欢喜。

我收过一个徒弟,叫周翠珠。刚开始是我找她的,后来是她来找我了。我找她的时候,她才十七八岁,当时是在妇女队里做计划生育工作的。她学的时候每夜都到我这里,一边看一边学,领会还是挺快的。我对徒弟的要求只要对造趺行业积极、关心,天伴地盘都能管好。周翠珠跟了我十年,现在整套都会弄了,成为穿山造趺的第七代传承人。

我自己有五个孩子。大儿子退休了,以前在市容监察队;二儿子是种田的;小儿子以前在宝新钢铁厂。一个女儿在北仑,现在退休了,以前是在一个工厂上班;小女儿在穿山工业小区做的。我的二儿子曾做地盘的;孙女七八岁的时候做过天伴,现在是体育老师。

造趺这东西啦,在弄的人比较累,看的人是很欢喜的。观众要看的,对天伴地盘来说,心里还是开心的。新陈代谢嘛,有些人老了,还不肯退出。新的进来了,老的这么多怎么办?就让他们退出地盘,外面管理管理,人还是在的。地盘不让他们做,做不来了。年纪大了,小孩要掉下来的。其他行业做做,慢慢地让他们退出。不过,新的地盘也不好找。村里工资也不肯出大,一点点工资人家不要做,要背天伴,又苦又累。现在的人跟过去的人,想法不一样了。我曾经想建两个造趺队,都建不起来。造趺困难在经济,当地政府、文化部门、柴桥街道,都没有给我们补贴,只靠村里支持和补贴,这个力度不够。所以,青黄不接,传承困难。

2009年7月,"造趺"被列入浙江省非物质文化遗产名录,我被评为第三批省级传承人。2010年5月,"穿山造趺"亮相了上海世博会。2011年9月,"浙江省最具地域特色文化符号(民间舞蹈)网络评选"结果揭晓,"穿山造趺"获得"浙江最具地域特色民间舞蹈"奖项。

我从 21 岁开始接管穿山造趺,虽然现在已 92 岁了,但从来没有忘记过造趺。如果有机会,我还愿意继续申报国家级非遗传承人。

二、造跶传承人周翠珠口述史

传承人简介

周翠珠,生于 1952 年,宁波市北仑区柴桥街道穿山村人。出身贫困,小学文化。天生喜好文艺,能唱能跳,不学自会。16 岁到地里劳动,业余参加宣传队,后当上了小队里的妇女队长;1986 年,选上了村妇女主任,负责村里的文化,请老师办越剧团,并自演小生角色,远近闻名;同时开始接触造跶,跟随第六代造跶传人周德兴学习。迄今 30 多年,一直负责穿山造跶传统项目,化妆、道具、戏服、挑选天盘(伴)、排练演出等都亲力亲为。2010 年,带领造跶团队,代表北仑区参加上海世博会表演,获得了中外友人的一致赞誉。

系北仑区非物质文化遗产"造跶"代表性传承人,第三批(2009 年 7 月)浙江省级非遗项目的第四批(2012 年 6 月)省级传承人。其代表作品有:《孟丽君游上林》、《孙悟空三打白骨精》、《穆桂英挂帅》、《岳云》、《银铃公主》、《双阳公主追狄青》等。

采访时间:2018 年 12 月 23 日
采访地点:宁波市北仑区柴桥穿山南大街 47 号、穿山村村民委员会
受访者:周翠珠
采访人:沈燕红
口述整理:沈燕红、胡修远、沈姝辰
采访照片:随访学生马家辉、杨勤、邬玮琦、徐文静摄,旧照由传承人提供

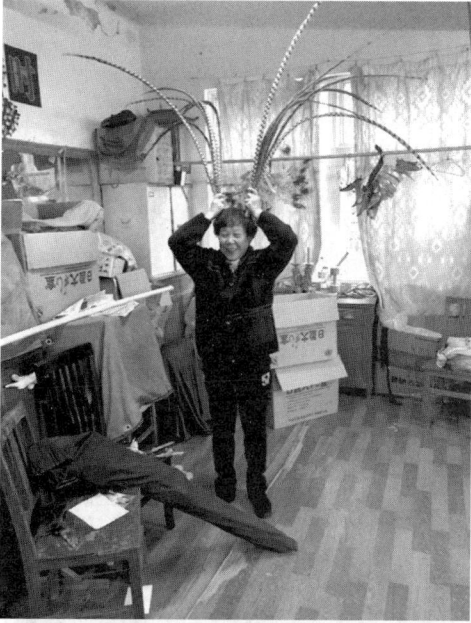

采访手记

不要让技艺变成记忆

——访非物质文化遗产造趺传承人周翠珠

雨后的空气带着一丝泥土的气息,古朴的石板路到处是大大小小的水坑。

我们几人穿过狭长的巷子,终于来到了造跋传承人周翠珠排练房兼储物间。刚走进屋发现里面的空间并不大,脱落的墙皮刻下了深深的岁月痕迹,也正像造跋的历史那样悠久。地上和橱柜里摆放着各种道具。周老师热情地招待了我们,向我们介绍起了造跋的历史以及她的人生经历。

"造跋",又名"肩背戏",俗称"马嘟嘟"。一般由10岁以下的男女少年扮演历史故事、神话故事或戏剧里的人物,站在成年男子的肩膀上。他们随着锣鼓的节奏边唱边舞,而下面的成年男子,也就是所谓脚夫、农夫,配合肩上男女少年的表演,做出快步、慢步、转身、绕圈等动作。肩上的少年孩子叫"天盘(伴)",下面的成人男子叫"地盘"。后来也有女子做地盘的,不过上面立着的是纸板娃娃。

在周老师的缓缓叙述中,过去的日子如老电影般展现在我们面前。在周老师小的时候,她家并不富裕,家里还有三个姐姐和一个哥哥,那个年代刚好赶上了"文化大革命",她没上初中就到自己家的田地里干活了。1986年,周老师开始接触了造跋,她的技艺也是从造跋第六代传承人周德兴老人那里学来的。年轻时候的周老师为造跋注入了新的活力,她在传统戏基础上,做了创新。周老师不仅热爱造跋,她对越剧也同样痴迷。说着,周老师从柜子里便拿出来几套戏服细细抚摸,回味那些逝去的时光。

周老师自豪地说到,2010年,造跋作为北仑区非物质文化遗产的代表赴上海世博会向中外游人表演。她将造跋作为中国非物质文化遗产的一张名片搬上了世界的舞台,她要将最高的水准呈现在世人面前。出发之前,周老师对造跋表演的每一个动作和细节严格把关,苦练了好半个月,在此期间一连瘦了5斤。

非物质文化遗产是一个民族乃至国家历史文化的重要载体。今天,中国有许许多多的非物质文化遗产逐渐消失在我们视线中,周翠珠老师的造跋也面临着同样的困境。如今像周老师这样肯从事造跋,愿当"天盘(伴)"和"地盘"的人已经越来越少了。现在大多数的孩子基本上都是独生子女,胆大能吃苦的孩子为数不多。

非物质文化遗产,不同于物质文化遗产,它给予人们的是宝贵的精神财富。随着时代的发展,人们渐渐淡忘了那些传统的艺术和文化。相信只有经得起时间考验的才是最珍贵的,所以我们不应该让非物质文化遗产消失。

周翠珠口述史

村委妇女主任,艺术天赋自成

我1952年1月出生,周岁66,虚岁67,北仑区柴桥街道穿山村人。出生穿山,嫁在穿山,地地道道本地人。

我的祖辈都是穿山村人,种地的农民,很穷、很苦。我父亲是个很老实的人,除了种地,还做脚板(挑夫)、搬运工等,我们全家靠父亲做苦力赚来的钱养活。在过去,我父亲属于老实得被人欺负的那种。幸亏我的母亲还有一下子,比较厉害。我父亲活了 79 岁,母亲活了 86 岁。

我家只有两间房子,兄弟姐妹 5 个住在一起,一个哥哥三个姐姐,我是最小的。我父母重男轻女,大哥一直读书,后分配到宁波市公安局。因结婚后,有了孩子,嫂子在柴桥街道蜜饯厂上班,一家人生活不方便,哥哥也要求调到柴桥蜜饯厂。从市区调到农村,现在看起来真是个大笨蛋!哥哥今年也有 87 岁了。我只是读了小学,文化革命开始,学校都砸掉了,我也没去读中学,所以是小学文化。因为家里穷,小学毕业我就干活,到地里劳动。粮食收进来了,我晒晒谷子,自己慢慢学。后来人家选我当了小队里的妇女队长。我还兼职做了一名卫生员,学会了打预防针,村里的、柴桥小学的,都是我打的。男同志去给农作物打药除虫时,我跟着一块儿去,兑了肥皂水,给他们洗脸擦手消毒。那时我还小,只是小姑娘。我 16 岁以后,他们把我叫到宣传队里,做过小常宝、白毛女、红灯记等京剧角色。我 21 岁结婚以后,老公(丈夫)说不要去唱京剧了。

我在村里劳动,慢慢成长,1986 年集体开大会,我选上了村里的妇女主任,那时 34 周岁。选上后,村里给我安排了工作。我们村是在海边的,有个卖鱼公司,鱼货过秤时,我在那里现场记账。秤鱼的人一边喊:带鱼 30 斤了、鳗鱼 50 斤了、蟹 100 斤了、鲳鱼 80 斤了……我就记下来,那叫记码。我因为小学文化,有些字忘记了,字也写得难看。所以他们不满意,会说:这么笨的老人孲(方言,已婚中年妇女),字也不会写!那时我已有一个女儿、一个儿子了。我听了后生气了,一个月内就把字练得很好了。他们就说,这个老人孲蛮聪明,字写得很好了嘛!这样我在卖鱼公司干了两三年后,我们村里的书记把我请到了村里上班,不能再去卖鱼公司了。1992 年,我 40 岁入党,加入了村委会,选上了村委的组织委员。1994 年,我们村里党员很多,成立了党总支,有一个书记、两个副书记。我是老年协会的副书记加组织委员,三年一届,(副书记)当了两届,当到了 2000 年;组织委员一直当着,现在还是的,昨天我们还刚刚开了党员自评会议。

我 63 岁时,自己要求退休的,今年已经第 4 年了。在农村里,这么大年纪还当着干部,拿着工资不太好意思的。所以,我现在没有拿工资,但事情一直还在做。很忙,一点也没有空的啦!去年老年协会又选举上了,我们村书记要我当老年协会副会长,我推掉了,只做了个理事,管居家养老方面事务。

现在来说说文化上面的事情。1986 年,自我当上村妇女主任以后,我对村里的文化很感兴趣。我这人在文化艺术方面是天生的,1990 年开始我这里办了一个越剧团。我唱越剧,声音很好听的。我扮演小生,在《沉香戏》《王老虎抢亲》《何文秀》《打金枝》等,都扮演主角。我们的越剧团名气很大,到霞浦、镇海等地演出,很受欢迎。1997年,我还请北仑老年大学教越剧的姓姚的老师过来,那时她40岁左右,教我们剧团唱越剧,她是镇海人。老师平时不回镇海,就住我家里,一住就三年。我每天拎着菜篮子买很多菜招待姚老师,村民们以为我可以报销的,其实我是用自己的钱。现在这些越剧的道具、布景等都还在这个房间里,我舍不得扔掉。那时,小生是我演的,后场布置我自己来做,衣服也是我来做,化妆也我来化的。我不但要出场唱主角,唱场很多,而且每个人的化妆、道具、服装都要我负责,实在很累。每场演出前,我总是很担心,晚上都睡不着的。姚老师回去后,越剧戏文都是我来教她们,真正很累,太苦了。唱得甲状腺都很大,有炎症,开了两次刀。第一次在柴桥医院做,后来又到上海动了一次手术,我就不再唱越剧。村民们都为我感到可惜,觉得这么好的嗓子不唱戏,就这样扔了。这次老年协会理事选上后,老年人都说这下又可以看戏了,翠珠会搞戏的。这个我实在没办法,身体不好,而且年纪大,毕竟67岁了,不唱戏了。

我什么时候接触造跶的?1986年我选上妇女主任以后,村里的文化都是我管的。那时造跶是第六代传人周德兴在做,他年纪也大了,我跟着他,做他的助手。慢慢上手,我就干上了造跶这个行当。

造跶表演无数次,印象最深世博会

周德兴老人现在91岁,也住这里,很近。别人以为我跟他都姓周,是他的女儿,其实做他女儿也是可以的。他的女儿年龄跟我一样大,他儿子还比我大一岁。我这个人天生的喜欢文艺,看着周德兴老人的表演,不知怎么着,也就会了。我带造跶队伍后,衣服我设计的,化妆也是我化的,我就是天生的搞艺术的那种人。

关于造跶的名称怎么来的?据老艺人说,穿山村靠海,旧时村中男子常常做挑担脚夫谋生,曾建立"脚夫会"。"造跶",指站在脚夫肩上的造型。"造"就是造脸、造型,"跶"指脚跶。"造跶",属于民俗舞蹈表演,常见于庙会及重大庆祝活动中,由10名十岁左右、化妆成各种角色造型的少男少女站在青壮年男子肩上,边舞边唱、做、念、打。站在肩上的叫"天盘"(编者按,天盘、天伴通用,后不加括注),下面走的称为"地盘"。"地盘"都是男的做,女的吃不消,因为上面站着小孩,还要走动。

我给你们看看这房间里的各种戏服,有唱越剧的,有造跶表演的。造跶服装,比较旧的几件是周德兴老人留下来的;我接手造跶后,又新做或新买了一些。我自己设计了两套地盘的衣服,一套米黄色的,一套翠绿色的,很漂亮。我还给地盘设计了黄色的帽子,画了一条龙,顶着红色的绣球,再系上黄色的腰带,这样更漂亮了。我置办的服装质量很好,颜色不会褪,很鲜艳,现在看上去还像新的一样。

天盘的服装是小孩穿的，比地盘的尺寸要小，而且与戏服很像。天盘每一套衣服的颜色花纹都不一样，有红色的、白色的、蓝色的、绿色的、粉红色的等，上面有的绣上龙纹、有的绣上花纹等，很是漂亮。天盘的头饰也是像唱戏时戴的头饰，它由绒球、铝片、仿制珍珠组成，戴上后给人一种大方、庄严的感觉。

我们造跋表演的剧目有《孟丽君游上林》、《孙悟空三打白骨精》、《穆桂英挂帅》、《岳云》、《银铃公主》、《双阳公主追狄青》、《春草闹堂》、《尼姑和尚双下山》、《兄妹开荒》等。

我自己是不表演天盘、地盘的，我教小孩子走8字。有时我也自己敲锣，我原来也不会敲，后来学的。人叫得到的时候，让他们敲，因为我还要指导小朋友演出。世博会演出时，锣就是我自己敲的，照片也有的。

我带队参加过多少次表演？那数不清了，每年最起码有一次演出。比如上上年巡回演出，北仑文化馆选上我们造跋，一天两场，下午一场、晚上一场。演出的时间倒不多，每场4—5分钟，但准备工作量大，服装要穿、妆要化。北仑、宁波、象山、横溪、杭州、上海都去表演过，我印象最深刻的是世博会演出。

世博会那次，北仑领导和柴桥街道领导开着车子一起来，说我们北仑已经决定了，世博会就是你们造跋去表演。我接到任务又激动又担心，压力很大的。到上海去，这么多的路。

接到任务后，先选地盘。地盘就是老的一班人，一直跟我下来的，招了12个人。10个人上场，2个人备着，以防脚扭了什么情况。年龄都五六十岁，还算年轻的。天盘叫了10个，6—8岁的。还有敲锣打鼓的。再叫上两个妇女，做后勤工作。归根结底，还是要我自己亲力亲为，责任都在我一个人身上。

接到任务到去世博会演出，准备了半个月。那时我排练时很严的，我人瘦了一圈。但我每天排练，还要准备衣服、道具、箱子，都要拿到上海去。衣服有周德兴老人留下的，大多数是我专门去买的。我先到宁波轻纺城专卖戏曲的商店去买，但没有合适的。我又到越剧故乡嵊州，叫他们定做造跋衣服。演出兵器，也都要配齐。有白骨精、杨宗保的大刀，孙悟空的金箍棒、翎毛、长枪，岳云的铜锣、宝剑、肩膀上插的四面威风旗等。除了《孟丽君和万岁》是文戏，其他都是武戏。孟丽君的服装是红色的，皇帝万岁穿黄衣服的，戴的皇冠很漂亮。小朋友多戴一会儿，很沉很疼的。

世博会时，10个人一起演出，两个人一对一个曲目，孟丽君-万岁、孙悟空-白骨精、杨宗保-穆桂英、岳云-金兀术、双阳公主-狄青。世博会上，美国人、加拿大人等外国人看到我们小孩子穿着戏服、带着田鸡毛、背着四面威风旗，很羡慕，说他女儿大点可以到我们那里学习吗？我说可以的。

世博会演出回来,我又瘦了5斤,世博会照片拍的脸很瘦的,下巴很尖。过了一段时间,才恢复过来。

有一件事,也要提一提。确定世博会参加人员时,北仑文化馆姓唐的领导,女的,跟我说,周德兴老人不要让他去了,80多岁了。造跋演出不让他去,他要难过的。每次演出,他不动,我也要把他叫去,我很尊重他。这次,我集中精力在排练上,北仑领导要我不叫周德兴一起去。我犯了错误,出发前,忘了跟周德兴老人打招呼,也没跟老人解释是领导说的,你年纪大了,世博会不要去。周老人很有内涵的,我回来以后跟他去说,我们世博会回来了。他也很平静地说:哦,世博会回来了。但我感觉出他有点难过了。

实验小学是基地,造跋亟需接班人

实验小学是我们造跋的实践基地,是北仑文化局规定的。校长、教导主任和老师都很好,我去挑选人的时候,门卫也认识我的,知道我又来选人了。我只带一个"地盘"一起去挑,为了省钱。有时候一个班级四五十个人,没有一个可以选上的。怎么样的小朋友可以选上呢?一个胆大,最主要的是在肩膀上能站得起来。站不起来,再漂亮再乖都没用。有的小朋友到肩膀上,就发出害怕的声音;有的小朋友到肩膀上,一下子就站得很直。

记得我女儿小时候,就在周德兴老人那里做过天盘。那时我还在田头劳动,没当村干部。女儿也是选出来的,胆子很大,做得很好,女儿现在39岁。这次我们穿山村选不出天盘,我就跟书记要求,到附近村去挑选。

选来做天盘的小朋友,个子高的能做一年,矮一点的做二年,有的小朋友矮矮的小小的,不太会长高,最多的也就三年。表演时,"地盘"走起来,上面的人会跃动的,容易摔下来。我们没有保险带等东西,都没有的。个子高一点的小朋友站在上面有危险的,低一点矮一点的小朋友就没有风险。一般都是6到8岁(一年级)的小朋友。

以前我们这里有个幼儿园办着,有个采访记者来,他尝试扮演猴子做领队,往前跑得很快。我还在后面帮忙给天盘上肩,结果队伍节奏没把握好,有个天盘小朋友摔了下来。家长知道了,说我们孩子以后都不来了。看到有小朋友掉下去了。这对我是个很大的打击。我们的地盘年纪老了,年轻人学习的学习、工作的工作,不愿做地盘,所以天盘的年纪越小越好。但再到幼儿园去挑人,老师说家长不同意,不能挑了。那我就到实验小学挑人,因为那里是我们的基地。校长、教导主任做学生家长的工作,叫孩子到我这里演出,很支持我的工作。

现在大人管小孩子读书很牢,不愿意小朋友做造跋。有的小朋友选上了,读书注意力不集中,成绩不好了。家长哪怕是孩子本身不会读书,也怪我们造跋的。但好多家长看到造跃的演出后，也很高兴，说法就不一样了，觉得小朋友锻炼锻炼也很好的。

实验小学把我叫去教学生，今年第三年了。小朋友不在肩上做，就在地上表演天盘的动作，自己走、自己打、自己跑8字，都是一年级学生，10个学生只有3个能在肩膀上站起来。我还给他们做了一个造型，套8字、套圆圈、开四门，一个流程下来。12月29日，就有两场表演。

我希望造跃不要失传，现在看起来，地盘也没有人，年纪太大了。你们要是给我10个大学生小伙子，我就高兴极了。肩膀宽宽的年轻人，现在年轻人没挑过重担，五六十斤的小朋友站在上面，很累的。女的地盘，我们也试过，一个红一个绿，背的是木头造跃，旅行的时候看不出。

我在村里干了30年，退休4年，34年了。我想培养接班人，现在的妇女主任，40多岁。"你在前，我在后，我帮你"，但她不感兴趣。她说，"老德伯80多岁给你的，你现在67，还早了"。

我现在是省级传承人，已经很满足了。国家级传承人，我没这个野心。当然看看条件成熟了，也可考虑。

三、狮象窜传承人沃凡诚口述史

传承人简介

沃凡诚,生于1951年,宁波市北仑区柴桥街道沃家村人,现任村主任。20世纪60年代读小学初中时,就喜欢观看行会队伍中的狮象窜表演;"文革"后的20世纪七八十年代之交,开始参与狮象窜;30多岁时,真正接触狮象窜,并组织带领队伍,整理表演动作。他接过传承的担子,以对枝末小事也拿出全部力量认真对待的态度,让狮象窜的技艺更上一层楼。

系北仑区非物质文化遗产"狮象窜"代表性传承人,第四批(2012年6月)浙江省级非遗项目传承人。

采访时间:2018年12月21日
采访地点:宁波市北仑区柴桥街道环镇北路227号,沃家村村民委员会
受访者:沃凡诚
采访人:沈燕红
口述整理:沈燕红、胡修远、沈姝辰
采访照片:随访学生余婷、徐赛、应慧慧摄;旧照由传承人提供

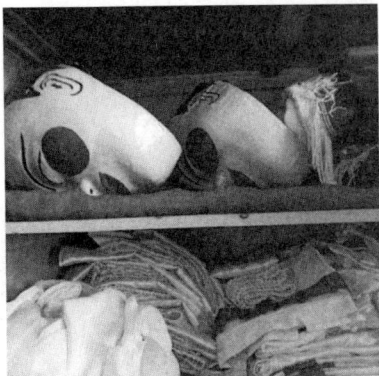

采访手记

狮象搏兔，皆有全力
——访狮象窜传承人沃凡诚

经过一条陈旧的街道，视线终于寻找到了我们此行的目的地——沃家村民委员会。在那不起眼的院落里，却有着令人骄傲的非物质文化遗产。

在一个窗明几净的房间之中，见到了我们的采访对象。沃凡诚老师办公的地方，平凡无奇，是我们的第一印象。沃老师身上没有任何民间艺人的特征，就连房间里也没有摆放与狮象窜有关的东西，看似只是一个普通的村主任罢了。

简单的介绍和问候之后，开始谈起了狮象窜的相关问题。它其实是一种舞蹈形式，由狮子、大象、一个大头和尚以及打击乐队组成。舞蹈分四个步骤：一是"开场窜"，二是"白象簇狮"，三是"狮子窜象"，四是"狮子喷火"。整个过程惟妙惟肖，无不让人拍手叫好。但是这背后却需要扮演者高深的表演功底，以及5人之间的默契配合。这不是一个人能完成的表演，其中的狮子与白象分别由两个人来完成表演，而且穿戴上表演道具的他们在视线上有一定的阻碍，需由大头和尚，也就是领舞者指挥完成动作。我们惊叹表演技法之难，难度之高。

在介绍狮象窜表演特色的时候，沃老师已经不是刚见面时那个平和的形象了,他此时的脸上洋溢着一种激动、兴奋的神情,仿佛此刻谈论的不是表演特色,而是在和一个久别重逢的好友谈天论地。其中有好几次都从椅子上倏忽一下站起来,手舞足蹈地向我们展示他表演时的情形、动作。还详细地向我们解释,狮象窜表演不仅仅在庙会和文艺演出中展示,平常人家做寿或有喜事时也会请他们过去演出。同时在表演形式上也推陈出新,他们在二代传承的基础上作出了改变,出现了更多技巧性的动作,加大了演出的难度。随访学生说:这个小细节让我知道了非遗传承并非“高高在上”,或许一直就存在于我们的身边。同时,它也是可以改变的,变得更加完善优秀。

房间依旧如前,沃老师一直在侃侃而谈自己的经历,此时沃老师在我眼中已不是一见面时的那个平凡的村主任了。他是传承人,他接过传承的担子,使狮象窜的技艺更上一层楼。狮象窜在当时已经颇具名气了,但传承到他手中之时,他更尽自己的一份力量。从亲制表演道具,到为我们仔细解释狮象窜的历史,无不体现着传承人沃老师狮象搏兔的处事态度。

狮象搏兔,沃老师给我们的最终印象便是如此。即使是枝末小事也认真对待,如今的狮象窜传承正是因为这样的处事态度,让更多人知道还有如此精彩的舞蹈存在。

狮象窜非遗文化,不仅仅是一种技艺的留存。它的存在印证了人们对于文化的尊重:依旧有一群人,愿意狮象搏兔,坚守着中华文化的宝贵一隅。

沃凡诚口述史

狮象窜始于明清间,我 30 多岁真正接触

我 1951 年 5 月出生,虚年龄 68 岁,沃家村村主任。村民要选我嘛,我就继续当着,为大家做点事。我是本地人,前几辈人都居住在这里——北仑区柴桥街道沃家村。

传说,汉朝末年,祖辈搬到柴桥洪岙村,北宋期间又从洪岙搬到现在的柴桥沃家村。柴桥这里原来是海,泥土慢慢涨出来,人慢慢多起来。我们沃家“狮象窜”舞蹈大概从明清时期开始。据考证,当时沃家有个沃元世,名叫沃颡,明代时做官,先在福建管驻军事务,后升江西监察御史。元世太公做官很清正,除暴安良,秉性刚直。不管多大的官,他认为不好的,往朝廷奏本,一直跟人较劲到底,结果得罪了一些当权者,被贬到河南南阳县做县官,变成了七品芝麻官。官虽然变小了,但把南阳县管理得非常好、非常规范,百姓都很拥护他。官做得好,朝廷也看到了,也有人替他在朝廷讲好话。当时有个状元曾经关照沃颡,说话不能太硬,要是说话委婉一点,官还能继续往上做。后来,我们沃家有人到江西南昌做副市长,他发起调查这段历史,派人到全国各地图书馆、地方志去查柴桥沃家的

来历。所以,我们晓得了有这么一段历史。

狮象窜的表演应该跟沃家始祖的性格有关,有纪念始祖的意义。听老人讲,狮子为兽中之王,性格暴躁、勇猛,吼叫一声,音传数里,其他野兽闻而远避,从保卫村庄角度讲起来,这种性格好;而白象呢,高大,是陆地最大的哺乳动物,性格和狮子完全相反,忠厚、善良,做人要讲究温和。总之讲起来,我们的祖辈希望狮子和白象两种性格能和谐统一,就像状元告诫沃始祖一样。

另外,狮象窜的表演还有象征含义。按佛教传说,狮子是文殊菩萨坐骑,白象是普贤菩萨坐骑,两者都是吉祥之物。我们百姓认为文狮卫家,白象和谐,两者合一,国泰民安。因此,获得沃家村先祖的好感,开始"舞狮弄象"。让狮子和白象走在一起嬉戏玩耍、表现节目,是我们沃家人的艺术创造和丰富想象力。

早期的"狮象窜"节目常在农闲时表演,那时并无狮子与白象的造型。农民以角色分工,即兴表演,同时承载着沃家村民的美好愿望。此为"沃家狮象窜"发展的雏形阶段。据上代人讲,解放前沃家狮象窜已经有了。当时参加一些行会,老底子庙宇里经常有行会,去街道套一圈,这是一种风俗习惯。

解放初期,沃家村沃亚定、沃玉才、沃修根等,根据祖辈传说和民间流传,召集村里年轻人组建了"沃家狮象窜"队伍,并构思策划出一套简单的狮象窜动作加以排演,用来活跃农村生活,从而使该舞蹈得以传承、发展。因此,他们也可以说是目前能知道的"沃家狮象窜"第一代传承人。

按我们北仑柴桥当地习俗,农历四五月,早稻播种完毕,每隔一年要举办声势浩大的"芦江庙会"。届时,各村均要彩排传统节目,参加游行集会,同时参与角逐,为本村争光。"沃家狮象窜"由于舞蹈技艺独特,动中有静,象征吉祥如意,总被安排在会首"开道"。

听说,当时狮象窜表演小组一边参加行会,一边还赚点外快。到舟山的一些小岛,有些水口好(家境好)一点的人家做生、祝寿时,去表演狮象窜。表演得好,下次人家继续邀请;表演得不好,以后就没人请了,就招揽不到演出的活。所以在表演技艺方面非常讲究,演出者也非常认真,下足功夫。如老一辈沃云才老人狮子头表演得很灵活,经常去舟山等地给一些大户人家演出,的确比我们后来的人表演用心、技术好。

"文革"前,依然有行会,比如"芦江庙会",到柴桥老街去窜一下,到其他村套一圈。当时年轻人蛮有积极性,去学狮象窜可以生产队记工分,总比在田头种田有意思,所以后生家(年轻人)有兴趣、哄闹热(方言,热闹),当时学的人比较多。

20世纪60年代,我读小学初中时,我们村里除了狮象窜,还有高跷、鼓阁、抬阁等,全部有。到"文革"时,这些活动基本扔掉没有了。因为"文革"期间,除了样板戏,各种文艺活动很少,政府组织的行会也就一两次。老一代人年纪也大了,表演经常弄伤脚,街道也没有专门补贴,组织的人也点怕,慢慢中断了。

我参与狮象窜主要在"文革"后。20世纪80年代左右,沃家村村民沃金荣、胡根夫等人,他们在第一阶段"狮象窜"基础上进行改进,配备了引舞大头和尚与打击乐队,这样,狮象窜的表演形式更加丰富、更加热闹。他们可以算作第二代传承人,但实际上也没有非常明确谁是第几代传承人:年纪老了,或去世了,其他人不断充实进去,都是以老带新,队伍不断补充、更新。

没有专门的拜师,看看年轻人可行的话,叫来教教他。狮子、白象出场时,鼓声响亮、激烈;啄毛、抖毛、亲昵动作,比较温柔,鼓声慢一点轻一点,大致让年轻人自己去琢磨、领会。30岁前,我作为新成员偶尔加入当时的行会表演,我也没有拜师傅。

我真正接触狮象窜已30多岁,随着第二代的人也渐渐老去,我就接替老一辈人组织带领队伍,整理表演动作。我在前二代的基础上推陈出新,在表演动作等方面进行改革,比如"狮子窜象"等有一定难度的动作反复,以此进一步吸引观众的眼球。他们认为我是第三代传承人,其实也没有明确的第几代说法。

大概1986年辰光,北仑文化艺术节,我开始带领"沃家狮象窜"队伍参加表演。2007年,世界女排大奖赛,我们也去过。前些年的北仑艺术节我们都参加,宁波各类文化节也去了好几趟,比如第三节非物质文化遗产节。凡是大型文艺演出,我们都曾跟高跷等非遗项目一起去。后来邀请我们表演,但狮象窜节目拿不出了,所以也不要去了。

目前,我们晓得的最早"沃家狮象窜"传承人,有的去世了,在世的有90多岁了;20世纪80年代活跃的,大多七八十岁了;像我这样也68岁了。

用心学十天半个月,大致能掌握基本动作

"狮象窜"道具主要有狮子套具、白象套具、大头和尚(引舞者)面具,表演者服饰、乐队响器、队旗等。狮、象套具用竹篾结扎造型,并用绒布制作、彩纸粘贴,胡须、头具、尾巴用彩色绒饰,且挂有铃铛。狮子套具以黑色为主体,白象套具以白色为基调,套具上均贴有彩纸剪出的各种图案花纹;大头和尚(引舞者)套一张笑容可掬的面具,身着红底花色绸布衫裤。乐队人员身穿传统的武术服装,镶拼红边的白色对襟衫和白色马裤,敲打的乐器有大鼓、扁鼓、大锣、大钹、小钹等。表演队伍还有一面旗帜,旗上写着"沃家狮象窜"字样。

"狮象窜"舞蹈演出时,有一狮、一象和一个大头和尚(引舞者)及响器乐队等20—30人。狮子要2人配合表演,候补的还有2—4人,一般配2班人,演出一段时间要替换上场,否则要累坏的。白象也是2人配合表演,一般配1班人,白象动作稍微轻松点。狮子3班6人,白象2班4人,大头和尚1人够了。有时,

也可以两只狮子、一只白象表演，那大头和尚就要两个了，这样人数就会增加到22人。再加上敲打乐器的4—5个人，举旗1人，修道具1人，整个表演队伍就有近30人。

狮子和白象都有两人操作表演。前面一人，只能从套具眼睛往外看，看见范围很小，角度不大；后面一人根本看不见东西。怎么表演呢？一边靠鼓声，一靠大头和尚。大头和尚起到领舞人作用，一边手舞足蹈，一边到狮子、白象边说话，指挥他们靠近演出。狮子套具里，前面的一个人把着头套，里面有一木档子可以握住，也就是暗档。人呢，往前倾，根据“大头”暗示和音乐节奏舞动各种动作，如狮子张嘴，眯眼等。套具后面的一个人，一只手拉着一根绳，绳子系在前一个人的腰上，另一只手握着狮子的尾巴。后面的人根本看不见，只能俯身躬背，跟着前面的人表演：或前扑，或后仰，或踏花步。大象也一样，前面一人掌控头部，后面一人控制尾巴。

为了学起来方便快捷，对“狮象窜”的动作，我专门整理过一份文字材料，排演时照着做就可以了。我给你们具体说一说基本动作要领。

1.狮子窜出去，猛力向前，然后精神抖擞，猛力向右、向左交叉腿脚，连续三次。白象用稳重的步态朝人群多处，用灵活的鼻子把围拢来的群众赶开。白象在表演中，做一些搔痒、洗澡、饮水等动作。

2.狮子往上跳起，左脚往左上前，右脚往后站稳。然后伸狮头朝左脚面，左小腿，至大腿根部舔毛，连续三次。然后往上再跳起，在跳起中换右脚往右上前，左脚往左后站稳，后狮头朝右脚面右小腿，至右大腿根部舔毛，连续三次复原。

3.舔尾巴。狮头往右后，后半身在造好型的情况下，尾巴尽量向前送，让狮头舔尾巴。可以稍微转动，后复原，再往左后，做后半身者把尾巴送上，配合狮头舔毛。

4.大腿内侧舔毛，后面一人坐倒，背落地，双脚分开跷起，狮头在双腿之间舔毛至小肚。

5.狮头往前，全身伸直一次，回头往右转身，朝屁股、背舔毛，后往左转身朝屁股、背舔毛。

6.全身伸直，抖毛一次，狮子睡倒。狮头离地，狮后半身睡倒，狮头呼吸呈喘气状，做狮后半身一人，用手代表肚皮，往上稍微顶抬几次，表现运动后急促呼吸。此时白象到狮子身旁，用灵活的鼻子向狮子全身周围搔痒、嬉戏，然后狮子起身，跳起，抖毛一次。

7.狮子与白象嬉戏，白象替狮子搔痒，狮子替白象舔毛，动作自由发挥。

8.白象睡倒，狮子猛力地朝白象的中间部位奔拢，退开，连续几次，然后蹿过，结束。（表现狮子心情：起初要从白象身上蹿过去有点害怕，后大胆蹿过去。）

刚才跟你们讲的是练习基本动作，上场表演时大致分四个步骤。

1.开场窜。引舞者(大头和尚)在激烈的锣鼓声中引狮子、白象出场。狮子在前，白象在后，绕场子快速跑蹿。狮子做前扑、转身动作以示威猛。待音乐节奏迟缓后，狮子作"猝毛"、"理毛"动作，白象围绕狮子"踏花步"走围场。

2.白象猝狮。狮子卧地，作出气喘的样子，白象用长鼻子为狮子猝(舔)毛，从头猝(舔)到尾，反复数次。继而狮子和白象咬嘴触碰，表示相亲相爱，亲密无间。

3.狮子蹿象。白象卧地作懒散状，狮子先绕场一圈，作少许准备，接着快速前进，从白象背上一跃蹿过，反复数次。

4.狮子喷火。狮子嘴里事先装有一只花炮，舞头演员利用狮子转身或猝毛间隙点燃花炮，向四周喷射，这时"狮象窜"舞蹈进入高潮，狮子和白象摆头舞尾，欢乐无比，绕场一周作谢幕状退场。

表演过程中，配乐以大鼓、京鼓、锣、钹等打击乐器为主。进入高潮时，锣鼓激烈，催人奋进；狮象做亲昵动作时，音响柔和，时起时伏。

狮象窜过去主要在行会时表演。那时文艺节目少，行会时大家都出来看，人山人海的。先要用长长的竹竿把观众阻拦到旁边，划出一块空地。同时用小彩旗示意群众不要靠近，大头和尚扭动腰肢，在人行前跳跃，以保证有演出的场地。专门挑十字路口，或转弯地方，扫出一块比较大的场地，开始表演。一段表演结束，然后快速跟上行会队伍。一段路程后，再看有合适的地方，再圈出一块场地，继续表演。这样一段路一段路在不同的地方停下表演。

狮舞分为文狮、武狮两种，我村所表演的是文狮，主要表演形式是两人合作舞一头大狮子。文狮主要表现狮子温驯的样子和神态：如搔痒、舔毛、抖毛等动作。象舞模仿大象庄重的步态、灵活的鼻子和洗澡、饮水等动作，舞者始终保持半蹲姿势，动作大而有力，用腰部的力量带动身体转动。狮象窜舞配合默契。

对演员有什么要求？就看平时练习的时候，哪些人样板好一点，就挑出去演出。艺术节表演的时候要求高一点，行会表演要求不怎么高，累了就换一班人马演出。怎么学？大家有兴趣一起做做，看好点的人做动作，自己模仿，学着做。现场观摩，视觉感受，怎么样的动作好看，活学活用。有的人脑子转得快，动作一学就会；有的人就是搞不来，动作很生硬。如果努力上心学的话，十天半个月。一般学十天半个月，大致就能掌握"狮象窜"的基本动作。会弄了，就可以表演了。动作要好，要靠多看多练，熟能生巧。我们一方面鼓励学习者的信心，既然在参加练习了，好坏都会让他们参加表演；另一方面兴趣很重要，一样东西有兴趣才能做好，没兴趣就做不好的。

曾经有这么一回事，曾经有过沃家狮象窜

旧时，北仑地区民间庙会很多，柴桥一带庙会尤其热闹。芦江庙会隔年举行一次，时间为农历二月初一到初五，沃家狮象窜是芦江庙会的主要民间艺术表演项目之一。狮象窜也曾在青苗会、稻花会、礼拜会、请龙会等民间活动中大显身手。历史上，在当地庆祝抗战胜利、新中国成立时，沃家狮象窜也有过出色的表演。1982 至 1984 年，沃家狮象窜连续几次参加原镇海县城闹元宵之后，名声大振。"沃家狮象窜"还参加闹元宵、迎亲、祝寿、武术健身、春节拜年等民间活动。1986 年后，我带领沃家狮象窜，多次参加市、区和街道等有关民间文艺演出，宁波日报、宁波电视台做了专门报道。我们的表演报纸登出来，感觉交关开心。我这里有闹元宵时，他们给我们拍下来的照片。

在宁波地区狮子舞习见为常，而"狮象窜"舞蹈较为罕见，据《浙江民间舞蹈集成》一书介绍，在北仑区郭巨、梅山偶有所见，传承至今，仅我们沃家村和老曹村两家。

在北仑区和街道文化部门的重视下，沃家村已建立狮象窜传承基地，基地建筑面积 240 平方米，每年 2—3 次举行传承活动，人数多达 30 人以上。我利用此传承基地向喜爱此项活动的年轻人传授演艺技巧，使之后继有人。2006 年和 2010 年，沃家狮象窜先后被列入北仑区、宁波市非物质文化遗产名录，2012 年 6 月被评为省级非物质文化遗产。

沃家狮象窜能否继续传承下去？我看很困难了，主要原因有三点。第一个原因，主要是独生子女，小孩缺少，大人管读书管得牢；孩子大学毕业，到外面工作了。比如我家儿子，浙江大学读的本科和研究生，毕业后就留在杭州工作并成家了，不可能回村里来做狮象窜。哪怕有些人家孩子只读职高，也寻行业（方言，工作）去了。假如回到村里，村里的田也不多。回到村里，意味着没有行业，只能去做小生意。一般到外面办厂、开店，比如开灯具店，几年后慢慢兴旺，回来的人更缺少。沃家孩子绝大数都会寻到行业，很少有无事可做、东游西荡讲大道、东评论西评论的人。即便有个把这样的人，也没兴趣做狮象窜。第二个原因，现在人的眼界不一样，连电影也不要看了。不像过去，甬说没有电视，就是带着根凳子到大操场看露天电影总是有趣得很。现在狮子、白象偶然表演一两次，还有人看；经常演出的话，有谁会来看你呢？很多节目比如电视上的杂技，质量很高，技术水平和演出水平都很高，也不过如此，不太有人看。现在精神文化生活日益丰富多彩，可选择的活动也就多了，年轻人对于这老祖宗流传下来的民间舞蹈是越来越不重视了。第三个原因，新的人不要学了，不像以前人们平时的文化娱乐活动比较缺乏，村民爱看愿学的比较多，而且以前生产队时学"狮象窜"可以记工

分,村民参与的积极性很高。曾经,我们看上一个人,去过武术学校的,人规模(方言,体型)蛮大,力气蛮有的,回到村里来,去邀请,但人家不要来。开始说兴趣有的,多少一天?一百元一天,谁要赚呀!最早大家有兴趣参加,不要发工资,只要在活动的时候发点劳务费。现在不一样,要他们练习,都要发工资。但经费有限,补助的经费不够支付劳务费。年轻人不要学,老的人年纪大了容易受伤,也舞不动了。沃家"狮象甯"面临青黄不接、后继乏人的困境。整个队伍渐渐终止了,有活动来邀请我们,也不要参加了。非物质文化遗产保护的是口传心授的文化和技艺,所以对非遗的保护就要落实到人。人没有了,还这么传承呢?

以后,也只能说,曾经有这么一回事,曾经有过狮象甯,只能这样了!传承非常困难,非遗都有这样的特点。从我个人角度看,狮象甯从零到形成队伍,心血花了很多,非常不容易。我作为"狮象甯"的传承人,内心十分渴望沃家"狮象甯"能够代代传承下去,并发扬光大。可村里的年轻人很多工作不在附近,不方便学。在附近的也是常常工作忙,又不喜欢学,就是集中起一小部分人来学,可一二两天就散了。村里付钱请他们来学,可积极性还是不高。但只要有人愿意学,我还是愿意传授沃家狮象甯,能传承下去是最好的事情了。

四、木杆秤制作传承人郑银娥口述史

传承人简介

郑银娥,生于 1947 年,娘家宁波市北仑区白峰镇司沿村,嫁入北仑区柴桥街道董家,初中文化。婚后第三年(1969 年)起,跟着公公和丈夫学习木杆秤制作,一直坚持做秤 50 年。老字号"董复兴秤店"制作的木杆秤,由于它称量灵活、使用方便、便于携带,深受柴桥、郭巨等地百姓的欢迎。2011 年 6 月,"木杆秤制作技艺"被评为北仑区"十大最受群众喜爱的非物质文化遗产"。郑银娥认为:木杆秤技艺以后也要消失,这是时代发展必然的事情,我虽然勿舍得,但也看得开

系北仑区非物质文化遗产"木杆秤制作技艺"代表性传承人,第三批(2010 年 6 月)宁波市级非遗项目传承人。

采访时间:2018 年 12 月 21 日
采访地点:宁波市北仑区柴桥街道薪桥南路 26 号,木杆秤店
受访者:郑银娥
采访人:沈燕红
口述整理:沈燕红、胡修远、沈姝辰
采访照片:随访学生余婷、徐赛、应慧慧摄,旧照由传承人提供

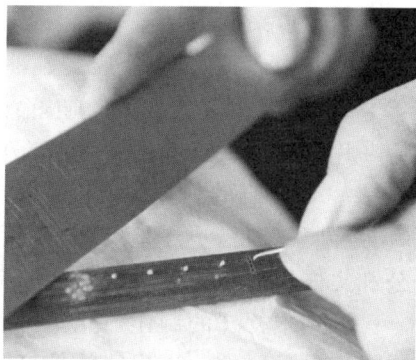

采访手记

一杆木秤，百年岁月
——访木杆秤制作传承人郑银娥

12月21日中午，我们前往位于北仑区柴桥街道薪桥南路26号的"董复兴秤店"，走访了木杆秤制作技艺的传承人——郑银娥。我们到的时候，郑奶奶正在忙着什么，见我们来了，她赶忙放下手中的活出来迎接我们。

屋一间，窗半掩，郑奶奶的家很朴素，家即是店，家店为一体。店面不大，几乎淹没在柴桥老街一长串琳琅满目的店铺中，周围的水果店、小餐馆、小百货商店应有尽有，拐个角才发现这一家特别的小店。店里堆满了各种制作木杆秤的工具，以及各种规格的木杆秤，整齐地挂在墙壁上，令人称奇。

老人生于1947年，在家里排行第四，受过教育，有初中学历，这在那个年代来说是一件挺不容易的事情。现已72岁高龄的她，丝毫看不出岁月的痕迹。随访学生说：在她身上找到了自己奶奶的影子，瞬间感觉万分亲切。身材矮小的她看起来身体十分硬朗，一直都笑眯眯的，也很健谈。我们听她讲着故事，将这百年岁月娓娓道来。

郑奶奶告诉我们，这家店是她婆家的老产业。当年的"董复兴秤店"也算是百年老店，然而在解放战争时期，命运多舛的老店经受了三次炸弹的袭击，几乎成为一片废墟。一直等到 20 世纪 70 年代，才在老的地址开起了新店。娘家在白峰镇一个偏僻的村庄，家里很穷，家人都是农民。1968 年，她经人做介绍牵线，出嫁到了柴桥，成了老字号"董复兴秤店"家的大儿媳妇。她聪明好学，跟着公公和丈夫用很短的时间就学会了制作木杆秤的主要工序。

一说到木杆秤的制作，郑奶奶就来了兴趣。她介绍说，做秤有许多讲究。做秤最难也最重要的一道程序就是钉"秤花"：先在秤杆上从前端到末端划一条直线，然后在直线上钻小孔，在孔上插入细软铅丝，用钉秤特用的"快刀"割断铅丝，然后轻轻敲一下，便在秤杆上留下了"秤花"。此道工序全凭手艺，需一气呵成。郑奶奶当年在学习这门手艺的时候受了很多苦，她开玩笑说，那个时候觉得自己都不像个女人，把自己当男人使。或许正是因为这样，这家百年老店才能在历史发展中屹立不倒吧。

随着年龄增大，老人已经没有太多精力用于做秤，但是每当在别处看到自己做的秤，心里也会产生自豪感，觉得自己还是有价值的。在电子秤面世后，木杆秤逐渐退出市场，制秤手艺人大多退休，后继无人，若无有关部门支持，将濒临失传。对此，她也表示出了隐隐的担忧。老人希望制作木杆秤的手艺在她之后能继续传承下去，因为这是她一辈子为之努力，并热爱的事业，就像她的孩子一样，她希望这样的非遗文化能得到更好的保护。

郑银娥口述史

董家大媳妇，制秤五十年

我 1947 年 12 月出生，虚岁 72。老公和我同岁，但已经走了 19 年，53 岁去世。我要操心的事情比别人多。我娘家在北仑白峰司沿村（现在叫司前村）的大岙岙上头，紧靠隔壁官庄村。家有 5 个兄弟姐妹，两个姐姐、一个哥哥、一个妹妹，我排行第四。全家在农村种田，但都读过一点书，我姐、我哥初中毕业。我当时读的初中是白峰中学，后来学校迁到郭巨，我爸就不让我读了。

1967 年，我嫁到了这里柴桥镇董家，1968 年大儿子出生。因为是农村户口，不能在镇里安排工作，嫁过来的第三年，抱着大儿子开始学习做秤。为什么我会学习做秤呢？因为我们董家是做秤的。我的公公是绍兴人，8 岁就到宁波做学徒，跟着师傅学做秤。最初的几年，都是给师傅家做杂活，扫地、擦桌子、抱小孩、烧火、脱排门、关店门……，三年秤杆都碰不到，只能旁边看着师傅做。后来，才逐渐接触做秤技艺。出师后，自己挑着货郎担，走街串巷上门服务。解放战争时,宁波城里经常打仗扔炸弹,我的公公就逃到乡下,跑到柴桥这里安家落户。但是柴桥也有炸弹,他在柴桥的房子,就被炸毁了三次。炸塌了,竖起来;又炸掉,又重建;再炸掉,再盖起来。后来,只好再逃到更里面的乡下河头村,那时有很多同乡人到我们家的秤店里来避过难。公公有4个儿子、3个女儿,老公是儿子里老大,就他一人13岁开始跟着父亲学制秤。老公前面有两个姐姐,女儿不学做秤。其中二姐做绣花,后来成为绣花厂厂长。后面的老四、老五,刚好遇到上山下乡,就去插队,后来一个当兵,最小的可以考大学了。又后面都调到单位里工作了。因为当时的柴桥镇,街上做手工艺的是居民户口,旁边万红大队(现在叫田洋村)种田的村民是农业户口,城镇居民户口的人要去支农。

那时候,手工业者并起来成立合作社,跟我公公同辈的都五十岁以上了,都有十几、二十几岁的儿子,自己过几年年纪大了,需要培养一批学徒。这时的手工业有竹业(篾匠)、木业(木匠)、铁业(打铁的)、穿棕棚的、修缝纫机的、修伞的、做裁缝的等,都合起来成立了手工业社。跟我老公一批十三四岁的同龄人,刚刚初中毕业,都招去到父辈的手工业社做生活。说起来,那个年龄还是童工呢,后来连工龄都不能算的。老爸是打铁的,儿子就学打铁;老爸是做木匠的,儿子就去学木工;老爸做什么行业的,儿子就做什么行业。当时的形势就这样,我公公做秤,我老公就学做秤了。从13岁做起,后来21岁结婚,一直在手工业联社的工艺社门市部里做秤。那时的手工业联社有工艺社(修伞、刻章、做秤、铜匠等)、日用品社(弹棉花、穿棕棚、制鞋等)、服装社(裁衣裳、做衣裳)等。后来工艺社门市部发展,到改革开放的前夕,1976年,他们开始办钟表配件厂。我老公当厂长,没工夫做秤了。但公公依然在门市部做秤,做秤的门市部属于钟表配件厂的一部分。后来工厂从做配件,发展组装钟表,厂名改为宁波时钟厂。

刚才扯开去交关多,现在再回过来讲讲我自己。1968年我生下大儿子后,1969年去寻行业,因为是农业户口,不能进入工业局下面的日用品企业,只能进镇办企业。因为老公人很聪明,认得人也多,镇办企业我可以随意挑。我考虑要带小孩,挑了做深夜班几小时的化工厂,这样可以自由一点。但镇办企业工资很低,两张10元都不到,只有18元一月,不如做秤有30元一个月。化工厂上班没多长时间,我又怀了孩子,大肚子不方便,也就不去上班了,在家里学习制秤。

我学做秤的师傅是谁?我和老公都跟着公公学,我同时也跟着老公学。所以,说起来,公公和老公都是我的师傅。因为是跟着家人学,所以也不用像我公公小时候到宁波做学徒,三年挡不着秤杆。我一开始就学最难的钉秤花:先在秤杆上从前端到末端划一条直线,然后在直线上钻小孔,在孔上插入细软铅丝,用钉秤特用的"快刀"割断铅丝,然后轻轻敲一下,便在秤杆上留下了"秤花"。这道工序全凭手艺,需一气呵成。我一边做一边就学会点,再接触就学得更好些。我还挺着大肚子到门市部,看公公怎么跟顾客打交道,怎样与顾客说话,学做卖秤杆的生意。我动手方面也蛮灵光,不久就学会了制秤的技艺。

1970年11月,我生下了小儿子。1971年2月,我正式到郭巨上班,从事做秤行业,就独立做秤了。在郭巨做了三年,我公公年纪老了,我调回柴桥,接替公公门市部生活,在时钟厂继续做秤。后来,有一段时间跑了供销,但做秤一直没有中断过。这一做就整整做了50年了!

像花木兰从军,女人当男人使

木杆秤的历史应该很悠久,具体我也说不上来。说了,也怕勿准确。在当地,有一句俗话"不识秤花,难以当家",过去家家户户都备着一杆秤。木杆秤不仅是人们日常论斤称两的必备工具,而且还是家庭供奉的吉祥物。旧时农家把秤称为"当家财神",并有"有秤当家,家业兴旺"之说;有些经商的富裕人家,特地选用乌黑油亮的大号杆秤,悬挂在祖堂正中央,寓意"称心如意";新屋落成,当地人乔迁,也是先将木杆秤先置于堂中,然后再搬迁其他家什;逢年过节,将红纸条粘贴在秤杆头上,祈祷人气兴旺,财运亨通;有的甚至将杆秤视为龙的化身,秤钩比作龙嘴,秤钮是龙眼,秤杆为龙身,秤花喻龙鳞,据传能镇邪避灾。故木杆秤为农家必备称量工具,流传至今。

关于木杆秤的构造和种类,我来介绍一下。木杆秤的基本部件是秤杆,上面钉有星点的秤花,另外有提绳、秤砣和秤钩(或秤盘)。

从构造看,木杆秤分为两种:带有秤钩的是钩秤,带有秤盘的是盘秤。

从规格看,木杆秤型号较多,一般分为大、中、小三种。大杆秤,可提秤150公斤货物,杆长155厘米,常用来称猪的重量;最小戥子秤,秤重250克,杆长40厘米,主要是中药房配秤中药用的。我还做过特殊的大木杆秤,秤重200公斤,拿到山上秤毛竹,因为磅秤拿不到山里去。不同规格的秤,需选用不同型号的秤砣与秤钩,比如:15公斤秤,杆长90厘米,砣重250克,秤钩重55克;30公斤秤,杆长100厘米,砣重1500克,秤钩重80克;75公斤秤,杆长140厘米,砣重2500克,秤钩重180克;100公斤秤,秤杆长147—148厘米,秤砣重3500克,秤钩重200克。木杆秤要精准秤重,必须严格按照规格进行制作。

关于做木杆秤的工艺流程,主要有以下几个步骤。

首先是选料。选取优质红木料做秤杆,以黄棕类红木为佳,不易变形。将红木锯成5至6厘米粗的木条,再用圆刨加工出不同规格的圆杆状。比如称重150公斤的大秤,杆长155厘米,前端(秤首)粗宜为4.5厘米,末端(秤尾)粗宜为3.8厘米。秤杆要求圆滑均匀,便于钉"秤花"。

其次是钻孔、穿绳。每杆秤前端,需要钻三个孔眼:第一孔安装秤钩,第二做"外纽"，第三孔做"里纽"。然后，三个孔眼都要串上细绳。

再次是钉秤花。钉秤花是制木杆秤的关键性工序，"插秧插歪了可重插，钉秤钉歪了就得报废"。钉秤花前，还要钻小孔。先在木杆上画直线，然后沿着直线按所需秤花的颗粒数及规定标准用木钻逐个钻小孔。这种传统的手工木钻，钻头如纳鞋底用的银针一般大小，钻杆上的圆木随惯性垂直转动，两根钻绳缠绕在钻杆上搓动，让钻杆旋转。稍不慎，孔眼就会打歪；用力过重，孔眼就会太深；用力过轻，孔眼太浅，秤花容易脱落。比如，一杆30市斤的木杆秤，长宜为80厘米，直径约1厘米。内纽秤1至8市斤，外纽秤8至30市斤。正面需钉秤花80粒，顶面需钉秤花110粒，而且每市斤要钉出阿拉伯数字。打好了孔眼，就要"钉秤花"了。将秤杆固定在工具桌上，左手将一根锃亮的细软铅丝按顺序插入孔眼。右手提一把特制快刀，锋利的刀，割断铅丝，然后轻轻敲一下，便在秤杆上留下"秤花"。"秤花"不能有丝毫偏差，必须保持在一条直线上。

接下去是包铜皮。用紫铜片，将秤的前端和末端包裹牢固，使其美观耐用。最后是规格和型号配制秤砣、秤钩。经过调试后，一杆锃亮光滑的董氏木杆秤就制作完成了。

我家的木杆秤因为称量灵活、使用方便、便于携带在柴桥、郭巨一带非常有名，深受老百姓的欢迎。

你问我：在做秤过程中，会遇到什么困难？当然会遇到困难。手指经常被刀割开，现在都还有疤痕。当初我们郭巨厂长，领导下车间，跟我学做秤，说我公公怎么教我，我也怎么教他。那我先教他钻孔，那时我也不太懂教的方法，我女同志用力轻，轻轻地推。厂长以为只要用力就行，他使劲一用力，结果手指上的骨头都割出来了。你说做秤的活苦么？当然很苦的。做大秤时，很难稳住，钉过来，转过去，要不停地转来转去，我的手指不够长，勾不住，多少费劲、多少费力。我难受，我哭呀！我跟公公说，这个男同志干的活，我不做了。公公说，人家箍桶匠要把食堂里很大的盛红薯干的木桶用两腿夹住，然后把桶穿起来，这才是男同志干的活。做秤，你这小杆子有什么可怕的啦？那我想，我是农民，没有居民户口，没有其他工作可做。只能眼泪吞进去，硬着头皮继续干。最苦的还是收磅秤，50斤的砝码，一次要背10个，那个真是苦了，现在腰也不行。还有铁板，也有100多斤，弓着腰，拿上拿下。我这个苦头吃得，我这个女人不是女人呢，我简直就是男人呢！记得做好了秤，骑着自行车，车后放着50斤砝码，沿着河塘送秤到棉花厂。那时的烂泥小路，一不小心就可能连人带车翻到水里去，现在想想都后怕。还有刨秤杆，原来的材料都是方条，要刨秤圆的。刨刀要换三次，粗的、细的，翻过来再刨，刨圆刨滑。这花时间呀！现在比较好，我选材料，市场上直接有刨好的圆杆子。还有比较麻烦的事情，是在门市部和顾客打交道，有些顾客很难弄：他预订了秤，要赶时间，催得紧；我要按程序做秤，不能急。顾客还有很多花样和要求，还要讨价还价。来买秤的，都是做生意的。女顾客还好沟通些，男的有的比较粗鲁。有一次，来了五六个酒喝得醉醺醺的，到门市部你一句他一句，跟我讨价还价，还说很难听的话。我想，苦一点累一点也能熬得过去，这种难缠的顾客最烦心。所以各种的酸甜苦辣，男人干的活，我就像花木兰从军，女人当男人使！

老街不再繁华，技艺濒临失传

为什么我能坚持做秤 50 年？动力在哪里？一开始做秤呢，是生活所迫。因为户口的关系，男人干的活我要去做，也是没有办法。后来，1979 年改革开放，小摊小贩、各行各业都可以做了。不是有一首《春天的故事》歌吗？不过改革开放风吹得到这里，大概 1985 年，那时的秤需求量大增，生意好得不得了，都来不及做。一直到 2011 年，电子秤的冲击，木杆秤的生意一直很好。2011 年以后，我年纪也大了，也不会搓麻将什么的，只好再收着这个老行当。我这时候的想法实实在在是这样的，虽然销售的数量减少了，只要秤还有人要买，说明我老太婆活着还有价值。一些买小菜的人，他们还喜欢用木杆秤，会拿着旧秤到我这里来修补。经过我一修补，秤依然像新的一样，很滑很好用。一次，我帮人现场补了秤花，只收 5 元钱，人家一个劲说谢谢我。

其间，我有一段时间跑过供销，但做秤始终没有中断过。我到全国各地出差跑供销，每到一个地方，我都要去摸一下当地的秤行、秤店，看看别人家的秤做得怎么样。真是干一行，怨一行；干一行，也爱一行。随着年龄增大，我已经没有太多精力用于做秤，但是每当在别处看到自己做的秤，心里也会产生自豪感。

所以呢，我能坚持做秤，从开始是生活所迫，后来跟改革开放形势有关，现在从心底里感到自己老了，做的秤还有人要，说明我还有价值。说心底话，实实在在是这样一个过程。

电子秤面世后，木杆秤逐渐退出市场，制秤手艺人大多退休，后继无人，若没有相关部门支持，将濒临失传。我的小儿子虽然从小跟他的爷爷学习制作木杆秤，但现在也不能以这个做行业、当饭吃，只是有时帮我一下。他偶然做的卖秤生意，也只是电子秤。我的孙子现在 14 岁，读初中。记得他 10 岁那年，宁波报社记者来采访，孙子说了很多话，说制秤他是可以学会的，现在主要读书，以后做不做秤，那就不知道了。说得记者都哈哈大笑，人小话倒蛮成熟的。今天不在，要是问问他，是不是还会说愿意学做秤，也不知道了。

北仑区政府制定了非遗保护的一些措施：从 2008 年起，每逢文化遗产日会邀我们在活动现场展示制秤技艺；曾多次应邀在小港、柴桥等"假日学校"讲授杆秤的悠久历史及制作技艺,小学生很好奇,问这问那,大的学生知道力学原理,跟我学制作技艺;2010 年 6 月,我入选宁波市第三批非物质文化遗产名录"木杆秤制作技艺"传承人;2011 年 6 月,"木杆秤制作技艺"被评为北仑区"十大最受群众喜爱的非物质文化遗产",获得了 5000 元奖金。2014 年宁波职业技术学院 55 周年校庆,受邀去学校嘉年华展示木杆秤技艺,获得非遗指导老师聘书;2017 年宁职院非遗主题校庆日,我又去学校设摊展示木杆秤技艺。

　　古镇柴桥原是镇海江南地物区商贸重镇,早在明清年代即已形成街市,并有农历"一六"大市、"三八"小市的习俗。镇上长 138 米,宽七八米的老街文拥有百年老店及老字号 50 多家。因旧时商贾交易多用木制杆秤,其中就有我家百年老秤店"董复兴秤店"。新中国成立前后,我们"董复兴秤店"在当地很有名气,制作的提纽杆秤,具有称量准确、使用方便、便于携带的优点,深受柴桥、郭巨等地百姓的欢迎。目前,在柴桥、郭巨、大碶等地已很难寻觅制作木杆秤的行家,就柴桥街而言,也仅剩我家"董复兴秤店"了。前几年,我特意将店面装修了一下。柴桥镇老早很热闹,叫作"小宁波"。现在柴桥老街旧时的繁华也已不存在,热闹都转移到北仑开发区新碶了。时代变了,过去旧传统的东西要衰落、要淘汰,木杆秤技艺以后也要消失,这是时代发展必然的事情,我虽然勿舍得,但也看得开。

五、"柴桥"述考：地名传说口述史

据紫桥街道有关文化人士、当地百姓，以及造趺传承人周德兴老人、狮象窜传承人沃凡诚等人讲述，"柴桥"地名来自古桥名。境内最早有一座木板桥，大概宋朝时建造，老底子叫"卖柴桥"。据传王安石任鄞县县令时，在穿山半岛筑塘围堤后，芦江两岸渐成市镇，有木桥连接。后来由姓柴的人造石桥，取名"柴家桥"。后又经多次重修，改名为"柴桥"。清光绪《镇海县志》载："柴家桥，明嘉靖沃改明修。……道光八年，里人钟怀谦、刘翼重修，改名柴桥"。柴桥，位于老街南北两路相接的芦江河上。

明清时期，柴桥已形成热闹的街市。清光绪十年起，有客、货轮停靠穿山码头，航班通往沪、甬、舟，以及较远的温州、海门等地，水上交通便捷，南北货源充足，四方百姓纷纷到柴桥赶集，有来自周边郭巨、白峰、霞浦、三山、梅山等地的山民、农民、渔民、商人和其他居民等。柴桥成为重要交通枢纽和商品集散中心，也是北仑境域内旧时最大集市，老人们回忆，老街每旬有四市，每逢农历三、八为小市，而一、六为大市。清人胡有怀曾写有一首《芦江竹枝词》，描述了柴桥当年人来人往、商贸繁荣的景象："榭山来往隔江潮，南北通衢唤渡桡。兼味不应嫌市远，一旬四日进柴桥。"另据木杆秤制作传承人郑银娥老人提到，清末民国时期，芦江河有十多条乌篷船，昼夜航行，来往于柴桥与邻隘璎珞河埠之间。航船将山货特产运销到宁波，再从宁波采购各种日用百货到柴桥街市，买入卖出，非常活跃。柴桥，因此也被称为"小宁波"。

当时在柴桥街头的"老字号"包括水产行、杂粮行、木材行、水作坊、棉布店、花袄店、百货店、米店、当铺、养正堂等涉及衣、食、用的各种行业近 30 家店铺。老街就是以"柴桥"这座桥为中心，向南、北两面伸展，全长 1330 多米；呈 L 型，并以桥为界，分为上、中、下街，店铺林立，买卖兴隆，一派热闹繁盛景象。1984 年后，以薪桥为中心南北扩建的"薪街"，全长 2480 米，街面两侧商店林立，有大小商店 1500 多家。因此，"柴桥"虽不长，名气却很大。于是，桥名也自然而然地成了地名。

老人们讲述，柴桥的历史悠久，新石器时代就有先民在这里繁衍生息。在沙溪村蛇山脚下，经 1987、1994、1997 年三次考古挖掘，出土的文物有陶器如灰红陶罐、夹砂红陶支座、带耳小陶釜、圈足盘、盆形鼎、鱼鳍形鼎足、陶豆以及万余片泥质陶片等；石器如双孔长方形石刀、柳叶形石镞、石纺轮、石锛、枕形磨石等；另有骨珠、橡子等。沙溪遗址面积约 7000 平方米，文化层厚 2.4 米，属新石器时代晚期遗址。

柴桥境域，古属鄞县，宋熙宁十年划归定海县。民国二十三年置镇，三十四年设1镇4乡。1983年设柴桥镇、紫石乡、昆亭乡。1992年5月两乡并入。2003年8月撤镇建柴桥街道，同时昆亭乡6个村划归春晓镇。

2019年，柴桥街道下辖34个村、5个社区。5个社区为：芦北、芦南、穿山、养志、万景山。总户数16946户，总人口38758人，其中城镇居民13335人，农村居民25423人。①

---

① 参见《北仑年鉴2020》，浙江人民出版社2020年版，第411页。

第三章 浙东北仑区梅山街道
非遗传承人口述史

第一节 梅山街道地域文化生态

梅山街道位于北仑区东南部、穿山半岛南侧的浅海中,是一个海岛街道。境域东临崎头洋,南濒汀嘴港,与舟山市普陀区的桃花岛、六横岛、佛渡岛依次远近相望,西与宁波象山港贯通,北隔梅山港与白峰街道、郭巨街道毗邻。辖区陆域面积32.8平方千米,其中主岛陆域面积26.9平方千米,另有东部沿海的青龙、扑蛇两小岛(面积分别为0.21平方千米、0.11平方千米)和北部大陆方门山地以及海涂。

梅山本岛是海积平原岛,腹地开阔平坦;地势呈西南—东北走向,形似一条大鲫鱼。海积平原占本岛面积80%;低丘占12%,岛上有15个高低大小不等的山丘,均属天台山脉和太白山麓,最高海拔为148.9米的烟墩岗,其余海拔在50—90米不等;沿海海涂占8%。梅山属亚热带海洋性季风气候,冬暖夏凉,温和湿润,日照充足,雨量充沛;常年无灾害性天气,无霜期长,冰雪少见。岛内自然环境恬静优美,植物繁茂,四季葱绿,空气清新,宜人适物,素有"绿岛梅山"之称。

梅山土地肥沃,物产丰饶。有耕地1140公顷,山地272公顷,盐地831.5公顷;河流水库93.6公顷;海涂666公顷。自清代初期至今,以盛产棉、鱼、盐三大产业为主。早在1836年岛内已始种棉花,1982年从美国引进芦笋,1995年从日本引进西兰花,还陆续引进日本蚕豆、法国梅豆、大豆等等进口农作物;另有种植哺鸡竹、雷竹和毛竹等优质竹笋,栽培龙井鲜茶、鲜花花卉,养殖鸡、鹅、鸭、兔畜禽等。民国时期,乡民已在海涂养殖蛏、蚶、蛤等贝壳。1982年以后,海水与淡水养殖业均蓬勃发展,海水养殖有海涂养殖和浅海网箱养殖。主要品种有甲壳类:梭子蟹、青蟹、白虾、对虾、竹节虾、基尾虾;有贝类:蚶子、蛏子、蛤蜊、泥螺、香螺等;鱼类有:米鱼、鲈鱼、大黄鱼、石板鱼、鳗等;海藻类有:紫菜、海带等。海水晒盐是梅山乡的传统产业,梅山盐场供应大量的优质海盐。梅山农业将朝生态型农业、休闲性农业、效益型农业发展。

梅山岛岸线资源丰富,海岸线总长27.35千米,水深3—22米。深水岸线9.3千米,平均水深15米,具有港深、波平、流顺、浪小的天然优势,具备建设多功能、国际化大港的优良条件。2008年2月24日,国务院批准设立宁波梅山保税港区,这是中国第五个保税港区。2010年5月18日,历时两年多建设,跨越梅山水道的梅山大桥全面通车,全长2200米,大桥主体长1478米。梅山岛从此与大陆连城一体,结束了长期依靠轮渡渡海的历史,迎来两分钟跨海行车的新时代。

梅山街道,省、市级非遗项目及代表性传承人有水浒名拳传承人傅信阳、梅山舞狮传承人沈海迪、造跌传承人俞世华等。

第二节　梅山非遗传承人口述史

一、水浒名拳传承人傅信阳口述史

传承人简介

傅信阳,生于1968年,宁波市北仑区梅山街道梅中村里岙人。读过一学期初中,14岁始拜师学武。曾种田务农、摆过小摊、开过鞋店、做过保安,2005年,梅山乡中心小学设立"民间传统武术传承基地",聘请为专职武术教练,为全校学生传授水浒名拳,并挑选苗子组建"梅山乡少年儿童武术表演队"参加市内外各类大型活动,获得很多各级各类奖项。2014年任梅山武术协会会长。担任中国武术协会会员,浙江省涉外武术教练员、段位考评员、武术裁判员。获浙江农民"种文化"能手、首批"浙江省优秀民间文艺人才"、浙江省武术先进个人、传统武术先进工作者、北仑区优秀社团指导老师等称号。

系北仑区非物质文化遗产"梅山水浒名拳"代表性传承人,第三批(2009年7月)浙江省级非遗项目传承人。代表作品:"宋江拷"、"边城"、"闹天堂"、"少林十八"、"洪拳"等拳术套路,"乌风棍"、"小丁枪"、"矮凳十八"、"溜金镗"、"大刀"、"雨伞十八"等器械套路。

采访时间:2019年06月26日
采访地点:宁波市北仑区梅山街道梅中村里岙,梅山学校体育馆三楼
受访者:傅信阳
采访人:沈燕红
口述整理:沈燕红、胡修远、沈姝辰
采访照片:随访学生欧琪瑜、戴世亮、马家辉摄

采访手记

水浒名拳　拳出经典
——访水浒名拳传承人傅信阳

在宁波北仑的梅山，流传着这么一套拳法，它与当初水浒中的梁山好汉有关。现如今，有这么一位传承人，一直致力于这套拳法的传承与发扬，他就是傅信阳老师，而这套拳法就是大名鼎鼎的水浒名拳。

天空下起了雨，但我们一行人依旧是风雨无阻，前去采访水浒名拳传承人——傅信阳老师。一进入到训练基地，傅老师就十分热情地招待我们，给人一种亲切的感觉。

傅信阳老师向我们介绍这距今将近 200 年的水浒名拳的来历。原来,清朝年间,梅山受到倭寇的侵袭。沈家的老族长为了抵御外敌,特意请了武师来传授拳法。而当时在沈家的烧饭师傅沈天重得到了武师的真传,后世的子孙尊称他为天重太公,是这套拳法的祖师爷。一段尘封的历史被傅老师揭开,而我们听得入神,仿佛自己也进入了两百多年前的世界。

也许是为了加强自己的体质,或者是因为梅山有着浓厚的习武风气,傅信阳老师经过他姐夫的引荐,拜入了沈云定的门下。傅老师说,当时也是因为机缘巧合,被师父看上,进入了师门。当初去拜师,沈云定正好在吃晚饭,于是他让傅信阳在堂前先练马步。也许是因为坚持,也许是因为缘分,傅信阳就这么成功拜师。拜入师门后,傅信阳成了师门中最小的弟子,而师父也对他很好,经常给予指点。

得到师父悉心教导的傅信阳也没有辜负师父的期望,在 2005 年的全国武术比赛中拿到了金奖。之后中央四套节目组也来过这里拍摄。而且前不久,刚刚上映的北仑非遗纪录片《北仑印记》中也有傅信阳老师的身影。

早期傅信阳老师务过农,也开过皮鞋店,而现在专职做梅山学校的老师,每周也有十几节课。傅老师说,现在有关单位以及校长都很支持,他自己也在努力普及水浒名拳。平常他在学校教拳法,从中挑选优秀人才。

我们参观了训练基地,除了被大大小小的训练器材吸引以外,还看到了许许多多的农具,甚至还有板凳。傅老师告诉我们,不要小看这些农具、凳子,这些也是可以作为武器的,也是水浒名拳中的一部分。随后,傅信阳老师向我们介绍了这些武器,并且向我们展示了一番比较经典的动作。

傅信阳老师说,习武之人最重要的是武德。他每次在教授拳法的同时,也将武德传授给学生,希望他们能在学武的同时,更能修德。

通过今天的了解,我们认识到,武术不仅仅是一招一式的练习,还有里面每一招的韵味和寓意。习武之人除了练身,更加需要练心,而且学习一些拳术,还能够增加自信,达到一种真正"大道"的境界。

傅信阳口述史

身体弱,个儿小,拜师学武防欺凌

我 1968 年 11 月出生,虚岁 53,北仑区梅山街道梅中村里岙人。里面的"里",山岙的"岙"。我们里岙、外岙、担峙三个小村,合并成一个大村"梅中村"。梅中村位于梅山岛的中部,所以有这个村名。

我们家里以前很贫困的,父母都是农民。老爸生产队做队长的,老妈主要主内做家务。我家兄弟姐妹有六个,一个哥哥,四个姐姐,我排行第六。因为我最小,体质也差,经常生病,爸妈对我关照比较多。那个时候吃的东西大多是番薯和那个番薯晒干的番干,番干不太好吃,我老妈会偷偷地放一碗米饭给我吃。那个时候吃一碗白米饭已经挺幸福的了。然后炒菜嘛,我呆在灶头旁边,老妈有时给我吃一块肉片之类的,算是给我开小灶啦。

我哥以前学过武术,两个姐夫都练过,四个姐也多少有点懂,我们这一代经常会聊起武术。母亲呢,没在练的。父亲呢,挺喜欢但没有机会学。听我老妈说,当时老爸很想学,因为贫穷嘛,生产队也忙,可能经济实力不够没学成。但他也懂得一点,然后教我。我以前练功,他教过我几个方法。他说:你每天只要挂着一个空篮子(我们叫"饭筲箕",淘米用的竹器,亦用作盛饭器具),每天用拳打,但不要碰到它。你打到离它一点距离,它会动了,就拉开一点距离再打。如果你离着一米能打动那个空篮子你就成功了,拳风嘛。那我相信我老爸说的,每天去打去练。老爸还说:你每天用手指头去敲"火蹿棒"(方言,过去大灶烧饭时,用来拨柴火,使火苗上蹿的长铁棒),把它打弯掉,你这个手指头功夫也练成了。这个我当初没去做,饭不会烧嘛也不会去敲打,现在铁砂掌倒会打。

我上学比较迟,9岁读的小学一年级,五年制。14岁读初一,我开始接触水浒名拳。初中嘛,其实就读了一学期,不想读书了。那个时候辍学的人很多的,都不想读书,不知道读书了以后能干什么。老师也来叫过几次,但我就不想读书了。

我们梅山里岙,自古以来就有习武的风气,以沈氏家族的人为主,沈家人大多会武术。然后我呢,小时候体质很差,人也瘦小,也不是沈家人,在里岙来说我们是外姓,所以想要通过练武来锻炼自己,身体变得强壮一点,长大了不会让人欺负。当初就是这样挺单纯的想法。

我是经姐夫介绍去习武的,师傅在我离我们家很近的地方,也是里岙村的。师傅名叫沈云定,多云的"云",定是安定的"定"。我第一次去师傅家里的印象还在的。我姐夫陪我去,师傅家正好在吃晚饭。我们这边农村都有那个生火取暖的火柜,师傅他坐在那个火柜上,一边喝酒,一边吃饭,人挺随和的。听了我的来历,然后他说:好好,挺喜欢的!然后就叫我在屋子的堂前,相当于现在客厅,那里有一块泥地上先练马步,他说吃好饭就来指点我。他儿子一起带着我,一起指导我,他儿子比我大一岁,学得比较早。这个我印象很深刻,我想练武术嘛,师傅先要看看我的基础呀、意志力呀等好不好。他饭吃好就来看了,看了以后呢,教了我一个动作。教好后,让他儿子来管我的。这就是我拜师第一天。

所以,没有正式的拜师仪式,师傅挺随和、挺好的,用现在的话来说叫无私的奉献吧。只要你人品好,愿意学,他都会接受的。不过春节时,我们也会去拜礼师傅。

当时在师傅家练武的人很多,有大我十几岁、二十几岁的人,比我大30多岁的人也有,都是从他们家学出来的。一起学习的有好多人,当时有三十几个,师兄师弟师妹都有,大多都是梅山人,岛外的郭巨、上阳也有几个,一批一批学出来。没有出师这一说,有空就去学。后来慢慢的工作忙了,或者是成家立业了,分开了,那么就自然不去了。我那一批可能是最后一批,师傅那个时候七十多岁,相当于他的关门弟子了。以后再去他家学武术的人都是他儿子教了。

我结婚比较早,22岁结的婚。我妻子其实是我师傅的外甥女。她和师兄是娘舅表姐妹,一个是舅舅的儿子,一个是姑姑的女儿。我们小学的时候也是同学,同年龄的。她当时也在学武术,学的不多,也算是师兄妹。我们学武术的时候接触多了,然后认识的。所以,是同学加上师傅家里的亲戚关系,我们后来进一步熟悉后结婚的。我们有一个女儿,现在也有外孙了。

结婚有孩子后,对我继续学习水浒名拳基本上没影响的。因为是爱好,自己的爱好是不会放弃的。除了爱好,我的行业刚开始学武术的时候是地里务农的,然后觉得总要发展,摆摆小摊、开开店之类。曾经开过皮鞋店,皮鞋一般从以前的宁波望湖市场进货,杭州、义乌都去过。我的老婆最早是绣花的,绣花呢,我想挺辛苦的。后来我店就给她开了,我自己去做保安了。那个时候保安公司刚刚起步,觉得警察做不了就做保安吧。北仑保安公司,我最早去的是小港那边。做保安的时候,练武时间比较多,晚上值班的时候都可以练。

水浒名拳,自我从14岁开始,一直练到现在了。对我自己来说,一个得益是强身健体。小时候病多,现在比以前好多了。一个锻炼胆量。我以前摆摊、开店,经历很多困难,碰到很多事件,比方说东西被小偷拿走,我胆子很大,一点不害怕,追回来好多次。一个增强自信。外面和人家交流,不会吃亏,因为学过武术都能轻松化解。

2014年我担任梅山武术协会会长。目前,我是中国武术协会会员,中国武术五段,浙江省涉外武术教练员、段位考评员、武术裁判员。获浙江农民"种文化"能手、首批"浙江省优秀民间文艺人才"、浙江省武术先进个人、传统武术先进工作者、北仑区优秀社团指导老师等称号。

江湖义,沈家人,水浒名拳代代传

据我所知,梅山的水浒名拳到现在可能将近两百年左右历史。当时我们里岙沈家的一个老族长,邀请了慈溪那边一个会武功的师傅,来给沈家的十兄弟教武术。沈家是一个大户人家,他们家烧饭的一个人,得到了武师的真传。这个烧饭的本来是佣人,名叫沈天童,他成了我们梅山水浒名拳的第一代传人。沈家人尊称他为"天童太公"。后来考查家谱,我们土话一直在喊的沈天童,实际上是沈天重,重阳的"重"。

对于当年来到梅山传授武术的武师,我们后来也去慈溪调查。慈溪那边并没有这种功夫,师傅究竟是怎么来的最终也没搞清楚。

当然,梅山里岙沈家人现在还在追溯、研究沈氏与水浒名拳的历史渊源关系。从源头上讲,水浒名拳始于宋代,盛行于明朝。梁山好汉在浙江战败方腊义军后,很多将士选择了浪迹江湖、隐匿民间的道路。据说,其中身染重病的林冲、失去右臂的武松和鲁智深三人原本生死之交,一起留在杭州的六合寺服侍林冲。半年后,林冲病故,鲁、武兄弟就在寺中出家为僧,四十多年后才圆寂。在鲁智深和武松出家的四十多年间,他俩结识了六合寺附近许多居民,其中有一位沈氏绅士拜鲁智深、武松为师,学得多套少林武术,并传授子孙,成为沈氏武术的鼻祖。公元1275年,元兵兵临杭州,当时京都(杭州)几十万百姓害怕元兵抢劫和屠杀,纷纷南迁。沈氏子孙也举家南迁至福建漳州。

元顺帝时(1351),刘福通、韩山童组建"红巾军"起义反元。各路英雄揭竿而起,全国各地义军纷纷响应,元蒙朝廷摇摇欲坠。当时文武兼备的沈恭敬(沈氏五世孙),毅然投奔南方的红巾军方国珍麾下,任参军,在十多年的戎马生涯中,他结识了不少武艺高强的将士,经过切磋武艺、取人之长、研习武功,从而练成多套拳术和器械套路。公元1367年,元朝灭亡,朱元璋为自己争夺帝位,先后战败陈友谅、张士诚、方国珍等部。沈恭敬痛恨朱元璋背信弃义、自相残杀的险恶秉性,辞官退隐于慈溪。十年后,辞别兄弟,举家迁移沈家店(今梅山岛里岙),教训子孙:"耕读尚武",遂成家风。沈恭敬因此成为梅山沈氏及其"水浒名拳"的始祖。

清咸丰年间,浙东沿海匪盗猖獗。为了抵抗倭寇、海盗疯狂的抢劫屠杀,保家卫国,梅山沈家选择了祖传的看家功夫"水浒名拳",掀起了人人习武的热潮。沈天童曾著书《拳谱》,在"老祠堂"开创"国术"武馆,向族人传授各种武术,使梅山武术进入鼎盛时期。但那本《拳谱》失踪了,现在找不到了。

从沈天童算起,梅山水浒名拳已经传了第六代。传承谱系大致是这样的:

第一代沈天童→第二代沈慧岩→第三代沈云哉→第四代沈小毛、沈金蝉、沈香山、沈光太、范金刚、范秋生等→第五代沈云定、沈根法、沈光夫、沈厚夫、沈世昌等→第六代沈万康、张仁元、傅信阳。

梅山武术古时一直是里岙沈家相传,有不传外姓,传男不传女的古训。20世纪60年代初期,乡政府要求全体村民参与习武,才打破了这个保守的传统。到我这里,已经是第六代传人了。

宋江拷,乌凤棍,壳子肉子显威风

梅山水浒名拳是集合了多种武术流派的优点,在最早沈氏武术基础上融合了外来的拳术,加上当年抗击盗寇的需求,结合当地的农具、各种工具,还吸收了演戏班子的道具,经过悠久的历史传承、演变和发展,最后才形成了自己的特色和风格。

我们水浒名拳最早的三套拳术是进门要学的。拜师第一个要学的就是"三十六记宋江拷",然后另外两套呢,一个是"闹天堂"、一个是"边成"。后来和外界交流多了,又增加了两套,一个叫"小人十八"、一个叫"洪拳"。我们土话讲的"小人十八",后来我想想,不是小孩子的那个"小人",应该是"少林十八"。因为这里的方言,"少林"跟"小人"读音相似。"洪拳"也是来这里演戏的多了,我们模仿南少林的拳法创作的。

三十六记宋江拷:57个动作组成,是梅山武术的基础拳法,能在一条板凳上演练,也就是说演练范围小。技法特点是近距离搏杀。

闹天堂:53个动作组成,动作幅度偏大。技法特点守中带攻、攻防结合,招式狠毒。

边城:36个动作组成,动作轻巧。技法特点多走边门,以巧打拙四两牵。

少林十八:42个动作组成,动作轻灵,勾手与腿法较多,以凤凰为象形拳。

洪拳:20个动作组成,并在四个方向反复演练,称打四门。梅山武术演练范围小,腿法低而少。唯独洪拳是先辈们根据以上四套拳法动作而编的拳法,其动作演练范围大,腿法高而多。

所以,梅山水浒名拳现在有传统拳术"宋江拷"、"边城"、"闹天堂"、"少林十八"、"洪拳"和引进的"南宋拳"、"南宋五拳"、"少年长拳"、"六法连环"、"三路长拳"、"规定拳"、"规定南拳"共12套。

梅山水浒名拳最早的兵器只有一套"乌凤棍",后来渐渐演变成了12种兵器。我们的老兵器,耙、镋等,都跟农具渔具有关,比如,"镋"是鱼叉演变过来的。我们一直知道读音,但不知怎么写,之前写成走之旁的"趟"或者蹚水的"蹚"。后来我觉得应该是金字旁的"镋",它上端中间的两个铁片会响的,估计是迷惑对方声东击西。响得对方心烦了,眼睛一晃,镋一插就过去了。就用声音扰乱对方,否则这两个响片干吗用的?这些发展起来的兵器也跟一些来这里演戏的人所持的道具有关,我们武师借鉴后,结合当地的实际情况,进行了创造。这样,传统器械有"乌凤棍"、"小丁枪"、"棒"、"单刀"、"耙"、"剑"、"趟"、"拐"、"矮凳十八"、"溜金镋"、"大刀"、"雨伞十八"等12套,一般动作都是从最早的"乌凤棍"演变过去的。加上后来引进的"规定刀"、"规定枪"、"规定剑"、"规定棍"、"规定南刀"、"规定南棍",现在梅山水浒名拳的器械套路共有十八套。那么,传统12套器械套路,它们的动作和舞法各有特点。

乌凤棍:50个动作组成,棍长齐眉,使用时双手握棍,虎口相对、梢把兼用。

主要混法有压、刹、挑、绞、刺、锁、砸、架、拨、格、拦、挡、云棍等。击打路线明确，讲究上打太阳、中打拦腰、下打脚髁,有七种棍策(七种实战技法)。

小丁抢:枪如游龙,主要枪法有拦、拿、扎、劈、蹦、掀、穿、绞、舞花等,37个动作组成。

火流星棒:一条麻绳两头拴铁丝篮,内装火球(曾经两头栓斧头作兵器用),主要舞法有挂、劈、撩、擦、扫、抛、绞丝舞花、蝴螺花等,十几个动作组成。每当晚上舞动,两头火球如流星一片舞出各种花样,煞是好看,俗称火流星。

单刀:动作勇猛剽悍,主要刀法有劈、砍、撩、挂、扎、缠头、裹脑等,31个动作组成。

耙:动作威猛有力,主要技法有挑、刹、劈、绞、砸、架、拨、格、拦、挡等,41个动作组成。

剑:身姿优美,手腕灵活,主要剑法有撩、挑、提、托、挂、带、刺、点、崩、击、格、拦、云等,32个动作组成。

趟:动作敏捷轻,主要趟法有压、刺、摇、点、登、窜等,42个动作组成。

拐:拐法灵巧,防不胜防,主要技法有刺、点、挂、撩、撞、减等,37个动作组成。

矮凳十八:动作稳健有力,主要凳法有冲、刺、拦、躲、架、扫、绞等,38个动作组成。

流金镗:动作勇猛泼辣,特有的麻雀步,主要技法有刺、架、照、躲、劈、挑、砸、撩等,35个动作组成。

大刀:动作威风精密,舞花手法教多,有背花、提撩舞花、挂舞花等,技法有劈、砍、斩、撩、挑等,35个动作组成。

雨伞十八:技法闪展灵活,避实击虚,主要有由刺、挑、点、截、撩、拨、顶等,43个动作组成。

至于水浒名拳的手型、步型、拳法、掌法嘛,一般武术拳、掌都是普遍相通的。我们水浒名拳的肘、膝很有特点,很多动作、招数里面用到肘、膝。比方说泰拳我们现在看得多了,好多都是用肘、膝打的。水浒名拳也有好多种肘、膝。这个肘怎么打,有7种打法;膝呢,我们有4种。那拳呢,一般武术都有,冲拳、扳拳、勾拳之类。后来我想想,跆拳道啊,泰拳啊,好像在我们梅山武术里边都有。

上面介绍的梅山水浒名拳的拳术套路和器械套路,我们俗称梅山武术的"壳子",也就是外在的东西。而相应的实用散打技术和内在理论知识以及土方医药,又称为"肉子",也就是内在的东西。梅山武术肉子包括:①实战理论,包括各种技法、各种口决、战术;②散打技术,前扣、后扣、踏脚托下巴、小青进洞、孩儿直包、苏琴背剑、龙线爪、黄龙化水、就地挖金砖、猢狲抱柱、落地千斤、前后过山、海底捞月、判官脱靴、无常摘帽、背包、金刚劈斧、毒蛇拦路、美人脱衣、仙人剥菜、凤凰抢腿、提腋下、鲤鱼摘腮、双龙抢珠、柴爿抽、双龙出洞、墩头拷西瓜等等；③小拆手(小技巧)，破抓胸、抓发、前抱、后抱、手臂折转、头攻、扳脚、摘二膀、抓后领、单手被擒、双手攻来、从后进攻、解高拳、困跌、解棍、对面夺棍、同面夺棍、夺刀等等；④土方医药，也即用医药给拳术受伤者进行治疗的土方子。

另外，我们水浒名拳武术设计得挺好的，为什么呢？习武先习德嘛，要有礼貌。我们从古代传下来，武术第一招就是个"一请势"。抱拳，我们武术都有，但是它设计的第一个是"请"的动作。然后一进门跳进去，一个气沉丹田的动作，这个设计也挺好。又是一个进攻的步伐——上步，又是一个气沉丹田的动作——沉下去，沉得不够的话，拍一下大腿，气就落地生根，到脚后跟去了。接下来就是手法，比方说上冲拳从上面来了，往上摇，将他分开；下面来了，往下格；中间来了，拦掉。刚开始就设计这些动作，后来冲拳、勾拳、扳拳、肘、膝都来了。所以，我认为这个设计的一套非常合理，古代的人挺聪明的。

下面，我可以给你们拆解和演示一下拳术"三十六计宋江拷"和器械"乌风棍"的基本套路。

三十六计宋江拷：预备势，1.一请势，2.压进，3.计势，4.分开一搭，5.三摇势，6.插落，7.布起拷开，8.投狮子，9.吊马，10.冲天，11.撑肘，12.双分垫步肘，13.上打角肘，14.插落掀开，15.一哄一拳，16.踏上摘来挖进一别肘，17.分开并弄，18.弯手金鞭，19.拽弄一哄，20.踏进拷开，21.出腿收腿，22.滚来双摧，23.插落掀开，24.一哄一拳，25.踏上摘来，26.一别肘，27.甩落挖进，28.一登肘，29.上一搓捺，30.下一搓捺，31.倾地布起搓捺，32.上打角肘，33.藏出一光，34.抢出一拳，35.抢出一肘，36.双吞，37.扳来一拳，38.抢出一肘，39.下门提勾，40.抢出一拳，41.抢出一肘，42.倒满开头，43.抽刀势，44.压进，45.插落甩落，46.随脚搂上一复头，47.倒满开头，48.抽刀势，49.压进，50.插落甩落，51.随脚搂上一复头，52.倒满开头，53.分开一搭，54.三摇势，55.踏上拽来，56.一别肘，57.一请势，收势。

乌风棍：预备势，1.一请势，2.压进平棍，3.随脚挑起三拦腰，4.三躲头，5.出腿一蹬一拦腰，6.绞丝转平棍，7.随脚三挑头，8.锁来二刺督，9.拦腰，10.绞丝转平棍，11.三锁头，12.锁转出腿一蹬，13.拦腰，14.绞丝转落地棍，15.一照一平落地，16.随脚二挑头，17.锁来二刺督，18.拦腰，19.绞丝转平棍，20.拦腰，21.三减头，22.上刺督，23.踏进一腿一蹬，24.一拦腰，25.绞丝转落地棍，26.来一照，27.一平落地棍，28.随脚二挑头，29.来二刺督，30.拦腰，31.绞丝转平棍，32.拦腰，33.绞丝转平棍，34.杀落挑起，35.拦腰，36.锁来五躲头，37.登棍一拦腰，38.绞丝转依脚，39.跳起一拦腰，40.再一拦腰，41.绞丝转落地棍，42.拖来一照，43.锁来插落挑起,44.锁来插落挑起,45.插裆摇棍,46.压棍挑棍,47.太阳,48.反太阳,49.梅花击顶,50.一请势,收势。

我们梅山的水浒名拳动作幅度小,没有那么施展大方,花哨少,不好看,但具有较强的攻防技击性。我师傅教我的时候曾经告知,拳不能大开大合,要窝着掩着(方言,就是不能放得太开的意思),动作幅度要小一点,要稍微收拢。他说,这个肘你打出去、顶出去不能太开,因为对手跟你近距离,你不用顶太开。顶太开,人家一拉就把你拉过去了。

明清至民国年间,浙东沿海倭寇、海盗猖獗,梅山岛等沿海百姓的生命财产朝不保夕,为保家园,梅山人民纷纷习武强身,当时目的在于实战格斗。因此,梅山武术特别重视攻防技击性。在武术套路中融入自创动作和实用招式,能在荒郊山坡、船上房内这些特定场地不利于大开大合动作时,采取近身短打、近距离格斗。所以,武术招式力求短促精悍、两肘护肋、借刀打力、克敌取胜。

建基地,传拳法,弘扬传统悟人生

作为一种传统,学武已经成为梅山居民一种独特的强身健体、休闲娱乐的运动方式。全村几千民众,几乎人人都能练上一招半式的传统武术。

2005年8月,梅山乡中心小学设立"民间传统武术传承基地",聘请我担任专职武术教练,将梅山武术引进学校体育课程,向在校三百多名少年儿童开课习武,使习武少年儿童增至五百多名。在学校设立基地的同时,梅中村也建立"水浒武术传承基地",当初会员及习武成人170多名。当年,我去杭州参加了浙江国际传统武术比赛,规模很大,参赛人数挺多的,选手有十几个国家的人,我获得了南拳类的金牌。

2005同年10月,梅山乡被省武术协会授予"水浒名拳之乡"荣誉。

2007年,梅山乡被授予"中国民族民间体育开发研究基地"。8月,在浙江省国际传统武术比赛盛会上,梅山乡的武术队员共获得9枚金牌、8枚银牌和9枚铜牌,《浙江日报》、浙江电视台等十余家新闻媒体报道。

2007年9月,梅山小学武术传承基地被列入宁波市"非物质文化遗产传承基地"。2008年又申请浙江省非物质文化遗产传承教学基地。2008年初,中央电视台四套《走遍中国》栏目组来梅山拍摄以《御寇水浒门》为题的梅山水浒名拳专题片。

2009年7月,梅山水浒名拳列入第三批浙江省非物质文化遗产名录,我成为梅山水浒名拳省级传承人。

近年来,为重温民间武术氛围,发扬民间武术文化,促进梅山武术教学传承与社会化传承同步发展,梅山街道还是比较重视的。在我们梅中村,添置武术器材,落实练武场地,组织习武爱好者,联系散落民间的老一代舞师,组织了一支水浒名拳武术队伍,使当地武术爱好者有了组织,有了练习水浒名拳的"根据地"。

我重点是将水浒名拳这个优秀的中华传统文化传给学生,从被聘到现在都是梅山学校的专职武术老师。学校校长挺支持的,小学全部推广武术,一到六年级都教,我一周上18节课。我再从里面挑出比较热爱武术的小朋友,早上进行训练。训练时间呢,读书的时候,每天七点到七点五十;冬天迟一点,一般七点二十到七点五十。如果要参加表演或比赛,就从早练的人当中挑选,然后根据需要,另外进行编排和训练。我带领的由80多名学生组成的"梅山乡少年儿童武术表演队"曾多次参加市内外各类大型活动,获得各级各类奖项很多。

除了学生,我没有专门去找徒弟。过去有主动找上门来的,但是学不长。学了一会,要么读书去了,要么工作去了。有些家长送过来是想学点本事之类的,但他自己不喜欢不爱好的话,就学不长。

教徒弟的话,还是老传统,师傅亲自手把手教。先练基本功蹲马步之类的,再教手法,慢慢一步一步地练习整套拳术。教徒弟最难的地方,我觉得就是要他自己喜欢,自己不喜欢不爱好的话教不好。兴趣是最好的老师嘛,徒弟不好找。现在最好的方法就是在学校的基地上课,能做些普及,培养一批感兴趣的学生,可以让他们传承下去。现在的校长和我们文化站、梅山街道都挺支持的。

我自己有一个女儿,我从小教她练武术,练到16岁。现在31岁,在北仑幼儿园当老师。

村民们忙于生计,"水浒名拳"的潜心研究与传承发展也有一定的困难。目前二三十岁的年轻人中从事这项运动为数甚少,青黄不接。我刚刚上午还突然冒出来一个天真的想法,要是北仑区政府出面,能成立一支由十几个年轻人组成的专业水浒名拳队伍,就像北仑海晨艺术团一样,那传承下去就很有希望。但这费用我算了一下,也要一百多万,可能不太现实。那我还想,要是能到单位去普及,比如一个企业、一个工厂,或者比如说给城管去培训,让他们每天花点时间学武术,自己学会后也可以把孩子教会,这样传承效果就比较理想。当然,这些也都是我个人的一点想法,我们文化站也在考虑怎样在青年人中间普及,避免传承中间"断档"。

刚刚前天(2019年6月24日)非遗系列纪录片《北仑印记》首映仪式在北仑博地影秀城举行首映式。北仑区文化馆从2018年起调研走访区里的非遗传承人,首季拍摄制作10集,每集介绍一项非遗内容,长约15分钟。其中一集,就是梅山水浒名拳。

刚开始我也不知道他们是谁过来的,当时说要拍个片子。我问了文化站要不要配合他,陈站长也比较重视的,打电话去问了。他告知我说:傅老师要配合的,这是北仑文体局安排的宣传片。那我就去配合他们,看看梅山里面的各个点哪里适合拍,他们又安排了岛外的风景好的地方去拍。拍摄组花了很多心思,拍了四五次应该有的吧。我觉得他们都比较辛苦,拍我武术动作的时候,趴下也有,站在水里也有。那天为了拍打坐,拍了将近两个小时吧。那个拳,我打了十几二十遍,他们进进出出取镜头。

前天《北仑印记》非遗首映式,每个项目现场还进行了表演。我们水浒名拳参加表演的 13 个人,都是我们村里的。年老的 4 个是我师兄,其他的都是我教的,这次上台的不是梅山小学的学生。因为我们原来都有基础,表演之前排练还比较简单。根据某个人的什么特长,排练一下;再根据舞台的大小排练一下,舞台大么,人安排多一点,舞台小么,人安排少一点。最后造型嘛,一般开场设计热闹一点,最后一个结局造个型,也稍微热闹一点。节目表演后,我作为梅山水浒名拳传承人和影片的主角,还现场接受了主持人的采访。整个剧场,这么多北仑老百姓来观看,我还是蛮自豪的。

这个片子给我们总结得很好:一招一式,是江湖的道义,是人间的正气,参念拳法,体悟人生。这也是我一直练习梅山水浒名拳的体会。

二、梅山舞狮传承人沈海迪口述史

传承人简介

沈海迪,生于 1982 年,宁波市北仑区梅山街道梅中村里岙人。梅山自古有习武健身的传统,沈氏"家家尚武、人人习舞"的风气代代相传。沈海迪受沈氏家族的传统和爷爷、父亲的影响,自小习武。14 岁正式跟随师傅学习舞狮,17 岁宁波体校毕业外出学做生意,22 岁返乡组建"梅山狮王"舞狮队。"梅山狮王"团队每年承接各种活动 200 多场次,在全国各地舞狮表演和比赛中屡获佳绩,曾接受中央电视台、日本富士、韩国"文化放送"等电视台专访。2010 年 3 月,在迎世博"吕巷杯"长三角传统龙狮邀请赛上获银奖。2010 年 5 月,受邀参加上海世博会文艺汇演。2016 年 5 月,赴日本奈良参加"东亚文化之都"交流活动,精彩表演令日本观众赞叹不已。2017 年 9 月,参加韩国济州岛举行的"2017 韩国第 56 届耽罗文化节",受到当地市民的热情追捧。为国家级龙狮裁判员和国赛教练。

系北仑区非物质文化遗产"梅山舞狮"代表性传承人,第三批(2010 年 6 月)宁波市级非遗项目传承人。其代表作品:地狮表演、高台狮表演、高杆舞狮表演、梅花桩飞狮采青表演等。其中梅花桩是梅山舞狮的精品,其表演水平,位居国内舞狮技艺前列。

采访时间:2019 年 06 月 26 日

采访地点:宁波市北仑区梅山街道梅中村里岙中路 181 号,梅山成人学校(梅山非遗陈列馆)

受访者:沈海迪

采访人:沈燕红

口述整理:沈燕红、胡修远、沈姝辰

采访照片:随访学生戴世亮、马家辉、欧琪瑜摄,旧照由传承人提供

采访手记

"狮文化"传承大家
——访梅山舞狮传承人沈海迪

　　提起舞狮,这或许是大家最熟悉的非遗项目之一了,在宁波梅山,有这么一个传承已久的舞狮家族——沈家,我们前往采访。

　　沈海迪师傅今年 37 岁,打小就接触舞狮。据沈师傅回忆,小时候常跟着大人去表演,忙完一天大人会赏给一包糖,在那段时间里沈师傅培养出了对舞狮浓厚的兴趣和不懈的情怀。现在的沈师傅已经是梅山舞狮的传承人了。

　　为了将梅山舞狮传承下去,沈师傅舍弃了很多东西。沈师傅过去曾与兄弟结伴去天津经商,在经商过程中,接触了北方舞狮,突然觉得梅山舞狮需要自己的一份支持,不能让梅山舞狮失去传承。为此沈师傅放弃了做生意的许多机会,回到了梅山。沈师傅的这种情怀超过了现实的物质追求。沈师傅回忆说,在自己五六岁的时候,曾有一个似梦非梦的记忆,看到楼梯处有一头闪光着的漂亮的大狮子在肆意舞动着,像极了文殊菩萨的坐骑,似是一次点化。这个故事听来比较玄幻,但是通过对沈师傅的了解,不信奉神明的我们,也似乎愿意相信故事的真实。因为正是这一情怀,使得沈师傅坚定了信仰,努力让梅山舞狮走出宁波,走出中国,面向世界。

　　沈师傅参加过许多的比赛。一次代表中国参加日本东南亚文化节,精彩的表演受到了各国的广泛关注和人们深深的喜爱。与此同时,沈师傅还着力研究着深奥的"狮文化",并且取得了不小的成就。凭借自己的付出,他在梅山建成了一个自己的关于狮文化的小博物馆,从石狮子到青铜狮子,从作画到雕刻,无所不有,细致入微。

年轻的沈师傅有许多的成就,小至梅山本地,大至国家级荣誉。采访中沈师傅一直强调:做自己。做事情不要以荣誉为目标,做好自己的事情,做好了自己,荣誉就会随之而来。

采访中,沈师傅给我们演示了舞狮的基本功以及踩梅花桩的动作,虽然沈师傅年轻力壮,但是上上下下没几次还是显得很吃力,可见其难度之大。沈师傅还现场教了我们几招,随行的学生手脚并用才能安全上台。

舞狮相对于其他非遗项目,技术要求高,危险系数大,这使得传承下去很有难度。由于经费的困难,维持舞狮的正常运作问题也很大,这需要当地政府及国家更大力的支持。最关键的是舞狮人员,需要年轻、强壮的体魄,爱好舞狮项目。为此,让学生更多地了解舞狮,培养兴趣,接好传承的接力棒,才能让舞狮及其他非遗文化发扬光大。

沈海迪口述史

家家尚武术,人人习狮舞

我其实是 1981 年出生的,身份证上是 82 年,虚岁 38。我是本地人,北仑区梅山街道梅中村里岙人,跟水浒名拳傅信阳师傅一个村的。梅中村因地处梅山岛中部得名,由里岙、外岙、担峙三个自然村落合并而成,里岙 70% 的人都姓沈。我的祖辈都是这里人。

梅山自古有习武健身的传统,梅中村更是远近闻名的武术与舞狮村,尤其沈氏"家家尚武、人人习舞"的风气代代相传,我就生活在这样的环境中。出生于习武之家的我,自幼跟着大人学习武术和舞狮。

我对舞狮的兴趣,从源头来说,来自沈氏家族的传统和我爷爷、父亲的影响。爷爷长期练武,在我小时候,他就会教我几招武术的动作。爷爷身体很好,也很乐观,每天半斤老酒一餐。94 岁时,我带他去体检,医生检查后,一点毛病都没有。96 岁高龄时,依然能打出一套武术招式。爷爷活到了 98 岁,走时无病无痛。爷爷常说,人呢,一要乐观,二要锻炼,武术能使人长寿的。我的父亲,最早是文工团里敲鼓师,他既会武术,也会舞狮。

沈氏家族有个规矩,小辈七八岁始,一定要跟着本族舞狮队一起走街串巷,参与闹元宵或其他节日活动。一天表演结束,大人们会奖励小孩一包糖或者其他零食,这样我们就非常开心,也受到了潜移默化的影响。那时候的风气真的很好,沈家是习武之家,先有武术,后来武术和舞狮结合。除了沈家,当初没有其他姓氏的人学,都在沈氏里面。沈氏武术、舞狮传男不传女,也不传外人,这又是一项规矩。后来慢慢地放开了,女的、别的姓氏或者别的村都可以来学了。

我正式学习舞狮14岁,跟随的是沈亚春师傅。那时,比较活跃的沈国平、沈胜利、沈万康等前辈,我也跟他们学。学习氛围很浓,一批接一批,与我同批学舞狮的就有几十个。有的人领悟快一点,就学会快一点。至于学到什么程度,多长时间出师,这个都没底。我因会武术、会舞狮,成绩也比较好,被宁波体校看中,抽去练摔跤,成了一名摔跤运动员。我是宁波市摔跤队的主力队员,省队也去过。那个时候,脱离了舞狮一段时间。

1998年,我17岁宁波体校毕业,跟着我表哥去天津做灯具生意。我们这边北仑郭巨人做灯具生意不是很多嘛?这样一晃又过了几年。本来生意也做得很好,还有其他赚钱的项目,但我心里总放不下家乡的舞狮文化。

我一直记得我很小的时候,大概五六岁,曾做过一个奇怪的梦。那时,我家住在老式楼房里。一天,爸妈都到外面做生意去了。我半夜醒来,迷迷糊糊看见房间的门开着,楼梯下面有一头很漂亮的大狮子在晃动,跟牛一样的高大。我睁眼一看,狮子动来动去跳着舞呢,就像神话剧里的一样。那头狮子,跟文殊菩萨的坐骑——青狮非常之像。这个场景,一直深深地烙印在我的记忆中。我感觉这不是梦,这是一种点化,是一种指引。

五方狮子舞,梅山红毛狮

舞狮,又称狮子舞、耍狮子等,是我国群众喜闻乐见的传统民间舞蹈,是一种集舞蹈、器乐、武术、杂技为一体的娱乐性兼竞技性的民间艺术活动,常于庙会、年节和各种喜庆场合表演。中国的舞狮,历史悠久、流传广泛、风格多样。对其起源,众说不一。

我们中国原来是没有狮子的,全都是从国外过来的。最早是两河流域、波斯湾这个地方,世界四大文明古国之一所在地。然后汉代、三国的时候,应该是汉代张骞出使西域之后,再从西域、新疆那边传过来。这都有历史依据可以考证的,各种文物出土、史书记载、传说等都有描述。据《后汉书·西域传》记载:"章帝章和元年,遣使献师子、符拔。……十三年,安息王满屈复献师子及条支大鸟。""师子"即为"狮子",古代还常写作"狻猊"或"狻麛",由梵语音译而来。随着丝绸之路建立,西域狮子献贡汉朝,狮子舞也带入皇家内院,在宴会时表演助兴。

而舞狮流传至民间,主要因缘东汉时佛教的传入。狮子是文殊菩萨的坐骑,被人们视为护法驱邪、为佛开路的瑞兽,因而受到崇拜,舞狮于是在民间传播。南北朝时期佛教兴盛,寺院众多,庙会频举,舞狮活动也更加普及和市井化。北魏杨衒之《洛阳伽蓝记》记述：“四月四日，此象常出，辟邪师子，导引其前；吞刀吐火，腾骧一面；彩幢上索，诡谲不常。奇伎异服，冠于都市。”描述了洛阳长秋寺举行四月法事活动时，狮舞引路、佛像前行、百戏表演，巡游队伍穿行于市的热闹场景。

到了唐朝，舞狮已发展为上百人集体表演的大型歌舞，还在宫廷表演，称为“太平乐”，又叫“五方狮子舞”。唐代以后，舞狮在民间广为流传。宋代的《东京梦华录》记载说，北宋重阳有狮子盛会，僧侣坐狮，传经说法，游人至盛。明朝人张岱在《陶庵梦忆》中，介绍了灯节时，浙江的大街小巷，锣鼓阵阵，到处有人围簇观看舞狮的盛况。所以，后来的舞狮基本以唐朝为模板，经过宋、元、明、清上千年的传承，不断完善和发展。

梅山舞狮，始于清道光年间，距今约有 200 年历史，据传与清代浙东沿海盗贼猖獗有关。为抗击盗寇、保卫家园，梅山聘请江湖武师传授武术，最初受训者是沈氏家族沈天童。沈天童生于 1839 年，随先祖从福建迁入梅山，在沈氏家族中辈分极高，迄今被尊称为“天童太公”。沈天童拜师学成后，又从武术中加以揣摩，自编舞狮套路，成为梅山武术与梅山舞狮的创始人。

昔日，岛民在沈天童的带领下习武抗盗，名震四乡。一旦海盗靠近梅山，身披红毛、张口露牙、瞪眼晃头的梅山“狮子”带头出阵，岛上村民齐声呐喊，一同奋勇抗敌。因舞狮之人个个有武艺，腾挪扑打勇猛无比，登岛的强盗一旦获悉红毛狮子领队，无不闻风丧胆、狼狈逃窜。因为有了武术和舞狮的防御，盗贼遂不敢轻易冒犯，岛上渐渐恢复安宁。后来，红毛狮子就成为岛上群众节日喜庆娱乐的工具，舞狮表演形象地被称为“狮子串”。

每逢春节和元宵佳节，村民自发集合，披上狮服、敲锣打鼓，后边跟着一队手持刀枪棍棒的武术队员。到了表演场地，红毛狮子和武术队轮流表演。视接狮人家场地大小、职业门第等条件，选择不同造型内容，一般都以“元宝”、“利市”开场。若是农舍巧妇之家，则做“飞蝴蝶”、“画眉舔腿”等造型；若是养猪养牛户，则做“猪槽”、“吃兔”等动作；遇书香门第或殷实之家，则表演“笔架”、“挂对”、“屏风”等。各类表演都契合了百姓消灾纳福、吉祥如意的心愿。接狮人家笑脸相迎，备钱物致谢。

不舍舞狮情，毅然返梅山

我觉得要把梅山的舞狮文化传承下去，我有这个责任。2003 年，我放弃了不错的生意和很好的几个项目，毅然回到了梅山。那时很年轻，只有 22 岁。

回到家乡后，我发觉我们村里的舞狮依然停留在自发、传统的层面，跟外面的舞狮水平差距很大。我有一个想法，要组建一支梅山“精舞”狮队。这个想法一提出,得到了梅山众多舞狮老前辈的大力支持。于是,我就带人到外地学习,去北方、去广东。广东人的舞狮理念特别先进,后来就直接把那边的人请到梅山,招徒、训练、上台、出山。我们给狮队取名"梅山狮王",对外称"宁波狮王"。

所谓狮王,总是威武凶猛的样子。所以,梅山的狮子其实属于"武狮",习武的"武"。跟武狮相对的是文狮,比较温良的那种,比如北仑"沃家狮象甯"的狮子。

"武狮"和"舞狮",读音一样,都可以叫。舞狮还有北狮和南狮的区别,它们的造型和表演各有不同的特点。我们梅山既有北狮,也有南狮。

梅山的红毛狮子属于北狮,造型粗犷夸张,形体酷似真狮。其头部硬朗硕大,玻璃钢材质做成,全部涂以金漆,熠熠生辉。隆起的前额、浓密的睫毛、炯炯的圆眼、凸出的狮鼻、宽大的嘴型、梯形的白牙、微伸的红舌,构筑了红毛狮生动的面部。面上的前额、鼻梁,以及两侧桃叶状的双耳,缀有螺旋鬈的后脑,均绘有花纹,并添加红绿漆彩,鲜艳夺目。再挂上红色长须,头顶或红(雄狮)或蓝(雌狮)的绸布花球,披一身自然蓬松的红毛,狮子威风凛凛、栩栩如生。

梅山的南狮造型华丽威武,更讲究神似。其头部不像真的狮子头,而是接近年兽的造型,头顶长角,眼若铜铃,鼻孔各伸出一个圆球形触角。而眼周、上唇、双耳以及头角,扎着柔软的绒毛布,颜色或菜黄或大红或雪白。头部和身体服饰层叠式连成一体,采用金色、翠绿或紫红绸缎,面料奢华精致。每一层的边上镶有与头部同色的波浪形绒毛布。南狮整体形象比较卡通,且带富贵气派。

梅山狮子原属北狮,后吸纳了南狮表演的先进理念和动作精华,加之与本地武术的融合,渐形成了梅山舞狮的独特风格。

梅山舞狮有"开四门"的传统套路,每门又由舞蹈、睡姿、觉醒、翻浪、跳跃、喷火等招式组成,把狮子沉稳、威猛、坚毅的品性表现得淋漓尽致。"开四门"舞法和"狮嘴喷火"、"头尾相接"、"狮身前扑、翻滚"等绝招,出神入化、惊心动魄。

梅山舞狮的基本步骤:第一步开四门,东南西北;第二步打擂;然后是狮子的一些表情动作,如舔毛等;接着出门表演。不管北狮也好,南狮也好,喜怒哀乐、望闻惊叹,都要把它表现出来。不高兴了怎么样,发怒了怎么样,通过人的肢体跟道具相结合,把它完美体现,做到活灵活现,比如下面的一些表情和动作、鼓点的配合。

喜:高兴、喜悦。动作:狮子眨眼微笑、轻摆狮头或轻跳转身,配弓步、马步、上膝或独立步等。鼓点:轻、快、欢乐。

乐:欢喜、快乐。狮子摇头摆脑,眼、嘴随鼓点节奏而开合,配小跳、秧歌步、小步跑等步法。鼓点:轻、快、重。

怒:生气、发怒。动作:狮子怒目瞪眼,开口吼叫,狮头用力抖动,配马步、弓步、站立步等。鼓点:重、急、快。

醉:迷离、醉状。动作:狮眼半开半合,身体微抖,垂首拖步,踉踉跄跄,配合各种步法。鼓点:轻、慢。

醒:醒来、恢复。狮眼从微开、半开、大开过度,伸懒腰与打哈欠结合,狮口开合,左右观望。鼓点:先轻后重,先慢后快。

动:活泼、好动。狮子各种动作、各种步法、各种姿态,随鼓点节奏而改变。鼓点:轻、重、快、慢、急、缓变换。

静:安静、不动。狮子目光平稳,静态造型,配仆步、弓步、马步。鼓点:暂停。

惊:惊恐、惊讶。狮子受惊而狂奔,或原地瞪眼、开口或合嘴,狮身抖动,后腿抖动,要突出迫真,配弓步、马步等。鼓点:急、快、重,后突然停住。

疑:猜疑、疑虑。狮子开眼合嘴,狮头左右慢转或前伸后缩,不轻举妄动,配仆步、弓步、马步。鼓点:轻、慢。

猛:勇猛、有力。狮子嘴眼开合有力,抖头逞威,踏步有力,战胜困难,胸有成竹,多在远距离飞桩等有难度的边沿中出现。鼓点:重、快、急。

寻:探寻、寻找。狮头左右转动,前伸后缩,狮嘴随鼓点节奏而动,原地转动或有目的寻找。鼓点:轻、重、快、慢结合。

盼:期盼、盼望。狮子伸头、开眼、远望,左右转动,配与弓步、马步、上膝、坐肩等。鼓点:轻、快、慢结合。

探:试探、探测。狮子前爪或后腿由高向下,由近向远试探,也可上体前伸试探,嘴眼随鼓点微开合,遇险探测侦察之意。鼓点:由轻,转重、转急。

烦:急躁、烦恼。狮嘴一开一合,狮头左右摆动,东张西望,原地踏步或转身,遇事不解的状态。鼓点:急、重。

嬉:嬉戏、玩耍。狮子多用小跳,交叉步、碎步、踏步、十字秧歌步等,眼嘴配合鼓点而一开一合,开心玩耍之意。鼓点:轻、快。

戏:戏弄、调戏。狮子一进一退,前爪或后腿一伸一缩,一擒一纵,步法一般急步上后突停,继而慢慢探步,眼、嘴随鼓点而一开一合,好奇玩弄之意。鼓点:轻、重、急、缓结合。

乐器是传统的鼓、锣、镲等,应把握轻、重、快、慢、急、缓、停等节奏类型,以热闹为主、以喜气为主。只有熟悉了舞狮锣鼓节奏之后,才能开始学习舞狮表演。

为了提高梅山舞狮表演的技巧性和观赏性,我十多年来一直在学习和借鉴别人的经验,对舞狮动作和套路进行改良,使舞法更加灵活多变。目前,我们在传统"开四门"跳八仙桌的基础上,练出高台舞狮、梅花桩飞狮采青等一系列高难度动作。

如今的梅山舞狮分地狮表演、高台狮表演、高杆舞狮表演、梅花桩飞狮采青表演等。其中梅花桩是梅山舞狮的精品,最能体现表演技巧和高难度水准。梅花桩又称高桩,由高低不同的钢管桩组成,借助道具的设计,展现出山岭、岩壁、溪涧、流水、桥索等自然景观。桩管低的 1.6 米,高的可达 3 米,两根柱子之间跨度为 1.6—2.5 米。通常是两人合舞一头狮子,在桩阵上表演翻转、腾跃、踩桩等各种惊险动作,逼真地展现狮子的喜、怒、醉、乐、醒、动、静、惊、疑、猛等神态。梅山舞狮的"梅花桩"表演水平,位居国内舞狮技艺前列。

一日狮子郎,终身传狮魂

作为具有海岛特色的民间文艺精粹,梅山舞狮从古至今代代相承、赓续不断。目前,"梅山狮王"已成为业内高水平的舞狮队伍,有专业舞狮人员几十人,业余舞狮人员 100 多人。

我们经常受邀请到各地参加各种场合的表演。每次表演出场的人员根据节目的性质以及主办方的需求确定,多的时候几十个,少的时候七八个。如主办方要两头狮子,两个人一组就是 4 人,加上鼓乐四人就是 8 人。

我们每年承接大大小小的活动不下 200 场次,近五年参加省、市、区各级各类庆典与节日活动达 1000 多场次。

我带领我们的梅山舞狮队在全国各地舞狮表演和比赛中屡获佳绩,曾接受中央电视台、日本富士、韩国"文化放送"等电视台专访。2010 年 3 月,曾在迎世博"吕巷杯"长三角传统龙狮邀请赛上获银奖。2010 年 5 月,受邀参加上海世博会文艺汇演。2016 年 5 月,梅山舞狮赴日本奈良参加"东亚文化之都"交流活动,精彩表演令日本观众赞叹不已。2017 年 9 月,"梅山狮王舞狮队"再次走出国门,参加韩国济州岛举行的"2017 韩国第 56 届耽罗文化节",受到当地市民的热情追捧。

为展现梅山非遗魅力,促进南北舞狮交流,庆祝新中国成立 70 周年,以"狮舞蓝海非遗、梦始梅山启航"为主题的"2019 南北狮王争霸赛"于 9 月底在我们梅山举行,来自全国各地的优秀狮队竞技亮相。经过激烈角逐,我带队的"梅山狮王龙狮团"夺得最佳金狮奖。

梅山舞狮旨在传承中华龙狮运动,展现地域非遗特色,弘扬民间文化艺术,在此基础上走向国际文化交流的舞台,促进各国之间多元文化的共享与共融。

"梅山舞狮"现在是宁波市级非遗项目,但我个人的荣誉在省级、国家级的很多,在全国舞狮行业内有一定的知名度和影响力,我还是国家级龙狮裁判员和国赛教练。我现还在做"狮文化"的研究。

我刚在自己家建了一个百狮馆,已投资 100 多万。里面摆放天南地北搜集的造型各异、材质不同的各种狮子,有木头的、瓷器的、石头的等。百狮馆重点展现中华狮文化,同时宣传梅山的舞狮民俗。据我所知,目前只有福建省博物馆有一块内容展览"狮文化",收藏了五百多件石头的狮子,国家投资了几千万。别人说,你也可以找政府要钱。但我不会去要,先把自己的事情做好嘛,这是我的一个宗旨。

我觉得政府需要对非遗传承项目有更大的投入。你一个队伍投入10万,50个队伍也就500万,投入也不大吧?中国龙狮运动协会或者各个地方(协会),我们经常在研究,在探讨,要做好这个项目。但没有投入,怎么做?我们现在一年参加200多场的活动,获得的报酬都是为了生存下去,传承下去,自力更生,自我造血。北仑区有些项目,一年表演才一场、两场、五场,比如狮象窜,它就可能没法传承下去了。有一年,我维持不下去,也打过退堂鼓,真的不想干了。我不干,别人干不起来,我们梅山舞狮也就要流失,永远流失,这我很清楚的。

我2008年结的婚,是晚婚。爱人是旅游公司的,她对我舞狮方面工作都很支持。为此,我们也牺牲了很多,至今我们还没要小孩。我记得那时候跟我同一批学舞狮的,大概也是十四五岁左右,现在都在做生意,有些办企业,都比我过得更好。所以说我放弃了很多。但凡事都有失有得,从事舞狮是我喜欢的,我得到它的乐趣,既锻炼身体,又有意义。有些东西,你金钱不能来衡量,我是这么认为的。

我也常去寺院坐坐,与和尚师傅喝茶聊天,修心养身。梅山舞狮虽然获得很多荣誉,但有些东西我看得轻、看得淡了。我那个百狮馆建成后,也不求什么。馆里喝喝茶,看看喜欢的狮子,再把"梅山舞狮"带到更高更远,觉得人生很圆满了。"一日狮子郎,终身传狮魂",便是我人生的执着追求了。

三、造趺传承人俞世华口述史

传承人简介

俞世华,生于 1943 年,宁波市北仑区梅山街道梅中村外岙人。爷爷、父亲和本人三代油漆工,三代搞造趺,有家传的写字、画画、表演等艺术底蕴。俞世华自小熟悉造趺,6 岁时立在父亲的肩上练习天盘表演,直到 16 岁还在扮演天盘。他熟悉造趺民乐、造趺剧目及表演形式,指导外岙造趺的培训和表演,从古典诗词中探索造趺的历史源头。2015 年,他对造趺经典剧目《羊角尖》和《垃圾耙》加以改编和创作,加入了环保、垃圾分类和梅山街道居家养老工作内容,为梅山造趺注入了新鲜的血液。2017 年被评为"梅山好手艺"首批传统手工艺人。

系北仑区非物质文化遗产"造趺(梅山外岙)"代表性传承人,第五批(2018年 6 月)宁波市级非遗项目传承人。其代表作品有:《戏锐》、《龙虎斗》、《羊角尖》、《补缸匠》、《垃圾耙》、《卖花秧》、《五虎将》、《杨门女将》等。

采访时间:2019 年 06 月 26 日

采访地点:宁波市北仑区梅山街道梅中村里岙中路 181 号,梅山成人学校(梅山非遗陈列馆)

受访者:俞世华

采访人:沈燕红

口述整理:沈燕红、胡修远、沈姝辰

采访照片:随访学生马家辉、欧琪瑜、戴世亮摄,旧照由传承人提供

采访手记

造跋是一项颇具趣味的文化
——访造跋传承人俞世华

在梅山这块土地上,有着许许多多的传统文化,其中造跋也是颇具趣味的一项。造跋又名肩背戏,主要是由童男童女站立于成人肩膀上进行表演。对于造跋,人们更多的印象是经常在庙会这种活动中见到,并且造跋的表演生动活泼。目前梅山外峁造跋被列入第五批宁波市非物质文化遗产代表性项目,而现如今的传承人是 77 岁的俞世华老师。

6 月 26 日下午,我们在大雨的陪伴下,前去采访造跋的传承人——俞世华老师。进入传承基地时,我们刚好迎面碰到俞世华老师,随后跟着俞老师进了一个办公室。

俞老师告诉我们,他们家五代都是从事造跋这一块,传承至今。他说他小时候受到父亲、爷爷这一辈的影响,接触到了造跋,从小就会画一些造跋的造型。而造跋自然而然也就传承到了他手中。现年 77 岁的俞老师最早从事漆匠工作,退休后成为造跋的传承人,主要负责造跋设计、人物造型、脸谱、彩绘等方面。

接着,俞老师向我们介绍了造跋的来历。他说,宋朝的《武林旧事》就提到过，当时宁波有一个叫作"肉傀"的项目，这就是造跶的前身。清道光以后，逐渐形成了现在的表演方式。而一开始的造跶则仅仅只是由男孩女孩装扮成"八仙"等一些人物骑坐于成人肩膀上并不表演，所以当时也称造跶为"马嘟嘟"。后来，经过发展，造跶手艺人增加了双臂立童，使造跶更加有趣。发展到更后面，肩膀上的孩童还会唱念做打，成人则会配合孩童，使表演更有意思，十分喜庆。

俞老师说，1956年，开始进行"整风"运动，整个地区都没有造跶活动。造跶的发展停滞不前。一直到"文革"结束后，大家才又开始造跶表演。

随后，俞世华老师给我们展示了他自己整理的一些资料，让我们更加清楚地了解造跶这一非遗文化。同时，也给我们看了一些造跶的形象，讲述了每个形象的寓意以及一些典故。我们不禁听得入迷，深深感叹造跶内涵之丰富，绝对不是三言两语能讲完的。俞老师告诉我们，当初中央七套来梅山进行录像的时候，还专门来录造跶两次，这足以证明造跶艺术的魅力。

俞老师说，他现在也有让自己的孙女接触这一块的学习。他知道现在很多年轻人，对于造跶，都是不了解的，但是他希望这份传承能够传承下去，也希望孙女能够担得起这个重担。

俞世华口述史

三代油漆工搞造跶，六岁立父肩演天盘

我属羊的，1943年11月出生，宁波人按虚年龄来说77岁。我是本地人，北仑区梅山街道梅中村外岙人。梅山街道以前叫梅山乡，原来有13个村。整合以后变成5个村，其中一个就是梅中村。梅中村在整个梅山岛处于中心的位置，梅山街道办事处也在梅中村。梅中村又分为里岙、外岙、担峙，它是由三个小村并成的一个大村。

我们家实际上三四代都搞造跶，并非外面报道的六代都搞造跶，以前的不是我们家。我爷爷手里、我父亲手里、我手里，我准备叫我的孙女接我的班，叫孙女传承下去。我的爷爷死得比较早，我出生比较迟，没看到过爷爷。我父亲呢，在我20岁的时候也去世嘞。他去世了嘛，这里边有好多事情就由我来接代。

我们家有一个好的先决条件，我爷爷是油漆工，我父亲也是做油漆工的，我小的时候也做油漆工。清朝时期的油漆工呢，不同于我们现在的油漆工，一般来说都要求会写写字、画画图画这方面技艺，比较考究。我爷爷写一手好字，我父亲也写一手好字。我爷爷，以前在本地小书房读了6年书，他念书念到18岁。小书房，就是私塾，教书先生也是梅山人。我爷爷是我太公的小儿子，因为那个时候我们是大家庭，条件不错，他基础打得好。我父亲不行嘞，只念了两年书。但凭借他好学的精神，也能够写一手好字。文化是有底蕴的，我们家里做油漆，

在这方面比较注重。

那作为搞造跌的人来说，也要艺术细胞的，怎么样化妆啦，什么地方要写点字啦，画点什么东西啦。我爷爷、父亲他们比较能干，手艺也很高超，就这样传承下来。我受到家庭的熏陶，毫无疑问把他们这个担子接过来。

我爷爷小的时候练过造跌，我父亲小的时候也练过造跌，那我最小的时候呢？我最早有记忆的，五六岁在家里也开始练习造跌。以前，我隔壁有个小孩跟我差不多大，跟我一起练。我站在父亲的肩膀上面，造跌嘛，就是小孩站在肩膀上面表演。我记得父亲做了一把画戟，三国时吕布用的那种，就让我们两个小孩在道地（屋前空旷的场地，即院子）、堂前（正房前面）等地方活动。那个时候还没解放，我1943年生的嘛，1949年解放也才7岁，我记得我们就这样开始玩了。我正儿八经学造跌就是跟父亲的，也没有拜其他师傅。在家里嘛，父亲接触最多，跟其他人接触比较少。实际上，那时人小，有些事情也忘记了。

我家里有几个兄弟姐妹？我只有一个妹妹。说起来呢，因为在那个抗日战争的时候，在北仑、在宁波、在象山都是细菌弹。日本人1940年登陆梅山，1941年驻在舟山，他们到处打细菌弹。我上面的几个哥哥姐姐都感染嘞，一个月零两天，32天的时间，三个小孩——3岁、6岁、9岁——全部死掉了。具体在1940—1942年那个时候，我也记不太清楚。等到我出生的时候我父亲已经有37岁，那上面三个孩子都死了，我是宝贝儿子啦。因为我上面没有小孩，父亲从小就教我写字、画图画。到1949年的时候，我有了一个妹妹。妹妹后来嫁人，和我们也是一个村。

我书呢，实际上念得不多。念了6年书，8岁念到14岁。1957年做油漆工去了，我父亲身体不大好，那我就跟着他一起干活。农村里，另外还有农活。1958年，梅山办中学，之前没有中学。我跟父亲说，我很想念书啊，那么就开始念书去，但念了没几天。因为那个时候讲勤工俭学，还有我们农作的话，都要参加劳动。1958年"大跃进"，自己小窑烧瓦片。烧瓦片没有木材，就要去挖坟。坟里挖来的棺材板，用来当柴烧。那我十五六岁小孩子嘛，看了可怕，那就用稻草去拨棺材板，手不敢碰到，然后拉到窑里去。有的同学胆子很大，直接用手去拿棺材板，那个时候风气是这样。那我好像太娇贵，阿拉老师不点名地批评。我听了不高兴，这是刺激我嘛！我就不去念那个书，就做生活（工作）去，一直做油漆工。22岁我结婚，我在厂里，老婆也跟着到厂里，生活比较简单的。因为我是油漆工出生，那我老婆呢，她也到厂里油漆冰箱。

20世纪70年代以后，自己进社办工厂打工，干其他事情。一家综合厂，造480门锁、造冰箱等，他们觉得需要我。造门锁实际上是很有学问的，开门锁的钥匙呢，每一把钥匙不能一样，这个事情你得钻研。那我们厂里人他们搞不出来,就叫我去。我一开始这方面也疏生,但是我后来慢慢动脑筋,把这个关攻下了。你譬如说这个钥匙这样子缺口有高有低,那我就用一二三四五,五个弹子,也可以反过来,五四三二一或五三四二一顺序,颠倒颠倒,可用的有五百几十把。那装弹子的人,我先就叫他们一组一组地放好。放好以后,我就用这个表给他列出来。列出来以后他们照这个样子去组装在一起,把不同锁和钥匙配出来。我这个只读过小学的人,就能把复杂的排列组合方法,攻克造锁技术难关。到20世纪70年代后期,改革开放了,我办企业,做五金加工。那个造跌呢,一直是个业余爱好。

人民公社最难忘,杨梅节表演登央台

"造跌"对于我们北仑人来说并不陌生,不就是小孩子立在大人肩上进行文艺表演嘛！如果范围扩大到宁波以外,就会生疏。"造跌"是我们北仑人的叫法,在外人听来不知所以,就是看了字面也不得要领。实际上,这种叫法一代代口耳相传,最初有音无字、也无释义。

解放初期的几年,这个运动那个运动的,梅山也没有造跌等民间文艺的表演。1956年,我们梅山发生了一次大的台风灾害。当年下半年,上海市工人文化代表团了解了梅山的受灾情况,决定到梅山进行慰问演出。过年时,上面通知,上海代表团春节(1957年初)要到梅山来。那我们这边也有工人文化组织,要排点节目,与上海工人文化代表团进行交流、会演,确定了里呑搞狮子、武术,我们外呑搞zàofū。那时候zàofū表演是我阿爹领队的。上海文化团团长到梅山后,问我阿爹zàofū两个字咋写？我清楚记得当时恰好有钢笔在身边,阿爹拿起笔写了"皂夫"两字。这工人文化代表团团长,毕竟是团长,还是有文化的。他很直爽地说,这"皂"字是怎么设计出来的？感觉意思不通,建议你应该叫"肩头戏"。我父亲说:哦,是哦。

1958年,实行(人民)公社化运动,以区为单位成立人民公社。那时,郭巨成立了人民公社,实际上由好几个乡并起来。10月1日,郭巨人民公社在郭巨镇举行成立大会,又是国庆节搞庆祝活动,很热闹。会上也组织了各种文艺演出,外呑的造跌也是演出班子之一。我们造跌去郭巨表演,这个演出呢,我们很成功。

郭巨这次的表演,我印象最深刻。为了演出效果,我们仍用1957年春节演出的原班人马。乐队、地盘原班人马不稀奇,主要是孩子长大了背不动,但那时的人热情高,有集体荣誉感,能吃苦,做地盘的硬是把十三四岁以上的孩子从那么高的官山岭背上去。当时我已经虚岁16岁,表演《卖花秧》节目,一个人扮天盘。不像现在天盘,小朋友才五六岁。老早,梅山到郭巨有一条20里地的山路,

很难走。地盘非常卖力,他一直背着我,我都不好意思。要翻越山岭时,我要下来。但因为我穿着袜子,地盘觉得石子石板路很滑不好走,叫我不要下去。1/3的上坡路已经走完了,我非要下来,他才放下我,这样我自己走到了山岭上。下坡的时候,走了一半,郭巨的人事先知道我们造跶要来表演,跑了好远的路来看我们。那时,我想自己走也不行了,做地盘的人叫我继续站到他肩上去,一直到表演的中心场地——郭巨西门。这样,路上就花了好几个小时。两边观看的人相当多,摩肩接踵,人山人海。走在前面的人简直是倒退着走进城去的,正像拉琴的阿国师傅回忆"我胡琴拉勿来,手骨也递勿开嘞",真是盛况空前。进入区府后得到区领导的格外关照,坐在接待室,分糖果给我们天盘小演员吃,这是其他团队所没有的。我的父亲在1958年的郭巨表演以后,就没有机会了。所以,这次最热闹,印象最深刻。

1958年以后,搞"大跃进",把人都"捆"在田畈上,都要搞农业生产,实际上没有文艺的。到三年困难时期,人都吃不饱,根本没有兴趣搞文艺,没有时间精力去搞。紧接着,1963年、1964年,大"四清"、小"四清",政治运动一个接一个。到"文化大革命"之前,打倒"封资修",这些文艺活动都被封锁起来。一直到大概1979年、1980年,这里才恢复民间文艺。那个时候嘛,还是镇海县,他们搞庆祝元宵节,各地的民间文艺重新组织起来,我们造跶也去郭巨演出。从此以后,一次一次的这样子活动就多了。

2002年,慈溪杨梅节,场面相当大,南京呀、杭州呀,各地的民间文艺都叫来。我真正记得南京的马灯,跟真的马一样大。我们梅山造跶在表演时特别吸引眼球,各路记者扛着"长枪短炮"争看抢拍,我们感到很自豪。因为其他节目,好多地方能看到。作为造跶来说,其他地方很少的,就是我们北仑有。中央电视台七套记者也表现了极大的兴趣,采访我:zàofū俩字怎么写?为什么叫"造跶"?"造跶"的历史?……刚才也提到过,我父亲时,写成"皂夫",上海文工团团长建议改"肩头戏"。因为在北仑大家叫惯了,一下子很难改口。我想要是继续用"皂夫"两字,回答不了记者的问题呀。我就临时写了"造跶"两个字,解释为塑造各种造型,立在肩上进行表演;造跶的"跶",本来是佛家语,盘腿端坐之意,我们是借用的。那就这样迷迷糊糊去应付记者,我这急中生智的解释有点牵强,记者当然也是听过算过。后来我在其他场合也这么说,所以大家也一直在沿用。因此,"造跶"两字的历来,实际上是我说出来、写出来的,现在报纸上、电视上宣传的北仑"造跶",都是套用我创造出来的词语。

杨梅节结束后的第二天,中央七套看得还不过瘾,专程来到梅山,进行专题采访和录像。我们又重新做一遍让他们看,他们拍下来。同年的七月份中央台的七频道放映了这次实访录像,节目播放的时候通知我们,这支民间艺术的小花也终于登上了艺术的大雅之堂。那个时候的影像,梅山应该是由专人保管的,后来因为人事调动,都丢失找不到了。

后来,我们多次到外面演出,宁波(市里)、镇海去的次数比较多,也有到象山、到奉化、到杭州的……我们还到舟山六横、沈家门等地去演出。2004的沈家门渔港国际民间民俗大会,那个场面实在是大,有很多外国人都来参加表演。我们梅山造趺也去了,可惜资料欠保管好,照片等没有保留下来。大概2007年,中央台四套国际台走四方栏目,又到我们这里拍了一次。

去年我在网上发现,福建也有一个造趺,山西平遥有一个类似于我们造趺的节目,其他地方都没发现。所以,北仑造趺很有特色。

造趺原名为乘肩,古典诗词寻踪迹

造趺是一项很古老的民间文艺,因其独特的表演形式,深受老百姓的欢迎。

宋朝的一本书叫《武林旧事》,作者周密,卷六"诸色伎艺人"里面就提到过当时的鄞东(鄞州,现在的宁波)有一个叫"肉傀"的项目,"即大人托着小孩子来表演",那就是造趺的前身。按照他的说法叫乘肩,乘在肩膀上,不叫造趺。

我现在搜集到最早咏造趺的是北宋黄庭坚,他与苏轼齐名,写下了很多诗。其中有一首五言诗:"市井怀珠玉,往来终未逢。乘肩娇小女,邂逅此生同。"诗人非常喜爱造趺中的小女孩,市井中本来都是贩夫走卒,想不到还有这么漂亮的小姑娘,表演高雅的舞蹈,所以将她比喻为珠玉。虽是灯市上的一次偶然相遇,回来后还是写下了这首五言诗以记游。

另一首是南宋词人姜夔的《鹧鸪天·正月十一日观灯》:"巷陌风光纵赏时。笼纱未出马先嘶。白头居士无呵殿,只有乘肩小女随。花满市,月侵衣。少年情事老来悲。沙河塘上春寒浅,看了游人缓缓归。"南宋朝廷对元宵节的灯会是相当重视的,头年秋天的菊花灯会以后,就派人准备元宵灯会了。除了偏僻处,繁华的地段都挂上灯,达官贵人们都在观赏。拐角处灯笼的光芒还没有看见,而乘骑的马叫声已传了过来。平民百姓如不想招惹是非,应该早做准备避开一些。白头居士没有登第,是白丁,所以没有给他开锣喝道的人。姜夔与立造趺的小姑娘同行,皎洁的月光带着寒意照在她身上。

南宋著名词人吴文英也写了一阕咏造趺的词《玉楼春·京市舞女》:"茸茸狸帽遮梅额,金蝉罗翦胡衫窄。乘肩争看小腰身,倦态强随闲鼓笛。问称家住城东陌,欲买千金应不惜。归来困顿殢春眠,犹梦婆娑斜趁拍。"

吴文英,四明(今浙江宁波)人。当时吴文英生活在南宋的都城临安,也叫武林(即杭州)。正月十五元宵夜,临安歌舞升平,各种舞者多达数十对,供游人观赏。在这么多的歌舞乐队之中,最醒目者当数"乘肩少女"。毛茸茸的狐狸皮帽子轻轻地压在小姑娘的额头上。脸上这么漂亮,打扮又是新潮的:薄若蝉翼的罗衫裁剪得体,少数民族款式的紧身窄袖,更显示出小姑娘妩媚的小腰身来,怪不得游人争着上前来观看。我有特别深的体会,沈家门国际文化节、慈溪杨梅节、宁波农民文化节,我们梅山造趺一进场,立即引起了轰动,人流向我们涌来,打开手机、相机,抢拍不停。这种独特的民间文艺确实少见。第四句"倦态强随闲鼓笛",我们是有体会的。小姑娘在春寒料峭中站在大人的肩膀已经很久了,瞌睡虫悄悄爬上来,有时会不自觉"卜"地点一下头。这时跟在边上的大人会提醒一句:"不要打瞌睡呀!"小女孩一个惊醒,强打精神,重新振作,跟着鼓笛的节拍舞起来。

所以,宋朝呢,有关造趺的这个历史就有嘞。我呢,不是随便说说的,我一定要有根据,随便说说呢,我觉得不好。我发现福建的造趺,也不过只有180年。按照我们这边探讨起来,北仑造趺的历史算是长嘞。

传统节目代代传,再往下传困难多

造趺初级阶段仅由男女少年扮成"八仙"等古装人物骑坐于成人肩膀之上,并不表演,因此造趺又俗称"马嘟嘟"。到了清道光年间,艺人们创造了双臂立童之技艺,使造趺艺术大大增色。但肩膀上打扮成古装人物的孩童仍无表演,只是改骑为立而已。1912年后,造趺才发展成如今的样式,肩上的孩童会唱念做打(称天盘),地上的成人配合孩童的表演舞动脚步(称地伴),造趺又有了肩胛戏之称。天盘有了表演,对地伴的要求更高了,如天盘表演追打,地伴则需紧迈圆步;天盘做亮相动作,地伴必须停顿立正;天盘演唱时,地伴必须踏步、跺脚或转身等等。

造趺关键是选好天盘小演员。做天盘的,首先胆子要大,会立会唱,最好人小点,背起来轻点,一般是五六岁到七八岁,过去都是男孩,现在男女都可。其次是地伴,即背天盘的大人,过去也都是男性青壮年,现在女性也用,但像《龙虎斗》这种步法要求高、运动量大的还是选用壮年男性为主。

梅山外岙造趺有些传统节目,如《戏镗》,二人武士打扮,是动作戏,到了一个场地后用它铮铮响的镗声与"大头和尚"一起圈出一个表演的圈子来,随后自己表演一番,四门开出就让《龙虎斗》上场。《龙虎斗》是造趺的保留节目,重头戏,红脸、黑脸二人和京剧一样勾脸谱,有高昂的唱腔和打斗场面,唱一段打一回合,一般根据场面需要演四到八个回合。因为要照顾到地伴的体力,在打斗场面过程中有前进和后退跳跃,有360度的转身和不停的台步,非有熟练的壮年男子做地伴不可。像《补缸匠》有一男一女二人,《卖花秧》一人。他们的故事情节类似甬剧,过去叫串客,唱腔也似宁波滩簧,因内容不适合新时代,已逐渐淘汰。《羊角尖》是老太婆头上插羊角,穿清装,拿蒲扇,一个人,唱腔道白比较自由,大多是结合形势宣传计划生育等内容。演《垃圾耙》一人,是丑角,戴羊尾帽,穿明式服装,以"长的垃圾当柴烧,短的垃圾当肥料"等诙谐的白话和滑稽的动作特地进到人群中去表演。《五虎将》,这是新增的,五个角色,分别扮成三国人物,再让他们骑上马灯,造跋时也让他们在地面上单独骑马灯,我们称它为造跋马灯。

《戏锐》《龙虎斗》《羊角尖》《补缸匠》《垃圾耙》《卖花秧》《五虎将》《杨门女将》等,这些节目代代相传,流传至今仍为梅山外峤造跋的传统保留节目。2015年,我改编造跋经典剧目《羊角尖》和《垃圾耙》加入了环保、垃圾分类和梅山街道居家养老工作内容,在原有传统剧目上加以改编和创新,为梅山造跋注入了新鲜的血液。我还设计道具、化妆,有点像导演。

跟穿山造跋比较,我觉得我们的传承更加系统。我只能这样子说,穿山造跋以前也有,解放以后,一直是断的,20世纪五六十年代基本上没什么演出。这个是因为政治环境,我们一样没有。他们是在1976年以后,才重新搞起造跋。从他们《三打白骨精》这个节目就可以知道:1969年以后越剧先做,后来才有造跋《三打白骨精》这个戏。他们《杨门女将》也是我父亲改良造跋后借鉴过去的。所以,穿山造跋不如我们系统。

我和穿山造跋传承人周翠珠碰到聊起的时候,都感觉现在做天盘的人很少嘞,地盘也很难找,要传承下去很困难。目前梅山造跋用的天盘都是中心幼儿园小朋友,都只有五六岁。幼儿班好点,因为他们的学习不会受到影响。小学生们要读书,小孩子家长舍不得。那就是说现在的天盘越来越少嘞。做地盘的还是我们本村人,现在还有十七八个在做地盘,年龄都是五六十岁,最大的都已经六七十岁。年纪轻的都在外面打工,现在地盘青黄不接啦。

梅山造跋主要以表演为主,竞赛形式的很少参加,所以获奖比较少。我有三个孩子,他们都不会搞的。其中一个儿子在美国定居。我打算传给孙女,孙女是大儿子的女儿,在街道工作。我其他徒弟没有收过,队伍也就噶么噶(这样了)!但是,我多年来将个人所掌握的表演技艺如数教给造跋队员,促进了外峤造跋的传承和发展。2017年我被评为"梅山好手艺"首批传统手工艺人。

四、"梅山"述考:地名传说口述史

据梅山街道有关文化人士、当地百姓,以及梅山造趺传承人俞世华老人和北仑《山海经》栏目邀请的许泰岳老人讲述,关于梅山岛地名的来历,民间流传着几种不同的说法。

梅山村有个梅山吞,梅山吞有一种说法,是他们吞里居住的先民取了个"梅山"地名。实际上,梅山只有 400 多年的居民定居史,最早在明末清初。而据志书记载,"梅山"之名 600 多年前已经有了。《方舆纪要》卷九二定海县"管界寨"条下:"又大嵩巡司,旧置于县东南大嵩港。洪武十七年移置县南梅山。"即今北仑的梅山岛。《浙江通志》也有提到郭巨千户卫所(设于明洪武十九年的抗倭卫所),这个卫所有五个烽堠,其中一个是"梅山烽堠"。第二种说法,岛上有梅子山庙,然后有了梅山地名。那么,梅子山庙是怎么造的呢? 清康熙元年至康熙二十三年实行海禁,岛上居民需内迁三十里,岛民迁移到柴桥龙泉大溟。那里有梅子山庙,后来居民返岛,也在山吞造了梅子山庙,地名随之叫"梅山"。但,这个跟志书记载"梅山"名称的时间差得更远了。第三种说法,梅子山庙供奉的庙神是汉梅福,横匾上有四个字"汉室孤忠",梅山地名是梅福云游浙东时留下的。梅福,姓梅,名福,字子真,九江郡寿春(今安徽寿县)人。少年求学于长安,初为郡文学,后补南昌县尉。经常上书言政,险遭杀身之祸。后离家遁世,云游浙东四明等地。甬舟一带,以他的名字命名的地方很多。比如说,宁波鄞县的大梅山、梅岭乡、梅岭山,舟山普陀山的梅岭峰、梅福庵。但从地域环境看,北仑的大碶、柴桥是"唐涂宋滩",梅山岛那时更是汪洋大海,没有吃的东西,也没有淡水。因此,梅福隐居梅山的话,是不可能的。第四种说法,梅山来自梅山教文化。北仑梅山,是不是古时候的文人,从梅山教文化那里借过来命名的呢? 这是一个谜,也不大可能。所以,现在这四种说法,经过考证,都不太准确。

那么,梅山的地名究竟哪里来的呢? 梅山吞的老农指了炮台岗山说,这就是梅山。炮台岗山原来就叫梅山,炮台岗烽堠跟梅山烽堠是一回事。从明朝有烽堠以后,就将炮台岗作为整座大山的名字,一代一代传下来,历代梅山人都认为这山叫炮台岗山,不知道这座山其实原来叫梅山。梅山的南坡,也就是炮台岗的南坡,有个古老的梅树坑小村庄。梅树坑到不远的碑塔村,有一个梅树山。梅树山旁边有一条小小的岭,这条岭从碑塔洪家到往北去的地方,叫梅树岭。梅西的外墩,有一个小小的山头,叫野梅头山。在炮台岗的坡地上,原来到处都有梅树,山自然就成"梅山"了。那现在为啥看不到梅树了呢? 因为梅树低低矮矮,当柴烧非常好。对当地老百姓来讲,梅子不好吃,不值钱。(梅树)当柴烧,可以派上用场。再说还要开荒种番薯,这么一来,原来长着梅树的坡地陆续当做番薯地开垦掉了,梅树也就不见了。所以,从梅山岙老农讲的炮台岗是梅山,炮台岗下面是梅树坑,梅树坑到梅树山、梅树岭、野梅头山,这么联系起来,梅山岛的名堂来其实源于梅树、梅子,有梅子当然还有梅花。所以呢,梅花比较美丽的,梅山岛也相当美丽。

在古代,梅山岛由一个大岛和十余个小岛组成,后因随着时间推移自然淤积和人工不断围堤筑塘,逐渐形成梅东、梅西两个岛。清朝道光十三年两岛居民于三江浦南、北两端筑八百亩塘,从此两岛形成一个整体。1936 年称为梅山乡。1953 年至 1958 年,称镇海县梅山乡、梅西乡;1959 年后,改称人民公社。1985 年 10 月后称滨海区梅山乡;1987 年 7 月改称北仑区梅山乡;2015 年 1 月,设立梅山街道。

2019 年,梅山街道下辖 5 个村、1 个社区(江梅)。总户数 7983 户,总人口 18849 人,均为农村居民。①

---

① 参见《北仑年鉴 2020》,浙江人民出版社 2020 年版,第 423 页。

第四章　浙东北仑区新碶街道
非遗传承人口述史

第一节　新碶街道地域文化生态

新碶街道位于北仑区西北部。境域东与霞浦街道相连,西与小港街道、戚家山街道相邻,南接大碶街道,北与舟山市金塘岛隔海相望,区域面积46.2平方千米。今之境域是历史上千年间的五次大规模筑塘造地,累计约40平方千米、占86%的陆域面积而成。新碶,目前是北仑区政府的所在地,是新区的政治、经济和文化中心。

新碶,地形属大碶—柴桥平原。境内地势低平,西部有少量低山微丘,东部有零星孤山,境内最高峰是海拔265米的四顾山。中部为江河纵横之平原,有两条河道自南向北缓缓汇入大海。一条是由大碶的璎珞、嘉溪水、新路岙三源溪流汇成的岩河,原经西碶入海,现由下三山大闸注入金塘水道;另一条是由塔峙、大城弯岙诸溪流汇成的泰河,原经东碶入海,现由下三山大闸注入金塘水道。

新碶旧有渔港,就在原岩河、泰河出口处,能泊渔、商船近百艘。新中国成立前,境内有8家碾米厂。榨油业、锡箔制作、粗纸所、石厂等手工业作坊在岭里颇有名。1956年7月组建的新碶棉花厂是境内唯一的全民工业企业。20世纪80年代,乡镇企业步入黄金时期。改革开放以后,新设北仑区后,新碶成为北仑区区址所在地。

岩泰水系,蜿蜒绵长,静静流淌,养育了一方人士。新碶,涌现了一批著名人士:中国科学院院士贺贤土,著名连环画家贺友直、油画家陈逸飞、版画家俞沙丁,国际围棋大师林海峰,免疫学专家林飞卿、运动医学专家胡流源,香港实业家王绍成等。

2003年底,贺友直老人根据儿时记忆为家乡父老创作了《新碶老街风情录》组画,并将原作捐赠给中国港口博物馆(原北仑博物馆)。组画以白描的手法、水

148

墨画的形式,描绘了贺老童年家乡北仑新碶老街的新碶头、凉亭、坝头、行号、油车、市日、谢年、唱新闻等旧时场景,生动地展现了 20 世纪二三十年代中国浙东小城镇的历史风貌和民俗风情。

新碶,拥有被称为"黄金水道"的 13 千米深水岸线,以临港的区位优势,借助港区开发的东风,从偏僻的海乡小镇逐步发展为初具规模的滨海新城。如今,新碶境内已经拥有了通往世界各地的"洋洋东方大港"北仑港、国内最大火力发电厂—北仑港发电厂、我国石化系统最大的 30 万吨级算山原油码头等大批现代化工业企业,以及世界女排训练基、宁波经济技术开发区、宁波保税区等。目前,新碶所在地已经成了一座现代化新型国际港口城市。

新碶街道,市级非遗项目及代表性传承人有:新碶民间剪纸传承人张其培、新碶民间剪纸传承人胡维波、彰糅漆艺传承人姚炬炜等。

第二节　新碶非遗传承人口述史

一、新碶民间剪纸传承人张其培口述史

传承人简介

张其培,生于1957年,原住宁波市北仑区高塘乡,现为北仑城区新碶街道人。从小喜爱美术,1977年开始自学剪纸,从此走上剪纸的艺术道路。他的作品具有浓郁的民俗特色和地方风情,多次参加展览、结集出版、被收藏、获奖励。其代表作《好日子》参加华夏风韵剪纸艺术展并获得金奖,2002年被国家博物馆收藏,《古宅新韵》参加2006浙江省民俗风情剪纸展获一等奖,2010年《做年糕》、《渔归》被中国农业博物馆收藏。2016年《剪下春秋——张其培四十年作品集》发行出版。

系北仑区非物质文化遗产"新碶民间剪纸"代表性传承人,第三批(2016年6月)宁波市级非遗项目传承人。还担任浙江省民间艺术研究会剪纸分会副会长兼秘书长,浙江省民间艺术研究会、省农民书画研究会会员,中国民间文艺家协会、中华文化促进会剪纸专业委员会、中国乡土艺术协会会员,宁波市民间文艺家协会、宁波市美术家协会会员,《浙江剪纸界》责编。

采访时间:2019年03月22日
采访地点:宁波市北仑区大碶街道明州路112号,张其培剪纸工作室
受访者:张其培
采访人:沈燕红
口述整理:沈燕红、胡修远、沈姝辰
采访照片:随访学生戴世亮、杨卓霖、姚雨婕摄

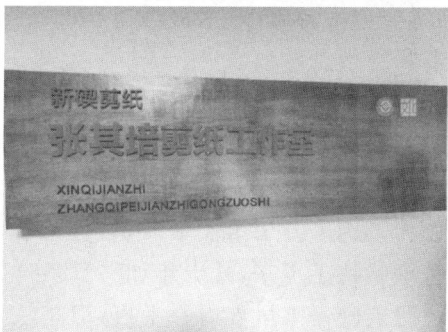

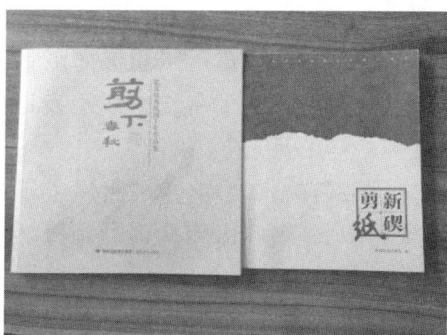

采访手记

不一样的足迹
——访新碶民间剪纸传承人张其培

说到剪纸，大家首先想到的就是那一张张栩栩如生的图案。剪纸艺术是传统民间工艺，它源远流长，经久不衰，是中国民间艺术中的瑰宝。在北仑新碶，有这么一位手艺人，四十多年来研究剪纸这门艺术，并将之发扬光大。而他，也当之无愧地成为宁波市级非物质文化遗产传承人，他便是新碶高塘的张其培老师。

3月22日下午，我们一行人走访了新碶剪纸传承人——张其培老师。当我们走进他的工作室，便看到了许多精美的作品，还有张其培老师的诸多荣誉证书。面对满墙的作品和荣誉,我们一行人都不禁赞叹连连。

张其培老师告诉我们,他从小学开始就对美术十分感兴趣,特别喜欢画连环画。到了初中毕业,由于还没有工作,张老师开始学习剪纸。在那个年代,文化活动并不是十分丰富,于是,剪纸便成了张老师日常生活中不可或缺的活动。那时候,张老师远在上海的表兄弟还为他寄来相关的素材和资料。

为了能够提升自己的技艺,张老师特意去寻求当时会剪纸的手艺人——宁波海曙文化站的罗枫老师。讲到罗枫老师的时候,张老师笑了下,说自己当时还是找了好几次才碰上。原来那时候,张老师第一去找罗枫老师时,刚好一个前脚离开,一个后脚进去,便错过了会面。好在后来终于见上了面,张老师得到了罗枫老师的指点。

"当时,罗枫老师告诉了我提升技艺的方法。"突然,张老师停顿了一下,卖了一个关子,然后慢悠悠地告诉我们:"当时,他讲了三个方法。一是多看人家的作品,要从人家的作品中学到好的技巧;二是要多剪,不断提升自己的技巧;三是要多创作。"这个方法虽然很简单,但是能够坚持下来的人能有几个呢?张老师便是从中坚持了下来,几十年如一日。

张老师后来虽然有在上班,但是从未放弃过剪纸,一有时间就会拿起手中的剪刀与刻刀开始剪纸。年复一年,日复一日,张老师的技巧在不断提升,并且还开展了相关的展览,出版了相关的画集。

随后,张老师拿了一组剪纸给我们看,说这是用来纪念那个美好的时光,主题是"不一样的足迹"。张老师从中一张一张挑出图片,整理好,向我们介绍其中的故事。这时的张老师,脸上露出了自豪的笑容。我们看完这一组照片,不由从心底里佩服张老师,因为从构图到剪纸,全是张老师一人完成的。从出生直到他开始学习剪纸这一漫长的过程,被他用剪纸定格了。

剪纸很考验心性,并不能一蹴而就,但剪纸的过程充满乐趣。正如张老师所说,他已经将剪纸当作精神食粮,重要性和吃饭睡觉是一样的。

张其培口述史

对着小人书临摹画画,照着绣花样自学剪纸

我 1957 年 6 月出生,虚岁 63。我是本地人,居住在北仑城区新碶街道。过去住在高塘,高塘原先是个乡,现在也属于新碶。

我家祖辈跟剪纸没有关系。我的阿爷是农民,很早过世了,我没见到过。我的阿爹原来也是种地的农民,没有做过手艺。我出生后的 1958 年前后,是国家很不寻常的一个时期,推行"三面红旗":"总路线、大跃进和人民公社"。1960 年困难时期,每户人家都吃食堂。那年我 3 岁,脚长了脓肿,因为医疗条件差,一直

看不好。因此我的脚三岁时就落下了病根。

1964 年我上小学,"文革"还没开始。我家住在镇安村,隔壁有个五星大队。我读的是五星小学,在祠堂里面。我读小学的时候对美术特别爱好,美术老师也不是专业的,只是普通老师。上课时,老师让我们用铅笔画一画小动物。我自己喜欢对着小人书(连环画)临摹临摹,特别喜欢美工刻刀,美术成绩比较好。

我接触剪纸,大概是从一九六几年开始,当时文化活动比较少,剪纸好像比较多。那个时候"三忠于"、毛泽东、天安门等的图案很多,报纸上也有。"三忠于",一般用向日葵这种图案,里面写个"忠"字。我上海一个表兄弟,知道我喜欢这个东西。他不知从哪里收集了这类剪纸作品,装在信封里给我寄过来。

1972 年我初中毕业以后,还没参加工作,在家里没事干,所以就画画、剪纸。把报纸上好看的图案剪下来,贴在本子上,一页一页翻过去很好看。当时资料很少的,就这样搜集起来。后来,就不只有天安门、毛泽东这样的红色图案,反映城市生活的各个方面——包括青年在学习等,内容都丰富起来了。

1976 年"文革"结束,我参加工作。最早到医疗站,收钞票加配药。后来去村办企业做会计,当初我们的企业一个车间做自来水龙头,一个车间做车床和仪器仪表。

1977 年开始,我自己动手弄剪纸了。真正的拜师也没拜过。当初妇女有很多绣花的,经常看到花样夹在纸里,我就照着她们的绣花样剪纸。

七八年或者七九年,我到宁波找了一个老师,名字叫罗枫。我记得他原来是海曙区文化馆老师,是宁波比较有名的剪纸艺术家,报纸上会发表一些他的作品和报道他的新闻。我从报纸上了解到他,所以去拜访他。

拜访罗枫老师,有段小插曲。一九七几年的交通不太方便,高塘到宁波每天只有一班车次。我第一趟去的时候,和我们企业跑外勤的人一起过去。到罗枫单位以后,两个人不认识:我进去的时候,他刚刚出去,没碰到。过了好几天,再去。我把自己刻的东西带给他看,请他指点。他是教我这样做的:第一,多看人家的东西;第二,多剪;第三,自己多创作。以后去过几次,也不是很多。来去不太方便,主要是自己琢磨。从此,我走上了剪纸的艺术道路。

剪刻春秋四十余载,坚持不懈源自爱好

我的艺术简历,在 2016 年出版的《剪下春秋——张其培四十年作品集》目录前有过介绍,今补充如下:

1977 年开始自学剪纸;

1984 年至今在街道(乡镇)文化站工作,担任会计、美工、群众书画(剪纸)辅导等;

1984 年 8 月剪纸作品《晨读》在《中国青年报》发表；

1985 年 5 月参加中华剪纸函授中心剪纸函授学习班；

1987 年 1 月被推荐为浙江省民间剪纸研究会理事；

1988 年 7 月加入中国民间剪纸研究会；

1995 年 10 月承办"95 浙江省民间剪纸艺术展暨浙江省民间剪纸研究会第七届年会"；

2000 年 10 月参加由浙江省残疾人联合会组成文化艺术交流团，应邀出访日本进行艺术交流活动；

2002 年 9 月剪纸作品《好日子》被国家博物馆收藏；

2004 年 11 月被推选为浙江省民间艺术研究会剪纸分会秘书长；

2005 年 8 月加入中国民间文艺家协会剪纸艺术委员会；

2005 年 8 月出版《张其培剪纸选集》；

2005 年 9 月加入中华民族文化促进会剪纸艺术委员会；

2006 年 10 月事迹及作品被收入由美术史论家王伯敏教授编著的《中国民间剪纸史》；

2008 年 5 月承办浙江省中小学生"迎奥运放飞梦想"剪纸比赛优秀作品展暨中小学剪纸教学研讨会；

2008 年 7 月加入中国乡土艺术协会；

2010 年 5 月加入中国民间文艺家协会；

2010 年 6 月剪纸作品《做年糕》、《渔归》被中国农业博物馆收藏；

2010 年 6 月被宁波市人民政府命名为宁波市非物质文化（新碶民间剪纸）代表性传承人；

2011 年 1 月参加浙江省文化厅举办的浙江省首届乡镇文化员才艺比赛获金奖；

2012 年 8 月被浙江省民间艺术研究会剪纸分会推选增补为副会长；

2013 年 12 月加入浙江省民间文艺家协会；

2016 年 12 月《剪下春秋——张其培四十年作品集》由福建美术出版社发行出版；

2017 年 5 月杭州市江干区、宁波市北仑区两地文化走亲活动暨《剪下春秋——张其培剪纸四十年作品展》在杭州市江干区非遗展厅开展，共展出剪纸作品 70 幅；

2017 年退休，文化站返聘继续工作；

2019 年文化站专门建立"张其培剪纸工作室"，以沙龙形式定期、不定期给当地爱好剪纸的居民进行培训、传承。

在上面我的学艺、从艺简历中,有些事情印象比较深刻。

1978 年,我第一幅剪纸作品参加展出。当时大碶文化站搞了一个文化活动,在街上布置了一个小橱窗,有各种作品展出。我展出的是两个青年面对面坐着看书的剪纸作品。因为当时高考恢复,提倡青年学习,我就选择了跟时代相关的一个主题。可惜这个作品已经不在了,没有保存下来。

1984 年,我进了高塘文化站。在文化站时候的事情很多,既要当会计,又要搞宣传。文化站外面不是有宣传窗么?那时候要用毛笔字写的,还要画些图案什么的。还要管书画协会;还要练习早期机械的打字,一个个敲出来的那种。剪纸主要是到家里以后,利用业余时间自己弄。

1985 年,我看到《中国农民日报》登出中华剪纸函授中心招生广告,召集了文化站旁边幼儿园的四个老师一起参加学习,并组建一个剪纸小组。中心把剪纸教材寄过来,我们自己学。学了以后,再把作品带过去。一年以后中心发了本结业证书,我们这个小组还被评为了先进集体,我被评为优秀学员。

1987 年,这个中华剪纸函授中心在宁波办了个三个月的培训提高班,(学生)从原来函授的优秀学员里挑选,老师就是罗枫。这个班是面授的,学员来自全国各地,有贵州的、云南的、山西的、宁夏的、陕西的、江西的、安徽的等十三四个人,他们都喜欢剪纸,住在宁波学习。现在这些人基本都是中国剪纸界的精英,比较有名的如:贵州的王少丰,现在是中华文化促进会剪纸艺委会的副主任;宁夏的伏兆娥、山西的李爱萍,两个人应该都是大师级别的人物。我跟这些老同学一直保持着联系,现在都用微信联络。2013 年有我自己的个人展览,有人评价过我的作品,其中一个就是我同学。

我的剪纸生涯有四十多年了,从未中断过,大致可以分为几个阶段。第一阶段,1984 年文化站之前,属于自己兴趣爱好,应该说还没完全入门;第二阶段,1985—2000,已经入门,参加各种培训班,摸索各种方法,剪纸技艺不断提高;第三阶段,2000—2019,作品比较成熟,到好多地方去展览,被收藏,出版作品集,加入各种协会。

我之所以能坚持剪纸四十年,主要源于我自己的爱好。我家里人都不剪纸,我自己仅有一个姐姐,不剪纸;我结婚比较晚,妻子是普通的农村妇女,她支持我剪纸,但自己不剪纸;我有一个女儿,从小到大没剪纸,现在成家了,在杭州。剪纸不可能用来卖大钱的,虽然会有一些人买我的剪纸作品,或做礼物,或收藏,但不多,所以我剪纸的动力在于兴趣和爱好。

剪纸的历史源远流长,精巧构思不一样足迹

中国剪纸的历史,说起来也是很长的。剪纸应该出现在纸发明以后,现在能

见到的最早剪纸作品是南北朝时期的,由新疆吐鲁番那边出土。剪纸技艺也是从新疆传过来。后来,唐朝、宋朝、元、明,每个朝代都有剪纸作品传下来。到了清朝,是剪纸的最鼎盛时期。

北仑的剪纸,明清时期也有了。这里的剪纸应该从绣花样开始的。还有用于祭祀的剪纸,剪些元宝、衣服之类的给去世的亲人,在做羹饭的肉、鱼上贴点花样。另外,老婆婆念的经,比如阿弥陀佛经、太平经纸上贴些装饰的小花,莲花等各种各样的花样都有,也贴双喜字样。现在各家逢年过节贴"福"字或者年轻人结婚的时候贴"喜"字等。窗花这种剪纸形式,北方比较流行,北仑地方不太见。

剪纸的工具,有刀、刻盘和纸等。

刀,一个是剪刀,一个是刻刀。剪刀刀头要尖,刻刀要锋利。我剪纸主要用刀刻。用怎样的刀刻纸,看个人习惯。宁波的罗枫他是用木刻刀,在玻璃上刻的。一般人都不是在玻璃上刻的,刀容易钝。我原来也在玻璃上刻过,刻了一刀就钝了。过去的刻刀一般都是自己磨出来的,用钢杆条、钟的发条、手术刀等材料。现在有现成的刻刀了,不用自己打磨了。

刻刀下面有一个垫的东西,叫蜡盘。用木条四面钉起来,将蜂蜡、牛油、羊油、香灰拌在一起,然后用板压平,一个蜡盘就做成了。很硬,刻的时候不会凹陷下去。以前蜡盘这工具也是自己做的,现在有现成的刻盘了。

然后是纸,纸也是各种各样的。最普通的就是大红纸,好一点就是宣纸。宣纸也有好坏的,最好的是万年红,颜色不会褪。蜡光纸,我不建议用,太滑了,有反光。

剪纸的流程和步骤:第一步确定主题;第二步构思,创作要自己想出来的,不能参考人家的;第三步把作品画出来、剪出来,又可细分几个步骤。我以自己创作的一组剪纸《不一样的足迹》为例,给你们介绍一下。

这组作品是我为了参加一个展览而设计的:我把主题定为"不一样的足迹",然后构思,用每幅作品表现不同的历史时期,把我从出生到走上剪纸艺术创作之路的成长过程同国家的发展历程联系起来。接着,我就用脚印(足迹)的形状,创作这一组作品。第一幅足迹,1957年我出生,和人民公社联系在一起。第二幅足迹,1960年我3周岁,脚落下了毛病,和家家户户吃大食堂的困难时期联系在一起。画面的右上边刻有"大队食堂"字样;右下方一个人坐在食堂的桌子旁,拿着碗喝粥,桌上还有一叠碗;右边中间上下还插入一个小脚印,上面数字3,下面一个"张"字,代表我当时3岁;画面的左边是一个小孩在围有栅栏、种着花草、养着公鸡的院子里,拿着小板凳作为走路的依靠,说明我的脚那时有了伤。第三幅足迹,1964年我上小学,和讲"三忠于"的背景联系在一起。画面的左边是一个小孩走在上学的路上,背着书包,挂着领巾,还有借助行走的木杆,不远处的两进房子代表办在祠堂里的小学;画面的右边,是闪闪发光的天安门,下面三朵向日葵,里面刻三个"忠"字,忠于毛泽东。第四幅足迹,1972年我初中毕业,正值"文革"期间,无事可做。我待在家里,写写画画剪剪。画面是一个青年握着笔在房间里写毛笔字,桌子上放着笔筒、墨碗;一个大大的牛头挂下来,是当初的剪纸作品。第五幅足迹,1976年我工作,"文革"结束。画面中间的大算盘,表示我的工作主要是做会计。"医疗站"三个字,表明我的第一份工作,赤脚医生出诊背的药箱辅助说明;第二份工作是在企业,有厂房、水龙头、车床等元素。第六幅足迹,1977年我自己动手弄剪纸,从此走上剪纸艺术之路。画面中间放着一把剪刀,代表剪纸工具;铜钱、鱼和莲花图案,都有象征意义。

以上这些表现元素在脑子里构思好以后,我直接在白纸上一幅一幅画出来;然后将红纸放在白纸下面,订起来;再用刀刻出来就可以了。刻的时候也有讲究的:从中间向周围的顺序刻;先刻精细的地方,再刻大块区域;力度轻重没关系,但刻的时候要仔细。一般来说,精细的地方比较难,小圆点比较难刻。

我个人认为,确定一个剪纸的主题,如何构思去表演主题,不参照别人东西,也就是自己创作是最难的。对于没有一定的绘画基础的人来说,哪怕你已经构思出用哪些元素去表达主题,但要把头脑中呈现的画面,在纸上用线条画出来,恐怕有相当的难度。所以,剪纸还必须有美术的基础,否则你就没办法创作,只能照样画葫芦,没有自己创新的东西。

完成一幅剪纸作品的时间是不一定的,最快的一天能弄好,长的话一个星期也有,有的时候甚至半个月。有的地方刻得不好就放着,过段时间再去修改。有些没看见过的,就看看别人的画得到一点启发,创作是很难的。

注重装饰与意象造型,凸显地域传统与民俗

话说剪纸的特色,中国剪纸和外国有不一样的地方,中国的剪纸作品大多寓有象征含义,如梅花的五个花瓣代表五福,蝙蝠的谐音代表福。中国北方的剪纸和南方也有些差异,北方的窗花比较多,南方的窗花不常见。

新碶民间剪纸的传统主题有"年年有余"、"喜上眉梢"、"五福临门"等,运用谐音、象征等表现方法,寄托百姓对吉祥和美好生活的向往。如莲花、鲤鱼等图案有"清风廉洁"、"连年有余"、"鲤鱼跳龙门"多种寓意,寿桃、松柏、仙鹤等寓意"延年益寿"、"松鹤延寿",万字结、玉如意等寓意"吉祥如意"、"万事如意",等等。

一般性传统主题的剪纸还比较容易,而体现地域传统的作品需要深入了解本土文化,并发挥想象力和创造力。我的这本《剪下春秋——张其培四十年作品集》由甬上美景、家园乡音、北仑风情、轩窗景色、百花竞艳、遗珠拾零、童年技艺、艺术剪影八个篇章组成,是表现地域特色和文化遗产的作品。比如"北仑风情"

的一组作品,反映了北仑的民俗。一幅十二月廿三祭灶,一个老婆婆在袅袅香火中虔诚祭拜灶司菩萨,灶王爷前供奉着酒、茶、糕点等供品。一幅十二月廿四掸尘,一个妇女头带帽子、身系围裙、嘴戴口罩,手拿着鸡毛掸子,角角落落打扫屋子灰尘,准备干干净净迎接新年。一幅除夕谢年,也称"送年",是一年中最隆重的祀神典礼。桌上供着有讲究的祭品,一般由男主人祭拜,祈求一家人在新的一年里团团圆圆、风调雨顺、年年平安、岁岁有余。一幅正月初一开门炮,一个小伙子清晨打开家门、放鞭炮、迎春节,祈求开门迎福、户纳千祥。一幅正月十四夜请屙缸姑娘,当地习俗之一。姑娘们抬着一只四周缀以红色绉纱的淘米筥箕,迎厕姑,虔诚默念:"请姑娘到阿拉家里去聊聊天"。要占卜今年运气好坏,或婚配姻缘,可由两人各用一只食指抬着筥箕,筥箕的边上插上一支簪子,当作"乩笔",在撒满松花或面粉的桌子上请屙缸姑娘写字或画花,任你猜度。一幅端午,母亲和孩子一起包粽子。一幅立夏,大人用木杆秤给小孩子秤体重。一幅开面,是新娘子出嫁前,由专人拔汗毛、修眉、清爽面容。这一组剪纸作品反映了北仑地区的传统习俗、民间风情,乡土气息比较浓郁。如果你不了解地域传统与特色,你就没法栩栩如生地进行创作。

新碶民间剪纸的基本特征是写实与变形有机统一,注重装饰与意象造型。

①简洁夸张的造型。抓住基本的典型特征,删繁就简,以少胜多,突出主题。

②繁简疏密的穿插。做到虚实结合,实处不死板,虚处不空洞,合理穿插配置。

③质朴合理的装饰。塑造形象和装饰处理运用特殊的手法和式样,富有装饰感。

④巧妙美观的连接。作品中的点、线、面,需要做到线线相连,巧妙连接。

多基地传承新碶剪纸,剪纸是我的精神食粮

2015年6月,我通过正式仪式招过3个徒弟。收徒仪式在北仑梅山的一个非遗活动中,北仑区文体局组织的,共6位省级、市级非物质文化遗产项目代表性传承人收徒弟,先敬茶,还有递拜师帖、行拜师礼。我招的三个徒弟都是宁波本地的成年人,一个是小学老师,一个是公交公司工作的,还有一个是北仑机关里的。

我选徒的要求一个是要有爱好,还有一个要有绘画基础。我用现场教的方式,让他们一边看一边学一边剪。教的时候最难的地方就是你教他们,他们领会不了。他们学了几次,后来就不来了,没有坚持下去。其中一个徒弟曾拿来作品给我看,我觉得没入门。要真正入门,至少要学一年时间。

宁波职业技术学院非遗传承基地聘请我去学校教了三年,同时还聘请了几个非遗传承人。我现在还在宁职院教剪纸,上周二晚上刚去宁职院指导。剪纸社团人不是很多,大概七八个人。

关于剪纸能否传承下去? 我觉得可以的。剪纸比较方便,材料比较简单,工具比较省力。新碶剪纸普及面很广,蛮热闹的,社区、学校都在学。有多个剪纸培训传承基地:高塘小学及高塘中学作为主要传承基地,并被有关部门定为剪纸特色学校,高塘小学 2007 年被定为市级非物质青少年传承基地。高塘幼儿园、新蕾幼儿园、仙荷幼儿园等积极开展剪纸普及活动,在芝兰社区、杜鹃社区、玉兰社区、迎春社区等建立剪纸辅导点,作为街道普及剪纸的传承基地,并在芝兰社区成立了剪纸工作室。文化站刚刚帮我设立专门的"张其培剪纸工作室",对社区居民的剪纸培训提供了很好的平台和场所。

我从事剪纸技艺四十多年,剪纸在我心目中有重要的地位。我把剪纸当做我生命中跟吃饭一样重要的活动,吃饭是活命的,剪纸是我的精神食粮。我觉得新碶剪纸能很好地传承下去。

二、新碶民间剪纸传承人胡维波口述史

传承人简介

胡维波,生于 1977 年,宁波市北仑区新碶街道人。自幼跟着奶奶学习剪纸,在家族中已是第三代传承。1996 年宁波师范毕业后,入职宁波北仑高塘小学,担任语文老师和班主任,兼上兴趣小组剪纸课。1998 年始承担剪纸活动课程,学校的剪纸艺术特色一肩挑,一挑就是二十年。胡老师积极探索剪纸方法、参与剪纸培训、编写精品教材、指导学生创作,大力传播和弘扬中国传统文化。

其作品着力展示现代家乡风貌,具有鲜明的时代特色。历年来,多次参赛、参展并获奖。如:2006 年,创作的《玉犬迎瑞》获宁波市民间剪纸大赛铜剪子奖;《一生清白》参加浙江省民俗风情剪纸艺术大展,并获全国廉政剪纸大赛优秀奖。2010 年 3 月,《幸福吉祥团花》、《虎虎生威》两幅作品获宁波市总工会剪纸现场比赛一等奖。2012—2015 年,《天赐玉叶》、《古村流水长》、《旅行箱里的风景》等作品参加浙江省剪纸艺术展,获优秀作品奖,并被金华市剪纸博物馆等收藏。2018 年 10 月,《柴桥小镇》获长三角剪纸大赛一等奖;11 月,《海巡钓鱼岛》入展全国首届海洋文化剪纸大赛,同时入选大赛精品集。

系北仑区非物质文化遗产"新碶民间剪纸"代表性传承人,第三批(2016 年 6 月)宁波市级非遗项目传承人。

采访时间:2019 年 11 月 19 日
采访地点:宁波市北仑区高塘小学
受访者:胡维波
采访人:沈燕红
口述整理:沈燕红、胡修远、沈姝辰
采访照片:随访学生许楠、陈虹帆、李垚垚摄

采访手记

最美的意外
——访新碶民间剪纸传承人胡维波

这两天天气突变，从二十几度骤然降到十几度。经过了几次预约后，终于要去见一位剪纸老师，一位非遗传承者。

来到了高塘小学，经过楼道间便能感受到这个学校浓浓的文化气息。生于1977年7月的胡老师今年42岁，跟我们想象的不一样。在我的印象里，非物质文化遗产的继承者都是一些老前辈，但是胡老师的年轻确实让我们有点意外。她也说自己的年纪是所有非遗传承者中最小的，也谈不上什么成就。这番话也让我们对胡老师产生了更加钦佩的情感。

胡老师的奶奶年轻时在上海的纱厂工作，各种手工活都很擅长。胡老师继承了奶奶的心灵手巧，为以后的文化传承打下了基础。

1996年，胡老师从宁波师范学校毕业后，来到了高塘小学，成为了一名语文老师。但冥冥之中，最美的意外总要出现。胡老师在学校的安排下开始教学生剪纸。并且将剪纸这门艺术发扬光大，让更多的学生接触到剪纸，让他们体会到剪纸的魅力。

任何事绝无轻易成功的道理，每个人的成功背后一定付出了很多的不为人知的努力。2010年世博会上，胡老师受邀在世界的舞台上向人们展示剪纸，因为一开始是用刀刻，并非用剪刀剪，这引起了一些人的不解。但胡老师却能从别人的质疑中突破瓶颈，拿起剪刀开始新的征程。

在与胡老师的交谈中，其幽默风趣的言语总能让我们会心一笑。她笑着说数学是特长，音乐也是特长，却成了一名语文老师。虽然不是自己的擅长，但是出于责任心，胡老师说：既然工作，就要做好。从1998年起，胡老师一个人扛着来自学校的信任与压力，一个人把剪纸做好，并且发扬开来。"只能做好，不能做差"，这句话她强调了好多次。正是这种责任心和毅力，让胡老师才有了今天的成功。

剪纸是一种镂空艺术，它能给人以视觉上透空的感觉和艺术享受。"细心观察，才能体会一花一世界的奇妙；细细品味，才能发现生活中到处都布满了剪纸的素材；细致剪刻，才能使剪纸作品更有灵气，才能使剪纸作品充满神韵。"胡老师的剪纸始终蕴含着典型的校园气息和故乡情怀，给人以亲切感。在作品上，胡老师也一直追求原创。"拿别人东西去比赛，就是剽窃"，"作品就是用来表达自己的内涵"，老师一直坚持自己的路。

在结束今天的采访之前，我们问了胡老师一个问题："您觉得剪纸这门艺术能传承下去么？毕竟很多非遗文化已经引不起当代青年的兴趣了。"胡老师笑着回答："肯定能，我之所以在小学教剪纸，就是要让孩子们都能感受到传统文化的魅力。我努力，所以我相信能。"

胡维波口述史

家族传承第三代，剪纸老师第四任

我1977年7月出生，今年虚岁43，我已经很久没记年龄了。我是本地人，北仑区新碶街道的。我和张其培老师都是市级传承人，我们传承的项目叫"新碶民间剪纸"，只有当地人才能传承当地的项目。非遗传承都有地域性规定的，你到了外地，就不能叫传承人了。

我们的祖辈是在新碶街道下面的下史村。这个村现在没有了，已经整体搬迁。居民成了拆迁户，有的搬到泰河康园，在北仑中学旁边；还有一个是鸿翔锦园，在北仑人民医院旁边。这两个小区都是我们村居民的拆迁安置户。我的这门手艺传承呢，从家里来说，是从奶奶地方接触学习的，因为再前辈我也没见过。当年，我奶奶在当地是非常有名的手巧妇人。年轻时在上海一家纱厂打工，帮人家做制作中山装、旗袍。平时也会绣花，也做点心，什么都会。我上小学之前呢，是跟奶奶一起生活的。奶奶教我剪纸、绣花和做一些小点心。我奶奶会呢，我妈

妈也适当的会一些,接下来传承到我,我算是第三代的了。

从学校来说,我算是第四代的剪纸老师。1988年北仑高塘小学开始搞剪纸,那时候有个翠老师,她的名字里有个翠鸟的"翠",我们就把她的一个"翠"字拎出来念。我也没见过,因为我毕业分配到这里工作时是1996年了。之前翠老师传承下来有个严老师,严格的"严"。我来到这个学校的时候,那位严老师刚好因为身体原因提前退休了。正是青黄不接的时候,那时有个教科学的夏老师也在教剪纸,夏天的"夏"。1996年我来校上班第一天,发现课程表上有一门"兴趣小组活动"。我问平行班的其他老师:这是教什么?他们跟我说是教剪纸。我听到后第一反应,讲真,从小跟着奶奶只剪过双喜、佛花、小花小草,别的东西也没有剪过。正儿八经自己设计剪纸,是小学六年级时。因为当时农村村小拆并了,六年级就拎到了新碶中学的预备班。那时候上课的美术老师钟老师,现在她在街道里面工作。记得当初钟老师把蜡光纸发下来给我们,印象很深哦,蜡光纸这么小,只有五六厘米见方。她让我们自己在蜡光纸反面设计稿子,然后自己把作品刻下来。其实我小时候跟着奶奶学剪纸是不需要设计的,看着样稿直接剪。现在叫作徒手剪纸、脱稿剪,北方人俗称盲剪,实际上这是很高的境界。到后来反而照着样子自己设计好,照着图样画出来再剪,剪完之后刻,有点像篆刻。因此,我第一次刻纸是在小学六年级时。

1996年带学生教剪纸,但那时候剪纸对于我来说,已经有所远离。工作后重新捡起剪纸,其实是学生教我的。我带的第一届是三年级语文班主任,给他们上的兴趣小组课是剪纸课,学生已经会剪的。我当时都不知道怎么操作的,别的老师跟我说:我们都是油墨蜡纸自己刻的,刻好印刷好。平行班的老师说:我帮你多印一份,你直接发下去就好了。年轻小姑娘什么都不会嘛,我只会请教人家。我说这个东西只有线条,跟我以前设计的稿子也不一样,这怎么刻?他们说没事,学生自己带了纸,自己有玻璃片,自己有刻刀。后来我就看着学生刻,有些人刻得好,有些人刻得不好。我就问他们刻得好的,为什么刻得这么光滑?他们就把自己掌握的知识传授给我了。

1997年全北仑区搞了一个教师才艺展示的活动,人家会唱歌的去唱歌了,会跳舞的去跳舞了,写书法的写书法了,画画的画画了,我还真不行。我唱歌不行,嗓子坏掉了。之前倒是学过音乐的,学了十年的长笛。我别的也不太擅长,没办法,但总得拿样东西出来吧。我们那时候真的是谁也不想比谁落后的,年轻人拿不出东西,太丢自己的脸了。那我就搞了一个从台历里看来的海南傣族少女,用挂历纸剪切出一个一个色块,拼出来这么一个作品。那时的校长姓唐,唐校长看到后说:没想到你手这么巧!好吧,我们学校专门要开一个活动课程,以后剪纸就交给你了。

1998年学校开设活动课程,我就正式教剪纸了。那时候还兼教语文和当班主任,但是剪纸成为我的一项重要工作,可以说是剪纸、语文、班主任三样齐头并进。

所以说,我原本一直在学器乐的,一开始工作搞的却是美术。那还是与工作的第一个门槛有关。进了这个学校,音乐老师有的,人家不需要。学校没有器乐队,不开器乐的班,让我做语文老师。我当时数学好,我跟校长说能不能让我教数学?校长说对不起,我们就缺语文老师、班主任。没办法,我只能老老实实做语文老师。这完全完全颠覆了我,我数学是特长,器乐是特长,却教了语文,搞了剪纸。像现在的大学生,专业不对口,我这个工作不要做。我们当时是非常服从分配的,领导叫我干啥我就干啥。既然干了剪纸,我就要把剪纸这件事情干好。

最近三四年不教语文了,专门上剪纸课。我一班一班教下去,学生一年一年都毕业了。我常常这样说:"我老留级,留在这个学校。一留就是二十几年,一直在这个学校做剪纸。"

适逢课改编教材,取长补短师训班

我是宁波师范毕业的。1996年一毕业当了语文老师兼带剪纸课,经历了几次课程改革。1996年剪纸课程是叫兴趣小组课程,1998年叫活动课程,2002年开始叫校本课程。名字一改再改,现在叫拓展课程。1996年到现在已经23个年头了,我"混"在非遗队伍里,是年纪最小的。到现在还是年纪最轻的,一些非遗传承人年纪都很大了。

十年磨一剑,1998年我们学校的剪纸特色传承了十年,当时在区域已经很有名。那年北仑区搞了一个活动课程教材的编写,我和那个夏老师有幸被抽派参加区级的课程编写,那是第一次编教材。

2002年,全国新课程改革,引进了校本课程,以前都是没有的。我和夏老师参加宁波市教研室组织的市级教材编写。那本教材叫《制作与探究》,当年我们编委每个人负责一部分,我是负责剪纸这一块,卫东小学的林明良老师负责风筝的。这本书有七年级、八年级、九年级的,我那本是供七年级使用的。第一版编委里有我的名字,后来稍作改变重版后,就没有我的姓名了。教研室领导换了,这个也很正常。这套教材还在重印,宁波市各大学校只要开设这类课程的,现在还在用。

到了2003年,我们编了一套自己学校的剪纸教材,分为低、中、高三段三本。我们拿去参评宁波大市的优秀校本课程,评上了;还获得了基础教育成果二等奖,政府颁发的那种。但由于经费问题,至今没有正式出版,只是内部教材。当时做了几套,都是我们自己动手,图片、文字都是自己组稿自己排版,花了很多时间,费了很多心思。又是一个十年后,由街道出钱给我们印了几百本,放在学校当公用教材,也就是学生上课时使用,不能带回家,是循环教材。

最近又有教材的消息,是省里的教材,浙江省教育厅教研室组织编写的"浙江省中小学精品课程丛书"。其中有一本《剪纸》,我前年暑假参与编写的,已经有三年了,到昨天刚刚出了样书,由浙江教育出版社出版。目前编委里有我的名字,以后有没有我也不知道。

讲真,我这个剪纸实实在在来说,属于自学,但是一路也在吸收别人的长处。一直到2015年,第一次参加了为期十天的全国高端非遗研修班,算是正儿八经参加过培训了。在这之前,真的是自己摸索,自己看图,看人家的作品,学习临摹,然后自己创作。

到2017、2018年又参加了两次的全国师资培训班。也是短时间的,为期一个星期,全国各地兴趣爱好相同的人在一起交流。交流是思维的碰撞,我和别的老师交流都是取长补短。我其实不在乎培训老师讲了多少内容,同行相互之间的交流研讨才是精华。因为每个人在这个行业从业十几年甚至二十几年,都有他的拿手绝活。他(她)在当地做得非常好,我们不可能都跑过去学习。因此,这么好的集中在一起的培训班,大家互相学习。我来教你一招,你来教我一招,可以学到很到剪纸的知识技能。

我还督促自己、鞭策自己,创作新作品参加各种比赛,创造学习的机会。我们每一次出去比赛活动,一般都有两天时间。头一天报到,那天晚上几乎不睡的,到各个房间串门,串到深夜12点、1点以后。那都是专家、各地来的爱好者,互相之间要取经、要学习。第二天去参观参赛作品的展览,还会有一本获奖的作品集,拿过来就是研究的方向。我们这个都没有老师教,都是自己研究、自己想的。

今年我又报了省师训平台的课。上课的老师有来自杭州青少年宫、宁波纺织学校、杭州外国语学校等,我们都挺熟的,其实我们是一个圈子的。因为浙江省剪纸协会经常在搞活动,每年有一到两次,上课的老师就是我们平时在交流的前辈。

我们中小学老师五年需要360个学分,都在师训网站上报名。我呢,自己要接受培训,也在这个平台开课。我在宁波教育学院开课,也是省师训平台的,听课学员都是来自浙江省范围内中小学、幼儿园的美术老师。因为美术课这一块,我也专门进行了研究,这与我们学校的课改有关系。

我们学校原来一到六年级每星期都能上一节剪纸课。二轮课改后,学校一年级、二年级加入了科学课,课时量不够了,剪纸就排不进去。但是学校剪纸特色不能丢呀!我们学校十多年前就是浙江省的剪纸艺术特色学校。2013年剪纸课评上了浙江省第二批、义务段第一批的精品课程,以及第一批宁波市的优秀校本课程。既然我们是省艺术特色学校、省精品课程、市优秀校本课程,我们必须开剪纸课。但时间排不开,怎么办呢?我特意跟教导处要求上学校的美术课,用一个学期的时间研究美术课教材的特色。我发现美术课一个学期20节课里,有4节跟剪纸有关;还有四五节可以用剪纸的方式来学习的课,比如说欣赏课。于是我跟教导处提出建议,将一星期的2节美术课,1节上美术,1节上剪纸。这学期我们就在施行这个方案,在美术课中插入剪纸课,重新让一、二年级学生可以从最初开始接受剪纸的教育。我的课就很多,要上全校三到六年级所有班级的剪纸课,一周14节。周四下午还要抽空去老年大学上课。因此我的每个下午都安排了课,非常忙,但是很开心。

偶遇世博会契机,转变剪纸课方向

因为年纪尚轻的夏老师得病,零几年去世了。所以这么多年,学校的特色我一肩挑,一挑就十几年快二十年了。学校特色这块牌子不能丢,不能倒,只能做好,不能做差。一开始是领导选择了我,我是被动的,但是做着做着日久生情,越来越觉得传统文化是非常重要的,剪纸是有很多东西可以挖掘的。那什么促使我真正钻进去的呢?是2010年的一次经历,一个契机。

2010年上海世博会,邀请我到现场去做剪纸的展示。当时我们学校还没有转型,做的是刻纸,还不算剪纸。每个人一块瓷砖,瓷砖上一张彩色纸、一张复印稿,刻得越精致越好。但这些东西呢,全都不是原创,都是模仿他人。我们那时到一个地方,就去当地的图书馆、去书店淘书,把人家的剪纸书全部买来。当年互联网没那么发达嘛,把书买来、报纸搜集来,把这么小的图片放大、放大再放大,然后把它剪刻出来。可以说那时候,我们学生是剪纸工匠,我就是剪纸工匠的指导老师。然后我到上海世博会表演的时候,精心准备了,毕竟是世界级的大舞台嘛!我现场在刻的时候,参观的人络绎不绝。上海世博会的场面大嘛,人家排队的老外伸出大拇指说verygood!但是中国人就说这有什么了不起,我们小时候美术课不就学过吗?北方人来参观说:我们村里上了年纪的老爷爷老奶奶,一把剪刀一张纸,随便剪,你还刻?我那时候刻的作品都训练了两三个月,已经胸有成竹了。虽然东西是人家的,但我已经背熟了,内化为自己的语言。但是人家看不上眼。我第一天听了这么多冷言冷语,也当场受刺激。第二天就改成手撕,剪刀剪。那个时候我下定决心,转变自己的方向。

从上海世博会回来,我向校长提出要求:购买剪刀,全班买五十把剪刀,给学生用,给我自己用。不能再刻了,再刻下去死路一条!

第二个呢,就是要自己创作。你不能一直模仿别人,用别人的东西。如果你拿别人的东西去比赛,就是剽窃,这永远没有出路。到现在我们训练的目标是:

脱稿剪。

我给你们看一下实训的课堂。我是从扶到放,慢慢引导学生自己设计。怎么设计呢? 给学生一个外形,然后根据这个外形学生自己设计,增添里面的语言,增加外面的符号。这些就是课堂上直接制作的作品,同样的作品,每个人设计的就不一样,再加上自己的语言,增添祝福。比如,这张剪纸,我问他为什么这样做? 他会跟我说:胡老师,鼠年了,我们得有钱呀,要发财啦。我的花里面有个铜钱,这叫"有钱花"。刻条鱼,代表年年有余。另一个小朋友作品里有个如意,问她:你哪里看到过? 她说:老师,我寺庙里看到过;动画片《葫芦娃》蛇精拿的如意,我看到过;我在故宫博物院看到过。我让小老鼠脚踩如意、万事如意。我说:为什么这里要搞一个桃子? 她说:长寿呀。为什么要刻一朵牡丹花? 富贵呀! 为什么要搞那么多植物? 老师,代表生机勃勃、生生不息。学生都把自己最美好的想法、最好的祝愿放在剪纸作品里。当然每个人的设计水平是有差别的,有的人简单,有的人复杂。有些人内心更加丰满、充实,作品更有内涵。所谓图必有意,意必吉祥。我们的剪纸作品是有含义的,寓意必定是吉祥的。

学生最初都不会设计,毕竟一开始都是这样,无从下手。所以就从抓外形入手,万变不离其宗,慢慢引导学生。你们看黑板上一只松鼠,三滴水组成一个身体的。再看墙上挂的"廉"那个作品,这个是 11 月 15 日清廉单位创建,学校领导跟我讲要给学生上清廉主题的课。那我就给学生讲,花苞怎么剪、荷叶怎么剪、整朵花怎么剪。中间还设计了一只鹿(路的谐音),代表一路向廉的寓意。通过小组合作的形式完成了一幅作品,在我们学校"廉廊"里展示。

其实我美术功底并不好,没接受过专业指导。小学的美术是语文老师教的;初中的美术钟老师教的,正儿八经学了几年,但初中功课紧呢;读师范的时候,我是音乐方向的。真的没接受专业的美术熏陶,那只能自己慢慢摸索,自己想办法。但是剪着剪着、设计设计着、画着画着,慢慢地就深入其中,发现它的内涵,就会爱上它。

谈剪纸历史渊源,辨剪纸功能误区

剪纸最早的雏形吧,是在长沙的金沙遗址发掘出来的"太阳神鸟金箔"。原件是 12 厘米大小的一个圆形,其实就是图腾崇拜,太阳崇拜,对光明的向往。"太阳神鸟金箔"如今是中国非物质文化遗产代表性的标志。它中间有一个螺旋纹,一共有 12 个锯齿纹,代表 1 年 12 个月。外面有 4 只鸟,是乌鸦,叫三足金乌。太阳神鸟与陆地上的普通鸟是不一样的,普通鸟 2 只脚,太阳神鸟故意设计成 3 只脚。三足金乌一共有 4 只,代表上下左右四个方位,也可以代表春夏秋冬一年四季。作品的内涵非常深刻,用我们现代人的语言来阐述,太阳上有黑子。

过去人不知道,黑乎乎的可能是乌鸦吧。所以古人的智慧是非常了不起的。这是最早的剪纸,距今已经有2300年左右的历史吧。

后来大约距今1700年,有了真正的实物剪纸。我国在新疆的阿斯塔那墓藏群先后发现了五幅剪纸作品,对马、对猴、莲花、莲蝶、莲轮,都是团花作品。我们推测,墓葬群的群主应该是佛教徒,因为莲花是佛教圣花,都跟佛教有关系的。当初发现的是剪纸的残片,可以复原成完整的作品。这是真正意义上的剪纸作品,因为蔡伦发明纸到现在也就这个年限,所以剪纸最早的历史也就这个年限。那么,在纸发明前的剪纸,刚才说的金珀片,用黄金打造的,很薄很薄,类似像纸张一样的东西。还有在树叶上的剪纸、布匹上的剪纸、丝绸上的剪纸、树皮上的剪纸,竹片上的剪纸,所谓镂空的艺术,我们都可以叫它"剪纸"。但是,真正的剪纸历史是从东汉、南北朝那时开始的。

"剪纸"这个词最早出现在唐代诗人杜甫的《彭衙行》里,"暖汤濯我足,翦纸招我魂"。这两句话的意思是:热水泡我的脚让人很舒服,剪纸能招来我的魂魄,这个跟剪纸自古以来的第一个功能——巫术功能有关。古代人剪纸是在巫术时使用的,就是那种冥纸,但不是用来诅咒别人,而是表示祝福的。比如扫天婆、祛病娃娃、抓髻娃娃等,人们把自己最美好的意愿放纸上,剪好,然后烧掉,觉得愿望都能实现。这两年有一部电视剧《无心法师》,里面的主角用剪纸剪完后去诅咒别人,其实完全丑化了剪纸。而《捉妖记》里的胡巴,则是一个正面的形象。我觉得丑化的形象真不该有,至少我看了以后心里很难过。我朋友跟我说,你以后不要剪抓髻娃娃了,很阴、狠毒,太可怕了!我说,没有这回事。我们剪出来的抓髻娃娃,都是非常可爱的,有吉祥的寓意。剪纸就是吉祥的艺术,你看到的反面的,根本就不是传统的剪纸作品。

剪纸的第二个功能是明清时期发展出来的,我们称之为剪纸绣样。我有一个宁波的朋友,为贵州地区设计了非常精致、非常漂亮的剪纸绣样,寄给那边的绣娘。她们把花绣出来,成为旅游纪念品。我们宁波人去贵州旅游,再把它买回来,精准扶贫呵!那么,明清时期剪绣样的人都是男的,不是女的。因为以前走街串巷不可能是女人的,女人不能走出家门做抛头露面的事情。我们推测,古时候那些绣样可能也是脱稿剪的。因为你在外面吃喝,有人家把你叫进去,要一双小孩的虎头鞋绣样,要老奶奶八十大寿鞋子的绣样,要新嫁娘凤冠霞帔的绣样,鞋子的形状、衣服的尺寸、花样的要求可能都不一样,你得现场剪,而且剪出来的绣样要合人心意,所以那时剪绣样的人都是脱稿剪纸的高手。

现在剪纸的功能更加丰富多样了,舞台设计、装裱装饰等都用得上。但现代剪纸有误区。第一个误区,是盲目地崇拜国外,引进国外的剪纸,认为国外的剪纸非常美。我曾经也走进过误区,认为国外的剪纸非常精致。但现在回头看,发现国外的剪纸只是排列组合,里面的好多东西都是空洞的,没有任何语言表达。你看对面墙上渔夫和金鱼的作品,全是一个一个菱形的洞,它表达了什么?我们只能看到两个人,别的内涵就没有了,它是空洞的。中国的剪纸文化,它会自己静静地表达,每个作品都有它的含义。只要你懂这个文化,就会发现有很多的祝福包含在剪纸作品里。

第二个误区,是被一批激光雕刻,也就是机器做的剪纸毁坏了我们传统剪纸艺人的生存的土壤。像我是有自己职业的,我有固定的工资的,我可以养活自己。我如果只靠剪纸,是根本生存不下去的。像这么一张小型作品,我要完成它,不说设计,光剪刻最起码得花一个星期以上。我们已经训练了六年的学生高手,一节课也只能剪一小块。你们可能觉得不可思议,这么一小块为什么要花这么多的时间?因为如果功夫不到,线条就会不流畅,都是毛刺,是断掉的。那这些功夫花下去,别人要是问我买这样一张作品,我卖多少钱合适呢?而网上这么大的一张作品可能就只需要一两块钱,因为它是激光打印的。激光一次可以打出很多张,你只要点一下机器就搞定了。机器刻制破坏了我们传统手艺人的生存土壤,真的是抢饭碗。如果让我一块两块钱卖这张作品,我宁愿把它收起来,家里藏着也不卖,因为舍不得花了这么多时间和精力,更何况是我自己设计出来的。像这个作品,我称之为《北仑山,北仑港,北仑人》,里面有我初中新碶中学的校徽,上面有一座上叫北轮山,轮子的"轮",北仑因此而得名;这是一个信号台,还有铁的廊桥;这块我把北仑梅山的帆船基地放进来了;还放了太阳神鸟金箔片的图案。我这样一个作品,可以说是表达自己热爱家乡思想感情的一个作品,几块钱舍得卖吗?我们北仑区书记今年暑假去东南亚招商,看上了我的这幅剪纸作品,让我设计成折扇的形式,拿去做伴手礼,送给国外友人。

剪纸选材有讲究,设计关键装裱难

最早的时候,我在这个学校1996年刚开始工作时,用的是"飞鹰牌"单面刀片,在瓷砖上或玻璃班上刻。这个东西挺便宜的,两毛钱一把、一毛钱一把,哪里都有卖。学生就拿着这个刀片去刻,硬碰硬用手按着刻,手指有深深的凹痕,容易起泡,而且刀头特别容易掉。然后慢慢升级,用切割垫。这个桌面就是切割垫,都是我设计的。刀在切割垫上,软一点不容易坏。然后刀呢,也是鸟枪换炮,改用笔刀,就是外面贴膜的那种。我们买了两种,一种用这种小刀片,还有一种是大刀片。那种笔刀在这个切割垫上刻呢,如果你方向正确的话,刀几个星期是不容易坏的,手就不容易起泡。再进一步呢,就用蜡盘。一次可以刻十层,因为这个蜡盘是软的,但也有一定硬度。外面如果不光滑了,拿铁勺子刮一下又可以用了,可以反复利用。买蜡盘也很讲究,要适应这里的温度和湿度。一年四季温度湿度都不一样,太软太硬都不行。上次我去安徽参观一位国家级传承人的工作室。她用的白蜡盘在那里用非常好,我就买了一块回来。结果我们这里夏天特别热,纸张放在上面会粘住。所以说适合自己的才是最好的。也有人买了冬天一块,夏天一块,春秋再来一块。像我买的这块呢,一年四季基本都能用。所以说讲究还是蛮多的。

还有剪刀方面,刚开始用普通剪刀,头不够尖。后来用张小泉125的黑柄剪刀,但越用越紧,学生都用不了。再后来用汪吾铨的剪刀,头是专业打磨过的。我自己也有专用的剪刀,头打磨得更好,剪刀外面做了皮套保护起来。平时出门都要带着的,不带很难受。有时乘飞机,会被没收。

然后讲讲纸,纸也是历经各种选择。最开始96年用蜡光纸,亮亮的,颜色很好看,但蜡光纸容易褪色。后来改用普通的打印纸,但是颜色不鲜艳;又选择广告公司用的即时贴,颜色很鲜艳,但是粘剪刀。再后来用万年红的宣纸,上面撒金的,不褪色,但是太厚了,如果一次性要多出作品是出不来的。最近我用的是定染的宣纸,自己去定制后染的。万年红的颜色,很薄很薄的纸,一刀下去可以有16层。但第1层和16层作品肯定有差异,要错位的。如果粗糙一点没关系,精致一点就不能有那么多层。比如我的作品,有的8层,有的4层,有的2层刻出来,精致程度不一样,数量跟质量永远成反比的。研究了纸张后,我现在基本挑选好一点、贵一点的纸,做到不褪色,我的作品才能长久保存。

出一张作品又那么难。暑假里一个星期就没走出房间,天天到凌晨,才出一张作品。七月份采风,八月份完成,九月份参加评比,得了省二等奖。像我这样其实得省二等奖很难,以前我拿的都是三等奖、优秀奖,因为我们这个行业也讲究论资排辈。我这个辈分最低,年纪也最小嘛,要尊重老前辈,自知之明很重要。

剪纸创作分为几个步骤?简单来说有两种。一种小型作品、简单作品,就脑子想一想,胸中构思,直接脱稿剪。第二种大型作品、难一点作品,要画稿子。第一步先采风,找灵感,不能凭空捏造。第二步画稿子,一般情况下,先画小样。先画三张及以上,每一张都画的不一样,然后互相之间比较。再把三张小样的优点再集中,再画一张小样,然后放大。第三步二次创作,就是剪刻的时候,一边剪,一边刻,一边还要在看。我们要讲究黑白灰的对比处理,你看这个人基本上都是黑的,脸除外,因为脸白一点看上去更精神,更加真实。如果没有处理好,就会花掉,远处看过去就看不出是什么东西,就是失败品。黑白灰都是后期处理的,每个刻的地方都要注意细节。不是说洞越小越好,越精致越好。以前我就在这个误区,一开始就是越精细越好,看刀工,后来才发现其实这样并不好。最后,剪刻完后,若去参加比赛,一般不需要装裱,卷着报纸就去了。

如果作品要保存,可以塑封。若用传统的方法,装裱也很麻烦。一开始都是用传统的胶水,要调到黏度刚刚好,贴上去。要是有一点点粘歪了,这个作品就作废了,多少可惜啦。所以一般人家画廊、装裱店都不愿意接,因为它不像国画、书法那样的容易,因为国画书法是一张平面的完整的纸,我们剪纸细细碎碎的非常多。最早一九九几年的时候,我们学校的作品拿到最好的画廊里去装裱,装裱完回来要哭了,装倒的、装歪的、装坏的都有。所以剪纸这个东西保存是一个难题,装裱更是一个难题。最终要靠我们自己选,有的人喜欢买贵一点的纸,反面有背胶,剪完用熨斗烫。这种我用得不多,因为在学校里安全是很重要的,毕竟学生用熨斗太危险。学生的作品现在我大多都用塑封,用镜框框起来展览。

所以说剪纸最关键的是设计,设计不好,就没有优秀的作品了。而最难的其实是装裱,因为搞不好就前功尽弃,一搞坏就完了。设计还是要自己练功的,装裱的方式我是在各种探索和摸索。

心系家乡现代貌,剪纸作品屡获奖

新碶民间剪纸,现在传承人应该有三个人。张其培老师是领军人物,我和朱立峰老师是在学校教学的。朱立峰老师是我后来带出来的,他是区级传承人。我和张其培老师是市级传承人。

张其培老师的作品风格自成一系,偏向于民间风俗和传统活动。为什么叫新碶民间剪纸?大概是根据张老师的创作内容和风格命名的吧。

关于我的创作,第一类是扣参赛主题的。有什么比赛就按比赛的主题进行创作。第二类是反应家乡风貌的。比如说,柴桥四合村是个古村,有很多的花农。她们白天要种花,费很大的精力,一蹲就是一整天,一般人吃不消。晚上她们会去跳跳广场舞。我设计了 7 个大妈跳舞,都不是一个动作。是不是大妈跳舞水平差,都跳不整齐?不是的,我是要反应一套舞蹈的流程,由不同的舞蹈动作组成。剪纸的理念是打破时空的限制,跟美术和摄影不一样,摄影展示的是一瞬间的画面,我们剪纸是将整个过程兼顾了。这幅作品命名《古宅舞新姿》,新农村建设的风貌表现出来了。所以,我的作品也反应家乡的风俗风貌,但落脚点一般在现代。

再比如这个作品,是宁波海事局要来我们学校合作搞一个活动。他们说你们学校剪纸特色,就剪两个作品送给我们。我就将海事局的徽标剪到作品里,然后把到钓鱼岛执行任务的海巡 22 号船剪出来,然后用套色套好。作品的旁边画些鱼,代表钓鱼岛;上面画些旭日东升、小鸟飞翔、云彩飘扬;边上的一圈,我用一元硬币一个一个画好。鱼和鸟,我都是脱稿剪;船,我是按照样稿来。这个作品参加全国海洋剪纸展览,编入精品集。

我的作品就是要展示现代家乡的风貌,跟张其培老师的传统习俗题材还是不同的,一直不停地创新,每年都要拿出新的作品。至于哪些作品具有代表性,我认为都不代表,也可以都代表吧。我最近几年整理过一些获奖和展出的作品,都是这样的。下面是我的剪纸作品获奖情况。

2006年,创作的《玉犬迎瑞》获宁波市民间剪纸大赛铜剪子奖。《一生清白》入选浙江省非物质文化遗产保护系列展示——浙江省民俗风情剪纸艺术大展,并荣获全国廉政剪纸大赛优秀奖。

2010年3月,在宁波市总工会直属基层工作委员会举行的庆祝"三八"妇女节女职工剪纸现场比赛中以《幸福吉祥团花》《虎虎生威》两幅作品赢得一等奖。2010年7月,参加上海世博会为期一周的剪纸表演,获得一致好评。

2012—2015,《天赐玉叶》《古村流水长》《旅行箱里的风景》等作品参加浙江省剪纸艺术展,获优秀作品奖,并被金华市剪纸博物馆等收藏。

2014年5月,参加宁波市第二届"阿拉非遗汇"剪纸表演,被授予"优秀展示奖"称号。9月,《古村流水长》《连年有余(团花)》《鸟儿成双对》《天赐玉叶》《新农村大棚》参加在杭州西湖文化广场举行的"甬上风情"宁波市新生代艺术家作品展。10月,《茶香四溢香满家乡》《富足生活连年有余》《和谐生活成双成对》《静谧古镇美如画》《蔬菜大棚巧致富》参加在桐庐举行的"中国梦想·美丽浙江"浙江省非物质文化遗产传统手工艺主题创作精品大展。同年10月,《凤戏牡丹》等参加了由青海省人民政府主办的第五届青海国际唐卡艺术与文化遗产博览会。11月,代表作《新农村大棚》在浙江省农村文化礼堂节目展演中荣获民间手工艺类(展览)金奖,同时还获得了民间手工艺视觉艺术类(现场展示)金奖。

2015年5月,剪纸作品《玉犬迎瑞》《一生清白》《旅行箱中的风景》编入宁波民间工艺精品集。9月开始,我着手进行剪纸微课研究,《廉政剪纸》获三等奖;微课程《好玩的剪纸入门课》5个微课在浙江省基础教育微课程开发活动中获录用并面向全省推荐使用,上传至浙江省微课网,可以公开搜索及查询,并获得政府奖励。

2016年,《满》参加浙江省剪纸艺术展,获得三等奖,并被绍兴柯桥非遗馆收藏。

2018年4月,《潇洒桐庐唯美莲城》荣获浙江省"绿水青山潇洒桐庐"剪纸大赛三等奖。10月,"2018一纸千金献祖国长三角剪纸大赛"胡维波的剪纸作品《柴桥小镇》获长三角地区一等奖。11月,全国首届海洋文化剪纸大赛(玉环)胡维波的剪纸作品《海巡钓鱼岛》入展,同时入选了《全国首届海洋文化剪纸大赛作品集》。12月7日,胡维波被评选为北仑区优秀非遗传承人。12月25日,"2018浙江省人物剪纸大展"胡维波的剪纸作品《北仑山北仑港北仑人》入展。两张作品同时入选了《2018年浙江省人物剪纸大展优秀作品集》。12月26日,纪念改革开放 40 周年浙江剪纸四十年作品展在杭州工艺美术博物馆举行,胡维波的《玉犬献瑞》入选本次展览,同时入选了《浙江剪纸四十年作品集》。

狗年春节期间创作了《得偿所愿》、《蓦然回首》、《殷切期盼》、《爱美之心》、《温柔对话》、《节日快乐》、《狗年新春》、《玉犬献瑞》等多幅狗年剪纸作品,经今日头条、北仑教育、北仑发布、文化北仑、印象新碶等多个公众号报道,在《宁波都市周报》、《山东半岛都市报》、《宁波晚报》、《宁波少年报》、《北仑新区时刊》等多家报刊发表。

2019 年 1 月,胡维波的剪纸作品《北仑山北仑港北仑人》入展。两张作品同时入选了《浙江省人物剪纸大展优秀作品集》。2 月,浙江省"特色小镇"剪纸大赛胡维波的剪纸作品《古宅舞新姿》获铜奖,同时入选了《特色小镇剪纸大赛作品集》。9 月,庆祝新中国成立 70 周年浙江省剪纸作品邀请展在北仑举行,胡维波剪纸作品《绣出一片新天地》、《北仑山北仑港北仑人》、《古宅舞新韵》应邀入展。9 月 26 日至 10 月 20 日,浙江省"江浙之巅·剑瓷龙泉"剪纸艺术展在龙泉文化馆举行,胡维波的《宝剑锋从磨砺出》获二等奖。2019 年 10 月,浙江省"家·和"文化剪纸展胡维波剪纸作品《齐心协力把车蹬》入围,并入选《浙江省"家·和"文化剪纸展作品集》。

传统文化传承路,尽我所能付努力

我孩子 16 岁,现在读初三,就是这个学校毕业的。她剪的不是很好,但刻的还是很在行的。我有时任务重,也让她跟我一起干。其实现在好多传统手工艺人,都不太愿意让自己的孩子从事自己这个行业的,孩子们也没有多大兴趣。我希望我的孩子能传承下去,继承好的传统文化。

至于徒弟,正儿八经没招过,口头的徒弟倒是有。我的学员还是很多的,一是我教的小学生,二是老年大学的学员,三是浙江省师训平台全浙江省自愿报名的学员,四是每年暑假假日学校的学员,五是社区文化礼堂的学员。去年做了个统计,我在学校里上课是 360 课时,外面上的课有 260 多节。课外时间我很忙,暑假几乎没有空,各个社区都请我上课,东跑西跑非常辛苦。反正在传承传统文化这条路上,我也在尽自己所能,付出自己的努力吧。

我觉得剪纸是可以传承下去的,我认为现在传统文化有很多市场。国外华人很多希望自己的孩子接受正统的中国传统文化的熏陶,比如书法、剪纸、京剧等,但是苦于国外没有老师教,他们愿意出多少钱都愿意。国内现在文化系统也越来越重视了,非遗进课堂、非遗进学校、非遗考级等,也是有很多举措,来传承和发扬中国的传统文化。

三、彰髹漆艺传承人姚炬炜口述史

传承人简介

姚炬炜,生于 1988 年 2 月。于 2007 年就读于中国美术学院壁画漆画系,主修漆艺术专业,后研究生就读于江西科技师范大学,美术学专业——漆画的理论创作与研究方向。2014 年毕业后任教于宁波职业技术学院,开始了漆艺的教学工作。在学习与工作期间,陆续申请并成为江西省美术家协会会员、浙江省美术家协会会员、中国民间文艺家协会会员、北仑区民间文艺家协会理事。作品也参加了国家级展览和省级展览,部分作品收藏于福建省美术馆和中国港口博物馆。

系北仑区非物质文化遗产"彰髹漆艺"代表性传承人,第五批(2018 年 6 月)宁波市级非遗项目传承人。其代表作品有《脱胎漆面具》、《渔歌唱晚》、《寻寻觅觅》、《戚继光抗倭八联屏》等。

采访时间:2021 年 6 月 10 日
采访地点:宁波职业技术学院
受访者:姚炬炜
采访人:沈燕红
口述整理:沈燕红、胡修远、沈姝辰
采访照片:采访人摄,旧照由传承人提供

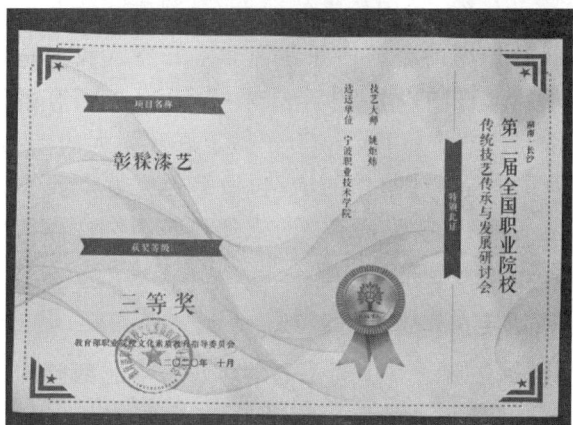

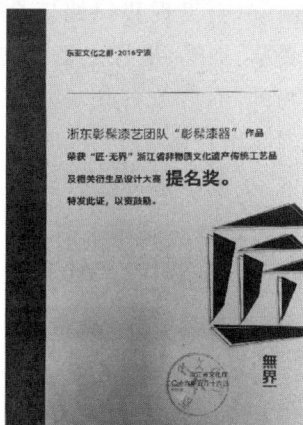

姚炬炜口述史

学手艺活，不辜负家人的辛苦付出

我 1988 年 2 月出生，今年 33 岁。工作之后成为新北仑人，之前一直在外求学，本科开始学习漆艺技艺制作手法。

爷爷奶奶辈都是做点小生意的，在供销社做小卖部生意，后来不开店了，就开始边走边卖一些棒冰、瓜子之类的。小时候依稀记得镇上有个电影院，在小小的售票口门前聚集着很多聊天的村民，然后就会做成一笔笔生意。我爷爷在我五年级就过世了，现在奶奶已经 94 岁高龄，她给我们家保留了非常高贵的生活经验，那就是勤俭持家。我爸妈都是非常省吃俭用的一辈，可能是我奶奶这样的长辈起到了很大作榜样作用。我爸妈一辈子都是在私有企业上班，然后过年会卖点年货。我们家从奶奶那边继承下来的手艺，只有在过年的时候用到，那就是做春卷皮。从我姐姐出生的那年起，至今已经有 39 年啦，我 9 岁左右就会在家做春卷皮。因为生意很好，老是卖断货啊，就帮我妈一起烫，这个手艺活是需要全家人一起来做的,非常辛苦。过年冬天,我妈妈傍晚8点睡下,晚上12点到1点就起床开始制作了,有时候还要通宵,那个时候我就觉得手艺活是非常辛苦的。但是在人家又不会的情况下,就觉得手艺活学会了,至少不会饿肚子啊。所以,在没有很富裕的家庭条件下,和一家人一起辛苦赚来的钱,让我明白了必须不辜负家人的辛苦付出。

直到上了大学,开始接触漆艺的时候,觉得手艺好像对我来说并没有那么难学。但是在创作方面除外,我能把漆艺技艺做到相对极限,然后作品反馈给自己的收获也很多,从那时候开始,渐渐地安心下来学习漆艺。在我读研究生的时候,开始对漆艺制作技艺有点创新的表现,在作品的创作上,一直都有思考。偶尔回家,会发现我妈妈还会做很多的针线活,用捡来的沙发布,制作一些冬天的保暖鞋、拖鞋、抱枕之类的东西,我觉得用的布料的颜色都非常好看。我老是跟我妈讲,你多做一点,我直接拿到美院门口的"垃圾街"去卖手工产品。还有就是看到我姐在做十字绣,那会儿非常流行这个。我姐一下子做了好几张大的,我看了下,虽说不是自己原创的,十字绣也是一种制作的活啊,做得也很好。我心里就给自己多种暗示:我们家做手艺活都不错,我是不是有点遗传基因?这样的生活环境,可能对我学习手艺活之类的有一定的影响吧。

启蒙老师,奠定美术造型的基础

说到学艺,我从画画开始,拜师倒是有。其中两位老师对我美术造型基础的形成有非常重要的影响。这个要从开始画画的那一刻说起,是小学四年级的时候,有个香港回归百米长卷现场绘画比赛。坐我前面的同学被老师叫起回答一个问题:"推荐一位画画比较好的同学。"我还记得是语文老师,快退休的,也是我们的启蒙老师。她就听进了同学的回答,说我画得很好。我很腼腆,不好意思到根本不会拒绝。老师就这么让我回家去练习画画,那时候每天傍晚作业做完就开始在自家的八仙桌上画画。家里没有什么削铅笔的工具,我爸拿个大菜刀帮我削铅笔,我妈给我一些安慰,差不多画完了就好了,反而我觉得老师交代的任务,画得不好就会被批评。之后,比赛完,在期末发成绩报告单的那天,老师总会奖励一些成绩好的同学,我成绩一直到大学都是中等偏上一点,倒是画画成了一种特长。当拿到比赛一等奖的小证书的时候,心里特别满足。那会开始,我就开始了画画,在家里就是寻找一些有画的书籍,比如我们的语文课本插图,还有就是写字、美术书本,还有就是我姐的书籍当中,还有很多的课外读本中。

后来,我外公经常会去参加一些祭祀活动。他们队伍中,总是会有一个字写得不错的爷爷,还有就是画祭祀类画作比较好的爷爷。虽然他们不会教我,但是从他们大人的聊天口中,我总是会听到"齐白石画虾,徐悲鸿画马"这两句评语,我就开始去书籍中找这两位画家的画，人家剪报，我开始剪画。后来小学里新来了班主任毛老师，她一直都很重视我的绘画和写字比赛，如果有写钢笔字比赛的话（我在四年级周六兴趣班选了写钢笔字），她会让班里其他同学帮我画方格子。因为这样更加贴近自己写的字的大小，比买的方格子更好用，那会钢笔字进步非常快。后来绘画比赛，她都非常鼓励我去参加。

　　其实从五年级开始，我才发现，那些大家们画的画种叫国画。前面我自学的时候很杂乱的，什么颜料都用在一起，后来才能够区分什么是水彩画，什么是国画。当时就是接触到了我画画生涯中第一位老师。他叫董赟，是我姐姐初中的数学老师。我姐跟我说过他画画很好，小猫画得非常逼真。但是小学的时候我很胆小，直到毛老师也有一天跟我讲：我们老师宿舍那边有个画国画很好的老师，她问我要不要去拜访一下。我问起是不是董老师。她说没错，是初中老师，但是住在我们学校宿舍，你可以中午有空时间，拿着自己的画去给他看看。我瞬间感觉抓到了大腿，终于有自己的老师推荐我去他那学习了。后来，中午过去找董老师的时候，他在跟朋友们聊天，然后还问我画了什么。我心里胆怯啊，环顾小小的房间，右边的墙上挂着一幅上下结构的画：猫咪望着丝瓜藤，藤叶上有一只非常漂亮的蝈蝈。我当时心里惊叹啊，画得真是逼真！倒不是现在说的工笔画，而是兼工带写，确实好看。忘了老师问我什么了，他自己说，要么我来直接给你画一幅虾，然后你带回去自己参考一下。他说话豪爽又客气，那会我嫌时间过得太快啊，要是一直能教我该多好啊！一会儿，老师就画完了，我还没怎么敢问，就结束了。因为还有很多别的老师在，所以我就拿着画出来了。就这么一张画，我回家就一直模仿。机会总是给一直在准备着的人。直到后来，我读初一了，听说比我小两级的还在读小学的学弟，在董老师地方学画画，我就让我爸去打听。然后让我爸带我去董老师那边学画画，后来董老师说可以和那个小朋友一起来画，我就开始算是正式拜师学国画。每周三晚上去学画，最后我们知道董老师为人很爽快，待人非常像古人遇知音一样，都把我们当成好朋友，也不愿意收"学费"。他那会教我的是花鸟画偏多，小猫等动物画法也教一些，大部分时间是看老师示范画一些画，感受下用笔用墨，后面都是自己练习。但是那种画画的书籍资料还有关键审美趣味上的点拨，对我后期在美术创作上的帮助是特别有用的，甚至是源代码式的嵌入。对国画我一直到现在也很喜欢。后来学业越来越重，初三开始画的比较少，但是一直都没有放弃学习国画，那会也会参加县里的书画现场比赛，都获得过不错的奖项。到了高中的时候，又去县城拜访过董老师。那会他自己也在创作工笔重彩画，他说自己很想考美院，也在学习中，有幅作品《霜降》也获了奖。画画倒是还好，就是英语学起来有点难，后来好像也是英语一直过不去，年龄也快超出了，他也就不考了。

在绘画旅途中,第二位老师应该是在高中学习画画的时候了。他是戴炼斌老师,我高中的素描、色彩老师。我当时去问他学习画画的事,我们之间的对话是有点不对称的,因为我只是单纯地学习了点国画,他是从美术院校专业学过后出来画的油画,我那会对他说的那话"走美术这条路"完全是不懂的,后来才知道原来学习美术这条路,是跟我高考有关系。如果确定高考考美术院校,那么平时就要开始学习素描、色彩。参加美术院校的校考,然后加上文化课的成绩,算法也有所不同。就这样,我跟我爸妈商量,以后是不是要靠画画来生活啦?我爸凡是我喜欢的事情,不乱花钱、不干坏事的都支持我,说砸锅卖铁都会供我一直往上读的。他应该是吃了不少文盲的亏,我爸至今也不会写自己的名字,签字都是我妈妈签,要么盖个章,所以我明白他的意思。后来我考上美院,还读了研究生,他自己都很含糊——一个画画的还能考上研究生,但是内心还是对我挺满意的。戴老师对我爸的印象也很好,十足的老实本分又憨厚搞笑的老父亲形象:让给我准备一块大一点的画板,要学习画大的素描,我爸就真的在家里准备了一块大的密度板,十足有八仙桌板大。他愣是从老家,开一个多小时的摩托车到了学校。戴老师看到我爸背着板上来的时候都觉得,他是在用无声的行动支持我学画画。我努力学习素描,把绘画中所谓的"匠气"的"工"的味道去除,画大画就会让自己刻意去掉那种"工整"的趣味,走向"轻松、放松"的绘画趣味,才有我爸给我背画板来的故事。戴老师是带我从国画走向西洋现代美术教育的启蒙老师,(我由此)开始学习莫奈、西斯莱、毕沙罗等西方绘画大师的画作风格,准备报考美术院校。去考前班绘画学习的同时,我也在美院邬大勇老师那儿学习素描、色彩,在人物素描上进步很快,色彩上也是临摹了很多优秀作品。最后如愿考上了中国美术学院壁画漆画系。

屡次获奖,美院毕业的高校教师

我于2007年就读于中国美术学院壁画漆画系,主修漆艺术专业,后研究生就读于江西科技师范大学,美术学专业——漆画的创作与研究方向。

这可能也是一念之间吧。我在美院第一年是基础部学习,成绩还算可以。第二年,进专业的时候,需要按照成绩排名选着自己想要去学习的工作室。壁画漆画系一共有四个工作室,第一工作室是油画的,画的是大型纪念碑式、历史纪念题材类的油画创作;第二工作室是当代艺术油画创作;第三工作室是中国传统洞窟壁画、西洋马赛克等壁画创作;第四工作室是中国漆画漆艺创作。每个工作室上限人数是9个,我当时第6个选(工作室),前面5位同学都是选了第一工作室。这个也是有原因的,因为美院油画系很难考,但是大部分同学都很想画油画啊,壁画一工就是画油画的,排名好的几个当然选第一工作室啦。选的时候,我就想着,自己平时油画想画也可以自学,虽然不够专业,但是写生画个风景应该没问题。后来发现也是学不会的,当时天真了。在我第一个选漆画工作室的时候,仅仅是想着学个新的画种,是不是多一种技能在手,比起单一画油画还是要强一点,就这样与漆画漆艺结下了缘分。

2014年我毕业后,任教于宁波职业技术学院,开始了漆艺的教学工作。在学习与工作期间,陆续申请并成为江西省美术家协会会员、浙江省美术家协会会员、中国民间文艺家协会会员、北仑区民间文艺家协会理事。作品也参加了国家级展览和省级展览,部分作品收藏于福建省美术馆和中国港口博物馆。

以下是我参展和获奖情况:

2009年,作品《自画像》入选第三届湖北国际漆艺展览外围展;

2009年,作品《自画像》(团队作品)获"从河姆渡走来"第三届国际漆艺展金奖;

2009年,作品《云狩》获"中国美术学院学生实验室创作作品展览"优秀奖;

2010年,作品《纸飞机》入选"第十一届全国美术作品展览";

2010年,作品《纸飞机》入选"浙江省第十二届美术作品展览";

2012年,作品《神舟》获"金圣杯·江西之星创意设计大赛"银奖;

2013年,作品《青绿之间1》入选"厦门全国漆画展";

2013年,作品《青绿之间2》获"江西省第八届漆画展"优秀奖;

2014年,作品《梦的分型》入选"浙江省跨湖桥·源流——中国漆艺术精品展览";

2014年,作品《虫草》入选"江苏省南通市·1985当代漆画展览";

2014年,作品《经盒组合》、《面具》入选"大漆艺术——2014年海峡漆艺术大展";

2014年,作品《解放军战士》获"江西省省文联素描展"一等奖;

2014年,作品《青绿之间3》获"宁波市第三届工艺美术作品展览"银奖;

2015年,作品《脱胎漆面具》入选"福建省逆时代·今天——当代漆艺术作品展览";

2015年,作品《俚俗》入选"宁波市第三届当代艺术作品展览";

2015年,作品《渔歌唱晚》获"浙江省第六届青年美术作品展览"优秀奖;

2016年,作品《彰髹漆艺茶具六件套》获"浙江省非物质文化遗产传统工艺品及相关衍生品设计大赛"提名奖;

2017年,作品《寻寻觅觅》获"中国(宁波·北仑)青年漆画大展"入会资格奖;

2018年,作品《戚继光抗倭八联屏》获"第三届浙江工艺美术双年展"铜奖;

2019年,作品《黄金海岸》入选"大潮涌进,浙江省第十四届美术作品展";

2019年,作品《黄金海岸》入选"第二届中国(宁波·北仑)青年漆画大展"。

我于2016年参加的主要展览与活动:

1.首届宁波特色文化产业博览会;

2.浙江省非物质文化遗产传统工艺品及相关衍生品设计大赛参赛作品;

3.第十二届中国(深圳)国际文化产业博览交易会暨"匠心独具"高校文化创意产品交易展;

4.宁波首届民俗文化庙会暨第二届北仑区文化集市。

我于2017年参加的主要展览与活动:

1.宁波首届青年漆画邀请展;

2.彰髹漆艺霞浦新浦老屋非遗传承基地启动仪式暨现代学徒制结对仪式;

3.美丽非遗薪火相传北仑区传统民间美术(工艺)作品展;

4.第七届中国(浙江)工艺美术精品博览会获银奖;

5."一人一艺"宁波市全民艺术普及社会联盟公益培训——非遗小卫士;

6.浙江省民间工艺美术新峰计划30名候选人之一并入浙江省民间文艺家协会资格;

7.第三届浙江省工艺美术双年展;

8.宁波市第四届阿拉非遗汇暨奉化区首届市民文化艺术节;

9.2017中国(宁波)特色文化产业博览会;

10.宁波市第四届阿拉非遗汇暨北仑区第二届民俗文化庙会;

11.礼赞十九大——北仑区第三届美术书法摄影大赛作品展(群星奖);

12."有能力不去做"第二届漆言八语实验艺术展;

13.首届中国(宁波·北仑)青年漆画大展(入选或入会资格一次);

14.首届一带一路中尼文化节登峰造极·中国漆画展。

五彩斑斓,彰髹漆艺又称斑纹漆

浙东是彰髹漆艺(斑纹漆艺)发展的重要地区。"彰髹"作为漆艺髹饰的专业技法在明代名漆工黄成所著《髹饰录》坤集"填嵌"门类有详细记载。"填嵌",据为《髹饰录》作注的扬明所说,"五彩金钿,其文陷于地,故属阴,乃列在于此",即凡是在漆面上刻花纹,然后用漆或金、或银、或螺钿等物填嵌进去的;或用稠漆在漆面做出高低不平的地子,然后用漆填入磨平的,都列入这一门类。

彰髹漆艺又称斑纹漆,所谓"彰","文彰也","鸟兽羽毛之纹",即加以髹饰,彰显纹理。《髹饰录》载,有"叠云斑、豆斑、粟斑、蓓蕾斑、晕眼斑、花点斑、秋花斑、青苔斑、雨点斑、迻斑、彪斑、玳瑁斑、犀花斑、鱼鳞斑、雉尾斑、绉縠纹、石绺纹等,彩华瑸然可爱(有加金者,璀璨眩目。凡一切造物,禽羽、兽毛、鱼鳞、介甲有文彰者,皆象之,而极仿模之工,巧为天真之文,故其类不可穷)"。其成熟于明代晚期,常常作为"斑纹",起到对器物的衬托装饰作用。

彰髤漆艺特点是以"引起料"为起纹媒介:多以禾壳之类,在髤漆未干之时,将之投撒于漆面,漆干后除去禾壳,留下凹痕,其状如雹粒,因此"引起料"被形容为"雹堕"。再经过不同的色漆髤涂、打磨、推光等约 20 道工序,手工制作完成漆艺作品。

彰髤技艺的基本程序:胎骨制作,布漆,垸漆,糙漆。

布漆,漆衣麻布,以令面无露脉,且棱角缝合之处,不易脱落,而加垸漆。

垸漆,即灰漆(漆灰),用角灰、磁屑为上,骨灰、蛤灰次之,砖灰、坏屑、砥灰为下,皆筛过,分粗、中、细,调和生漆依次刮之,约反复 5—10 次,后糙漆。

糙漆,以之实垸,腠滑灰面,糙毕而加,漆为纹饰。

糙漆古法:一、灰糙,二、生漆糙,三、煎糙。

纹饰斑纹制作,髤底漆,撒引起料,去引起料,加金加银,晕染,髤各色漆填平,磨显推光,即可完成彰髤技艺。

不断探索,在前人基础上研究漆艺

彰髤漆艺的传承谱系是这样的:

第一代李之卿(1894—1976),1959 年出版有《漆器制作技术》在主要纹饰技术中有彰髤漆艺的技法步骤记录;

第二代郑力为,(1947—),擅长漆画,把彰髤技法应用到漆画表现;

第三代唐明修,(1958—),擅长漆画,把彰髤技法应用到漆画表现。

我在前人的基础上,研究彰髤漆艺的制作过程,分别在漆画和漆器中得到运用。2008 年进入唐明修工作室进行漆壁画绘制,其中有大部分作品都运用到彰髤漆艺技法来表现漆画的效果,在实践方面有一定的积累。在理论方面,通过与漆艺理论研究者们的交流,我更加深入地挖掘其制作流程。有史料依据的传承关系可追溯到明代初期,此后有很长时间的断代,实物遗留十分稀少,对研究其体系有一定难度,仅有少部分在民间漆器中有所运用。

据记载,彰髤技艺作为漆器制作的主要技法被写入《髤饰录》,当时这门技艺相继传入到日本、韩国等地,各自发展为彰髤技法的变格技法,中国民间手艺也在历史的脉络中保留下来。20 世纪 30 年代,我国首批以雷圭元、庞熏琹为代表的艺术家在留学法国的艺术院校和民间古董店中发现了中国传统的漆工艺技法,并尝试恢复漆工艺各种技法应用到绘画作品中,传承和保留了彰髤技艺的制作手艺,并大力提倡恢复中国传统漆艺。在王世襄为代表的漆艺理论研究者中,呼吁社会艺术爱好者学习和发扬中国传统漆工艺技法,完成《锦灰堆》3册,详细介绍了彰髹漆器实物图解,在《髹饰录解说》一书中详细解读了古代彰髹技艺的制作流程及视觉审美。

20世纪六七十年代,有大量的漆艺爱好者——如王和举、黄时中等工艺美术大师——实验了彰髹漆艺的新面貌,使该技艺在工艺美术领域得到良好发挥,到20世纪80年代,以唐明修为代表的漆艺中坚力量,延续和开发彰髹技艺新形式,使该技法在绘画领域得到良好开拓。对漆艺创作者来说,在技艺实施过程中,会出现非常多的可能性,这种种的可能性一旦成立,对于补充漆艺语言体系建设有新的维度,凭着这些思考,我也加强这方面的实践探索,以丰富理论研究。

长期坚持下来做漆艺,动力来自哪里?也很简单,在漆艺启蒙老师唐明修的教导下,我很快就接受了。到现在我学到了什么?有什么能力比现在学习到的知识技能,更有竞争力的?我下意识觉得好像也就是这么回事,我再去学一门绘画技能,那也是丰富自己现在学习的专业才能显得更加有用,所以我能拿得出手的就只有漆艺专业的技能和手艺了。就这样,一直在努力提高自己的漆艺技能,彰髹其实也只是其中的一种,只是比较常用,也还有很多值得挖掘的地方。如今发现,坚持自己的专业,不断丰富它,寻找更多的可能性和合作空间,漆艺一定有其生存空间。

我2020年9月19日结的婚。我爱人是学工业设计的,现在在宁波财经学院任教,是一名普通的教师,教家具设计等课程,她非常支持我做自己喜欢的专业,我们平时有时间就去旅游,看展,捡旧物等业余活动。

除了彰髹漆艺的教学等基础工作,我几乎没有别的赚钱事情。漆画倒是我的主要创作领域,除了参加比赛基本没有赚过钱。

漆彩飞扬,成为一种文化的符号象征

现如今,在高校漆艺课程建设中有开设彰髹漆艺课程,依托教育的规范化,系统化来实现彰髹漆艺技艺的推广,使其纹理效果不仅能够在艺术创作中发挥作用,还能将其应用在艺术设计的范畴中,丰富设计语言的多样性。目前我有两届学生53人已经完成此课程的学习,不仅在漆器的局部实现了装饰应用的作用,也在漆画创作中展现了漆画语言魅力。有2名选修课的学生从事独立工作室的漆器创作,其中彰髹漆艺的装饰占了漆器髹饰创作的主要技法。在2016年,浙江省文化厅主办的浙江省非物质文化遗产传统工艺品及相关衍生品设计大赛中,我带领学生制作的《彰髹漆艺茶具六件套》获提名奖,这是首次参加漆器类展览中,作品被专家们和工艺品爱好者们所认同,对于之后的大型漆壁画中制作中使用该技艺奠定了良好的基础。在2017年上半年,历时5个月,利用暑假

时间,完成了大型漆壁画《戚继光抗倭八联屏》的制作,实现了彰髹漆艺在屏风制作中的实际应用和艺术效果,该作品参加了浙江省第三届工艺美术双年展并获铜奖。

传承基地的学员,现如今,全部掌握彰髹漆艺的工艺技法流程,能够独立完成小件平面作品、立体工艺品。基地存有现代手工艺者制作的彰髹漆艺小件工艺品若干,其上的斑纹为彰髹漆艺技法中的一种,在这种成品的基础上,能够实现图案化的装饰,达到肌理效果服务于纹样装饰,使技艺的创作面更加宽广。

在授课和实践中,对于工艺制作的要求随着纹样的复杂和尺寸的加大,难度逐渐增加,学员通过反复操作,能够制作正常尺寸的茶具、茶台等工艺品,也能够完成较大尺寸的屏风和家具,使彰髹技艺的装饰效果应用到实物中。

学员能够独立完成的工艺品大致为:批量制作茶叶罐、插瓶、葫芦把件、钢笔笔杆、首饰手镯、首饰串珠、菩提子、小凳子、烛台、熏香、木质充电宝、木质手提包、木质书签、小果盘、首饰盒、茶杯垫、异形脱胎、中小型漆画、地板镶嵌板等器物的表面装饰;在未来的生产空间中寻找到高端的艺术品质,使该技艺能够在更好的载体上实现其商业价值、文化价值,成为一种文化的符号象征。

在接下去的时间中,我和团队希望能够在第二代漆屏风设计和制作中实现彰髹漆艺与其他技艺相互融合,实现画面的需要,从而继续探索彰髹漆艺的实际应用价值,实现其装饰意义从而实现其艺术价值和商业价值。

四、"新碶"述考:地名传说口述史

据新碶街道有关文化人士、当地百姓,以及新碶民间剪纸传承人张其培及街道其他居民讲述,"新碶"跟"大碶"一样,地名中都有一个"碶"字,就是跟"碶"这种水利设施有关。"碶"也就是水闸,它的一边是河,另一边是海,起到拒咸潮、蓄淡水、泄洪水的作用。靠海的人把"碶"看作内河流入大海的开关与"水利锁钥"。

在宁波沿海的历史上有过数以千计的碶桥,如北仑就有石湫古碶、穿山碶、东岗碶、燕山碶、算山碶、大碶、贝碶、杨家碶、小山碶、新碶等。光绪《镇海县志》载明代天一阁主人范钦撰写的《长山碶记》:"吾浙东滨涨海,钩连列郡,形势奔会,是惟宁波为雄居。……以南灵岩、泰邱二乡,实当水冲,故沉洿,占田可十数万亩。……旧设海堤四十余里,名曰'千丈塘'。中列碶五:曰长山大碶,曰小山碶,曰杨家碶,曰贝家碶,曰通山碶。"宁波还有不少以"碶"为名的地名,如宁波老区的江东碶、四眼碶、鄞州石碶、五乡碶、镇海张鑑碶,北仑的小门碶头、大碶头、新碶头、贝碶村、备碶村等。"碶"与"塘"相连,有海塘的地方必有"碶"。"碶"数量众多、历史绵长、内涵丰富,形成了宁波独特"碶塘"文化。

早期,新碶地块是原汁原味的海乡,只有海边一处碶头的小地方。这个碶,叫永丰碶,建于清乾隆四十一年的永丰塘中段,位于现在的新大路与老街西端的交汇处。在它之前,同一根永丰海塘上的东边已有建成于乾隆十一年的太和碶(东碶),西边有建成于乾隆三十九年的备碶(周公碶)。永丰碶由于建成时间晚,人们习惯叫"新碶"。"新碶"所在地方,俗称"新碶头"。据老人们说,这一带有东碶、备碶、新碶,所以解放前称"三碶镇"。当时备碶旁很是热闹,有全泰米行、宝兴南货店、隆记行等,每逢农历二、五开市。自永丰碶建成后,形成了以"新碶头"为中心的街市,商店林立,行人如织。琳琅满目的海鲜、山货、木料、布料、药材、日用品等应有尽有、汇聚碶头;每逢四、九开市日,四面八方的客人到新碶头赶集,各行各业的人在街头交换商品;碶门外的海鲜船、碶门内的内河船,承担着四方货物运输往来的任务,碶头海口的贸易甚是繁忙。

随着滩涂的外延,在下三山建造更新的十四眼大闸,"新碶"后被拆除。但新碶老街至今依然集贸繁盛,作为地名的新碶,也一直与新碶乡、新碶镇、新碶街道沿用下来。

境域古属鄞县,宋熙宁十年划归定海县。民国十九年置有高塘、新碶等17乡。解放初设三碶、高塘2乡,后乡、镇建制时分时合。1983年复设新碶、高塘2乡。1984年1月,新碶建镇。1992年5月高塘乡并入。2003年8月撤镇建街道。

2019年,街道下辖22个村、19个社区。19个社区为芙蓉、牡丹、杜鹃、红梅、海棠、芝兰、紫荆、百合、银杏、玉兰、迎春、米兰、凌霄、高塘、玫瑰、向阳、雪莲、月季、塘湾。总户数 45293 户，总人口 115875 人，其中城镇居民 11499 人，农村居民 4376 人，外来人口 18 万人。①

---

①　参见《北仑年鉴 2020》，浙江人民出版社 2020 年版，第 400 页。

第五章 浙东北仑区春晓街道
非遗传承人口述史

第一节 春晓街道地域文化生态

　　春晓街道位于北仑区南端,三面环山,一边临海。东北接白峰街道,东南濒宁波象山港,隔海与梅山街道相望,西接宁波市鄞州区瞻岐镇,北邻柴桥街道和大碶街道,区域面积 75.81 平方千米。

　　春晓属亚热带海洋性季风区,四季分明,气候温和湿润,冬无严寒,夏无酷暑,无霜期长;光照充足,雨量充沛,水资源丰富。东南朝向三个自然岙分别为昆亭、三山、慈岙三个居民点。三条溪流,即三山溪、海口溪和昆亭溪自西北向东南汇入象山港,流入东海,全长均约 7 千米。春晓地处半山区,境内山脉起伏连绵,原始植被保存良好,森林覆盖率达到 58.8%。地形从西北向东南倾斜,呈三条沟谷一片滩涂。其中三山岙相对平缓,纵深 6.6 千米;海口岙较为陡峭,纵深 6.13 千米;昆亭岙较为狭窄,纵深 4.53 千米;沿海中线南原是一片滩涂,现为平地,称之为冲海积平原。拥有耕地面积 16000 亩,海涂 13000 亩,山林 550000 亩。

　　春晓(原三山)居民由于交通不便,历来外出都须走泥巴路和砂石路,许多人祖祖辈辈生息于乡村,足不出村庄。大多以农业为主业,间或从事渔、盐等副业生产,少数人以手工艺谋生;而真正经商办实业的,只有寥寥几家富户。解放前,由于土地私有制,"耕者无其田",人民生活大多难以温饱,遇到天灾人祸,乞讨逃荒者甚多。1958 年,始建境内第一条公路,通柴桥;1960 年 6 月建成通车,第一辆客运汽车驶进昆亭、三山。2004 年,宁波经济技术开发区将开发重点延伸至春晓,其城镇化建设才开始起步。2007 年 2 月,成立开发区春晓园区。2009 年 12 月,更名为宁波北仑滨海新城,简称"春晓滨海新城",东至梅山岛疏港高速公路,西至鄞州区边界,南至海域边线,北至沿海中线。如今,春晓域地已打通了狮子岭隧道、梁子岭隧道、昆亭岭隧道、茅岭隧道、溪岙岭隧道、安家岭隧道,建成了省、区级公路若干条,并实现村村通公交,使辖区内公路四通八达,彻底解决了群众的出行难问题。

目前,春晓盛产茶、果等经济作物,传统农业快速发展。茶叶是春晓(原三山)的一大特产,当地有 3000 多亩名优茶树的培育基地,形成了"三山玉叶"、"海和森玉叶"等名牌产品。水果品种多、产量丰,以金柑、柑桔、黄花梨等较为有名。水产养殖业以梭子蟹、对虾、泥螺等为主。春晓的工业经济也快速增长,依托背靠长三角辽阔幅地,直面东海,坐落梅山国家级保税港区对岸的优势地理位置,已有数控机床、全自动塑机、汽车及零部件、高科技新型材料等行业、总投资 100 多亿元的 120 多家企业落户滨海新城工业园区。在第一、第二产业的带动下,春晓的滨海休闲游和沙龙湾餐饮业加速崛起,按照"山、城、海"的总体格局,着力打造洋沙山、明月湖与春晓湖的滨海生态景观,成为具有鲜明滨海特征的城区板块和自然和谐的生态城镇,也成为宁波东南部海湾发展的重要功能区域之一。2012 年 12 月,环境保护部授予春晓街道(时为"春晓镇")国家级生态乡镇称号。

春晓街道,省、市级非遗项目及代表性传承人有:脱胎漆器传承人柯建云、绿茶制作技艺传承人鲁孟军、纱船传承人郑国定等。

第二节　春晓非遗传承人口述史

一、脱胎漆器传承人柯建云口述史

传承人简介

柯建云,生于 1972 年,北仑区春晓街道三山堰潭村人。受父辈影响,自幼喜欢石雕,天赋异禀。早期做过木工,后拜师学艺,从事佛教造像。1998 年中国美院雕塑系毕业,在宁波鄞州自办企业,后搬迁至北仑春晓,深耕佛教造像与脱胎漆器技艺。他对中国大漆有特殊的感情,认为漆器是有灵性的,因为它与自然息息相关,需要以工匠精神悉心对待。为了让传统文化不流失,他还搜集很多珍贵古家具,并对破损用具和器皿加以修复。一心造万物,一心静静用,便无事不成,这是他的追求。

系北仑区非物质文化遗产"脱胎漆器"代表性传承人,第三批(2010 年 6 月)宁波市级非遗项目传承人。2011 年,"脱胎漆器技艺"被评为北仑区十大优秀非物质文化遗产。其代表作品:近年来,参与修复天童寺观世音与五百罗汉,先后主持完成九华山地藏王菩萨、舟山天福寺四面千手观音、杭州东海寺全堂佛像等。

采访时间:2019 年 06 月 28 日

采访地点:宁波市北仑区春晓工业园区永河路 11 号,北仑慧济文化艺术品有限公司

受访者:柯建云

采访人:沈燕红

口述整理:沈燕红、胡修远、沈姝辰

采访照片:随访学生张力文、杨卓霖、徐文静摄

采访手记

生命偶然而生，安然而度
——访脱胎漆器传承人柯建云

那天很热，我们一行驱车前往，寻寻觅觅终来到了脱胎漆器传承人柯建云的工作地北仑春晓。

他的工作地共有三层，全是自己造的房子，面积很大。我们上了三楼，踏入屋内，只见一方静水池，放养着几条手掌大小的金鱼。一旁两把古琴，随性置于桌上，桌上散落着几本曲谱，墙角与桌椅处均可见一抹绿色。一名不惑之年的男子盘腿坐于木椅之上，半头黑色卷发至肩，项上一串棕黑小佛珠；上穿一件米白色亚麻衣,下着灰色长裤,底下配一双皮质凉鞋。见我们一行人到来,柯老师悠然而起,含笑相迎,不亲不疏,点到为止,却又恰到好处。

柯老师是北仑春晓本地人,生于1972年。开讲自己的传承故事,先让人煮茶,示意我们围着古方桌而坐,才娓娓道来。与脱胎漆器的结缘是幼时的一次躲雨,见到一块合眼缘的石头,惊叹于大自然的鬼斧神工,同时柯老师的父亲是位石匠,擅长瓦磨,许是家中艺术气息的熏陶,老师自幼便对艺术有着一份热爱。刚开始,柯老师致力于泥塑,等年岁稍长,简单的泥塑满足不了他对艺术创作的追求,他考取中国美院,来到雕塑系学习。1998年从中国美院毕业,开始自己的事业。

关于脱胎漆器,柯老师讲到漆的干燥度对整个作品的影响是巨大的,而漆的干燥度又取决于天气,天气会影响漆的温度与湿度,因此天气的变化至关重要;同时,漆的干燥度在一定程度上还取决于创作者的经验。如此,恰到好处的干燥度方可成就独一无二的漆器作品。讲到脱胎漆器哪个步骤最难,老师说非漆磨莫属,漆磨的好坏凭借着天时地利人和。当然,工艺精到时,自有一种感觉。老师眉目含笑解释着,眸中流光溢彩。

柯老师在采访中多次提到释道。在创作上,他推崇老子的"无为而治",认为一心能造万物;在非遗文化的传承上,他看待问题透彻,讲解时引经据典,于一花间悟世界:不整理意味着没落。授课一两节就会了吗?只是浪费你我彼此时间。要静下心来做!

梁鸿漪女士在其《简约之行》中谈到:"生命本因偶然而至,欣然而生,安然而度,悠然而走,生命归零,一切从简。"文中的生活从简、率性而为想必就是柯老师的真实写照了。两个小时的对话,若称为采访,倒不如说是一次心灵的洗礼。

最后参观了柯老师的雕刻作品,其中令我们记忆深刻的是一楼仓库有一尊8米左右的大佛,好生气派,佛的全身都是用木头雕刻而成,比例恰到好处。做工那更是别的说,虽然还未加工完毕,但足以叹为观止。雕刻的每一个步骤十分的精细与精湛,在雕刻的现场,风中夹杂这木屑的淡香味,而且阳光正好,丝丝照射进屋内的光线足以看让人看到飘絮的尘土,而这尘埃与这大佛掉落下来的木屑融为一体,更是给大佛披上了一层神秘的面纱。

柯建云口述史

自幼喜欢,拜师学艺,入美院深造

我1972年出生,今年48岁。我是本地人,老家在北仑区春晓街道三山堰潭村。但我自己后来一直在外面,在外面的时间比较多。前几年才又回到春晓,到这里办厂。

我老爸是做石匠的,这对我的影响应该很大。因为老爸一直跟石头打交道,我从小就接触这一块,也很喜欢,经常拿着小小的瓦片、瓦砾磨啊磨的。读小学时,自己雕出来的东西还可以拿去展览,所以祖辈是有很大影响的。

记得小时候,有一件印象深刻的事情。我大概十三四岁时,一次去一个有流水的洞里面躲雨,结果发现下面一块石板,雕刻有关公像,"上马提金、下马提银"的题材,精致的图案,很漂亮很漂亮的。它是墓穴里的一块石板,这个石板打动了我,印象特别深。等我年龄稍微大一点,我有能力的时候,问爸爸:这块石板能不能挖出来? 它是清朝的东西,他们都知道石板是谁雕的,说起来其实是一种文物。

以前不是把这个墓道砸掉,把石板都铺到隧道、桥这些地方嘛。后来,人把石板再挖出来。然后,人家后代发现了:"啊呀,这个石板是我们家的!""那就拿走吧。"其实一个东西它都有一个经历,有一个传承的过程。当你与某样东西有一种缘分的时候,它可能会影响你一辈子,我自己深有感触。躲雨那件事情,真的很奇怪,当年我看到的那块雕刻着非常漂亮图案的石板,一直深深地印刻在我的脑海里。

最早我是学木工出来的,很早很早了。那反正早期的时候,学得比较杂,雕过石器、做过木工、刷过油漆。生漆有"漆病",刚开始接触,皮肤过敏,脸都肿了。过段时间,才慢慢适应。像这样一个情况,都不容易。一个人只有吃得了苦,才能做这些事情。

后来从事佛教造像,1990 年正式拜脱胎老工艺人徐剑君为师。徐师傅也做传统工艺,当时是宁波天童寺专门修复造像的,现在少林寺等好多地方都在做。我做这行涉及很多门类,有木雕,有油漆,还有绘彩,好多东西都要接触,不可能从一个师傅那里都学到的。所以,那个时候我其实不止一个师傅,这个向他学一点,那个向另外一人学一点,结合一下。因为你就像他们孩子一样,只要聪明的,做事很勤劳,对人很诚恳,好多师傅都会教你。但如果你自己不去努力,不去认识新的东西,得过且过,就没人教你,道理就这样。因此,我跟着好多师傅学,一步一步踏踏实实地做。

跟随师父学艺后,我依然感觉自己能力有限,有时候心里有灵感,却没办法通过手和工具展现出来。因为一直特别喜欢传统工艺,后来我考到中国美院雕塑系深造。大学里,老师给我们讲课,指导我们雕塑,将好的东西传授给我们,正确的思想传达给我们。通过学习,我对线条的美感、艺术的造型等方面有了很大的把握和提高,而且老师的一种好的理念、观念,影响着我的行为,影响者我在雕塑道路上一直走下去。这就是文化传承,这也是工匠精神。

1998 年美院毕业,我到宁波鄞州区自己办厂,也是佛教造像,其实是一家雕塑公司。鄞州那边领导说：你们这个挺好的。那时候早嘛，也没想到非物质文化遗产。再加上我这个人性格比较偏，不太跟人家接触，就这样做做。后来北仑区知道了，要我把公司搬过来，取名"北仑慧济文化艺术品有限公司"，还是佛教造像，还是雕塑工程。"慧济"代表我的一种理念、一种思想吧。

到这里，也有十来年了。这个厂房是我自己造的，三层，每层三千多平方米，总共一万多平方米。二、三层是我们自己的，一层租给人家了。我企业是小型的，就四五个人在做，我哥哥（舅舅的儿子），还有几个徒弟。因为工厂办着，总得有个贴心的人来管理，我哥哥已跟我好多年了，自己这个手艺也好，对生漆什么的也慢慢地了解摸索。四五个徒弟工作中招的，也是缘分。他们感觉挺有兴趣的，就过来了。泥水工也好，油漆工也好，我给三四百块钱一天。手艺人吧，也比较辛苦。我也不追求这个今天能不能赚钱，开心就好。人活着就是要开心。

当然，生意坏不了的。大师来叫我做佛像，很简单，我用我自己的专业水平帮他们做，大师很满意，我也很开心。我老婆说，你这个人真怪，一天到晚不出去，真的到后来人家找上门来。我说来找我，很正常，因为你用心在做事情。

那佛教造像都是脱胎漆器？不是的。我雕塑毕业的，你们知道一尊佛像，造型是基础，可以配上铜、金，可以配上木雕、漆器。漆器，无非是其中的一种媒介，一种塑造方法。

佛教造像为哪些地方服务？那就多了，有很多寺庙，也有一些信众。造像，有时候是别人订制的；有时候我喜欢雕一些，有时候卖一些，不卖放在那，我也开心。近年来我参与修复天童寺观世音与五百罗汉，还先后主持完成了九华山地藏王菩萨、舟山天福寺四面千手观音、杭州东海寺全堂佛像等。

在佛教造像中，我结交了一些美术界的朋友和寺庙里的师傅。求人不如求己，这是我们师父大和尚教我的。其实佛教这种东西很现实的，让你静心，让你更好地面对人生，把烦恼都放下来，开开心心的。每天烦烦恼恼不开心的，有啥意思呢？

中国大漆，自然灵性，需悉心对待

脱胎漆器，最早应该可以追溯到新石器时期，有 7000 年历史吧。宁波余姚河姆渡遗址出土一个漆碗，就是木雕雕好以后外面上了漆，那个碗现在中国国家博物馆。后来汉朝墓地里出来的牛骨架、小屏风之类的漆器，那个花纹啊、龙纹啊、滔天纹……真的不是一般的漂亮。漆器，在中国可以说是老祖宗留给我们，让现代人很骄傲的东西。为什么呢？因为中国大漆在世界上也是很有名的。

脱胎，在古代叫"夹纻"，其实是一个概念。"夹纻"是古代的一种工艺的叫法，"纻"指苎麻织成的粗布。脱胎，是我们现代人的工艺，是将"夹纻"技法还原，并在手法、材料上有所创新的工艺。

"夹纻"制作技术源于战国,兴于西汉,魏晋时走向成熟。寺庙大佛,多用"夹纻"法塑造,首先竖立木柱支架,竹篾绷扎,细麻、稻草、泥土及漆灰糊封,涂上漆泥,塑出骨肉,然后糙漆、磨光、漆彩漆,贴金饰,开光点睛,完成后,将像内木架等重物酌量拆除,减轻重量,以便于当年庙会出巡。

比如中国第一古刹河南洛阳白马寺,佛教传入中国后兴建的第一座寺院,创建于东汉永平十一年的,距今已有1900多年的历史。现存的遗址古迹为元、明、清时所留,寺内保存了大量元代夹纻干漆造像如三世佛、二天将、十八罗汉等,弥足珍贵。那十八罗汉夹苎像,很轻很轻的。就像挖空的蛋壳一样,一尊这么大的罗汉像,手轻轻一托就托起来了。

"夹纻"技艺是佛教造像的重要方式,一直延续了近千年。晚唐五代两度灭佛以后,绝大多数漆艺佛像遭到毁坏,"夹纻"技艺也随之逐渐衰败,直至失传。现在的脱胎工艺是对传统"夹纻"技艺的恢复和创新。

那究竟什么是"脱胎漆器"呢?脱胎漆器主要用于寺庙塑像和制匾,因其制法在木胎或泥胎两种模型上用夏布(苎麻)或绸料漆裱上,连上数道漆灰料,然后脱去内胎,加上填灰、上漆、打磨、装饰等几十道工序而成,故名"脱胎"。

脱胎,有内脱和外脱两种。一种是古代的"内脱法",另一种就是在传承古代技艺的基础上,升华创新的"外脱法"。

"内脱法"即用泥塑好佛像原型,用生漆涂刷,漆干后用生漆糊上第一层麻布,干燥后糊第二层,反复多次。待生漆麻布晾干坚硬后掏出泥胎,揭下生漆麻布硬片,按原位再次糊牢。底嵌上木板,再用生漆麻布封住即成。

"外脱法"为近代发明的一种新兴技术,我们塑造行业现在用的最多。"外脱法"多了一步刷石膏的步骤。先用泥塑好佛像原型,在泥塑表面插片,刷上一层石膏,石膏外面就覆这个麻布,或者很薄的丝绸,然后将生漆、瓦灰,一层一层贴上去。待石膏晾干后,按照插片将石膏分成前后两块,再把石膏里面的泥巴掏空,一个完整的石膏外模就产生了。在石膏内圈上涂干漆、贴麻布或丝绸,脱掉石膏外模即可。脱下的石膏模具还可以反复利用,批量制造出同一款作品,这是其他工艺所不能比拟的。

"外脱法"具有不变形,无须重做灰漆和操作方便等既快又好的优点。"外脱法"又分硬脱与软脱两种;硬脱用于独尊塑造的佛像;软脱则用于要复制数尊以上的批量生产。

现阶段,脱胎漆器工艺流程大致可以分为:1.制图设计;2.泥塑模型;3.翻模制作;4.上泥浆;5.过滤生漆;6.贴补刷灰;7.合模;8.顶内架;9.破模;10.打磨;11.补灰;12.抄漆;13.行金底;14.贴金;15.成品。

脱胎漆器的每件成品都要经过十几个流程、几十道工序,工艺繁复,气候条件和技术要求都非常高。其所采用的主要原料为夏布(又称苎麻)、大漆和瓦灰,均为天然材料。

漆,分为生漆和熟漆。天然的是生漆,熟漆要制作才有。脱胎漆器使用的是生漆,也叫大漆,是从古代绵延下来的天然原料,是老祖宗传给我们宝贵的东西。中国是使用大漆最早的国家,"中国大漆"在世界上非常有名,它有很好的抗腐蚀性、抗老化性。但因为生漆是天然的,它跟自然息息相关,有季节性变化,对气候的要求比较高。所以,在漆器制作过程中,要考虑漆的干燥等问题。比如说,天气冷的时候,它就很难制作,你就必须要有烘房,里面有一个保持它湿度的房间。这东西还是靠经验的,我们这么多年来就是凭经验,感觉今天的天气漆容易干,那就马上做。但制作过程中,还是会碰到困难。有时候罩漆一罩下去,天气一下子冷下来了,漆就是不干。下面不干,上面也就干不了。那没办法,只好搞掉,重新做。所以,大漆跟天气有很大的关系。漆要干的话,要保持一定的温度和湿度,要刚刚好才能做成。大漆这种东西,有时你真心对它,它依然很自我。湿度和温度稍有变化,有些工就白搭了。漆,真的有好多种毛病,"漆病"你不可能排除掉,所以得悉心照看才行。

上漆的过程中,最难的是漆膜的接膜,还有流整的平整度,这说起来还很难说清楚。漆,要一拉过去会自然流平。应该来说,生漆是很难自然流平的,需加上桐油。然后熬制桐油,把生桐油变成熟桐油,这都很关键的。桐油可能熬七八个小时,甚至十个小时,用小火突突突地熬。熬过后,漆有了拉性,可以拉起来拉得很长。拉过去就铺上去,有个流动性,感觉上很平整、很顺滑。手工艺作业是心之作业,需要细心、耐心、匠人之心,就是这个道理。

你们说这东西难吧?但你做熟练了,也不难了。任何手艺,其实经验是很重要的。不用经验的手艺是不高级的,用直觉、感觉去做的都是很高级的手艺。你们没做过工艺,这方面可能没有体会,其实人感觉很舒服很爽快的时候,会做得很漂亮很好。你感觉很不舒服很闹心的时候,做出来的东西木木的,很不好看。

工艺做到精到的时候就有感觉,这是百分之一百的,这是我的亲身经历。甚至这种感觉也算一种执着,一种情德,为情所值得的东西。你对一件事情很投入的时候,可能还会忘却旁边的环境,这是百分之一百的。

我雕刻,有时整日整夜地投入,真的忘掉这是晚上,甚至天又亮了都不知道。这是我的亲身经历,特别印象深刻。这不是吹牛,雕刻雕到后来很投入,真的是忘记了时间,忘记了空间,忘了外界的东西:就像小孩在玩手机、玩电脑游戏,玩到忘了白天和晚上什么的,差不多,哈哈哈。

但我不主张小孩一天天在玩,我是不喜欢小孩整天玩游戏的。我说你做点有意义的事情，一天到晚在这个虚拟的世界里活着多累啊。上天让你活在这个世界上，你得为老天，为这个世界，总得做点小贡献吧。

搜集家具，修复古物，只为不流失

脱胎漆器最大的特点是质地轻巧，造型别致，线条流畅，形神兼备；且不怕水浸，耐高温、耐腐蚀，非常适合于各种轻巧工艺品的制作。

脱胎漆器，可以说方方面面都可用到。除了佛教造像和匾额，家具、日用品等都可以是脱胎漆器，有很多的品种。大的如漆画大屏风、彩绘大花瓶、脱胎仿古铜狮子等，小的如盒子、盘子、匣子、耳环、碗碟、壶、罩、棋盘、凳子、茶几、箩筐、箱子、尺子等，共有十八类1200多个花色品种。

我这里好多都是古家具，搜集过来的。专门有一批人帮我搜，有五六个人。贵一点没事，这个万把块钱，那个几千块钱，我都收过来。为什么搜集呢？无非就是在我有生之年，不让它流失掉。假如说，我不搜集，它可能就砸掉了，可能因为老年人认为保留着这种东西没什么用，破了嘛，脚断掉了，放到柴灰堆里烧掉吧。我把它保存下来，我是很喜欢的。其实我搜集家具，是不赚钱的。

你看，这是我一千块买回来的。它是个案几，放香炉的。你看它的花纹，细刻花纹，都是手工刻的，特别漂亮。它的线条、它的造型感，特别凝练。不要看它脚断掉了，东西都残缺了，可是很好的一个东西啊！它是楠木做的，这种家具在宁波属于顶尖的家具。假如不把它修复，把它拍成照片，也是可以上博物馆展览的东西。其实这个东西，我是从一个老农民里买过来的。那个老农民说：你这个东西也要？我说：你要几百块钱？没事，我给你一千，你卖给我算了。我就这样买过来了，其实什么东西都是有缘的。

再来看这个家具，金丝木的，清早期的。从这个花纹可以看出，它不是明朝的。买这个家具也很有缘，还有个故事。这个家具是一套的两幢橱，一幢橱上面又一幢橱。这两幢橱六十多年前，已经分开了。因为解放后土改的时候，把有钱人家的家具分开来，你拿走一件，我拿走一件，带走了。六十多年以后，我四年前，我买了下面两幢。刚刚十天之前，我在镇海又发现了一幢，乍一看好像跟我的这幢是上下。我把它买过来，放上去，果然是一套的。这个家具就是谁家的呢？浙江省博物馆不是有个镇馆之宝——唐代古琴"彩凤鸣岐"吗？这套家具就是这户人家出去的。六十多年后，分开的两个橱在我这里重合了。其实好多家具，它都有个历史，有个故事，我为什么保存这些东西呢？一是我比较喜欢它的线条。因为我雕塑系毕业，这个线条的美感，以及中间适度的变化、转折的美感，有种空灵感，我都很喜欢。二是为了不流失。

你们看这个家具，楠木做的，清朝时的造型，上市拍卖也是挺贵的，我买过来是七千多块钱。上次有个黄花梨做的，造型跟这个一模一样，一个家具卖了六百多万。它这个就是漆器，古代的油漆做的。为什么它这么贵呢？因为这种名贵的家具，整个社会里面是有限的，已经很少了，互相之间流传一下。

随着时代的改变，以前我们这种好多的木工手艺、雕刻手艺、油漆手艺，其实都有断层，有文化方面的断层。断层以后能保留下来的好多古物，我都在收藏。像这种都是宋朝的石刻，金砖石刻，我等会带你们参观一下。

我就感觉一个人，就像我搜集古物一样，挺好的。虽然经济利益上看着不是很好，花三千五千的，买过来。破损的，我修复一下，其实也挺花钱的，雇工人工资挺高的。但这些古物保留了一块脉络下来，有时候它就作为一个依据，一个参考。好多人到我这里，来搜数据。这里有个古物在，就有个数据在，这个文化的脉络就保存下来了。

我修复一些古物，也自己做一些家具。这竹编、藤编的椅子，就是我按传统手工艺做的，坐着很舒服。

你说做家具，做脱胎漆器，需要哪些工具？这个东西说起来有点复杂，为什么有点复杂呢？工具，我认为天下万物皆是工具。竹子拿过来就是工具，潘天寿拿起手指就能画画，不需用毛笔。天下万物自始至终，皆为人所用。

材料也太复杂了。其实我的理念也很简单，因为我做器物，没有一个禁锢的东西在里面。不是说这个东西我一定要这样做，什么东西拿来我都能做。人家烂掉的一个竹木片，我拿回来做茶具。就像我跟儿子开玩笑，我说：儿子，你把牛屎变成灯具，这是本事。

人要有心，心造万物，万事皆可成

我从事这个行业，已经很多年了。"脱胎漆器"技艺，被评为非物质文化遗产，也有十年左右了吧。我记不起来了，我这个人容易忘事。大概是2010年，政府里的人说，传统文化不要消失，你多年从事脱胎漆器这个行业，而且是从老师傅那里一直传承下来，各方面都符合条件，审批一个非物质文化遗产吧。就这样，批下来，同时被评为北仑区非物质文化遗产和宁波市非物质文化遗产项目。

跟其他一些非遗传承人有点不一样的地方，大多数传承人非遗只是业余在搞的一些事情。对于我来说，爱好、专业和非遗项目结合蛮好的。为什么呢？我从小爱好雕刻，原来就从事雕塑行业，又从中国美院雕塑系毕业，现在所用的还是这个专业技艺。其实真的还可以，老天爷待我不薄。

我的爱人也喜欢美术，美术使我们俩结合在一起，二十多岁结的婚。她也喜欢这些破玩意，看到一些断腿断脚的古家具，她有时候也说：这个东西好，这个东西她也喜欢，所以有共同语言。你看，这把古琴，也是漆器。我夫人就坐在那里，有时弹弹古琴。她也没做什么，就是厂里面的，毕竟有个企业在，需要有人打理，也管管家里的。

我有两个孩子，一个男孩，一个女孩，都在读书。男孩今年高考，没让他一起做。他读书嘛，以学业为重。高中读的是普高，我让他走美术道路，考美术特长生。已经要读大学了，中国美院没考上，太难了，现在还不知道上哪个大学。女儿还小，在读小学五年级，差了九年。

以后是否传给孩子？只要喜欢都可以传承。有时候想想，小孩子他们都喜欢，其实都挺好的。他们这种古代的传承下来，让他们见识到这些东西，保护这些东西。其实手艺的传承都不是我个人的，是整个大众的。我自始至终认为，你们学生如果喜欢，有缘分，下次到我这边来，我教你怎么做，都可以啊。

徒弟怎么教？这种东西也可以整理，一套一套整理得很详细。我这个人有点懒散，不是很喜欢整理资料，我感觉手把手地教好了。比如我徒弟也好，我手下的人也好，我就说这个东西怎么做？我这个人没有局限性的，包括做佛像。现在楼下很大的、六七米高的佛像在做，我说：你们要学？就把它学好了！其实漆器是有灵性的，该把握的东西都要把握好。我这个人有时候挺怪的，不会有固定的模式在那里。

本来职高叫我去上这种课，我后来没去。手艺到课堂上教它，是比较空洞乏味的。手艺这种东西，有个持续做的过程，至少要学三年、两年差不多。你这个两三节课能教会吗？你今天教教，搞得好像挺新鲜的，那没用。浪费彼此的时间，很可惜啊。

政府也算支持的，但我接触不多。有时候会要求我做一些东西，有些我也没时间，有缘分再做吧。有时候有奖金什么的，我也不太想（要），没缘分就不做。我好像也没有什么代表作品吧，我喜欢踏踏实实做些佛像。我也没去参加什么比赛，他们叫我去参加，我也没去。

我这个人性格比较怪，也不知道怎么去讲怎么去说。他们开会的时候，我曾开过玩笑。我说：你们想保护，其实有时候这个保护也蛮可怜的。国家没有政策的扶持，就算有，那也是临时的，可能会延续一段时间，但长远的呢？我上海的一个画家朋友说，非遗有些东西其实工艺是最好的，这个行业最好能跟社会实用的东西挂钩，孩子们看了以后喜欢，既有艺术性，又能产生一定的经济效益，这样才有可能传承下去。这个是很现实的问题。这跟社会上有些东西的功能是相似的。比如过去的箍桶（木制的大水桶），现在都被塑料桶代替了。箍桶提起来比较重，塑料桶轻。人都躲懒，有趋利性，轻的提着舒服，重的提着很不舒服，他就会选择塑料桶。现在回过头来说，塑料桶不环保，木桶环保，又回去了。人的认知是一步一步在变化的。

　　一个人说实在的，自己静下心来，不去害人，把想做的事情做成顶尖，做成最好，做成最理想，你就是一个成功者。有时候我在想就是这个道理，你把木工做顶尖了，你就是艺术大师。一样东西，你把它当成艺术品做。你把它做成艺术品了，她就是艺术。做工艺其实要花心思，工艺就是心哪！上次给我评了个奖，工匠精神，有个东西其实就是工匠精神。

　　我们都是社会的一分子，你把一样事情做成功了，你就在服务社会，这不是空话。因为你服务了别人，别人才会看得起你，觉得这个人可以，才会靠近你。一靠近你，你旁边的人就多了，围着你，从而帮助更多的人。你就是老板，你就是一个成功人士。其实人不能说有多高尚，因为高低无非就是，一棵大树你看见了，又低头俯视小草。其实小草也不小，小草也是很大，有比小草更小的。大到无外，小到无内，我一定要放在那个环境里面，我感觉挺好的。

　　人就要有心，一心能造万物。你一心静静用，无事不败。这是我的一种理念，你有这个心了，好多东西都能让你记住，好多事情都能成功。

　　另外，人要多出去走走，不要把自己禁锢在一个小空间里。如把你每天关在一个小房间里，一辈子关着，你就知道小房间里几个凳子，一个空调，你永远不知道外面的世界是怎么样的。走到外面去，你会发现从南到北、从西到东，中国的文化多样性是很厉害的。人家说，读万卷书，不如行万里路，这个很重要。为看古代的造像，我考察了好多地方，国内所有修复古物的地方，包括北京文物机构，我经常在接触。我还去日本等国家考察，虽然日本的地域比较小，有他们的狭隘性，但日本对自然、对非遗等保护很重视，他们的漆器工艺和修复工艺做得很好。我也是受他们启发之后，逐渐开始接触很多或因为时光磨损风化，或因为个人失手损坏的艺术品和器皿用具，挽救破损物件，焕发灵魂的重生。

　　话说回来，非遗这个东西真不容易的。"脱胎漆器"真的要好好整理，整理成数据，尽量精细化，保留一个文化的脉络，其实就是留给下一代的财富。不整理的话，就意味着一代一代要没落了，这个很现实的。所以，你们在采访、记录传承人口述史，实际上是在做一件非常有意义的事情。

二、绿茶制作技艺传承人鲁孟军口述史

传承人简介

鲁孟军,生于1969年,原宁波鄞县人,结婚后定居妻子的家乡宁波市北仑区春晓镇,初中文化。祖辈、父亲制作绿茶,从小对做茶叶感兴趣。20岁正式从事茶叶制作,因茶与妻子结缘。婚后专业制作,以茶养家。经过不断琢磨、不断学习,夫妻俩从小规模手工作坊,发展到手工与机械结合的大规模绿茶制作,成立了公司,创制了"三山玉叶"名优茶。该茶被评为"宁波市八大名茶",在国内外多项名优茶评比中荣获金奖。

系北仑区非物质文化遗产"绿茶制作技艺"代表性传承人,第四批(2015年6月)宁波市级非遗项目传承人,宁波市北仑孟君茶业有限公司董事长,宁波市北仑区东海春晓茶叶专业合作社社长。曾于2005年被评为宁波市第三届"十大杰出农村青年",2009年被评为"宁波市十大种茶能手",2010年被评为"北仑区科技示范户",2013年被评为"北仑区劳动模范"。

采访时间:2019年06月28日
采访地点:宁波市北仑区春晓镇咸昶村沙塘98号,北仑孟君茶业有限公司
受访者:鲁孟军及妻子
采访人:沈燕红
口述整理:沈燕红、胡修远、沈姝辰
采访照片:随访学生张力文、杨卓霖、徐文静摄

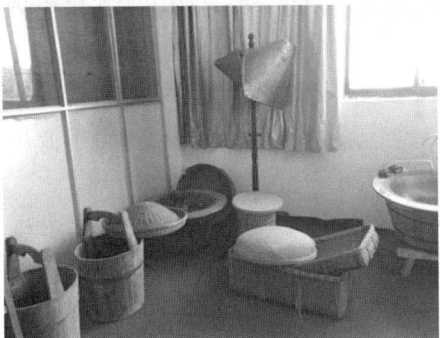

采访手记

背后的工艺
——访绿茶制作技艺传承人鲁孟军

"绿茶炒,红茶蒸;白茶晒,黄茶闷。嫩度定品质,条索观外形,色泽靠工艺。"从古时人们就沉浸在茶文化中,并对茶叶有了深刻的认知。而今天我们一行人,也带着对茶的喜爱,来到了宁波市北仑区春晓街道咸昶村,寻访绿茶制作技艺传承人鲁孟军。

一走进他的工作室,便看到了许多精美的奖状,还有一系列荣誉证书。面对着这么多的荣誉,我们都不禁赞叹连连。细细一看装修风格,也是简单大气,家具并不多,阳光打进丝丝暖洋洋的光线,显得十分宽敞明亮。而年龄有着 51 岁的鲁孟军老师,头发乌黑发亮,皮肤细腻光滑,眼睛炯炯有神,一点也不像 50 多岁的人,学生问他永葆青春的秘诀。他说:"喝茶之人,茶有茶道,吃有吃道。吃茶吃味道,看戏看成套。"原来他经常吃茶,也保持着平和冷静的心,让自己的步调放缓,才能在困难中游刃有余。

鲁师傅热情地给我们每个人泡了一杯绿茶,在茶香氤氲中,讲述着他与茶的故事。鲁师傅与妻子就是在茶叶制作中相识,刚开始两人做的是珠茶,低档茶,没利润,于是经过杭州茶科所的学习与经验积累,鲁师傅也慢慢开始制作品质好的民优茶。鲁师傅说茶按加工工艺分类有绿茶、红茶、白茶、青茶、黄茶、黑茶。新鲜的茶其实都是绿的,但通过加工方式的不同,可以呈现不同的颜色及功效;而茶树的品种不同,加工而出的各类茶品质也不同。涉及的加工设备也有很多,例如采摘茶叶的箩筐,摊青晾干用的竹筛,炒茶叶用的锅子,还有畚斗等等。

鲁师傅公司的"三山玉叶"绿茶,加工工艺流程为鲜叶验收,摊青,杀青,理条,辉锅,拼配,包装,最后检验出厂。别看其中的流程似乎很简单,但每一步都关系到最后茶的品质。在摊青这一步骤时要注重温度,防止绿茶的根茎颜色变红。最关键的是杀青环节,温度一定要适宜,保持在180℃,要时刻关注火候,人工必不可少的就是要手亲自去压茶叶,并挑拣茶叶。好的茶背后总有一套精细的流程,并经过一番精心的烘制,一芽一叶都来之不易。

鲁师傅表示现在自己都是亲力亲为,实行供产销一体化,虽然劳累些,但自己却也热爱着这种生产生活方式。去茶园采摘鲜嫩的茶叶,喝自己制作的好茶,不可不说是一种快乐呀!随着现在机械化的逐渐普及与推广,许多制茶工序也由高效的机械代替,但是却始终不能完全替代手工制茶。也唯有自己的亲身试温,翻炒茶叶,才能更精准地将茶叶的味道更好地保留,让人唇齿留香,余味无穷。

茶是我们生活的增味剂,茶文化代代流传,不可磨灭。而绿茶技艺制作,是老祖宗留给我们的财富。鲁师傅他们在吸取前辈技艺与经验的同时,不断摸索与改善,打造出越来越好的茶。希望非遗文化也如茶叶般气息弥漫如雾,历久弥新。

鲁孟军口述史

夫妻俩因茶结缘,结婚后以茶养家

我1969年3月出生,今年51岁。我不是本地人,原宁波鄞县人。老婆是北仑春晓这边的,是我的师傅,所以跟她过来的。

我的祖辈、父亲也做绿茶,老早在家里做茶,锅里炒炒,以自己吃为主。大集体时候,卖给供销系统。我小时候,对家里做茶叶蛮感兴趣的。一开始家里做鄞县茶,少量的,用手工在锅里炒;后来有了机器,做珠茶,机器杀青时,茶叶嘣嘣翻起来,一粒一粒像油一样出来,感觉蛮奇妙;再后来做龙井茶,用电炒锅炒,叶子比较直。因为家里做茶,我从初中毕业开始,嗯,其实初中也没毕业,文化有点低,就在老家跟着大人学学做做。当初每家每户搞承包,我家承包了茶山,种茶叶、做茶叶。我也做过饮食这一块,做面包做早餐,但只干了比较短的时间,还是做茶轻松。我有一个阿妹、一个阿弟,他们不炒茶,到外面给人家打工去。

我20岁左右正式制作茶叶,一开始是做珠茶。珠茶是普通的绿茶,属于低档产品,主要用于出口。做外贸的人会专程上门来收购,它就是价格低,效益不好,没有利润。

后来我到北仑春晓担任制茶师傅,和老婆经人介绍认识了。她家里做茶叶,那时她自己在供销社里,顺便也帮帮忙。春晓这个地方盛产茶叶,以前是集体经济,后来承包到户,每家每户都有茶园,制茶也成了当地的一个产业。一般人家不做茶叶的,就把种的茶卖掉。

老婆家春晓做茶的,我老家鄞县做茶的,我们门当户对,有共同爱好,互相认识后于1993年结婚。结婚后,我们夫妻两人专业做茶,以茶养家。开始自己种了20亩茶园,再向农夫收购。当时还是主要向农夫收购为主,鲜叶收购过来,然后自己加工。

最初做珠茶,赚不了钱。随着社会形势变化,我们慢慢地转为以做名优茶为主。为了做名优茶,二十多年前,大概1998或1999年,我们专门到杭州茶科所去请师傅。师傅名叫陈宝更,是正宗茶叶研究所的,请过来后,一直住在我们家里。全程住了一个茶季,大概四五十天。那时我们厂规模小,就我们夫妻两人。他教我们炒茶技术,一边手工炒,一边开始研究机器炒茶。我们在这里本地也成为第一家慢慢开始用机器做茶叶的企业。当然,师傅也只是给你带入门,至于后来嘛,都靠我们自己慢慢琢磨、慢慢研究的。

做茶叶是很辛苦的,以前人家第二天要茶叶,我们整晚都不睡的。再说手工做的,产量不上来。我们从夫妻两人小规模手工做茶开始,后来有了机器扩大生产,一步一步走过来,还先后引进了乌牛早、迎霜、苦丁茶、安吉白茶、金观音、龙井43等十余个茶树品种丰富茶园。经过多年的工作积累和不断学习新的知识,熟练地掌握了茶叶的种植、加工技术,形成了适合当地茶叶生产的技术体系,现在已成立了企业,并做出自己的品牌了。

工艺不同茶六种,绿茶杀青最关键

关于绿茶制作的历史,阿拉(我们)也说勿清楚。这里的绿茶制作从小印象中就有了,老早不是(方言,早先是)屋里柴火烧烧,用两块木板锅里炒炒,炒好以后再用手揉揉。

茶叶老早(最初)是不分类的,后来根据加工工艺的不同,可以分为红、绿茶、白茶、黄茶、黑茶、青茶六种。以红茶为例,它并不是本来就是红色的,是加工出来的。也就是说,长在茶树上的新鲜茶叶都是绿色的,摘下来可以做成红茶、绿茶、白茶、黄茶、黑茶、青茶的任何一种,只是加工工艺不一样。但比较重要的是,不同茶树的品种,按哪种工艺加工成哪种茶叶是有讲究。比如说某个茶树品种,加工成绿茶也可以,加工成红茶也可以。但加工成绿茶品质会好一点,加工成红茶可能不太好喝，这个是有关系的。像现在安吉白茶不是比较有名吗？你们说属于什么茶？顾名思义，一般都以为是白茶。但它其实属于绿茶，按绿茶的工艺加工而成的。

绿茶制作的流程和工具有哪些？

第一步是采茶。采用人工采摘，绿色食品茶叶鲜叶采自按照绿色食品要求管理的茶园基地。采摘较少受季节限制，春、夏、暑、秋均可进行。采摘标准按嫩度、匀度、净度、鲜度及芽叶组成情况等，加以划分等级：一级，新鲜、嫩度好、干净均匀的单芽或一芽一叶；二级，新鲜、嫩度较好、干净均匀的一芽一二叶；三级，新鲜、嫩度较好、干净均匀的一芽二三叶。一般上午 10 时以后，雾气散尽后才可上山采摘，尽可能不折断叶片、不折叠叶张、不碰碎叶尖、不带单片、不带老梗。用干净的竹箩筐作为鲜叶的盛具，叶子不能挤压，每 1—2 小时及时收回茶具，放置在贮青间。

第二步是摊青。鲜叶验收合格，按等级分开及时摊青。摊青，就是把新鲜采摘的青色叶子完全摊开来，放置在竹匾上。根据晴天和雨天，上午采摘和下午采摘的不同情况，摊青厚度 1—5cm 不等，摊青时间 10—14 小时左右。摊青房和摊青设备务必保持清洁，勿使茶叶感染其他气味或不洁物，同时要保持房间通风干燥。为什么要摊青呢？茶叶采下来，跟气候也是有关系的。比如说早春的时候，茶叶整片采下来，水分很多的。水分很多，马上炒的话，那个色泽、香气都不是很好的。所以要摊几个小时，让水分散失一点，也就是晾干些。摊青的适度是叶感观上青草气消失、叶质变软、叶子光泽消退、含水量 70％左右。这样后面的工序就好做了，做出来的茶品质也好了。

第三步是杀青。我们以前开始的时候，都是用手工炒，用柴火烧的锅杀青。主要是温度要求比较高，180℃左右。温度不够高，很容易会有红梗。我们制作的主要是绿茶，如果杀青的时候温度不高，叶子本身薄因而颜色不会有影响，但茶叶的茎时间一长就慢慢红起来，这就是出现所谓的红梗。绿茶中出现红梗，品质就不纯。杀青的时候水蒸气很多，锅子里炒是用手工的，非常烫，十个手指都是水泡。后来呢，不完全手工了。全手工的话，产量就出不来，柴火的温度也不好控制。现在我们手工和机器集合，用的是滚筒杀青机，电加热的电锅。电锅清洁一些，温度也好控制，在 180—190℃左右，投叶量为每小时 25 公斤摊青叶，杀青时间在 2 分钟左右。杀青的适度是叶感官上青草气消失，略显清香，叶色转暗，梗茎折而不断，含水量 55％左右。

第四步是做形。杀青好了，要做形，做形也叫理条。把茶叶做成什么样的形状，主要还是看你想要什么样形状的茶叶。我们做的茶跟龙井差不多，龙井很扁，我们没有那么扁。过去都手工做的，靠的是手法。要把手伸进锅，压在茶叶上面,才能压平。这个手法一开始靠师傅教,同时还看录像学习。录像的讲解也就这样说说,关键还是师傅教,特别是温度、手法等。因为锅的温度很高,这个手真的是受不了,全是水泡。但手起泡了,也要做呀。发炎是不会的,慢慢的会结一层皮,等结皮了,手就好了。所以,我们做茶人的手摊开来都不能看。还有一个办法就是套一副很薄的棉布手套,问题是你戴了手套后,对锅的温度掌握不好,影响质量。现在制作名茶多用机器做形,投叶温度160℃左右,压重棒300克,按"轻、重、轻"原则操作。做形的适度是感官上外形扁平尚直,叶色转绿,清香扑鼻,含水量25％左右。

第五步是辉干。做形以后,就是辉干。茶叶形状做出后,接下去要让它干燥。原来纯手工的时候,做形在锅子里,干燥也在锅子里。做形有做形的手法,干燥就是把茶叶炒干,用的是另一种手法。干就好了,不要太用力。你太用力了,茶叶就都被你压碎了。现在辉干采用辉锅设备,也就是用电炒锅,人工操作。辉锅投叶温度控制在90℃左右,投叶量为每锅300克压扁叶,辉干时间为25秒左右。

第六步是整理。茶叶采下来的时候,有的是单叶的,有的是一芽一叶的,在做茶叶的过程中,还会有碎片产生。我们要把这些碎叶等去掉,原来手工的时候,用筛子筛一下,然后再用其他的工具比如瓦片把不同类的叶子拨出去。现在整理时,我们采用手工筛和机械相结合。先将提香叶用手工筛分出大小,割去茶沫;再用立式风选机按需要分出轻重去除茶片;然后按大小、轻重对照实物样以适当比例拼配成品。我们主要是做礼品茶为主,那你送人嘛,肯定也要讲究茶叶形状。茶叶泡出来一看,非常整齐。那个单芽是最好的,就是刚刚长出来,还没有叶子。一亩地没能产多少单芽,一个人一天只能采一斤多点单芽青叶。

第七步是检验。各批茶叶应具有相应等级的品质特征,品质应正常、无劣变、无异味。对每批茶叶进行感官评检、感官品质,检验员应持有评茶员资格证。

第八步是包装。茶叶的包装设计、标志、标签的使用要符合相关规定。包装材料应干燥、清洁、无异味、不影响茶叶品质,并由质检员检验合格后才使用。包装采用真空包装,要牢固、密封,既能保护茶叶,又便于装卸、仓储和运输。

上面制作的步骤中,最重要最关键的环节是杀青。因为杀青杀好嘞,它这个品质已经稳定嘞。假如杀青没杀好,温度太高,茶叶会焦掉;温度太低,茎叶会红梗。那你后面不管怎么去做,都做不好了。

在制作过程中遇到的困难还是杀青这个问题。我们是手工和机器相结合,机器更方便控制温度,但这个也要靠慢慢琢磨。记得有一次,我们杀青的温度没把握好,在机器滚筒里的一百多斤茶叶都是红梗,就只能报废。价格便宜一点,也没人要。你即使要卖,也得和人家说清楚,不能以原来的品牌出售,否则会影响我们品牌的声誉。

绿茶好还是红茶好？这个就是看每个人喜好的。绿茶对眼睛有好处，我们当地采茶的人说，一个月两个月采茶采下来，眼睛就有点亮嘞。但有些人说喝了绿茶胃有点难受，其实绿茶刚做好最好不要立马喝，要放几天以后再喝。茶叶一般当天泡好，当天喝掉。过夜了，也不会长细菌什么的，但茶味道淡了。

是不是谷雨茶很好？是有这样的一种说法，说谷雨茶可以做药的。但这是我们小时候有这样的说法，现在已经过时了。为什么呢？现在气候转暖，气温一年比一年高，茶树的品种也在改良。我们的绿茶都是早熟品种，加上气候变暖，很早就可以采摘了。过去老茶树，加上气候比较冷，谷雨时茶叶还不多，所以采下来比较珍贵，就有可以做药的说法。情况都在发生变化，现在的茶叶一年四季都可采摘，说谷雨茶、明前茶（清明节采摘的茶）比较好，有点跟不上形势啦。

"三山玉叶"孟君茶，博览会上荣誉多

我们绿茶产品的品牌名称为"三山玉叶"。这里原来叫"三山乡"，乡里领导非常重视，给我们的茶叶取了"玉叶"之名。我们的茶叶主要是本地销售，基本上都是老客户，人介绍人的，每年都在我们这里买。

2001年4月6日，我们成立了宁波市北仑孟君茶业有限公司，注册资本150万元，以茶叶加工种植、销售和科研为主要业务范围。孟君，是我名字中的"孟"和老婆名字中的"君"合称。公司先后获得北仑区农业龙头企业，宁波市林业龙头企业、宁波市优秀农业科技示范企业等称号。

公司大事记如下：

2001年4月，公司成立；

2002年3月，"三山玉叶"绿茶产品创制成功；

2004年4月，"三山玉叶"绿茶产品首获名优茶评比金奖荣誉；

2006年2月，公司首次被认定为"北仑区农业龙头企业"；

2007年4月，"三山玉叶"绿茶荣获宁波市"八大名茶"称号；

2010年1月，公司茶叶基地被评为"市农业标准示范区"；

2010年5月，公司被认定为第二批北仑区非物质文化遗产传承基地；

2011年12月，公司获得宁波市农业科技"创新型企业"称号；

2012年11月，公司首次被认定为"市级林业龙头企业"；

2015年6月，公司被认定为第四批宁波市非物质文化遗产传承基地；

2016年6月，"三山玉叶"绿茶通过绿色食品认定。

我们的产品每年都有参加展览和评比——杭州、厦门、香港等绿茶博览会——拿的荣誉很多的。企业荣誉（产品荣誉）主要有：

2004 年,"中绿杯"名优绿茶评比金奖;

2005 年,中国济南第三届国际茶博览会名茶评比金奖;

2005 年,"中绿杯"名优绿茶评比金奖;

2006 年,"中绿杯"中国名优绿茶评比金奖;

2007 年,宁波市"八大名茶"称号;

2007 年,第二届浙江绿茶博览会金奖;

2008 年,"中绿杯"中国名优绿茶评比金奖;

2009 年,宁波市名优茶评比金奖;

2009 年,上海国际茶业博览会特别金奖;

2010 年,"中绿杯"中国名优绿茶评比金奖;

2011 年,宁波市名优茶评比金奖;

2012 年,浙江绿茶博览会金奖;

2012 年,"中绿杯"中国名优绿茶评比金奖;

2013 年,"明州仙茗杯"名优茶评比金奖;

2013 年,浙江绿茶博览会金奖;

2014 年,第十届国际名茶评比金奖(红茶);

2014 年,"中绿杯"中国名优绿茶评比金奖;

2015 年,"明州仙茗杯"名优茶评比金奖(红茶);

2015 年,第十届浙江绿茶博览会金奖;

2016 年,第十一届国际名茶评比金奖(红茶);

2016 年,第十一属国际名茶评比金奖;

2017 年,宁波市第三届红茶评比金奖;

2017 年,第十八届中国绿色食品博览会金奖;

2018 年,第九届"中绿杯"中国名优绿素评比金奖。

我本人现在是宁波市级非遗项目"绿茶制作技艺"传承人、宁波市北仑孟君茶业有限公司董事长、宁波市北仑区东海春晓茶叶专业合作社社长。曾于 2005 年被评为宁波市第三届"十大杰出农村青年",2009 年被评为"宁波市十大种茶能手",2010 年被评为"北仑区科技示范户",2013 年被评为"北仑区劳动模范"。

关于传承,我自己师从岳父陈忠安学茶叶制作技艺,师爷是陈恭世。我老婆陈家也是当地以种茶、销茶发家的一脉传承。

2007 年,我们公司联合当地茶叶种植大户成立了宁波市北仑区东海春晓茶叶专业合作社,通过合作社这个平台进行技能培训、品牌宣传和技术研究,将绿茶制作技艺进行传承和发扬。2010 年,我们公司被命名为春晓镇绿茶制作技艺传承基地。基地建筑面积 3800 平方米,设有非遗陈列室、培训教学场所和生产场所。2010年传承基地联合春晓镇其他种茶、销茶人员成立了春晓镇绿茶制作技艺非遗保护协会,推选我担任会长。保护协会搜集出一些春晓镇绿茶制作技艺传统工艺文献,挖掘出了一些绿茶制作器具等遗物,对这些历史资料进行了整理并加以保护。

传承基地根据我们创制的"三山玉叶"工艺技术,结合春晓镇传统的绿茶制作技艺,编制完成《春晓镇绿茶种植技术规程》和《春晓镇绿茶加工技术规程》,并编印成册,作为技艺传承教学使用。传承基地内除了挖掘春晓镇传统的绿茶制作技艺,还不断创新研制其他类茶叶的制作技艺,继续保留传统手工工艺技艺外,还不断研究机械化加工技术。通过几年的不断研究,传承基地现已建设完成传统绿茶制作技艺传承教学场所,创新名优绿茶机械化生产线,创新名优红茶机械化生产线和创新乌龙茶机械化生产线各一条。

传承基地近几年先后主持完成多个研究项目,如"北仑区三山玉叶名优茶产业基地"项目、"北仑区三山玉叶名优茶种植标准化示范区"项目、"三山玉叶有机茶产业化星火示范基地"项目、"北仑区2万公斤成品茶加工扩建"项目、"名优茶新品种繁育及加工技术推广"项目、"优质高效多茶类组合生产体系关键技术开发与示范"项目、"北仑区东海春晓茶叶种植标准化示范区"项目、"宁波名茶三山玉叶升级转型及关键技术提升"项目。经过多年的发展和积累,公司在人才和技术储备方面已经一定实力,在科研方面也积累了相当经验。

自己的孩子将来是否传承绿茶制作技艺?我们有一个儿子一女儿。女儿在国税局工作,儿子嘛刚参加完高考,他喜欢理工类。自己家的小孩子有稳定的工作,肯定不会想让他们做茶叶。现在城里的父母谁愿意让自己的孩子做茶农呢?

三、纱船传承人郑国定口述史

传承人简介

郑国定,生于1944年,宁波市北仑区春晓街道慈岙村人。初中毕业后到当地邮电局工作,一直到56岁退休。因群众选举和村领导邀请,到老年协会工作,并接手纱船这个非物质文化遗产项目。2007年至2018年春节、元宵节期间,都会带领纱船队伍到各地表演。2014年《龙、凤纱船》(彩船工艺)入选"美丽宁波·艺之秀"精品展,并被评为宁波市民间工艺美术优秀奖。

系北仑区民间艺术家协会委员,北仑区非物质文化遗产"纱船"代表性传承人,第三批(2010年6月)宁波市级非遗项目传承人。

采访时间:2019年10月25日
采访地点:宁波市春晓街道慈岙村办公室
受访者:郑国定
采访人:沈燕红
口述整理:沈燕红、胡修远、沈姝辰
采访照片:随访学生张雯姣、沈岑、杨卓霖摄;旧照由传承人提供

参加跨区文化走亲赴咸祥湖棉会

采访手记

集资复原的龙凤纱船
——访纱船传承人郑国定

风和日丽的一天,我们去采访纱船非遗传承人郑国定老师,很快便到达了北仑春晓街道慈岙村。村子里白墙灰瓦,绿树成荫,一条河流环绕而过。小桥、流水、人家,好一幅恬静的画面。

走到了村头,便看见了纱船传承人郑国定老师,骑着一辆自行车缓缓而来。走近发现是一位慈祥和善的老人,精神很好。短平的头发,没有一丝凌乱。可一根根银丝白发还是在黑发中清晰可见。微微下陷的眼窝里,一双深褐色的眼眸,仿佛诉说着岁月的沧桑。我们跟随着郑老师进入了他的办公室,和他进行了畅聊。

春晓纱船,又称旱船,始于清朝光绪年间,已有200多年历史。船在解放前是当地人重要的生产作业工具和交通运输工具,村民出海时希望一帆风顺,回来时期待满载而归,形成了"走纱船"表演庆祝捕捞、盐业丰收的习俗。纱船曾沉寂50多年,为了保护这一文化遗产,当地十位老人筹资2万元,凭记忆复原了一艘古纱船,并组建了一支纱船队进行巡回表演。

旧社会时,春晓无论收成好坏,每年都会举行庙会。庙会表演的船是用白色棉纱做成的,过去每户人家都会染:这是北仑最早的纱船料子,如今彩色的棉纱已屡见不鲜。纱船长 4 米,宽 1.5 米,高 3 米,重 300 千克。纱船表演的时候,人们穿着古装游行,乐队吹吹打打。纱船颜色鲜艳,特别漂亮。一只纱船的船头是龙头,还有一只是凤凰,是一对龙凤。船身还装饰了灯笼、彩纸。除了庙会,求雨的时候也需要纱船进行表演。

郑老师出生于 1944 年 12 月,今年已经 76 岁了,是春晓慈岙村本地人。老师 56 岁退休,至今已有 14 年,加入了老年协会任副会长后才开始做纱船。谈及传承,郑老师没有收徒弟。他认为传承是件很严肃的事情。但是纱船并不复杂,应该可以传承下去。老年协会也培养了一支乐队,不需要排练就可以出演。现在的年轻人也会做船型,有巧妙的心思,能想出各式各样的花样。最难的是资金问题,平时纱船放着也需要维护,都是大家凑钱去做。

从聊天中,可以发现郑老师的精神状态十分不错,噪音洪亮,笑声豪爽。郑老不仅对艺术有独到的见解与热情探索的精神,对非遗的未来也抱有非常积极的心态。

郑国定口述史

退休后身兼多职,接手非遗工作 14 年

我 1944 年 12 月出生,虚岁 76,北仑区春晓街道慈岙村本地人。慈岙村是个大村,由原来的慈东、慈峰、上横、海口、海陆五个小村并起来的,有毛六千人口。

我家住在海陆小村,沿着小河过桥,村口立了一块大约 3 米高的石头,上面刻着"海陆村"和"贰零零捌年春立"的字样。这块大石头正好在一棵约两层楼高的大树下。大树的树枝蓬开,树叶很茂密,夏天可以在下面乘凉。我们将刻有村名的石头和大树用砖头围成了一个低低的坛子,中间铺了泥土。坛子周围的一块三角形空地,成了临时停车场,经常有十几辆车停在那里。

旧社会这边岙口叫慈岙,所以现在中心村就叫慈岙。海陆过去叫丁街,海口叫王家,慈东叫林氏岙,慈峰叫林家底,上横有两个名称横桥头和上横,这些都是旧名、土名,主要跟村里住的大多数人姓氏有关。后来,五个小村名字改了。慈东,因为在慈岙的东边;慈峰,有座山峰;上横,一座横桥的上面;海口,就是溪水的入海口,这里离大海很近,头两千公尺外就是大海了;海陆,海口旁边的一块陆地。所以,改后的各个村名主要跟地理方位和特征有关。整个岙呢,就叫慈岙。

我家农民出身。我有一个阿姐和一个阿妹,都做农民、打工,年纪老了,没有

退休金。国家第一年出台农村养老保险政策,我们就去搞,自己一次性出了钱,(现在)每个月有 800 元可以领。

我初中毕业后开始工作。学校是三山民办初中,"大跃进"之后三山公社办的,校长还是个劳动模范呢。我们是第一班学生,28 个人。初中毕业大概 1960 或者 1961 年,那时候是三年困难时期,国家政策大办农业。我们毕业没有分配,所有学生都要回到农村、回到生产队去做农民。我成绩还可以,学校介绍我去邮电局工作,当时全班就我一个人去学修电话的技术。从此,我在本地三山邮电局工作,邮电局也是实体企业、社办企业,离我家也很近。我在邮电局一直到 56 岁退休,然后我到村老年协会工作,并接手纱船这个非物质文化遗产项目。新造纱船的时候,因为我有电工技能,一些灯光都是我安装的。后来,申报非遗项目时,村里领导要我担任传承人。

我有一个儿子和一个女儿。儿子在北仑国税局,自己大学考出的;女儿在邮政局,顶替我工作,现在也快退休了。外孙女 24 岁,温州大学法律系毕业,在宁波做律师。孙子现在读初中。孙子大了,家里也没啥事情,自己拿点退休金,闲着也就闲着。我文化有一点的,老百姓要选我,村里支部领导也一定要我搞,所以我到老年协会,还兼了很多工作。我是慈岙中心村原老年协会会长、现秘书长和海口小村会长,以及北仑区民间艺术家协会委员、区委宣传部蒲公英宣讲员等。我退休 20 年,在老年协会和非遗纱船这方面工作已经干了 14 年。

龙凤纱船求吉祥,涅槃重生惊四座

北仑春晓位于象山港畔、东海之滨,下海捕捞、泥土采撷、海田晒盐、种植作物是昔日当地居民劳作的主要内容,自然形成了一种用彩色"纱船"庆祝捕捞、盐业、粮食丰收的习俗。

春晓纱船,源于鄞县(今宁波鄞州区)咸祥镇彩船,又称"旱船",始于清朝光绪年间,距今已有二百多年历史。春晓人自古以来爱船,把船看做吉祥物,船是重要的生产和交通工具。村里渔民出海时,希望一帆风顺;回来时,希望满载而归。所以呢,纱船就成为渔民的吉祥物,成为渔民出海平安、渔船满载而归的象征。随着时间的延伸,每年农历八九月间,棉花、早稻获得丰收,大家会制作彩船,以庙会形式表示庆贺。

我很小的时候在庙会上就看到过纱船,大概在 1952、1953 年。庙会可热闹了,前面有人背着大旗,后面有纱船表演,我们称"龙凤"。一只船是龙头,一只船是凤凰,龙凤成双两只船。船上有亭台楼阁,有戏剧人物,船身七彩纱线装饰,非常漂亮!

我们这里的庙宇很多的,海口庙、龙山庙等。海口庙斥资一百多万建造,非常景气,纪念一名唐朝李世民时的报国大将应开山,他保卫京都时死掉了。他也不是这里人,我们只是纪念这样一位将领,塑了一尊菩萨(像),称为应开山菩萨。还定了农历五月十二日作菩萨生日。庙会就在菩萨生日举行,但不是每年都搞。我们搞庙会是巡游性质的,不是买东西的那种庙会。表演的村民排着长长的游行队伍,里面有纱船等节目,从庙里出发,到村里走一圈。热热闹闹的,气氛很好,庆祝一下今年的丰收,求菩萨保佑来年收成好一些。

除了庙会,我还见过一次天旱求龙王时的纱船表演。我们这个地方有一个龙头吞,龙头吞有一个龙潭,在挺高的山上有个潭。现在这个地方是福利院,造了一个大水库。有一年大旱,我们抬着龙王去山上。最前面有几个人背着一面大旗,后面就是抬着的龙王菩萨,再后面就是很漂亮的纱船呀什么的。纱船表演,蕴含着老百姓祈求下雨的愿望。

所以,求雨的时候有纱船表演;行庙会时也有纱船表演,主要还是庙会的时候。当然"文化大革命"都没有了,因为祠堂、庙宇什么的都给拆掉了,菩萨推倒了。庙会没有了,纱船也不存在了。

纱船命运多舛,受到"文化大革命"的影响,淡出并消失在了人们的视线中。2007年10月29日,春晓业余文艺纱船队第一次公开表演,纱船重回大众视野。这支队伍由10位老人组成,他们分别是:卢朝鑫(首先提出造船)、邱诗全、王志初和其他7位经常在一起进行文艺活动的老人。"舞纱船"这个想法不谋而合,得到大家一致同意。但是舞纱船哪有这么容易?他们遇到了最大的难题——纱船,没有纱船怎么舞呢?那就是造船了!

可是村里老年协会没有过多的活动经费,也没有赞助商,10位老人便决定:我们自己集资造船,一人2000元。很多老人家境并不富裕,但是更为难得的是,这个想法得到了家里人的支持,老人们便很快凑齐了2万元。其中让人最为感动的是70岁的郭宏贵,他患有腰椎病多年,但是他将看病的钱都拿了出来,用来造船。资金很快就到位了,接下来便是造船了。

可是谁都没有造船的经验,这船要怎么造呢?这个难题落到了老木工王志初的头上。这可怎么办才好?最后卢朝鑫老人凭自己对纱船的记忆,费时10天画出纱船的草图,交给王志初。接下来就是忙碌的造船时间了。王志初老人挑灯赶夜工,起早又贪黑,遇到不懂的就请教,日子就这样一天天地过去了……两个月后,一艘由木、雕、漆、绘结合而成的纱船呈现在众人面前。

万事俱备,接下来就是表演了。于是大家又争分夺秒地排练,终于在2007年10月21日,老人们把纱船搬上了舞台。一场表演惊艳在场所有人,没有人不为之鼓掌喝彩。

有着200年历史的纱船,曾经陷入无人传承的灭绝境地之中。而现在,纱船用自己的魅力告诉人们,它不会消失。它将会拥有更大的舞台,让更多的人知道它的存在! 春晓纱船,重新回来了! 不过,原先的这几个老人现在大多不在世了,有新的年纪轻一点的接班。

亭台楼阁美景收,流光溢彩纱船舞

纱船多高、多重? 用什么材料,怎么制作? 表演的程序这么样的? 我来给你们做些介绍。

纱船最高有 3 米多,重量起码有三百公斤。纱船制作基本就地取材,主要以木工为主,配合油漆和装饰。第一步搭架子,先用木头搭建船体和亭台楼阁的骨架,现在用三角铁或铝合金焊接;旧社会搭架子用的是竹子,连接处钻孔、榫接。第二步船成型,用三夹板做出船身和船上的楼亭;过去是竹子劈好后,一层一层粘上去,形成船体,船体的旁边做一下龙身。第三步装轮子,这样可以推着船前行;现在直接用上三轮车,比较省力。第四步缠棉纱,用七彩纱布包扎,过去家家都会纺棉纱,还会自己染色;现在将船体磨上一番后,刷点油漆,用买来的彩纸可代替棉纱。第五步装饰点缀,以各种彩纸、羽毛、花球等装饰出一龙、一凤的头和身体,再用彩条、纸花装饰三层的亭台楼阁,再将龙、凤、戏剧人物等绘于船体上,船内再装上灯、烛。晚上行会时,光彩四射,富有民间特色。

旧时一只纱船行会踩街,按照先后,分别有下列人员组成:放礼炮、甩火(油)篮、扛抬大纛、奏乐器、领队指挥、抬船等,加上配备人员等,共有 43 人为一只纱船踩街服务。

踩街开始,先是鸣放礼炮,然后是甩火(油)篮开路,一根长绳两端各系一只浸饱火油的棉花包(或盛着炭火的铁丝小笼),左右开弓,边走边甩。它的作用一是开路,不让行会队伍因人群拥挤而阻塞,使头道相迎的观众自动后退,为纱船开道。二是增光添彩,烘托气氛,特别是晚上行会时,火篮甩起来似流星、似火龙,既有鸣炮又有色彩,可谓是有声有色。接着来的是大纛,大纛一般有 5 米高、1 米宽,旁饰流苏或飘带等,大纛正面写有"国泰民安,五谷丰登"等祝语,下有某某村字样,使旁观者一看就知是哪个村的彩船队伍来了。扛大纛的人是非常吃力的,因为高,易招风,不论顺风或逆风都容易吹翻吹倒,因此大纛的顶端绑扎着两根长绳,下配两人前后拉扯控制。

春晓新制作的纱船长 6 米,宽 1.5 米,高 3.6 米,分上、中、下三层。船身用精美的镂刻工艺描绘了盘龙翔凤、亭台楼阁、花鸟鱼虫等。每次演出的队伍均有 21 人。乐队每人身穿一套演出盛装,驾车行走。船内装三鼓,敲鼓之人坐在船内,船外四锣和钛锣、切子,胡琴三至五人,二笛,弹拨二人,敲酒杯、木鱼、铜铃等各一人,护船若干人,分别站在纱船的两边,主要形式有敲、打、吹、弹、拉、唱组成。表演多采用《三六》、《戏则》、《紫竹调》、《农业大发展》、《马灯调》、《五更调》等民间乐曲和传统曲谱。随着队长旗子一挥，表演开始了。只见红旗招展飘扬，纱船流光溢彩，锣鼓惊天动地，乐队节奏轻快，队伍浩浩荡荡，场面浩大，美不胜收。

2007年10月，春晓业余文艺纱船队首次公开表演，精美的船身、盘龙翔凤的亭台楼阁、姿态各异的花鸟人物，使整个活动高潮迭起。2007年11月19日东南商报对春晓纱船作了详细报道。2008年纱船参加九峰山梅花节活动。2009年2月获得春晓镇非物质遗产比赛创新奖，9月参加了区老年协会在体艺中心的大展示。2010年3月在民丰村参加由镇政府、团区委主办的迎世博赏民族观春景的活动。2014年，参加"绿岛之春"北仑区大型元宵民俗踩街活动，同年5月参加了宁波民间工艺美术精品展并获优秀奖。与此同时，2007年—2018年春节、元节期间均有纱船表演。

春晓文化趋濒危，保护措施紧跟上

目前，纱船保留的地方一个是北仑春晓，一个是鄞州的瞻岐镇、咸祥镇，其他地方没有。鄞州区的纱船比较早，而且保管得好。春晓纱船最初就是从鄞州学来的，因为春晓跟鄞州的这两个镇跟是紧挨着的。瞻岐镇的一只纱船送给了台湾。咸祥镇的纱船是全木工雕出来的，非常漂亮，也很贵，花了二三十万元。鄞州做得比我们好，但他们没有申报非遗项目，我们申报了。

如今制造一只普通木结构的纱船，需要木工、雕工、漆工等五六个人制作，快则半个月，慢要近一年，而且费用高，大概需要两三万元，所以，现在很少做了。随着传统庙会的减少，制作纱船的民间老人相继过世，现在年轻的一代对传统民间艺术都不太有兴趣了。纱船艺术的传承，出现青黄不接的局面。没有特别原因，一般大多不再自愿制作这种既耗时、又费钞票的民间工艺品。纱船这样子的民间艺术处于濒危、马上会消失的状态。

为了克服春晓纱船投资大、出场少、体积大、难以保管，缺乏资金等实际问题，使纱船文化遗产巩固传承，在政府主管部门的领导和引导下，由中心村负责、村老年协会管理，慈岙村成立了独立的业余文艺纱船队。以原来群体为基础，整顿充实学员，表演队伍保持在25人以上。纱船必须要民间乐队配合，确定每半个月学习培训、交流一次，确保需要表演的时候可以直接拉出去。我们搭建拓展活动平台，积极参与欢天喜地闹元宵、春节踏街拜年等大型活动，提高纱船文化的流传度。建立有人管理，有人保管，有活动场地及时清洁修理的制度，做到经费独立自主为主，争取政府部门扶持中心村的支持、企业家捐赠。

近年来，经过春晓文化站的努力，成立了春晓民间艺术研究会和春晓民间创作基地,正在整理和抢救一系列传统纱船文化。

我们文化站站长跟我说,今年要重新搞一对好一点的纱船来。本来先让广告公司去设计,但是广告公司不会设计,他们设计不出这个传统的东西。站长叫我先拿出个设计图纸来,然后我们再去制作一对漂亮一点的纱船。过去制作都是用木头、柱子等,就地取材,现在各种材料都可购买,连塑料都可以用哦,所以搞起来会更漂亮一些。我们协会每年有1万钞票拨下来,三年了有3万,钱都存着,搞出新的一对纱船也没问题。不过必须保留传统的特色,不能用现代化的元素,否则就不是非遗的意义了。

我觉得春晓纱船是完全可以传承下去的。但是非遗传承最大的困难还是资金困难,平时纱船放着也是需要维修的,各种演出的时候都需要资金的支持。我没有正式收徒,我认为收徒是件严肃的事情。

四、"春晓"述考:地名传说口述史

据春晓街道有关文化人士、当地百姓,以及纱船传承人郑国定老人、绿茶制作技艺传承人鲁孟军等讲述,现在的春晓所在地,原是三山乡。

三山乡因境内三座山而得名。俞家、合宅村西北侧有凤山、虎山,南首有豹山,于是命名为三山。据《鄞县志》载,早在唐宋时就有先民依山而居,其发展历史大致经历了人烟稀少的唐宋山居时期、人口骤增的元明成陆时期和围海垦田的平原成熟时期。

宋熙宁十年境域从鄞县划归定海县(后改称镇海),属泰邱乡。元、明时袭宋建置。民国十九年,始设合岙、慈岙、上三山、下三山、咸昶、昆亭 6 个乡,其中昆亭以村南有崐山、嵤山而得名。民国二十四年,上三山乡、下三山乡、咸昶乡合并为三山乡,改为三山、合岙、慈岙、昆亭 4 个乡。后乡域建置多次变动。1958 年,政社合一,建立人民公社管理委员会,设三山公社和柴桥公社昆亭管理区。1983 年,政社分设,撤销人民公社管理委员会,恢复乡人民政府,改称三山乡和昆亭乡。1985 年 7 月撤县扩区后,隶属宁波市滨海区(1987 年 7 月更名为北仑区)。

2003 年 8 月,三山乡与柴桥镇划出的原昆亭乡 6 个村合并组建春晓镇。春晓,是因为春晓油气田登陆点位于境内,遂将三山改为春晓。春晓,又蕴含"春眠不觉晓"的诗意。2015 年 1 月,撤镇设春晓街道。

春晓,曾是历史上的军事重地。明代为东南沿海抗击倭寇的前哨阵地之一。民丰村北侧的炮台山山顶、三山村唤鸠岙东北侧炮台岗山顶、昆亭村东北侧福泉山山顶都有用石块砌成的烽火台,是当年观察倭寇动静、燃火传递军事情报的设施。清康熙八年,境内军民又在昆亭村桂池建昆亭寨城,在咸昶村西北侧炮台岗山顶建菖蒲山烽火台,英勇抗击外敌入侵。现这些烽火台均为历史遗址。

2019 年,春晓街道下辖 6 个村、1 个社区(洋沙山),总户数 9202 户,总人口 23047 人,其中城镇居民 11793 人,农村居民 11254 人。[1]

---

[1] 参见《北仑年鉴 2020》,浙江人民出版社 2020 年版,第 421 页。

第六章 浙东北仑区白峰街道非遗传承人口述史

第一节 白峰街道地域文化生态

　　白峰街道位于北仑区的东部,地处穿山半岛蜂腰地带,南北面海。境域东与郭巨街道相连,西接柴桥街道、春晓街道,南濒梅山保税港区,北临穿山港与大榭开发区为邻,区域面积 49.06 平方千米。

　　白峰属亚热带海洋性季风气候,四季分明,温和湿润,水资源丰富。白峰有白峰河等三大主溪和众多水库,如竺家坑水库、粽子岩水库、长水流水库、太平岙水库、石佛堂水库等,其中竺家坑水库是白峰最大的水库,蓄水量 1350000m²。白峰地势中部高,向南北倾斜,东西多丘陵,森林资源丰富。最高主峰是太平村的双石人山,海拔 493 米,山林树木四季常青,繁茂郁葱。白峰福泉山为天台山余脉,山头连绵起伏,沿山公路矗立着 80 米高的大风车 18 台。花海风车路、满坡芦苇荡、绿地茶园、湛蓝天空,站在山顶,北可观北仑港码头,南可俯瞰梅山湾和梅山岛全景。虾蜡龙潭森林步道位于白峰下阳村,全长 6000 米,海拔 250 米,绿潭飞瀑,风景幽丽,可远眺梅山岛、象山港。日头山森林步道位于白峰阳东村,全长 6500 米,海拔 406 米,登临山顶,远眺山海一色,可观白峰、梅山全景,望舟山、象山诸岛。

　　白峰海陆交通便利,区位优势明显。329 国道和穿山疏港高速平行穿越全境,西接宁波市区;境北有白峰码头,通往舟山鸭蛋山码头,在甬舟跨海大桥通车前,此地是唯一可以连接舟山与宁波的最大陆岛交通线。白峰拥有 15.2 千米的深水海岸线,利用港口岸线优势,大力推进码头、环保、围涂、公路等大型项目布局,一批省、市投资百亿以上的重大项目纷纷垂青白峰,着力打造集物流、中转、仓储等多功能一体的工业园区和相关产业带,成为北仑新区开发建设向东迈进的重点区域和海港前哨。

目前,白峰街道辖区内已形成了保险箱、水产加工、船舶制造、针线机制造、花卉苗木种植五大支柱产业。境内的永发集团是浙江省保险箱制造龙头企业,针线机制造企业群占全国销售份额三分之一。以花卉苗木种植为主的农业发展特色鲜明,草乌鸡、山黄鸡等特种养殖、传统蘑菇种植产业远近闻名;全街道有花卉种植7000亩,茶叶种植4000亩,海水养殖4600亩,名特优水果种植4200亩;门浦村竹园山上有棵500年树龄的古桂树,高15米、树冠直径达13米、树干周长2.95米,为宁波最大的桂花树。

同时,白峰街道致力于打造"山水林田相应、港产渔游相宜"的滨海宜居生态小镇,先后荣获国家级生态乡镇、全国社区教育示范乡镇、浙江省"五水共治"工作先进单位、浙江省东海文化明珠乡镇、浙江省文化体育强镇等荣誉称号。

白峰街道市级非遗项目及传承人有白峰漆塑传承人唐美定等。

第二节　白峰非遗传承人口述史

一、白峰漆塑传承人唐美定口述史

传承人简介

唐美定,生于1935年,宁波市北仑区白峰街道人。出身油漆工世家,小学文化。自幼喜欢美术,爱好文学,18岁开始跟随父亲学习漆艺。1985年完成大型木雕漆绘"北京天安门"作品并送荷兰长期展示后,声名鹊起。继之,无师自通,创造性地完成了天童寺正殿双柱上的一对"龙凤抱联"漆塑制作,奠定了现代白峰漆塑创始人的地位。1985年至今,一直从事漆塑制作,不但继承传统白峰地区漆艺工艺,而且开拓创新取得很大成就。最近十年,主要精力投入到漆塑非遗传承工作,为培养新人不遗余力。

系北仑区民间文艺家协会理事,北仑区非物质文化遗产"白峰漆塑"代表性传承人,第四批(2015年6月)宁波市级非遗项目传承人。漆塑代表作有《龙凤抱联》、《鲤鱼跳龙门》、《春、夏、秋、冬》、《梅、兰、竹、菊》、《松鹤图》、《孔雀牡丹》、《迎客松》等,有旧体诗词作品发表以及著作《白枫红叶》出版。

采访时间:2019年06月27日
采访地点:宁波市北仑区白峰成人学校(白峰漆塑工作室)
受访者:唐美定
采访人:沈燕红
口述整理:沈燕红、胡修远、沈姝辰
采访照片:随访学生吴沛寒、朱佳依、沈岑摄

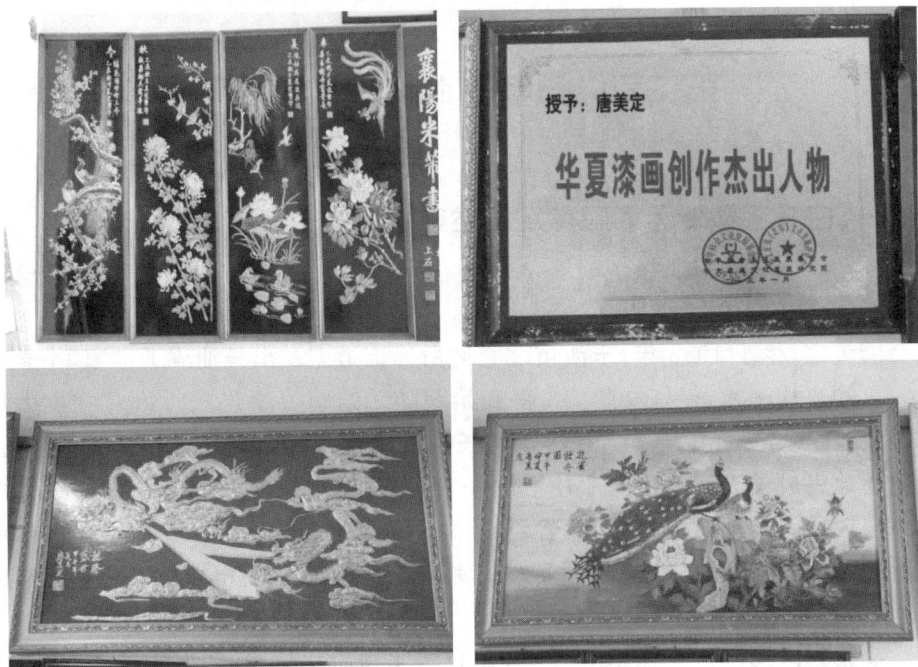

采访手记

艺术需要传承　漆塑从心开始
——访白峰漆塑传承人唐美定

　　阳光炽热的一天，我们一行人来到了白峰街道，采访"白峰漆塑"非遗传承人唐美定。唐师傅生于 1938 年，是个土生土长的白峰人。现年 82 岁的他身体硬朗，岁月仿佛"偷工减料"，忘记在他身上留下痕迹。

　　唐师傅笑着和我们说：小时候就看到身为油漆工的爷爷和爸爸的作品，十分感兴趣。以前做油漆工需要一定的绘画技术，家具、传统寺庙的牌匾等，都离不开油漆工的画龙点睛之笔。他从心里喜欢漆塑，这是他热爱事业。

　　唐师傅简陋的工作室里摆满了作品，有婉转流畅的《水调歌头》，凌空飞翔的《九天龙》，更有清新脱俗的《梅兰竹菊四君子》。漆塑摆脱平面的拘束，通过立体的展示，给人们强烈的视觉冲击。

　　想起刚开始漆塑创作时，唐师傅唏嘘不已。漆塑技艺流程是复杂的，先用生漆制塑泥堆塑，再上漆贴金，最后描金绘彩，看似简单，却足足有八道工艺：打光、批灰、绘图、漆塑、铺沙、上漆、贴金、罩光。不仅如此，绘制漆塑时更要考虑温度、湿度、风向等对作品的影响。

　　漆塑可展现字、绘画、书法等多种艺术形式。翻阅唐师傅的作品集，精美的图案,复杂的工艺,让人叹为观止。如《鲤鱼跃龙门》等立体画作惟妙惟肖,还有加了金色颜料的书法大字,尽显非遗之美。唐师傅的作品有很多,除了漆塑,唐师傅还会写诗,可谓琴棋书画样样精通。

唐师傅的漆塑创作得到家人的鼎力支持。2008年唐师傅获得了第一张奖状,迄今为止大大小小的奖项共计26项。他所有的作品都存放起来,不作为商品买卖。虽然政府补贴微薄,但他却并不在意。

唐美定师傅是白峰漆塑的创始人,他说"艺术需要传承"。唐师傅已经收了15位徒弟,并且他们都对漆塑十分感兴趣。但关于白峰漆塑日后的传承,唐师傅认为有点困难,他说:"要传承一门技艺,第一要有经济效益,第二要有积极性,缺一不可。但是如今我们创作的漆塑作品经济效益不高,这使得年轻人很难坚持下去,并且不能产生经济效应,他们家里人会反对。"从2014年开始,唐师傅免费举办培训班。只要将这项技艺传承下去、发扬光大,他就感到心满意足。

唐师傅的心态极佳,他将漆塑不仅仅当作一项事业,更是一种乐趣,一种精神寄托,我们不禁佩服这位老人的胸襟和境界。

唐美定口述史

父亲叮嘱:学好图画课,做个油漆工

我82岁,1938年11月出生,北仑区白峰人。过去是白峰村,现在是白峰街道,我们三代都是白峰本地人。

我出生在祖传的油漆家庭,爷爷和父亲都是油漆工。家里有一个哥哥一个弟弟一个妹妹,我是老二。哥哥当兵去了,弟弟和我也是做油漆工的,妹妹出嫁了。

关于漆塑,爷爷和父亲只做过小的作品,没有大作品。因为漆塑这个工艺很难做,一幅作品要好几天,画工时间长,加之用料昂贵,费用高,普通老百姓接受不起。做漆塑的一般是庵堂寺院、大户人家。如庙里的牌匾、抱联、佛像,有钱人家的花板床、床联顶部的龙头和床联文字以及文字下面的双鱼吉庆,高档木器、装饰器具的梅、兰、竹、菊漆塑等。爷爷和父亲除了做些漆塑小作品,也给普通老百姓家里的家具上油漆,并在家具上描些花、图案等。过去的油漆工不光只会刷漆,而且都要有绘画基础。漆塑这门工艺呢,解放后已经没有了。我小时候只是听我父亲说起,漆塑要用什么材料,怎么搞法,是口碑相传的方式,并没有实际接触过。

我小学文化,1953年1月3日毕业,我记得很清楚。那时候小学毕业已经相当好,至今60多年了,毕业证书我一直保留着。我是白峰小学的第一届毕业生,一个乡毕业班只有7个人,2个女生5个男生。当时,整个小学只有150个

人。白峰小学的校址就在这里的白峰成人学校。不过,当初不是楼房,是低房子,前后两进 4 间教室,这我紧紧记得。那时的小学,语文、算术、常识是三门主要课程,也有体育、美术等课程,高年级还有地理、历史。我读书时,相当爱好美术。记得在开学第一天,父亲就曾叮嘱我:"一定要学好图画课,这是你今后的谋生之路。将来做个油漆工,不会描画是没有出息的。"每逢上美术课,我总是专心听课,认真学画,但其他功课也不放松。

但我其实呢,曾想到上海打工,不想做手艺。12 岁时写了封信给上海办厂的一位亲戚,亲戚回复,等我小学毕业再来。我就等了两年,14 岁小学毕业时,刚好公私合营,老板个人权利没有了,我上海也去不成了。所以,只好跟着父亲去学手艺。十六七岁时,不是每天去干活,父亲接的活多了,跟着去做做;活少了,就待在家里自己描描画画。

我 18 岁正式学手艺,跟父亲参加郭巨手工业专业社。那时 1956 年,国家实行"一化三改造"政策,对农业、手工和私营工商业实行社会主义改造,号召走合作化道路。专业社既做油漆,也做下雨天穿的蓑衣。一走进单位,我就当财务主任,因为我小学毕业属于文化水平最高了,当时读过书的人并不多。后来,单位安排我和父亲及几位师傅,到驻地部队做油漆工作。这为我画画创造了条件。我每天利用午睡时间,偷着学画。放工回家,晚饭后点着"美孚灯"(煤油灯)描。没有钱买参考资料,就找家里面盆、杯子、碗、被面、花布等,凡是看见有画的东西,都拿来临学习。自己家画完了,见到邻居家有,就借来学,年复一年。在此期间,一些老师傅对我说:"何苦呀!时代不同了,新式家具不用描了,学得再好也无用。"我回答说:"有用无用不要紧,这是我的爱好。"

功夫不负有心人,经过多年的磨练,我学到了油漆工应具备的书画技术及油漆画传统画法。在以后的一段时期,在婚、娶家具装饰画画有了应用之地,受到群众好评。单位的老师傅也说我是煤油灯下毕业,确实不错,只要热爱一行不怕苦,真能学点知识。

我 21 岁结婚,和妻子差三年。结婚时,她 18 岁,我 21 岁。结婚后,我的妻子也跟我一起做油漆工,而且做得不错。我有两个儿子一个女儿,大儿子做了油漆工 16 年之后不做了,小儿子书读出了在宁波,女儿出嫁。儿子女儿都没有继续我的行业。

声名鹊起:大型木雕漆绘"天安门"

油漆工我从小做,漆塑不是。漆塑是从 1985 年,我去阿育王寺做"龙凤抱联"开始的。没有跟哪个师傅学习,我其实就是白峰漆塑创始人。但我的名气因做大型木雕漆绘"北京天安门"而起的。

当初一个鄞州老板有家工艺厂,借了阿育王寺地点,对外就称"阿育王寺工艺厂"。他接了一笔20万元的业务——大型木雕漆绘"北京天安门"——那时的20万可不得了。他通过一个与我熟悉的油漆工来邀请我,说:"上海园林局承接了四件外贸工艺产品:北京天安门、上海外滩、杭州西湖、桂林山水。北京天安门由我厂承接。这件产品要求色彩符合真实景物,质量要求非常严格,为天安门的1/50缩小模型。现在木工、雕刻即将完工,等待油漆、书画,厂长特地委托我前来请你,你能去吗?"

我当时在上阳做生活,不能中途丢呀。他说:总共邀请了9个油漆工,没有你这活恐怕完不成,你还是先去看看。经过考虑,我最终接受了他们的邀请。

那天,我按约定时间到厂,素未谋面的厂长出来迎接,笑道:"久闻大名了!我还以为是位老师傅,原来你还这么年轻。"然后到了车间,首先见到的是男女职工个个聚精会神在制作栩栩如生的佛像。再到里面,就看到了制作中的天安门模型。模型长约120厘米,高70厘米,包括午门、天安门、紫禁城、四亭子、走廊、玉带桥、栏杆等,已接近完工。

下午,天安门模型搬进油漆工场,我马上着手开始工作。我先从上到下,角角落落,仔细地观察模型的细节。木工和雕刻工精工细作的工艺,使我连声称好。看过模型细节后,我拟定了工艺方案,开始打光磨滑,按工艺要求道道深入,层层油漆,色彩完全符合样板标准。油漆工艺结束后,接下来开始漆绘图案和文字。在工作过程中,我聚精会神、心无杂念、认真思考,只抱着一个信念:"只许成功,不可失败。"

我至今还记得,模型中一部分的柱子顶端,是个2.5厘米见方的正方形平面,上面要画上一条龙。在如此小的平面上做漆绘,我只能用零号狼毫的笔尖来画。油漆颜料特有的黏性,使运笔非常不畅,极大地增加了工作难度。这样的描绘持续了20多天,在场观看者,无不惊叹。但我的眼睛疲劳不堪。

一个多月后,油漆、漆绘图案和文字终于完成,只等检验了。检验那天,风和日丽,厂长发通知:今天在停车场装配北京天安门全景模型,在厂职工要小心地把零件搬到停车场。

经过紧张有序的装配工作,一套完整的天安门全景模型呈现在我们眼前。安放在停车场的模型吸引了寺内僧人和路过的行人的眼球,大家都过来欣赏壮丽逼真的天安门全景。

一会儿,上海园林局领导和鄞县的领导,以及记者们乘车来到观场。经过严格检验,一致认为"天安门全景模型"为四大工艺产品之首,摄像后在上海电视台播出,鄞县各乡镇在宣传窗展出照片。消息传出,全厂沸腾。

事情的结果:不但让阿育王寺增添了光彩,也奠定了工艺厂基础,厂方因此声名鹊起。我自此也名声在外,更让我感到欣慰。辛勤的付出终于得到了回报,此行无憾了!

漆塑杰作:天童寺正殿"龙凤抱联"

1985年我完成漆绘天安门微缩模型后,阿育王寺工艺厂又接到天童寺匾联业务,我有幸得到了"龙凤抱联"漆塑制作任务。刚才讲了,我在学艺时没有碰到漆塑的作业,只听父亲口叙,默记在心里。

一天,天童寺当家修祥师傅来电话,要我去天童寺一趟。第二天上午,修祥师傅接见了我,并带我去大雄宝殿。佛前有四根金刚柱,中间二根已挂上抱联,左右两根还空着,也要做一副与中间两根柱子相同的抱联。我说:还是请中间做过的师傅为好。他说:请原有师傅做,何用再请你呢?看上去他有点不高兴。我说:师傅,说句实话,我以前没有做过漆塑。如果要做,要按我的方法做,也只能试试看。阿育王寺工艺厂厂长鼓励我:你尽管去做,做成了,当然是件好事。失败了,我工资也照发给你。得到了厂长的支持,我胆子就大了。

施工过程是这样的:几日后,木工完成,开始砂平,嵌木纹。然后用生漆、纱布包牢,以免变形、开裂。待干后,批石膏、做灰直至砂布眼平滑为止。再漆底漆,中间排列文字。六米长的抱联,这么多文字要排得直、正也得动脑筋,再排小字(题联人姓名、年庚、捐助人等)。文字全用复写纸复好,再用白色特种笔描边,不能变形,否则书法家有意见。然后再用生漆、熟漆、瓦片灰、香灰等制成塑泥,用自制竹质工具将塑泥在文字上堆起来。相据笔划不同,高低也要不同,直至表面文字光滑为止。

接着画周围的装饰,文字两旁,龙凤相连,上面正中是正面的龙头,下面为鲤鱼跳龙门,图案的其他空间画上云层。然后再用塑泥,从上至下塑起来,比塑文字更困难。因为图案是相互连接的,无法修改,一处出错就要从头再来。所以必须要胸有成竹,按图案内容表现线条,塑造立体,同时必须心灵手巧,全神贯注。把所有的图案塑造完毕后,最后在离开图案云层0.7厘米以外的漆上生、熟漆配制的漆。一边漆,一边铺上淡水砂子,预先选好的大小适中的砂子。待干燥后,处理干净全部表面,再漆上两三次生熟漆,目的是让对联更加光亮。在油漆期间,要有温度、湿度控制,缺一不可。为谨慎起见,我一直与气象部门了解天气情况,注意气温变化。最后一道工序是漆金底,贴金箔,如果这一关过不去,金光不佳,将前功尽弃。总之,漆塑是一种工艺复杂的工作,难以学的道理也在这里

最终,完成的对联,文字部分外形准确,主笔有力,次笔婉韵,主次分明。图案部分正面龙头突出,左右两旁是各种造型的金龙和丹凤,飞翔在云层之中。对联底部图案是鲤鱼跃龙门、龙飞凤舞,表示着良好祝愿和对美好未来的憧憬。文

字与图案之间的空间中,细细沙粒发出金光,辉映着黑漆文字。

此抱联共化 142 工,还有黄金二两,生漆,熟漆,辅料等,合计总花费二万元。完整的、闪闪发光的漆塑作品,终于从我的手中诞生,理想终于变成现实了。这让我深深地感到必须有付出,才会有收获,在这段漫长的施工过程中,我度过了多少个不眠之夜啊!

在作品送往天童寺的那天,我没有随行而去,急切地等待着送货人员回来。一直到傍晚,他们才回到厂里。我问:修祥师傅有何意见?他们说:"修祥师傅只说了一句话,解放以来,还没见过这样的龙凤抱联,还说不会做!"厂长听了也十分高兴。此联能留与世人欣赏,也是我一生的荣幸和骄傲。

漆塑工艺:浮雕与绘画融为一体

所谓漆塑,"漆"就是油漆,有生漆、熟漆;塑,就是塑造,塑起来,有立体感。漆塑是漆艺的立体造型。它是把浮雕与绘画艺术融为一体,由漆艺中的堆漆艺术演变而来,成为漆艺的另一种表现形式。漆画还好画,漆塑则比较难。

漆塑是我国传统文化的组成部分,历史悠久,漆塑如同陶、瓷、木雕、石刻、泥塑、书画一样,是华夏文明的珍贵遗产。漆塑是油漆工艺中难以学得的细作,学而不易,欲达炉火纯青的境界,还得加以独创。漆塑形如木雕,艺如泥塑,坚如石刻,保存持久,因此它的价值超过泥塑、木雕。

漆塑题材广泛、规格不限、色彩丰富、不易褪色、坚固耐牢,便于清洗与维修。漆塑上可有很多精彩绝伦的图案,比如梅兰竹菊、龙凤松鹤等,也可以是书法内容。书法可以是平面的,也可以塑成立体的,以另一种形式姿态出现在世人眼前。

漆塑的主要材料和工具有:生漆、熟漆、复布、桐油、金箔、刮刀、砂纸、刷子、笔、纸和尺等。具体地说:

漆塑工具:除应具备一套使用大漆工具以外,必须应有一套大小形状不一的自制"牙子"。如木雕师专用的雕刻刀有尖、圆、扁、平等种类,根据堆塑形状的需要,随时增添。做牙子的材料,选用新鲜活毛竹,锯一节用刀劈开成条子,去除篾青和篾白,用刀削成不同的形状,再用玻璃刮滑或砂纸砂滑,就可用了。

塑板:过去都用衫木板,要经木工师傅拼缝,用于寺庙抱联。如平面塑幅,可用木工装饰板。用杉木条板拼成的塑板,必须先做灰布。所用材料有两种:一、蚊帐布、大漆又称生漆、熟漆又称明油(桐油加温而成)、石膏粉;二、如一般作品或初学者可用蚊帐布、白胶(木工用)。

工艺按顺序大致分以下几道。

一、调腻子。先把塑板砂平去浮灰,填洞嵌缝,材料用生漆,明油各半,加石膏粉、少量清水,调成腻子,用牛角超批一次。第二天干后砂平,如有洞未平再补平。

二、做灰布。先将蚊帐布裁好,浸入水中拿起来略干备用。用80%生漆、20%熟漆,加石膏粉调成浆糊状,用牛尾刷把漆刷在塑板上涂抹均匀。再把备用的蚊帐布铺在塑板面上,四边上下拉紧平直为止。再在蚊帐布上刷漆,过夜一定会干燥。第二天用同样做法做好背面,这样正反两面都做灰布,其目的是塑板不会变形开裂。干后砂平。

三、批灰。生漆熟漆各一半调好漆,再加入香灰、瓦片灰、石灰,搅匀后用漆刷漆一次。如蚊帐布粗要刷两次,干后砂纸砂平砂滑。再用生、熟漆各一半石膏粉、清水调成腻子,批平批滑至看不到蚊帐、整体平滑为止,塑板就做成了。

四、构图。用白色特种铅笔勾出文字和内容。若做对联长联,首先弹直线确定文字中心线,以免文字侧斜。再勾文字外的图案,图案内容只要外形线描好就可以了。内线要被塑泥盖上,不必浪费时间。

五、刻字。用一把三角雕刀,把文字及图案外线的铅笔线刻出,其目的是不使文字图案变形,若有深厚的书法功底和绘画技能,那也不必刻了。

六、配塑腻。材料用生漆、熟漆、石灰、香灰、瓦片灰等,其性能各不同。生漆牢固、干得快,熟漆(即明油)干得慢,不易干,而且稠,石灰黏性好,香灰细,瓦片灰牢固。比例按需要而确定,大的塑形要求干透快,牢固性强;小的塑形,香灰石灰比例大。把配料倒在一块大的板面上或干净的地上,用榔头锤。开始锤时,要散开。多锤了自然成腻,锤成一团,要用力锤熟为止。

七、堆塑。先塑文字,在文字笔画中刷上生漆。再用塑腻根据笔画长短,取料在手心中搓成圆形条,放在已刷好漆的笔画中,用手指压实不空心。然后用竹牙子压拖,成半圆形,溢出刻线的刮掉,一笔一笔堆塑,把文字塑好。再塑图案内容,顺序按从内到外,从上至下。如塑龙为例,先把塑腻堆成一条龙,从头部开始,眼睛圆球用两手心搓成,放上去用竹牙子压实。龙鳞一瓣瓣是用牙子印出来的,牙子分形状分大小。塑好后要过几天才能干燥,再用砂纸砂滑,如有凹凸不平,用腻子补平。

八、漆底漆。生漆、熟漆各一半,把整块塑板漆一次,过两天同样再漆一次。

九、铺砂。砂子,要取溪坑砂子,把泥质洗掉,晒燥,用筛子,取中砂。铺砂前先用生、熟漆刷在要铺砂的地方,离开文字、图案处空出五六七厘米,然后把砂子撒在漆面上。没有漆的地方,砂子自然掉下,有漆的地方砂子粘牢。清理后,在砂子上再漆两次;用黑色透光漆,把文字漆好,再漆打金底。

十、贴金。是用黄金加工而成金箔,贴在所需要贴的地方。这是用于高档作品,因其成本之昂贵,一般人难以承受。如普通初学者作品可用铜粉,但日子不久,要发铜青,实在不理想。也可用颜料,如油画颜料,制作彩色漆塑作品,根据实际情况决定用料,不能千篇一律。如贴金箔,要掌握气候,要起南风、有湿度的日子,每年从三月至八、九月适宜;冬天西北风不能施工,生熟漆不会干燥——俗话说"冻死漆",更不用说贴金受损。贴金要在密封场所施工。

十一、罩漆。在金箔面上罩一层漆,目的是保护金箔不受损。配方是生漆两成,熟漆八成。如气候、温度、湿度条件很好最多不超过三、七比例。如过,开不出漆,金箔的颜色会受影响。小心一点最好,先搞个试验,比较放心。完工后要在空室内放一个月才能用,这叫满月了。

初学者只能从小从简单开始,材料不用生漆、熟漆,可用801胶水加点白胶,粉料同样实用。只要学会技法,掌握漆塑原理逐步提高,达到一定的技能,才能用生熟漆、金箔作为材料,创作珍贵的漆塑作品。

漆塑制作的工艺流程,道道都要紧,都要严格把关。砂皮没有打滑,没法油漆;漆若没有均匀,也做不下去。难度最大的是"塑",就是立起来。如果图案画好了,是圆的,但要是塑起来不圆怎么办?又比如一片叶子,图案里有叶子的经脉,塑起来时可能把脉络盖住了,怎么呈现出来?你要把脑子中或图纸中的图案立体化,只能凭着那份感觉和独有的记忆去创作,没有什么立体成型的东西可参考,所以,它的难度可想而知。

在做漆塑最常碰到的困难,比如做生漆,应该考虑温度和湿度,这个难度比较大。漆塑差不多搞好了,要最后上一次油漆,比如像今天气温27℃、28℃是可以的,那还要配合湿度。另外,和风向有一定的关系。假如我今天做的时候是南风,晚上转北风,油漆就不会干。所以,过去做生漆,就要关注气象,温度、湿度、方向等。一副好的漆塑是要控制好温度以及上油漆的时候,早一步不成慢一步也不成,是十分讲究的。这些都是自然因素外在条件,也是大自然的赠礼,虽然这些难以把握,但是也正因为有这些,才可以创作出精美绝伦的作品。

白峰漆塑是明清时代的产物,主要分布在白峰、郭巨、上阳、穿山等地区。光绪十七年的阿育王寺"舍利殿"门匾,两平方米的大作品,全金底子,人物背景和文字都是立体的,是一幅罕见的漆塑代表作。在我走过的大小禅寺里——包括河南白马寺、舟山普陀山——属首屈一指。

漆塑除了要求漆工有炉火纯青的技艺外,还要具备绘画、雕塑的技术,所以,漆工中能漆塑者极少。如今随着社会的进步,新工艺的加入,漆工技艺的高难技术已后继乏人,面临失传。

薪火相传:非遗守护者的崇高使命

从1985年开始都现在,我一直都在搞漆塑。我的一系列漆塑漆画作品先后问世,漆塑有《鲤鱼跳龙门》、《春、夏、秋、冬》、《梅、兰、竹、菊》、《松鹤图》、《孔雀牡丹》、《迎客松》等代表作,漆画作品有《龙州》、《万紫千红》、《平湖秋月》、《花好月明时》等。最近十年,我主要投入非遗传承工作。

2009年非遗普查后,白峰镇成立了非遗传承基地,地点在郭巨峰南社区。那里有三间楼房,供我挂漆塑、漆画作品。2014年,我开始办非遗培训班,在峰南办了两期。但那里离我家有点远。2016年,白峰镇撤销,白峰街道和郭巨街道又重新分开。我可以去郭巨,也可以到白峰。因为我是白峰人,所以选择回白峰。

我正式招收了15个徒弟,分布在北仑的各个区域。其中一个明港中学的老师王宗贤,2015年47岁时正式拜我为师,现在50多岁了。他是语文老师,曾我跟讲,原来考大学的时候就想考美术,但当初父亲不让他读美术,最后去读了师范。他学习书法类漆塑,作品已相当成熟。我的徒弟都是因为自己爱好,也有书法基础,慕名到我这里学习。我教他们书画,也教漆塑。我十年来,教徒弟都是免费的,不收一分钱。徒弟学习的材料都是这里出的,文化馆补助五千块一年用来买材料,如果超出了,也给实报实销;原来峰南社区是一万块一年。

我是通过正规的上课方式来教徒弟们学习漆塑,选题材、勾图、定稿、漆塑,一步步基础打好,教会他们。一学期每个人交一幅作品,跟我给职高生上课一样。我在北仑职高已经教了六年。

我这么多年来教课都是尽义务的,没有经济收入。我的作品曾送掉几幅,但一幅都不舍得卖。卖的话,价格一万至十几万都有可能。我这个人对钱不是很看重,只要过得去就可以了,平时生活费用主要来源社保费、退休费。一个人如果一天到晚想着钱的事情,往往做不成艺术。漆塑是我的一种爱好,我觉得艺术传下去比钱传下去更有意义。漆塑比人的寿命还长,保存时间久,所以留钱不如留艺术。

白峰漆塑传承我觉得有点困难:第一要有领导支持,第二学员要有积极性,缺一不可。领导不能只在要展览的时候才想到有漆塑这样一个非遗项目,平时却因为你不是企业、不能产生经济效益而忽视。比如我这里的条件不如原来的峰南社区,房间太小,我的作品都没法挂起来。来参观的人看到我的好多作品放在地上,有的只能叠起来,感到非常可惜。我从2014年开始每年领取1500元补贴,这些钱真的不够什么用,好在于我不太在乎。我今年82岁,如果想休息不干了,周老师(工作室人员)接我班,他年纪轻,还是这么少的补贴,家里人是否支持很难说。所以,如果街道能从经济上精神上大力支持年轻人,才有可能使漆塑后继有人。另外,学员的自我兴趣和爱好很重要。如果缺少这一条,传承同样没法做到。

对于我本人来讲,我之所以能长期坚持漆塑,一个是乐趣,一个是体现了我个人的人生价值。我做漆塑也是为了这门手艺可以代代相传、辈辈传承,希望以前的这些手艺活可以让后代年轻人看到,漆塑不被社会所遗忘。

补充一下:我这个人还爱好文学,诗、书、画、塑样样喜欢。60岁退休后,我参加了北仑诗社。当时很喜欢写诗,诗社有个老师会教,我每礼拜都会去半天,带作业过去。写的不是现代诗,是格律诗,有平仄韵,时有作品在《宁波灵草》发表。区委宣传部还要我写古阿育王寺开光、灵峰寺、宁波老话,和几个朋友一起写。北京《大方》杂志刊登过好几篇我的作品。我还有一本2013年香港天马出版社出版的《白枫红叶》,里面分为"漫说白峰"、"漆艺人生"、"民间文学"三辑内容。我的抽屉里放满一本一本的书,都有收录我的作品。

最后,总结一下十年里我的作品媒体报道和获奖、展出等情况。

媒体报道:电视新闻、纪录片、报纸共计36次,网上的难以统计。

作品展出:荷兰海洋公园长期展出天安门大型木雕漆绘,其他作品省、市、区级23次,还有5次展出照未收藏。

文学作品:《白枫红叶》和即将出版的漆艺作品集收录29件,格律诗《吟草》出版录用37首,个人漆艺作品完成53幅,其他书画(素描、国画)未统计。

获奖荣誉共26次:集体授牌4块;个人荣誉证书,国家级5本,省、市级8本,区级7本,镇级2本。

资金补助:5年补助费7500元,作品奖金2万余元。

下面我列举十年来的一些重要荣誉和事项。

2009年1月,全国文学艺术大赛组委会、大方杂志社授予"中华文化名人"称号。

2009年1月,浙江省委宣传部、省文化厅、省文联授予"优秀民间文艺人才"称号。

2010年6月,白峰漆塑获北仑区第三批非物质文化遗产名录,我被评为北仑区白峰漆塑传承人。

2010年6月,北仑区文化广电新闻出版局授予"北仑区优秀民间文艺人才"称号。

2010年6月,被北仑区民间文艺工作者协会聘为第六届理事会名誉理事。

2011年6月,北仑区文化广电新闻出版局授予"白峰漆塑"为"十大最受群众喜爱非物质文化遗产"。

2011年10月,首次给宁波职业技术学院非遗基地上漆画课。

2012年5月,被北仑职业高中聘请为学生社团校外辅导教师。

2012年11月,浙江省暨宁波市第三届职工科技周"百位工艺大师绝技展"

中,漆画获评金奖。

2013 年 1 月,中华社会文化发展基金会华文在线文化发展研究院授予"华夏漆画创作杰出人物"。

2013 年 10 月,出版《白枫红叶》,香港天马出版社。

2015 年 6 月,宁波市人民政府公布为宁波市非物质文化遗产(白峰漆塑)代表性传承人。

2015 年 6 月,北仑区文化广电新闻出版局授予首届"薪火相传——非遗守护者"称号。

二、"白峰"述考：地名传说口述史

据白峰街道有关文化人士、当地百姓，以及白峰漆塑传承人唐美定老人及村里其他人讲述，"白峰"地名由"白枫"演变而来。数千年之前，现在的白峰陆域还是一片汪洋。太白山支脉起伏伸入，自然形成山脚海涂。随着年月流逝，潮张潮落，泥沙堆积，逐渐形成滩地。

于是有外乡前姓、董姓人氏首次迁入，在此结茅搭棚，避风挡雨，垦殖度日。因洋面上有一大的礁滩，上面长着呈白色的古枫树，先人便将这片洋面叫作"白枫洋"。后来，海面渐渐地缩小，就改称"白枫洋"为"枫江"。再后来，"枫江"演变成一条海潮涨落、山水入海的浦流，先民开始在"白枫"一带筑塘围田、建宅下迁。

因"枫"、"峰"同音，旧时"白枫"、"白峰"通用。宋时，白峰已形成了一定的村落，有小门、门浦、太平、司沿等村名。北宋置穿山盐场，在小门村、白峰村、司沿村、华峙村（属郭巨街道）一带煮海水为盐。司沿村先民为煮盐设上厂、中厂、下厂，司沿下厂的地名一直遗留下来。明正统十四年大碶乐氏第十二代太公迁白峰，以捕鱼、狩猎、烧盐、种植谋生。他们围塘造碶，排咸蓄淡，改造良田，种植水稻。原有的海浦咸水，经排咸后成为淡水河流，分为上河、下河、东河、西河，白峰居民们就住在四条围河之中央，称荷叶居地。据说荷叶居地是荷叶活地，哪怕发生洪涝灾害，荷叶中心（原是乐氏宗祠）都不会受淹受灾，建于清乾隆年间的乐氏宗祠屏联"昔支分盘谷，今繁衍枫江"可以为证。

旧时人人信菩萨，有村必有庙。百姓心目中，庙里供奉的圣贤能保佑一方平安，风调雨顺、五谷丰登。为此，白峰百姓筹资建庙，庙名为"前董庙"。大殿后金刚柱有联曰：坐对遮山而永固，门临枫水而长流。历代战乱，前董庙曾焚毁四次。2003年在白峰村不远处的西山脚下原庵基上重建，改名"白峰庙"，楹联依旧用"枫水"二字。

白峰，北宋熙宁九年前，属鄞县海晏乡；熙宁十年，划归定海县（镇海县）。南宋建炎四年，建砦兵制时，于白峰司沿下厂山巅建巡检司，冠名"白峰巡检司"。民国以后，概称白峰。民国二十六年设乡。1992年5月，白峰、上阳两乡合并为白峰镇。2003年8月，原白峰镇和郭巨镇合并成白峰镇。2016年7月，撤销白峰镇建制，设立白峰街道和郭巨街道。

2019年，白峰街道下辖12个村、2个社区（峰城、怡峰）。总户数7855户，总人口19612人，其中城镇居民4877人，农村居民14735人。①

---

① 参见《北仑年鉴2020》，浙江人民出版社2020年版，第428页。

第七章 浙东北仑区郭巨街道
非遗传承人口述史

第一节 郭巨街道地域文化生态

郭巨街道位于北仑区的最东部,地处穿山半岛,三面环海。境域东、东南、南与舟山市普陀区的朱家尖、桃花岛、六横镇隔海相望,北与舟山市定海区遥相呼应,西接白峰街道,区域面积 63 平方千米。

边陲山城郭巨,山川秀美,历史悠久。总台山在郭巨,海拔 309 米,是穿山半岛东端最高的山峰。总台山上有一石屋,台基呈梯形,高度 3.7 米、下边长 8 米、上边长 7 米,系用沙土夯成,十分坚固。石屋以长石条为主骨,石柱和石梁采用榫卯结合,开南门,四周都有孔窗,用以瞭望。石屋,其实是 600 多年前,郭衢建城同时,构筑的一个抗倭边防瞭望哨所。

元、明朝时,浙江沿海一带经常遭受来自海上倭寇的侵扰,烧砸抢掠,十分猖獗,百姓民不聊生,苦不堪言。据《宁波市北仑区地名志》载:"明洪武十九年十一月为防御倭寇,派兵驻防,改为守御千户所。次年信国公汤和监筑千户所城。城周长 488 丈,高 1.9 丈,基阔 1 丈,辟有清波、崇秀、安吉三道城门。各门上筑楼,外有城河吊桥,并环建月城。"至洪熙元年,历时 39 年,郭衢城建成,设烽火台、置炮台、驻扎军队,成为前所。

当年郭衢城勾画时,在城后的三塔山(后易名总台山)的山顶处建烽火台,以及士兵守护烽火台住所的"兵营",即石屋。总台山管辖高山、土泽、观山、梅山等五个烽火台,由此成为当时浙东门户的一个重要军事哨所。据民国《镇海县志》载,总台山烽火台设旗军以望声息,昼夜烟火,互相接应,所望独远。明中叶以来,戚继光率部抗倭,当地人民反侵略的狼烟就从这里燃起。1997 年,总台山烽火台被列为省级文物保护单位。

如今,郭巨总台山森林步道,全长近 10 千米,成为徒步运动休闲旅游基地。

登临总台山顶,可缅怀历史遗迹,可观远近连绵起伏山头上转动的发电风车,可览气势恢宏的北仑港集装箱码头,可俯瞰以凤凰山为中心依山而建的郭衢城。

"郭衢"二字含有城郭之阔、山海相接、四通八达之意,境内水陆交通便利。329 国道入境,西连宁波北仑沿海中线,宁舟汽渡码头与舟山的六横、桃花、虾峙诸岛相连。20 世纪 90 年代以来,郭巨大力发展灯具产业,是著名的灯具之乡。1995 年全省第一座灯具城在郭巨正式落成,至今郭巨有 5000 多人外地创业,郭巨灯饰遍布全国各大城市,乃至走出国门。

郭巨沿海有 32 千米的优质深水海岸线和广袤的峙北、峙南内陆复地,集装箱码头、液化天然气、国际环保、重工、风力发电、围涂、铁路等大型工程项目相继落户,已成为一块北仑新区开发建设的投资热土,是未来北仑城市功能发展的核心区和主战场之一。千户所城,烽火总台,终将建成一座既不失古城传统又更具发展活力的美丽山海之城。

郭巨街道,市级非遗项目及代表性传承人:响器木偶传承人纪昌德、跳蚤会传承人李根荣、马灯舞传承人林布安、郭巨抬阁传承人林铺锦等。

第二节　郭巨非遗传承人口述史

一、响器木偶传承人纪昌德口述史

传承人简介

纪昌德,生于1943年,宁波市北仑区郭巨街道西门村人。小学文化,出身于普通的农民家庭,职业木匠。童年时看到过庙会队伍中响器木偶的表演,16岁开始跟随表叔吴云模学艺,目睹响器木偶的制作。2008年66岁时,把失传60多年的响器木偶回忆、挖掘出来。2011年雕刻制作了一组响器木偶,组建了木偶人响器表演队伍,并将这一传统戏剧重新搬上舞台。

系北仑区非物质文化遗产"响器木偶"代表性传承人,第四批(2015年6月)宁波市级非遗项目传承人。其代表作品有《七品芝麻官》、《孙悟空三打白骨精》、《莲花郎》等表演节目,以及其制作的精美木偶16只。

采访时间:2019年03月07日

采访地点:宁波市北仑区郭巨街道霓虹路91号西门村村委会,郭巨街道凤山路16号西门村原村委会

受访者:纪昌德

采访人:沈燕红

口述整理:沈燕红、胡修远、沈姝辰

采访照片:随访学生吴沛寒、朱佳依、杨勤、马家辉、叶俐莹摄,旧照由传承人提供

采访手记

传承的力量
——访响器木偶传承人纪昌德

木偶戏,一种借助玩偶来表演的独特艺术,古时深受百姓喜欢。

一个明朗的下午,我们踏上了前往郭巨的路,去采访响器木偶传承人纪昌德老伯。对纪老伯来讲,66岁之前木偶戏只是年少时那几眼的记忆,所以在66岁那年决定去传承、创新响器木偶,那时投入的精力可不是常人能体会的。退休前,纪老伯是一个木工,每天与木头打交道。2008年,他响应政府的号召,凭借七八岁时在庙会上见过响器木偶表演的记忆,加上自己精湛的木工手艺,开始对响器木偶做起了研究。

郭巨响器木偶与其他地区的木偶表演相比,多了响器这一关键,表演时会伴上各类乐器的声音表演,如大锣、小锣、鼓、镲。由于响器木偶个儿较精小,加上木偶体内各类机关,以及木偶全身的木制雕琢,纪老伯付出了很大的努力。因为那时响器木偶已没有其他传承人,所以纪老伯也没有什么可以借鉴参考的,全凭自己的热爱与坚持,最终完成了共16个木偶的制作,如孙悟空、白骨精、师爷等。之后每年的表演也是深受人们喜爱,获得了许多奖项。

纪老伯脸色红润,中气十足,完全不像是 77 岁高龄的老人。热情的纪老伯还带我们去了存放全部木偶的收藏间,看到里面十分传神的木偶,我们一行人惊呆了:拿着金箍棒的孙悟空、妖艳美丽的白骨精、诙谐幽默的师爷……纪老伯将孙悟空抬到肩膀上,操控机关,孙悟空便晃动金箍棒,两眼放金光,齐天大圣的气势震撼全场。老伯一边笑一边表演,让我们跨越了时间,仿佛回到了纪老伯七八岁那会:热闹的庙会,小孩子们挤在人群中,看着一个个鲜活的木偶,表演着各种绝活……想到这,再看看已经 77 岁高龄的纪老伯,不禁感叹时间流逝,更感慨非遗的艺术感染力!

响器木偶尽管是出色的非遗项目,但是与其他中国老一代的艺术一样,跳不出传承困难这一泥潭。纪老伯虽然有儿女,但是他期望能继承响器木偶的儿子,还是对响器木偶没有兴趣。纪老伯也呼吁年轻一代,多多关注这些老艺术,了解非遗,学习非遗,传承非遗!

纪昌德口述史

只为那惊鸿一瞥,重拾起失传 60 多年技艺

我 1943 年 6 月出生,虚岁 77 岁,北仑区郭巨街道西门村人。早在 2003 年 8 月,北仑东部地区要开发建设,征用阿拉郭巨镇,并到白峰,成立新的白峰镇。2016 年 8 月,土地不征用了,白峰镇撤销,郭巨又独立了。现在白峰街道和郭巨街道是分开的。所以,我是郭巨街道西门村人,不是白峰人。我的祖辈都是这里人。

我家有兄弟姐妹 5 人,一个阿姐、一个阿弟、二个妹,我排行第二,家里以务农为主。我小学文化,解放初读书,入过少先队员。读书成绩很好,经常第一名、第二名。学校六一儿童节出特刊,图画都是我画的。后来因为生病了,书没读下去。像我这种年纪,当时小学毕业,也不错了。

我的阿弟纪昌华 1946 年 10 月出生,伊做广告,会书法,毛笔字是郭巨写得最好的。1962 年初中毕业,1976 年至 1981 年在宁波灯具厂工作兼任宣传干事,1982 年至 1983 年在宁波广告公司工作,后自谋职业,从事油漆工、广告。至 1999 年 55 岁,他专攻书法、国画二十年,对书画艺术有一种难以割舍的情结。书法擅长篆、隶、楷、行、章、草,国画专攻人物、山水、花鸟等。1988 年加入北仑书法协会,多次获奖。曾获浙江省书法协会二等奖,全国书画入展奖,2015 年成为宁波市书画研究院成员。我们郭巨抬阁、鼓阁等的有些布景是我弟昌华画的。

我的堂兄纪才训、纪才君、纪才国在书法、美术方面都非常有才,得过很多大奖,西门村文化礼堂里挂着我们纪家兄弟的事迹。人们称我们纪家兄弟个个是秀才,相当聪明。

我什么时候看到响器木偶表演的呢？大概小时候七八岁,村里行会时看到。不像现在,到处有活动,内容丰富,可以看的玩的东西多。那个时候一有行会,老百姓都出来看呀,人山人海的。我们小孩子个子矮,在大人堆里钻来钻去,只听见木偶敲响器,看也看勿见。好像昙花一现,响器木偶就跟着行会队伍过去了。但是这种闹热的情境,印象交关深刻。1949年,解放了,中华人民共和国成立,非遗这种东西不提倡。侬晓得,以后种种原因,响器木偶失传,已经有60多年了。

郭巨老百姓对木偶响器概念相当深,因为是传统,是祖辈创造出来的,也是郭巨的文化特色。之后,老年人走拢讲起来:响器木偶这个节目交关好,你做木匠,你来弄一弄。我呢,2008年跟林(布安)书记商量。林书记说:这个事情可以耶,侬要是弄得出来,非常好。

我的职业是木匠。我的爷爷、我的父亲、我的叔叔都是做木工的。木工有各种各样的,有大木和小木。大木是造房子的大梁、柱子等;小木做床等家具的,是细节活。我16岁开始跟随我的表叔吴云模学艺做小木,也没有正式的拜师,应该是不学自通的。学习木匠手艺,一是为了谋生,二是因我从小看响器木偶的表演非常喜欢,也看到过叔叔曾做响器木偶。其实,我家中祖父辈的人都是村里木偶响器表演的老艺人,童年时我与表叔吴云模同住一个四合院,曾目睹响器木偶制作和表演。记得当初的木偶是竹子劈开,用竹篾片拗出木偶造型,再用纸糊上去,眼睛画出来。

响器木偶解放前都是行庙会时表演,1949年解放时有一个盛大的庆祝活动,响器木偶参与了表演。以后就慢慢销声匿迹,"文革"时完全中断,一直失传了60年。

2008年我66岁,我把失传的响器木偶重新回忆、挖掘出来。凭借小时候的印象,打开已经尘封的工具箱,重拾木工工具自制响器木偶,并对原来的木偶制作加以创新和改进,目的就是为了响器木偶表演这项"活"遗产能够传承下去。

大锣小锣合镲鼓,16只响器木偶齐刷刷上场

据说,木偶戏古称傀儡戏。三国时,曾有木偶表演的记载。唐代,木偶戏已经发展成熟,木偶的制作与表演已达到完美统一。经过宋明时期的继续发展,及至清代,木偶艺术达到了全面辉煌的鼎盛时期,形成种类繁多、行当齐全、剧目丰富、流传广泛的一种独特艺术形式。

郭巨响器木偶解放前是浙东地区著名的游演节目,凭着奇异独特惹笑的表现一直深受人民群众喜爱。

要说郭巨的响器木偶源于何时?鉴于旧时农村的民俗文化没有历史(文献)

记载,又因其是一种游演的活遗产,失传年月久,没有现存的东西可以考证。到现在,响器木偶是通过郭巨西门村村民们回忆制作,恢复挖掘而成的。

响器木偶基本制作是这样的:其头、手、脚是用木头雕刻、用油漆饰制而成,其身体部位用木头、三角铁等搭配而成,里面运动部位由弹簧、轴承、活轮、杠杆、绳索等通过原始机械原理制作而成。按头部、身体、手、脚、响器的顺序,完成一个木偶的制作,最后穿上鞋、帽服饰。做一只木偶,最快需要一个星期的时间。开始做的时候慢,后来熟门熟路了,就快一些。但也会碰到很多困难,比如有些机关掌控不住,要想办法固定住。

响器木偶作为一种传统的戏剧,主要表演的一个节目来自七品芝麻官的故事,讲的是元宵那天,人民群众敲锣打鼓闹元宵,一个清廉的县令为体察民情,带了一帮衙役上街,与民同乐看花灯,群众欢迎县官老爷。一共做了 10 只木偶:县官 1 人、师爷 1 人、扛旗锣开道的 2 人、举"肃静"和"回避"牌的 2 人;代表群众敲着大锣、小锣、鼓、镲,欢迎县官老爷的 4 人。

后来其他人提议,孙悟空(打)白骨精很有趣,所以增做了《西游记》中的 3 个木偶——孙悟空、白骨精、猪八戒,木偶的角色丰富了。又有人提出,过去响器木偶游行时用铜铳开路。铳——现在许多年轻人比较陌生——就是一根三角铁管,里面放满了火药。点燃导火线后,火药冲天而出,发出震耳的响声。过去放火药的那个工具就叫铳。又专门造了一个放铳的木偶角色,这样气氛就闹热了。还有人提议,以前的莲花郎很好看,就又造了两个转响铃棒棒、耍莲花的小孩子木偶。

这样,我们现在总共有 16 只木偶。一个木偶高 1 米左右,重约 10 公斤,扛在人的肩膀上表演。表演时,每个人各持一个木偶人操作,只要拉动绳子或扳动杠杆及各种操作物件,木偶人会敲击各自的响器或道具,响器会发出各自声音,配合好会成节奏声,道具会表现各种动作,有让人听了悦耳、看了惹笑的效果。

响器木偶参加行会表演的时候,我们将七品芝麻官、孙悟空、白骨精、莲花郎 16 只木偶悉数拉出。表演队伍的顺序和配乐是这样安排的:

第一排为两个衙役木偶人,身着黑衣、络腮胡子、目光炯炯,各肩背一根雕刻着龙头的橙色长方木条,木条前端挂一面锣,后端挂一面旗,我们叫这为旗锣。衙役左手握住旗锣上方挂绳,右手握着圆头短木,敲击大锣小锣,鸣锣开道。敲击乐谱如下:9 响—3 响,咣咣咣咣咣咣咣咣咣—咣咣咣,循环反复。

第二排是两个手持"肃静"与"回避"方牌的衙役木偶,方牌上方塑老虎大王头饰,以示威严。他们同敲旗锣的衙役一样,带着小厮帽子,身着白领黑衣,腰间系着白色带子,面部光洁,晃动脑袋,憨态可掬。

第三排和第四排是穿着青衣、黄裤、黑布鞋、带着西瓜帽的四个群众代表木偶人,他们神态各异,手持的响器分别为"大锣"、"小锣"、"合镲"、"鼓"组合。表演者拉动操作木偶的制动系统,使打击乐器发出响声,边游边敲。乐谱是:咣太七太或者七太七太咣。靠四个表演者的默契配合,可随意变化。其中的鼓,随打击乐附和,其谱为:咚咚咚咚咚。

第五排是看上去清廉和气的县官老爷,嘴巴微张,笑意盈盈。涂白的眼圈衬着黑色的眼睛,对比鲜明。鼻子下一丛横排的浓密胡子,下巴还有一撮浓浓、短短的小胡须。穿着胸前绣有大幅图案的大红色绸缎袍子、戴着有帽翅的七品官帽,一边摇头晃脑,一边扇着大折扇,与民同乐、自在逍遥。

第六排是紧跟县官之后的师爷,鼻子下和下巴处都留着稀疏的长胡须,穿着酱紫色、宽袖子的衣裳。左手拿着翻卷的书、右手摇着长方扇子,眼睛盯着书看,随时准备出谋划策。

后面几排跟着木偶孙悟空、白骨精、猪八戒和莲花郎。

莲花郎是两个少年造型的木偶。一人头顶扎着两根辫子,穿着深蓝衣裤,双手各握住一根一尺左右的秤杆粗细的深色圆木,木头上穿扎着 12 只小铃铛;另一人穿着草绿衣裤,双手各握住一根一尺左右的秤杆粗细的浅色圆木,木头上同样穿扎着 12 只小铃铛。表演者拉动莲花郎木偶的机关绳后,两少年转动带有铃铛的细木棍,可以舞出各种造型,发出沙啦啦清脆的铃铛声,煞是好听好看。

孙悟空、白骨精、猪八戒在三组响器木偶的最后面,表演人晃动着道具,边移行边表演。孙悟空木偶,典型的猴脸毛头,头上套着紧箍咒,戴金黄色帽子,上书"佛"字。身穿经典亮色黄衣服,挂着黑色领巾,腰间系着黑棕色相间的虎皮纹围裙。右手拿着一根金箍棒,右脚落地,左脚屈膝上抬。机关一拉,金箍棒可以360 度呼呼响地快速旋转,装饰了红眼眶的眼睛开始闪闪发光,因为眼睛后面安装了特殊的灯泡,可以说是真正的火眼金睛!白骨精木偶,身着白领子的粉色对襟衣衫、粉色裤子,衣领下衬翠绿内衣,几条黄色丝带飘落腰间。头戴红绒球、白珠子的凤冠,上面插着两根很长的翎子毛,额头上镶嵌着小白骨骷髅,嘴唇抿紧,柳眉倒竖,杏目圆睁。双手拿着两把宝剑,机关开动时,能上下挥舞。猪八戒木偶,长耳朵,猪鼻子,袒胸露乳,黄边黑帽,黑色衣裤,双手握住大钉耙,一副憨厚老实的模样。游行队伍走到人多的地方,就开始表演孙悟空、猪八戒与白骨精的打斗场面,样子滑稽可笑,群众喜闻乐见。那时的锣鼓配乐是"急急风咣咣咣咣",周而复始。

旧时还有放铳的场面。因怕火药炸伤人群、引发火灾等事故,铳后来就不太放,只是执铳木偶随队伍游行。

如此,游行中每人各持一个木偶人,拉动绳子或开动机关,木偶人的双手可以灵活地运动,自动敲打响器,有的可以摇动道具进行表演,表演时各种乐器齐鸣,十分热闹。

我们郭巨西门村响器木偶与其他地方木偶的区别在哪里?我觉得我们木偶的特色在于响器,每只木偶手拿一个响器,在机关控制和操作下,能自成一支打击乐队。木偶很多,比如宁波地区奉化的布袋木偶,福建漳州木偶等,但我们的木偶自带响器,这在其他地方是没有的,这就与众不同,这就是我们最大的特色。现在的响器木偶跟过去比起来,我也做了很多改进。当初的木偶是竹子劈开拗造型,纸糊上去,再把眼睛画出来,所以木偶很容易破,很容易断;现在用木头雕刻出造型,上面涂着油漆,身体关节部位用木头和金属器械结合制成,再用机械原理装置各种机关,就相当牢固。顺便提一句,木偶穿的各种衣服、帽子和饰品,都是我老婆一手缝制的,她非常支持我的响器木偶制作和表演。

老一辈人的心血,愿在非遗中占席闪光

响器木偶是庙会游演传统节目之一。解放前郭巨城一年一度的庙会上都有木偶响器乐队的精彩演出。

据西门村老书记蔡志荣和村民林铺锦等老人们讲,他们年轻时,第一代由郭巨先民俞明香、阿华师傅等人制作并表演(大约清朝同治年间);第二代有黄金富、傅四伙等人(生年不详,死于解放战争期间)。第三代:吴云模(?—1966)。第四代:我(纪昌德,1943至今),小时候看到在庙会、元宵节都有游演,在庆祝抗日战争胜利时和最后一次庆祝全国解放胜利大会时游演。

解放后郭巨庙会一度中断,响器木偶演出也随之销声匿迹。以后中断长达60年之久。

1996年,我们村老年协会成立,开始挖掘郭巨的特色非遗文化。1996年首先挖掘的是车子灯,2005年挖掘郭巨抬阁,2008年挖掘马灯。木偶响器2008年筹备,林书记找到了我。过了60多年,我在镇文化站及西门村村委的支持下,2011年雕刻制作了一组响器木偶,复原了响器木偶这一表演形式,并组建了木偶人响器队,将响器木偶重新搬上舞台,在庙会上演出,受到社会各界的一致好评。2012年木偶人响器乐队第一次在巡演现场表演,立刻引起各方面的关注,媒体有相应报道。2013年响器木偶参加上阳村举办的走街活动,引来众多围观群众。

2012年"响器木偶"被列入北仑区第四批区级非物质文化遗产名录,我被列为北仑区第四批区级响器木偶非物质文化遗产传承人。2015年,我被评为宁波市第四批市级响器木偶非物质文化遗产传承人。2017年获高手在民间绝技绝活表演大赛银奖,2018年获得宁波市民间艺术表演大赛银奖等。

至今,我们演出过的地点和活动有:北仑的春晓、小港、柴桥瑞岩社区,梅山

经济开发区成立、九峰山开业、阿育王寺庙佛会、区政府落成典礼、国际马拉松比赛仪式等，宁波的南塘老街开业、梁祝公园活动等，每年各种活动 8 次以上。既在台上表演，也随着游行队伍表演。最热闹的是元宵节活动，特别是晚上游园，人山人海，异常闹热。

关于徒弟，我有木工徒弟十几个，响器木偶徒弟两三个。但是响器木偶徒弟并不专心，有时来做一会，有时就没有兴趣不来了，所以没有集中注意力，不专一。徒弟没有兴趣学，那我也没有兴趣教。

我有三个孩子，都四五十岁了。一个女儿是小学老师，一个儿子做生意，另一个儿子身体不太好，经常在家里休养。我女儿很想传承我的响器木偶，有非常迫切的传承愿望。她现在将近 50 岁，是宁波黄鹂小学的老师。但我希望我儿子传承，跟我女儿说，让你阿弟传承。但我儿子却勿喜欢。所以呢，儿子会一点点，女儿做得更好些，就是这样一种情况。孙子做生意，现在市场经济，木偶赚不了钱，没有钞票，所以不要学。

怎么教徒弟呢？操作木偶表演，教一下也比较简单，不同木偶之间敲打乐曲配合，需要训练一段时间。我手把手教参加表演的演员如何使用木偶的制动系统，如何使整个乐队能够合奏，如何使响器木偶的游演和打击乐演奏时相互之间得到很好的配合。不过制作木偶的活儿，他们都吃不消。因为要精通木工技术，要懂机械原理，还要会思考、会创造，有难度。

如果做我的徒弟，我是有要求的。首先要喜爱响器木偶，如果本人不喜欢，那是教不会的；其次要肯钻研，我会教他们一些要领，但主要靠自己钻研。光是会操作几下木偶，就不大有用处。我希望我的木偶制作和表演技术，都能传承下去。

目前，西门村老村委所在地成了响器木偶非遗基地，陈列了所有木偶，并且成为每次游演活动讨论、排练、培训传承的场地。我们对响器木偶的制作过程、游演表演中的队伍排列及表演、表演前的召集与筹备、表演过程都做了记录。而且我们已经把传承发展到了学校，成立了响器木偶青少年传承基地，让郭巨小学高段的学生传承此项民间戏曲表演项目。

但是，传承过程中还是遇到了很多困难的，尤其是当初和白峰合并在一起的时候。一、地方政府欠重视，支持力度不足。当初节目由我们西门村提供，但荣誉白峰拿走了，而且资金不给予考虑。人家做木工有 400 元一天，结合你自己的爱好，政府或者给予 200 元一天的误工补贴。不给补贴，所以造成了大家兴趣减弱。村里是实体经济，钱都是村民所有，不能随便动用的。要花钱，要三会通过，要群众签名。没有地方政府的经济支持，活动就不好搞。二、年轻人讲究实惠，对非遗不感兴趣。现在市场经济，做非遗表演，功夫要花，但没有收入，所以年轻人很难投入。现在,郭巨街道从白峰镇独立出来了,西门村村委大力支持,形势就好多了。

郭巨响器木偶凝聚着郭巨老一辈人的心血,它蕴藏着丰富的机械原理,体现了一代人的聪明才智,可谓是原始机械的标样(方言,范本),它是郭巨宝贵的非物质文化遗产。我愿响器木偶能得到更多的领导重视和群众支持,使其得以传承发展。为此尚需努力挖掘,让其在缤纷灿烂的文化光环中占席闪光。我也非常希望响器木偶去申报省级非物质文化遗产项目,而且我觉得我们有实力能够申报成功。

二、跳蚤会传承人李根荣口述史

传承人简介

李根荣,生于 1957 年,宁波市北仑区郭巨街道大涂塘村人。家里农民,职业石匠。因为喜欢,40 多岁接受跳蚤舞济公角色,起初和上一代传承人刘佐祥搭档。刘去世后,又找了新搭档,培养了林炳华担当火神角色。还收了两个十几岁的男、女少年做徒弟,扮演济公身边的小和尚,创新了跳蚤会的角色表演形式。自 2013 年开始,担任跳蚤会的主要传承工作。

系郭巨街道第一届民间文艺协会理事,北仑区非物质文化遗产"跳蚤会"代表性传承人,第五批(2018 年 6 月)宁波市级非遗项目传承人。2017 年 9 月,参加高手在民间绝技绝活比赛,获得了银奖;2018 年 9 月,获宁波市民间艺术表演大赛银奖。

采访时间:2019 年 03 月 07 日
采访地点:宁波市北仑区郭巨街道霓虹路 91 号西门村村委会
采访人:沈燕红
受访者:李根荣
口述整理:沈燕红、胡修远、沈姝辰
采访照片:随访学生吴沛寒、朱佳依、杨勤、马家辉、叶俐莹摄

采访手记

驱赶火神，祈求太平
——访跳蚤会传承人李根荣

3月7日下午，我们一行有幸拜访了郭巨跳蚤会传承人李根荣。李老伯已经60多了，他肤色白皙，脸上布满了皱纹，一条条曲折不均的像是墙上斑驳的印迹，留下了岁月的痕迹。他向我们讲述他和跳蚤会之间的故事。

"跳蚤会"，顾名思义因舞姿酷似跳蚤而得名。跳蚤会起源于清乾隆年间，舞蹈风格风趣诙谐，动作轻盈活泼。据李老伯所述，跳蚤舞不同于传统的舞蹈，来源于《济公戏火神》的民间故事，带有"驱赶火神，祈求太平"的寓意。跳蚤舞的主要动作有扭动和跳，是由男女二人表演，男角身穿僧衣，头戴僧帽，腰系草绳，一会闪左，一会闪右，阻止火神行进。女角身穿红绿花袄，一手握花伞，一手提香篮子，左一闪，右一闪，躲着济公前进，构成驱赶意境。说完，李老伯就站起身来向我们演示舞蹈动作，从他的每一个动作中都能感受到"跳蚤会"的魅力所在。

每一段激情洋溢的舞蹈背后都有一段艰辛励志的故事。李根荣在接触跳蚤会的时候也是那样，那时他已经40多岁了。为了演好济公这个角色，李根荣自己买了录像带，一点一点琢磨如何把录像带里济公的性格特点融入自己的舞蹈里面，把济公的角色活灵活现地表演出来。在刚开始的前几个星期里，李根荣勤学苦练，时常练得腰酸背痛，都下不了床。正因为他的坚持，2017、2018连续两年获得了民间绝技绝活表演奖项，还屡次代表郭巨街道外出表演，以李根荣为代表的跳蚤会成了郭巨街道独有的地方名片。

每当走近像李根荣老伯这样的民间艺人，总能从他们身上感受到一股扑面而来的"工匠精神"。他们的辛苦付出，点缀了人们的生活，唤起了人们对艺术的追求。李根荣说道，对于民间艺术的传承，"非遗传人"的坚守固然重要，但与时俱进的开发和创新尤为可贵。要想继承非遗文化,在保留原有内涵的同时,更应该推陈出新,让非遗文化"活"起来。

在丰富多彩的非遗背后,正是有一批像李根荣这样的传承人,默默地坚持着,让我们的文化遗产之花历经岁月沧桑依然绚烂。但是,不少非遗已经失去了它赖以生存的土壤,如今愿意传承这些民间艺术的人越来越少了。在谈到传承的时候,李老伯有些许失落。如何让非遗走出阴霾,把中华传统文化的"根"留住,这才是非遗传承的重中之重。

李根荣口述史

跳蚤舞蹈,舟山传到大涂塘

我1957年2月出生,今年63岁,北仑区郭巨街道大涂塘村人。大涂塘、西门、东门、北门、南门、路亭6个村和一个社区,是郭巨的老城区,构成了郭巨城内的一大区域;其余的村落都在郭巨城外。大涂塘村与西门村不是同一个村,但属于同一个片区,西门村跳蚤会可以召集同片区的人来演出和传承,我就成了这里非遗基地的跳蚤会传承人。

跳蚤会是一种双人表演的民俗舞蹈。舞蹈节奏短促,动作像跳蚤,所以称为跳蚤会。跳蚤会,又名跳灶会。中国的年俗习惯里,一年一度,农历十二月廿三,家家户户都要祭灶神。过去烧饭烧水,没有煤气灶,我们郭巨每户人家都有一台烧柴火的大灶,灶台上放着两口大锅。每台大灶都供奉着灶王爷,也就是灶神,民间又尊称"灶敬菩萨"、"灶司老爷",这是一种风俗。据说,灶司老爷专门负责管理各家的灶火,长年驻留。到了腊月廿三升天,向玉皇大帝汇报所驻人家的善行或恶行。玉帝根据灶王爷的汇报,将这户人家新年应得的吉凶祸福命运交于灶王爷之手。因此,家家户户都期望灶王爷能在玉帝那儿多说好话,以给自家带来一年好运。于是呢,在灶台插三炷香,摆上祭灶果品、茶水,并在灶前扭腰舞蹈,欢送灶神上天。跳灶会,成了一种娱神、送神、敬神的仪式。

那么,郭巨的跳蚤会是怎么学来的呢?是舟山人带过来的。郭巨靠海,对面就是舟山,两地人经常来往,捕鱼、做生意。以前有个舟山人,在我们大涂塘村租了房子,住在郭巨。他非常喜欢跳蚤舞,从他的爷爷那里学过,在郭巨把这个舞蹈开发出来。解放初,他精心编排了跳蚤舞,在行庙会时表演。郭巨老百姓看了,觉得满心欢喜,很不错。跳蚤舞后来就流传开了。

据那个舟山人讲,跳蚤舞形成于清乾隆五十五年前后,原是舟山海岛地区迎神庙会、喜庆丰收时表演的一种民间舞蹈,最早流行于舟山定海、沈家门一带。老早的跳蚤舞完全是逗趣娱乐性的表演,没有情节内容和人物设定。1922年,舟山定海白泉乡有位教书先生章孝善,把"济公斗火神"民间故事编入跳蚤舞当中,寄托我们老百姓"驱赶火神,祈求太平"的愿望。这样跳蚤舞有了特定的故事内容和人物角色。传说中的济公,是和尚,是活佛,鞋儿破、帽儿破、身上的袈裟破,貌似疯疯癫癫,举止似痴若狂。他初在国清寺出家,后到杭州灵隐寺居住,随后住净慈寺。一天,净慈寺门口来了一位身穿红衣裳、脚蹬绿绣鞋、肩背黄布包、撑着红阳伞的漂亮女子。济公一眼看出,女子是火神所扮,连忙拿着破扇子前往阻挡。女子左躲右闪,就是进不了寺门,香客们都围过来骂济公。方丈出来一看,很生气:阿弥陀佛! 出家人怎么可以调戏妇女! 济公摇着破扇慢悠悠问方丈:师傅,您说有寺好? 还是无寺好? 方丈答:阿弥陀佛! 当然无事好! 快快放开,让施主进寺烧香。济公摇摇破扇说:那好! 有事,我也不管了。该女子进门不久,转眼间整个寺庙火光冲天,除了济公睡觉的柴房外。方丈急得团团转,却发现济公在柴房里笑。济公说道:师傅,刚才您说无寺好啊! 姑娘是火神变的,特来烧寺,我不让她进,您还要骂我。方丈听了,后悔也来不及。跳蚤舞所表现的就是济公在寺庙门口阻拦火神的情节。济公为佛,火神为道,这实质上是一个"佛道斗法"的故事,整个舞蹈充满幽默诙谐的趣味。1953 年,章孝善弟子何福志将跳蚤舞搬上舞台。该节目融入了表演元素,使得整个舞蹈更加风趣诙谐、轻盈活泼,具有观赏性和娱乐性。

舟山人搬迁到郭巨大涂塘村,因他会这门艺术,闲时教当地人学习。当地村民刘祥佐(1932—2017),就是当时跟着舟山人学会了跳蚤舞。跳蚤会"济公斗火神"为双人表演节目,一人饰济公,另一人饰火神,其中火神为女性,装扮由男人反串。刘佐祥经常穿着一袭红装,一跨步、一扭腰、一点地、一转身,偶尔来一个"秋波","啵"个嘴巴……风趣的表演令广大群众十分喜爱。节目自新中国成立初至"文化大革命"前,经常出现在当地庙会和县级群众文艺汇演上。现在主要在节庆活动中出演,并多次受到县级文化部门嘉奖。

因为喜欢,我跳了二十多年

我什么时候接触跳蚤舞呢? 应该有 20 多年了,大概 40 岁出头的时候。村里派人来问我,是不是可以来学跳蚤会? 我因为喜欢,就答应了。我扮演济公,跟刘佐祥搭档。

刚刚学一个礼拜,头颈也僵硬了,腿也不会动了,浑身酸痛,甚至下不了床。而且,我开始都是在自己家里自学济公动作的。怎么学呢? 刘佐祥把基本动作告诉了我一下。然后,我自己去买了济公的录像带,模仿电视中济公的动作和神态,自己琢磨着,不断探索,一步一步地学习。大概练习了个把月,把济公的基本动作要领学会了。我就跟刘佐祥去配合动作。我扮济公,他扮火神娘娘。我们合作的节目,多次上过电视,登过报纸,很受欢迎。

我们郭巨跳蚤会的表演基本形式、舞蹈动作、道具配乐等,大致是这样的:

表演风格:该舞为双人舞,一人饰济公,另一男性反串饰火神。舞蹈自始至终都在跳跃中,边舞边走,动作轻盈、诙谐、灵活、逗乐,以阻挡戏耍的动作为主,节奏短促,风格独特。整个表演给人以喜庆、愉悦、风趣之感受,富有乡土气息。

表演情节:有一日济公和尚得知火神要去焚烧净慈寺,前去阻拦。火神化作女身,但被济公识破,百般勾引济公,但济公不为所动。两人用形体动作表演,一个要前往,一个要阻挡,以此形成舞蹈。以男舞为主,“大八字步半蹲”跳走为基本步法,带有挑逗性;反串者为辅,躲闪、避让,做害羞表情。

表演形式:济公与火神时而对舞,时而走圆场,行进中多为两人对舞动作。对舞多为进进退退的形式,济公退火神进或者济公进女火神退,每个动作的间隔几乎都要做一个两人一进一退的动作。表演时步似跳蚤,转如旋风,脚步随锣鼓曲谱跳跃式戏耍,由锣鼓伴奏。表演者除表现济公阻挡火神前行的舞姿外,有时会即兴增加表演动作。

基本队形:呈四方形阵列,以跳“挖四角”(即走四角、绕四角)的队形为主,每变换一个动作花样,就要跳一次“挖四角”。每一次“阻挡”表演是个分节线,每跳到下一次“阻挡”动作就要变化,因此“阻挡”表演是变换动作的信号。

主要步法:跳转步,即左脚向左前迈一步,同时先屈右腿,再屈左腿跳起,并向左转半圈或一圈,右脚先落地,左脚后落地,成“大八字步半蹲”。此外,还有前进步、后退步、跳步、十字步、交叉步、原地转圈等步法。

肢体动作:济公做醉态状,肩膀耸动前翻,每次耸肩,双肩都略向前翻一下,带扭腰、手甩念珠、脖子旋转念珠、手臂摇扇等动作;火神常伴害羞样,手做“害羞式”、扭腰、捏手绢、甩手绢、转动花伞、下腰等动作。

服装道具:济公,穿打满补丁的灰长衫、上山袜一双、灰布底老式鞋一双、戴和善帽一顶、大念珠一串及破蒲扇一把;火神,红花女长衫一件、头饰无数、彩手绢一条、花阳伞一顶。

舞蹈音乐:跳蚤会没有曲调,只配有打击乐一套:大锣、小锣、小钹、鼓等。一般配 5 个人敲响器。

曲谱如下:

锣鼓字谱‖采采 乙采|乙采 哐‖

鼓‖XX XX | XX X‖

锣‖O O | O X‖

钹‖XX OX | OX O‖

叫锣‖XX XO | XX XO‖

我扮演的济公,主要是要滑稽,关键的动作有几点:动头、折扇子、甩佛珠,走路是跳的,脚不能停。刘祥佐老人2017年12月过世了,我又找了新的搭档演出。但是,我们的年纪也大了,不能永远演出。我收了两个徒弟,十几岁,一男一女,分别扮演济公身边的两个小和尚。徒弟是因为爱好来报名参加的。村里问有没有喜爱这个项目的,他们便来了。两个小孩都很聪明,很活络,我跟他们说怎么做,他们就怎么做,一学就会。小和尚身上套上珠子,主要动作甩珠子,教了半天就会了。跟在我身边,嘴巴也很甜,一个劲地叫我:师傅、师傅! 很是可爱。我带的两个小和尚徒弟,以后我退休了,可以传承跳蚤会。现在我有计划地带他们参加演出,我一做动作,他们跟着甩珠子,非常漂亮! 很受观众喜爱。演出的照片都有拍下来。

学跳蚤舞,是我的业余爱好。我原来的职业是石匠,在石子厂里工作。打眼子,以前都是靠人的双手敲出来的。后来技术好了,用机器代替手工敲石头,就是用风钻钻眼子。石匠是一份工作,家里其实是农民,都是种田的。我有一个姐姐,两个妹妹,都没学过跳蚤舞。我成家后,妻子非常支持我跳蚤会表演,现在依然很支持。这对我来说,比较幸运。我有两个女儿,都出嫁了,但也没学跳蚤会。因为,毕竟是业余的,半路学习,不是祖传,因此也没有传给自己的女儿。

开心一刻,跳蚤两次获银奖

北仑跳蚤会,除了郭巨外,还主要分布于柴桥一带。20世纪50年代初,"跳蚤会"自定海白泉乡流传至沈家门渔港,又自沈家门传至镇海南(今北仑区)。

柴桥河头跳蚤会始于20世纪50年代初。当时,柴桥街道河头村艺人曹仁昌,组织当地人编排,并多次参加当地庙会等民间文艺活动,受到百姓们的欢迎与好评。20世纪60年代后期,曹仁昌将此每传给郑永良、康德才等村民,他们又在原来的基础上做了改进,逐步演变成如今风趣幽默、别具一格的"跳蚤会",成为芦江庙会主要民间艺术表演项目之一。"文革"期间,民间文艺一度中断。改革开放以后,才开始复兴。

2006年,区文化馆对跳蚤会进行寻访采集,并录制了视频。同年,大涂塘村跳蚤会与河头村跳蚤会,一并被列入第一批北仑区区级非物质文化遗产名录。刚开始刘佐祥被定位跳蚤会的传承人,与我一起多次参加市、区民俗演出,后因刘佐祥年纪大无法参加活动,由我担任跳蚤会传承人。

目前上一代传承人刘左祥已过世。郭巨西门村综合性非遗基地承担了跳蚤会项目的保护和传承,村委会对该舞进行了多次排练,改进动作,提高演员的表演水平。比如,我们从原来的济公和火神两个角色,增加了济公和尚旁边的两个小和尚,作为配角:既可以培养接班人,在形式上也是一大创新。

此外,我们定期举行讨论、培训活动。目前,跳蚤会是郭巨街道传统元宵节必演节目,而且多次受邀参加宁波市梁祝文化节、北仑区元宵节,以及其他街道民俗活动的表演,深受各地群众的喜欢。西门村综合性非遗基地是每次巡演活动讨论、排练、培训、传承的场所。基地每月举行跳蚤会舞蹈的排练,对表演套路、巡演前的筹备活动、以及各届巡游等活动做了详细的记录。

跳蚤会的演出一年有很多,基本每次大型节日和民间文艺活动都出场,得了许多奖,大多是银奖,人家采访报道的文字也十分多。

演出印象最深的是最近两年跳蚤舞得奖的时刻。一次是 2017 年 9 月,参加高手在民间绝技绝活比赛,获得了银奖,由宁波市民间文艺家协会颁发;一次是 2018 年 9 月,获宁波市民间艺术表演大赛银奖,也是由宁波市民间文艺家协会颁发。这是全宁波市比赛,下面有专业评委当场打分,比赛结束当场颁奖。当然领奖的事情,还是领导做,由我们林书记上台领。没有村里的大力支持,我们也得不了奖。当得到奖杯,心情很好,很开心,觉得为村里获得了荣誉,为街道争得了荣誉。

从 2006 年起,我根据村委会的安排,做了大量的"跳蚤会"保护、传承工作。

1. 积极做好项目的挖掘、恢复工作。深入群众调研跳蚤会相关资料,恢复跳蚤会传统表演。

2. 做好项目的保护、传承工作。多次作为跳蚤会培训的主讲者,向学员传授跳蚤会表演。大型演出之前都会组织人员排练,在我的指导下,又培养出了新的跳蚤会组合。

3. 做好项目的展示、展演工作。项目参加历年郭巨元宵踩街活动,还先后参加了北仑区 2013 年、2014 年大型元宵民俗踩街活动,海曙区梁祝文化节,深受当地群众的喜爱,得到社会各界好评。2017 年刘佐祥去世,我通过多方沟通,新挑选了一个搭档,培养了林炳华担当火神一角色,并精心指导。我和搭档一起在宁波梁祝公园表演出,并获奖。

自 2013 年开始,我担任跳蚤会的主要传承工作。2016 年 9 月,我还被聘为郭巨街道第一届民间文艺协会理事。2018 年 6 月,我被命名为宁波市非物质文化遗产(跳蚤会)代表性传承人。这都是对我的一种鞭策和鼓励。我希望,郭巨跳蚤会能一代一代传承下去,并发扬光大。

三、郭巨抬阁传承人林铺锦口述史

传承人简介

林铺锦,生于 1929 年,宁波市北仑区郭巨街道西门村人。小学文化,爷爷和父亲均会器乐,自小受家族文艺熏陶。五六岁时就看过郭巨东、西、南、北四城的抬阁表演。年轻时在北仑柴桥南货店打工,熟悉《上海码头》《卖欢喜》《三六》《细则》等各种调子和江南小曲。熟知历史故事和民间传说,爱好戏文表演,能自编自唱。参与 2005 始的西门村抬阁挖掘工作,在 2009 年郭巨抬阁中断 60 年后的闹元宵首演中,担任敲锣和巡游队伍指挥。之后,组织郭巨民间丝竹和打击乐队,担任培训和指导工作。

系北仑区非物质文化遗产"郭巨抬阁"代表性传承人,第五批(2018 年 5 月)宁波市级非遗项目(代汪玉庠)传承人。其代表作品有:指导演出的《刘备甘露寺娶亲》等抬阁节目,参与制作的郭巨抬阁一座及其配套的演出器具,主编的曲谱一本。

采访时间:2019 年 03 月 08 日

采访地点:宁波市北仑区郭巨街道霓虹路 91 号西门村村委会,郭巨街道凤山路 16 号西门村原村委会

受访者:林铺锦

采访人:沈燕红

口述整理:沈燕红、胡修远、沈姝辰

采访照片:随访学生徐赛、余婷、姚雨婕、张力文、邬玮琦摄,旧照由传承人提供

采访手记

流动的舞台，生生不息

——访郭巨抬阁传承人林铺锦

　　文化恒久远，非遗在人间。难得的一个艳阳天，我们来到了西门村，拜访了郭巨抬阁的传承人——林铺锦。

　　林老伯生于民国十八年农历十二月，耄耋之年的他依旧精神矍铄，说起抬阁的事项眼中闪烁着兴奋与激动光芒。原来，林老伯的父亲与祖父皆是从事抬阁的相关工作，其祖父打快板伴奏，而父亲则在队伍前敲锣领队，从小耳濡目染的他自然而然负起了传承的这份担子。在那个全民大生产的年代，人们白天在田间地头劳作，只有晚上才得有空感受抬阁的精彩，聊以解乏。可以想象，人们在经历了一天的辛苦劳作后，晚上带着亲朋好友，大家聚在一起，看这热闹纷繁的郭巨抬阁，是多么其乐融融的一番场景。

　　抬阁，可以追溯至春秋时期，是一种古老的民间艺术形式，寄托了普通百姓对于美好生活的向往，通过这样的一种活动，人们希望新的一年能五谷丰登、国泰民安。但由于战争等原因，抬阁表演中断了将近 60 年，直到 2005 年才被挖掘出来，重新登上舞台。

　　抬阁，顾名思义是抬着亭台楼阁。当然，是用高桌装饰而成的"楼阁"，是流动的舞台。那楼阁上还站着五六位穿着戏服、画着戏妆的男童女童。林老伯介绍说,这些男童女童一定要十二三岁的孩子才可以,扮相也最有味道。太小了表演时容易疲倦,太大了又加重抬阁人的负担。楼阁上的孩童时而扮作戏文"刘备招亲",时而又扮作"雷师成圣",丰富多样,好不精彩。整个楼阁重达300公斤,由8个壮汉抬着巡游在西门村的十字街头。表演时,有一面写着"蠹"字的大旗在队伍前面开场,前后还有一支由五六十人组成的仪仗队,他们就负责提灯笼、扛方牌、拎花篮、举莲灯,场面甚是壮观、非常热闹。

林老伯读过两年半书,认得些字,所以自编了一些抬阁表演时的歌词。说到兴起了,他还为我们现场演唱了几首小曲儿,虽然听不太懂,但也觉得曲子的旋律十分悦耳动听,曲调迂回婉转。更难能可贵的是,他还会即兴作词,看到什么就能立马编出词曲,让人敬佩不已。

令人骄傲的是,在2012年12月,郭巨抬阁被列入"宁波市非物质文化遗产"。西门村的林书记也十分挂心这项非遗的发展前景,现正招募一批热爱抬阁并有一定基础的年轻人集中训练,使抬阁的传承与发展后继有人,让更多的人领略到郭巨抬阁的魅力所在。

西门村还准备将这项优秀的非物质文化遗产申报到省级,期待它成为"浙江省非物质文化遗产"的那一天。文化成就着未来,遗产绝不容忘怀。薪火相传的文化遗产才能生生不息,让我们手牵手保护文化遗产,心连心共筑精神家园,将优秀的文化遗产一起传承与发扬下去。

林铺锦口述史

郭巨林家本大户,传承我辈十五代

我民国十八年出生,生日是阴历十二月半。今年91岁嘞,实岁90。我是这里本地人,郭巨街道西门村林家人。

我小时候读过两年半的书。抗日战争开始后,日本人打进来,1941年3月底,郭巨城内小学被日本人飞机炸毁,那时我12岁。学校被迫搬迁到城外河边山下一所书院里,城内学生读书不方便,我就不读书了。

十六七岁,我在北仑柴桥中街泰和南货店学做生意,做徒弟,做学生子啦。柴桥老街现在好多房子都翻新了,泰和南货店两间店面至今还保留着。南货店就是卖糖啊、红枣啊、黑枣啊、桂圆、小糖、白糖、黄糖……就是吃的东西。这些东西,从南边闽江福建进来的嘛,所以叫南货。有些店有南货,也有北货,称为南北果品店。老早嘛,生油、麻油、菜油……都是青岛那边的,再从上海轮船装过来。花油,就是棉花油,棉花籽榨出来的油,过去用来煎油条。生油,就是花生油,花生榨出来的油。不像现在用金龙油,是调和油。我们本地产的有柏子油、桐油等。有一种柏子树,开白色的花,花谢后会结果子,果也白的。结出的果一粒一

粒,像黄豆那么大,雪白里的壳,里面剥出也雪白。柏子树的果子摘下来也可以榨油,做什么用呢? 做蜡烛。老早柏子树做的蜡烛,可以医眼睛。我们小的时候,将蜡烛放再锅里,等它融化,煎蛋,吃下去,眼睛会好哦。柏子果实还有核,核里还有肉(仁),敲出来也可以吃。现在的蜡烛都是矿物质做的,不能食用。油桐树榨出来的是桐油,桐油打船时要用的。过去都是木帆船,桐油拌石灰,加麻纱,把船的缝隙堵住,船就不会漏了。

我 22 岁结婚。当时鼓励生育,生的多是模范。我有五个小孩,四个儿子一个女儿,我的老婆成了生育的模范。多儿多福,我福气是蛮好哦。

我们林家本来就是大户人家,西门村还保留一个老院子。有三进房,四面可以套的,进去一层又一层,面积很大,可以办酒席。林家先祖是明朝时从福建搬过来的,到我这辈已经十五代了。福建姓林的人很多,我们做了家谱,但是"文化大革命"被拿走了。后来,每户人家拿出来 250 块钱,又重新做家谱。林家留有十条家训,简称林家十训,现挂在西门村文化礼堂墙上。这十条是这样的:一崇祀以敦孝思,二睦邻以念同亲,三孝悌以肃家风,四耕读读以务本业,五赈济以活贫苦,六择配以选良家,七勤俭以保家计,八礼让以免争执,九养性以嗜狂酒,十谨言以慎枢机。

林家文化方面有传统,有的人会描画,有的人会敲鼓,有的人会写字。我爷爷是敲锣的,我父亲还会唱越剧、打快板。父亲辈有三兄弟,我的同辈有九个兄弟。我十七八岁时,听我爷爷说,郭巨西门的抬阁、马灯舞等是林家一代一代传承下来的。

抬阁由来历史久,十字街头一里地

什么是"抬阁"呢? 从字面上理解,"阁"就是亭台楼阁,一种架空的小楼屋,四周设隔扇或栏杆回廊。"抬",就是两人合力共举。抬阁,是在木头制作的四方形小楼阁里,有几个小孩扮饰戏曲故事中的人物,由几个人抬着在乡间四处巡游。抬阁,是将历史故事、神话传奇结合在一起,把绘画、戏曲、彩扎、纸塑等艺术形式融为一体,具有传统特色和地方特色的民俗舞蹈;是旧时民间庙会中的一个游艺项目。在郭巨,抬阁被称为"流动的戏台"。

郭巨抬阁的历史由来已久。据考证,自唐朝开始,郭巨就有零星居民。宋高宗南迁时,为避金兵之乱,中原地区很多人也往东南方向逃跑。有逃到宁波的,也有继续迁移到柴桥、郭巨、舟山等地的。明朝时,倭寇猖獗,时常进犯东南沿海一带,烧杀抢掠,民不聊生。明朝政府呢,焦头烂额,狼狈不堪。洪武二十年,朱元璋请出已告老还乡的汤和,出巡山东、浙江沿海,主持筑建卫所城 59 处,使倭寇不敢轻犯。据考查,宁波现今有 13 个卫所,郭巨城是其中之一,共花了 6 年时间建成。郭巨总台山的山顶上,有 600 多年前的抗倭遗址——烽火台石屋,当年汤和登上总台山勘察郭巨所城址。近年,总台山顶新修一座凉亭叫"览城阁",阁壁中间门上画有汤和肖像,像两侧是汤和生平介绍。

当时的郭巨城墙,周长 2378.5 米;高 5.3 米,不包括城上掩护守城人用的矮墙;面宽 5 米,基宽 8.4 米。城内面积 27 万平方米,合计 409 亩,自北至南,自东至西,有四条大街,中间为十字街头。郭巨因为有城墙围起来,所以有城内和城外之分。古城有北、南、西、东四个城门和相应的四个城区。1958 年公社化时期,郭巨公社城区成立了四个民间音乐社,东门东昇社、西门平安会、南门南薰社、北门春雨社,每个城社都有抬阁。我五六岁就看到抬阁在行会(今称"大巡游")中的表演。

现在行会还是过去社会闹热。为什么呢? 过去,一年有两回行会:一回是闹元宵;一回是二月初十菩萨生日的菩萨礼拜会,也就是庙会。行庙会的时候,前面抬着两尊菩萨,一尊是灵公菩萨,一尊是大地菩萨,都是我们郭巨东岳宫的菩萨。后面有鼓阁、台阁等,参加庙会的巡游队伍,相当闹热。

郭巨抬阁自明末清初传下来后,解放前一直出现在郭巨的元宵节和庙会活动中。在庆祝抗日战争胜利、解放战争胜利时也有演出。特别是庆祝舟山解放那一年,郭巨和舟山仅一海之隔,举行了声势浩大的行胜利会。舟山 1950 年解放,我 21 岁,还没结婚。我现在还记得那次行会的情景,特别是夜里巡游的活动。

那时抬阁比现在还高,晚上汽油灯吊在上面,用作照明,过去没有电灯的哦。抬阁上站着五个人,挑着莲花灯,里面装着蜡烛。抬阁四周的花篮里都插着蜡烛。蜡烛要点完的呀,所以还专门有人挑着满筐蜡烛,点完了随时准备接上。那个抬阁四个人抬起来,在肩膀处哎,最高的地方抬阁上面站着的第五个小孩最起码 1.64 米,加起来有 2.5 米左右。

除了抬阁,还有高跷、造趺、狮子会等。狮子会,就像电视上在放的狮子精、白象精,白象是白布做的,狮子更加灵活,做得非常好;还有野人,扮演原始社会。晚饭吃好,大家都在弄堂里面走来走去,拿着蜡烛,逛夜街,便是行会。还有火连星,晃起来火越来越旺,多少好看! 这很好晃的,一只手也可以晃,晃起来很亮,也使人让开,确保了安全。行会队伍前面除了火连星,还用小彩旗,棒头用一股宽一股长的红布裹好。行会的队伍,就在郭巨老街一横一竖的十字街头穿来穿去,南到东,西到北。老街城南城北,五百米,就一里路嘛。所以,解放胜利会那次特别的闹热,印象特别深刻。

过去为什么要弄抬阁这个东西呢? 一个是因为占地面积较小,相当于小小的一个活动舞台,方便演出。5 个小孩装扮一下,它很灵活。那个年代,人们白天生产，晚上演出，闹元宵也在晚上，都是自己组织的活动。因此，都是有规矩的，都需要自己学习，自己亲手用纸剪好扎好，棚子也是自己搭的，有两层楼一样高。网上说的龙是西门村的特色，我们这里原先是没有龙的。我们过去的抬阁都是手工自己做的，全部都是木工。这个工程非常大，具有郭巨自己的传统文化特色。

古韵新港闹元宵，六十年后观抬阁

可惜，郭巨抬阁在"文化大革命"时中断。村里上了年纪的老人都非常担心：抬阁、鼓阁、车子灯、马灯舞、响器木偶等，郭巨过去的一些特色文艺在下一代消失。

1996年，我们西门村老年协会成立，大家商量，要努力挖掘老文艺、老传统，村里也相当支持。西门村1996年开始挖掘车子灯，2005年挖掘抬阁，2008年挖掘马灯，之后又挖掘响器木偶。

2005年，西门村在充分征求村民意见后，决定从村集体资金中拨出专款制作抬阁。当时，村里只有60岁以上的老年人曾经看过抬阁，因此他们到处走访曾看过传统抬阁的老人。老年协会副会长汪玉痒（1927年2月出生）比我大2岁，跟我一样，也在60年前看到过抬阁表演。他成为西门抬阁的主要设计者，凭着多年的印象，设计出了抬阁的雏形。后来，我们这些曾看到过抬阁表演的老人，共同商讨了设计上的细节问题，其中包括大旗、旗锣、方牌、莲灯、花篮等。设计完后，村里四处采购材料。抬阁前的2条龙是到义乌请有名的东阳木雕艺工专门雕刻的，两面大铜锣从武汉买来，其他材料则从杭州购买，花费4万多元。制作抬阁的木匠、漆匠都是技术精湛的西门民间艺人，做这个抬阁前后花了100多天功夫。

新制作的郭巨抬阁，造型别致，气魄宏伟。抬阁底部的阁床大概长度2米，宽度1.5米，深度1.2米，分上下两层，四周架子全用横的方木条搭建，涂上绿色油漆。前面两根竖立的木条上，各画着4个戏剧故事中的人物。阁床每一面上中、中下木条之间，间隔支撑着十几根到二十几根50公分高的细柱子，造型类似糖葫芦串，造成楼阁栏杆的效果，一根根圆柱子刷上暗红油漆。在这些圆柱中间，每一面还有三幅绘画小屏风，画的是牡丹花、莲花、锦鸡、鲤鱼、小孩等，表达吉祥、富贵、好运等等的含义。其中前面上层正中画的是一个穿着蓝色绣花肚兜的福娃小男生，在硕大的荷叶和盛开的荷花中，跪骑在一头水中红色的鲤鱼上，双手紧紧抓住鲤鱼的头部。寓意鲤鱼跳龙门、年年有余等老百姓的美好愿望。

抬阁上，搭建"戏台"式样。"戏台"背面是个高大的屏风，用木框架做起来，绘着《刘备甘露寺娶亲》画布。"戏台"前方两端，做了一个戏台的门框。左右各两根圆柱画着龙凤缠绕的图案,两旁挂上两串红灯笼和绿色彩带;上方是木雕的双龙戏珠。"戏台"中间阶梯状,摆放上、中、下三层长形阁凳,可以分层坐五个古装打扮、化好妆的小孩。

2009年2月9日,郭巨举行"古韵·新港"闹元宵传统文艺大巡游活动,中断了60年之久的郭巨西门村抬阁重新亮相,当地群众争相观看抬阁演出。行会时,一杆9米高的大旗开道,旗子上有个字"纛"。这个"纛",是古代军队里的大旗,或是皇帝车上的装饰。抬阁的戏台上坐着五个略施粉黛的小孩,扮演刘备、孙权、孙太君、赵国老、赵云,正在演出《刘备甘露寺娶亲》的"戏文"。阁前挂着一副对联:韵出和声鸣盛世,调追雅乐庆阳春。抬阁有350斤重,加上5个小孩300斤,加起来最起码650斤重,由8个壮汉抬着在街上巡游。

戏台里表演的小孩最好十二三岁,五六岁的小孩容易打瞌睡,七八岁的也太小。十二三岁的小孩有神气,封神榜的雷公子有两个翅膀,五六岁的小孩太嫩了,表演不来。车子上面的小孩都需要化妆,按扮演的角色,穿上戏剧衣服和帽子,粘上长长的胡须,不用唱不用跳,摆一个造型就可以了。演出的剧目取自《三国演义》、《水浒传》、《西游记》等家喻户晓的传统故事,小孩扮演古代有名的英雄,例如梁山好汉、三国刘关张、薛仁贵救唐皇等,都可以扮演出来。

巡游时,抬阁一共需要90个人左右。抬阁前后的仪仗队,长达数十米。最前面是大旗(我们叫"帅旗",上书"纛"字,大元帅背的旗。);然后依次是两面旗锣(对锣,上面是旗帜,下面是锣,绑在一起的)、两盏宫灯(大灯笼)、两块方牌(分别上书:五谷丰登,六畜兴旺)、四只花篮、两排连灯(木制梯子状,高4米左右,两个横档之间挂一盏玻璃外罩且描有各色花鸟图案的透明灯,一排十盏。其中一排梯架子红色,灯框绿色,灯形倒梯形,上面弧线状;另一排梯架子绿色,灯框红色,形状长方体);然后是鼓(鼓阁),再就是抬阁;后面是各种乐器、唱曲的人。

我是抬阁队伍里面敲锣、做指挥的。大旗一扬,我就开始敲锣,并指挥后面的队伍行进和鼓乐吹打。曲子多用用欢乐明快的《得胜令》、《将军令》、《四合如意》等曲牌。队伍中间停下来时,抬阁的配乐呢,用胡琴拉江南小调《三六》、《戏则》,旋律悠扬婉转、流畅活泼、喜庆欢快,有节日气氛。这曲谱我有,都能背下来。

抬阁配乐,也可以跟马灯舞一样,配马灯调。比如《上海码头》老调子:

> 上海呀啊大码头
> 摇船里头第一大
> 各国通商生意做
> 百货商品有介多
> 嗳格仑登哟

白相来呀到外滩
轮船交交关也呀
大市明钟把时关
二个铜人祝纪念
嗳格仑登哟
大马路真闹猛呀
房子密密层层也
先司永安隔兴兴
对面就是跑马厅
嗳格仑登哟
静庵寺到红庙也
庙就是城隍庙呀
初一月半把香来烧
三月初三上龙华
嗳格仑登哟

　　《上海码头》老风格,这味道好嘞。还有一种《卖欢喜》调。这几种抬阁时唱的调子,相当有名气,都可以自编自唱的,看见什么人唱什么歌,调子都是一样的。还可以唱戏文名,演戏的人都知道这是什么调头,什么戏文。比如唱《十只台子》:

第一只台子四角方
小方卿得中状元郎
可恨姑母良心丧
假扮道情来察访
陈翠娥小姐眼泪汪
第二只台子催成双
文必征游玩进庵堂
花园拾着双珠凤
相公不做做书童
私托终身在房中
第三只台子桃花红
申贵升夜头进庵中
众班尼僧多相逢
落在志贞云房中
后来大爷命归空

第四只台子四角平
梁山伯读书上杭城
同窗好友祝英台
三年分别回家来
不知英台女裙钗
第五只台子是端阳
秦始皇要捉万喜良
喜良公子逃生去
可恨昏君无道理
孟姜女千里送寒衣
第六只台子荷花放
赵五娘相配薄情郎
蔡伯喈上京赶功名
家中灾荒难活命
肩背琵琶上京城
第七只台子七希奇
赵永庆扬州投亲去
招商耽搁身有病
去叫赵茂借花银
半路碰着李文林
第八只台子称八仙
白素贞下凡遇许仙
西湖借伞成夫妻
可恨法海太无理
水漫金山风波起
第九只子菊茂盛
周文正失落黄金印
田云为起黑良心
谢素金小姐救我命
多亏月香来掏印
第十只台子唱完成
风流才子算唐寅
假卖书童进华府
只因三笑成姻缘

秋香点作九美图

小方卿、文必征、申贵升、梁山伯、孟姜女、赵五娘、赵永庆、白素贞、周文正、唐伯虎……都是历史故事、民间传说中的人物。戏文做出来的都是老古典，都可以唱。我对历史非常感兴趣，对乐器、戏剧都非常爱好。

组织乐队培训班，希望抬阁放异彩

我的子女是否在做抬阁？子女没有在做抬阁，这样的东西不要弄的。子女都到工厂工作，大儿子都退休了，小儿子还在厂里工作。

现在村里很重视，在宣传抬阁，希望它不要失传。我这么大年纪了，再不培养传承人，就要失传了。村里现在叫我做总指挥，给乐队指导培训。今年物色了十七八个乐队人员，重新培养这个落下的文化。我们物色的人都是有爱好，有基础的。不爱好的人不感兴趣，没有基础的人学起来慢。所以呢，必须爱好加基础。不然的话，他明天来过后天就不来了。

这些参加乐队培训的人名单都有，他们是：

林铺锦、何瑞丰、赵信立、林金瑞、汪瑞孝、纪广远、周志锋、林荣国、林正求、林振猛、林存华、陈建国、赵其立、林利华、乐亚文、李亚青、汪成国等。

这支队伍刚刚建好，明天开始培训。培训时间是每星期六晚上6点到8点，两个小时。学乐器，还要配合，没那么快的。长年累月坚持下去，今年下半年学好，基本都可以演唱弹奏。从现在三月份到明年春节闹元宵，就可以拉出去表演。

老早村里培训的时间还要长，学乐器的要学三套音乐，马灯、抬阁、车子灯。每周星期一、三、五、日，四天晚上培训。星期一，学敲的，打击乐器；星期三，学拉的，丝竹乐器；星期五和星期天合起来，上上下下配合，就热闹了。

丝竹乐器，"丝"指的是丝弦乐器，"竹"则指的是竹制乐器。丝竹乐指的是竹制吹管乐器与弹拨乐器的合奏形式。演奏乐器常有二胡、三弦、中胡、板胡、琵琶、扬琴，以及竹管的笛、箫、笙等。"行会"（今称"大巡游"）活动中，丝竹乐所奏曲目都是较为流行的，如《三六》、《细则》、《杨柳青》、《唐敏叹苦》、《孟姜女调》、《五更调》、《满江红》、《梅花三弄》等。丝弦与竹管乐器相结合，有拉的，有吹的，风格清新活泼、细致秀雅，曲调优美流畅，柔和婉转，具有柔、细、轻的音乐特征。作为地方民间音乐的一种形式，我们将这种传统的丝竹乐演奏称为"细乐"。

在丝竹乐的基础上，还要配合打击乐器，称作"丝竹锣鼓"，主要大锣、小锣、大鼓、铙、钹等。"丝竹锣鼓"敲打，用来增添气势。行会中有一种鼓亭，用竹木做成，饰有五彩纱布和彩绸；也有木材制成的，配有玻璃装饰。鼓亭一般由四人抬着走，亭子里面放置板鼓、扁鼓、大鼓，右边挂着音锣和大锣。演奏时，司鼓者在亭内,打锣者在右边,其余小打击和丝竹乐队在鼓亭之后,随亭演奏。打击乐一般有《得胜令》《朝天子》《柳青娘》《文妆台》等。每首乐曲可反复演奏,各曲目之间用锣鼓过渡,前后衔接,串联成套。丝竹锣鼓的演奏优美而又热闹,加强了乐曲的气氛和节奏。

乐队出场表演一般 10 到 11 个人,丝竹乐不少于 5 人,加上打击乐五六个人。郭巨公社化时期的东门东昇社、西门平安会、南门南薰社、北门春雨社就是民间的丝竹与打击乐队。演奏多为业余,那时闲暇或节假日时自行聚在一起练习与娱乐。

因此,历史悠久的郭巨抬阁以及配套的丝竹打击音乐,这么好的传统文化艺术要让年轻人好好传承下去。所以,我和其他几个历史、音乐爱好的人,把曲谱回忆出来,并记录保存;歌词从历史书中抄录下来,或者自己编写出来,把词和曲配起来。现在经过我们几个人的努力和村里的支持,西门村整理了大大、厚厚的一本曲子,共 70 首,有词有谱,全部手写。写好后印刷,人手一本,让后人们看谱子,参加培训、学习。

近年来,我致力于抬阁的传承工作:包括深入群众中调研抬阁相关资料,创新抬阁表演;多次做抬阁培训的主讲者,向学员传授抬阁的制作工艺及表演方式,并亲自对抬阁表演的排练进行指导;亲自带队参加抬阁巡游活动。我希望郭巨抬阁赓续不断、代代相传、大放光彩。

四、马灯舞传承人林布安口述史

传承人简介

林布安,生于 1954 年,宁波市北仑区郭巨街道西门村人。中学文化,出身于马灯舞基地的林家。自小喜欢画画,天赋自成,读书时就承担老师交付的宣传窗任务。1978 年到郭巨公社专门绘图、搞宣传。1982 年,给文工团手绘大型舞台布景。1983 年起,在印刷厂工作,既搞设计,又跑业务。2002 年,当选为西门村支部书记。2008 年挖掘马灯舞,自己设计绘图。2010 年,"文革"中断后的西门村马灯舞《杨门女将》,在郭巨元宵节活动中首演,大受欢迎。往后西门马灯舞成为每年元宵节等各种民俗活动巡演的必备节目,深受当地和周边群众的喜爱。

系北仑区非物质文化遗产"马灯舞"代表性传承人,第五批(2018 年 5 月)宁波市级非遗项目"跑马灯"传承人。其代表作品有:《杨门女将——穆桂英挂帅》等马灯节目及其制作的精美马灯 13 只;西门村 1600 平方米文化礼堂和非遗传承基地。

采访时间:2019 年 03 月 08 日

采访地点:宁波市北仑区郭巨街道霓虹路 91 号西门村村委会,郭巨街道凤山路 16 号西门村原村委会

受访者:林布安

采访人:沈燕红

口述整理:沈燕红、胡修远、沈姝辰

采访照片:随访学生姚雨婕、徐赛、余婷、邬玮琦摄

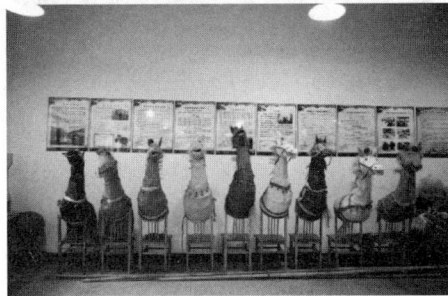

采访手记

共护薪火，代代相传
——访马灯舞传承人林布安

马灯舞的传承人林布安是郭巨街道西门村的支部书记，和抬阁传承人林铺锦是堂兄弟。林书记1954年出生，今年64岁。他从小就擅长画画、剪纸，因为这个原因，小学读书时，学校的宣传资料都让他画。18岁中学毕业后，专门为文工团描绘大幅布景。1978年到公社绘图，搞宣传，还手绘郭巨的地形图。他18岁到28岁期间，专程到镇海的生产队里，培训农民画的创作。1983年进入郭巨公社印刷厂，设计和业务都由自己跑。1985年体制改革，开始自己搞企业。到了2002年，厂还在，林布安被推选成为村里的支部书记。时光荏苒，到了2008年，林书记就觉得自己不能再管理印刷厂了，从此专心致志搞非遗。

据传，马灯舞起源于南宋，称为跑马灯或串马灯，而林家是马灯舞的基地，到林书记这里已经有好几代了。马灯舞会出现在元宵节、庙会上，庆祝一年的五谷丰登，六畜兴旺，祈求来年的风调雨顺。

马灯舞的马是由竹子、五颜六色的布手工制成。表演时马要成单不能成双，例如1、9、11、13，最多13只。曲目《杨门女将——穆桂英挂帅》就要用13只马来表演，3只马可以表演刘关张，5只马可以表演五虎将。马越多则表演变化越多。当然也有特定的唱调，即马灯调，相互结合就是如今的非遗文化——马灯舞了。

采访非遗文化传承人,每次都避不开一个问题:非遗文化是否有接班人? 林书记的孩子们并没有继承马灯舞,但继承了林书记的绘画天赋,儿孙皆如此。虽然孩子们无法继承,但北仑区政府一直有拨下经费,村委会也竭尽全力保护非遗,传承非遗。

林书记觉得既然政府出资,就一定要弄好! 他开始设计文化大礼堂,总共450平方米。为了教育下一代,他将许多用过的旧物件,还有拆迁户有纪念意义的物品放入文化大礼堂中,决心要搞出郭巨街道的非遗文化特色。我们跟随着林书记参观文化大礼堂,里面就像是一个小型的博物馆,墙上挂着许多精美的画,老虎、山水等;还有介绍郭巨街道非遗项目包括马灯舞的一块块宣传板;还有那些老物件,一个一个都贴上了旧主人的姓名……

目前有许多非遗文化后继无人,濒临消失。但政府的重视和传承人们的坚持,一定会让这非遗文化继续传承下去!

林布安口述史

从小爱好老古董,文化礼堂见特色

我 1954 年 9 月出生,虚年龄 66 岁,西门村书记,属于郭巨街道的。2003 年 8 月,北仑区政府曾经将郭巨和白峰合并,成立白峰镇。2016 年 8 月,白峰镇撤镇,设立街道,郭巨和白峰重新分开了。西门村又回归郭巨,我们林家祖辈都是郭巨本地人。

我十多岁的时候就看见了马灯舞。林家是马灯舞的基地,从太爷爷辈的时候就爱好并从事马灯舞的表演,至今已经传承了好几代。我们林家既会敲乐器、表演马灯舞,又制作马灯。

我从小对画画、剪纸很感兴趣。上小学的时候,我画画就是同学中最好的。到中学,老师将学校的宣传资料都交给我来做。18 岁中学毕业后,在生产队里,业余时间到镇海参加美术系培训,大概一年四次,专门从事农民画创作。1978 年到公社,专门绘图、搞宣传。当时,我用了一长年的时间,考察郭巨地形,仔细观察每个山头的特征,用手绘制了一幅郭巨公社地形图。现在就挂在我们郭巨西门村的文化礼堂里,这是郭巨仅有的一张手绘地图。1982 年,我给文工团描了一年的舞台布景。布景很大,我摊在地上描。布景里画梁床什么的,我还跑到别人家里去看。不像现在,背景都是喷绘的,那个时候都是人工画的。1983 年,我去郭巨公社印刷厂,带设计,带做业务,广东、广西、山东、湖北、湖南等地全都跑遍。1985 年,体制改革,没有社办企业了,于是我开始自己搞企业,还是印刷厂,只是变成了私人的了。2002 年,印刷厂还在,组织上再三要求,我被推选到这里当村支部书记。这书记一直当到现在,已经有十七八年了。2008 年,因为精力不够,带不住了,不能在同时兼顾印刷厂和村书记工作,就把印刷厂给关了。

怎么想起来搞文化这方面的东西?其实我对文化是相当重视的。因为有个基础,从小爱好老古董,看到同学家里有石狮子很喜欢,同学还会送给我。

2014 年,区里要我全方位搞非物质文化遗产。我跟区里协商后,区里拨了200 多万经费。当初,我们郭巨还跟白峰并在一起,属于白峰镇。我作为村书记,和白峰镇也把经费协调好了。但白峰镇对非遗并不重视,50 万批下去弄别的东西,他们不参与。我跟区里领导说:他们不弄,我们村里自己弄。

2016 年 4 月份,我这里 1600 平方米房子开始动工。刚好结合新农村建设,习近平总书记对文化礼堂相当重视,当时全国已经铺开发展。我去象山学习浙江省非遗文化挖掘经验,开了三天培训会议。我看上级这么重视,加上自己爱好,我要积极配合。培训之后,2016 年 8 月,白峰镇分割了,郭巨街道归原来的郭巨,白峰街道归白峰。2016 年 10 月底,我们房子造好了。2017 年 3 月份,文化礼堂全部落成。2017 年 5 月,郭巨街道领导来找我,跟我说:老林,你的基础非常好,把非遗和文化礼堂弄起来。我说:你只要会出钱,我就会弄,我会花精力。既然跟白峰分开了,我要搞郭巨自己的特色。上面 800 平方,下面 800 平方,图纸一整套、文化礼堂一整套,都是我自己设计的,台面完全跟人家不一样。政府也相当支持,区政府出钱三百多万,白峰分开之前划给了我们一百万。政府既然出钱,我一定要把事情弄好,一定要弄出特色,一定要给领导面子。所以我的文化礼堂跟别处普通的不一样,自己设计,古色古香,有郭巨独有的特色。

文化礼堂上面的一层,450 平方米是会场,250 平方米搞特色。现在郭巨东部重点开发,土地征用,房子拆迁,好多人家搬迁时,将老的生活用具、农用工具都扔掉了。这一扔,老物件以后就永远没有了,你要再去找相当困难。我乘这个机会,把这些老物件搜集起来,放在文化礼堂。以后 80 多岁、90 多岁的老人到这里参观,看到自己用过的东西,是一个好的记忆。而 40 岁以下的人,都没用过,不认识。那这些老物件,就能发挥教育后代的重要意义。搜集老古董、老物件,别人去收要出钱。我用什么办法呢?我发动全村的村民,联络他们的亲戚、朋友,把不用的农业工具、生活用品都拿来,我写上他们的名字。现在摆放在礼堂的一共 240 多件。上礼拜又多了一些,箍桶匠、木工匠一整套工具都搜齐了。

以后他们下一代的孩子来参观,这是我爸爸的、是我爷爷的,起到了传承、教育的作用。我还发动白峰成校 25 位退休老师,将各种物品名称、多少年代、派什么用场,用中文文字基本已经汇总了。我还打算将物件的介绍翻译成外语,让外国人参观时能看懂。翻译这件事,你们宁职院一位老师,是郭巨派出所警察的老婆,已经来过好几趟,跟我接洽并谈好了。

西门村文化礼堂去年开放的时候,三十多个德国学生,非洲三十多个校长,都来参观过,还留有合影。还有北仑各地的学生、小孩,去年来参观的总共有两千多人。我把郭巨的街道整体都搞得具有非遗特点,全北仑、全宁波市都晓得(知道)我的名字。

民间流传马灯舞,公开首演穆桂英

讲起马灯的事情,我出生是解放后了,十岁左右看见过。这个马灯的起源,问了大哥之后,据说是南宋时期,与"泥马康王"的传说有关。

传说宋康王赵构曾被金兵追赶,逃至钱塘江边,无船可渡,情况十万火急。突然江面上游来一匹白马,康王骑上白马快速渡过江去。上岸便寻一座破庙寄宿,苏醒后白马不见了,只看到庙前塑有一匹汗流浃背的泥马。康王认为救其渡江的就是这匹马,即封泥马为神马。后人为纪念泥马渡康王而兴"跑马灯"。

那么,从宋代对临安竹马的记载和前辈艺人口述,竹马类民间舞蹈早在南宋时已盛行于浙江。马灯舞在宁波流传于清道光和咸丰年间延至民国,直到现今,有近200年的历史。马灯舞是宁波地区流传甚广的民间舞蹈之一,遍布宁波的鄞州、北仑、镇海、余姚、慈溪、奉化、宁海、象山等地。北仑的郭巨、梅山、大碶、白峰等地均广为流传,并将"马灯舞"叫"跑马灯",也称"串马灯"。

历史上,北仑区民间艺术活动十分活跃。老百姓为了祈求菩萨保佑,消灾纳福,年年举行各种庙会,如请会龙、青苗会、稻花会、礼拜会等。每逢集会,各地的民间艺术队伍到柴桥、郭巨、大碶三大集镇汇合,举行游行活动。各种形式的民间艺术队伍一个接一个,马灯舞就是其中重要的一个表演节目,沿途观看的群众人山人海,不计其数。

解放前,郭巨地区的马灯舞一般在春节及各类民俗活动中出现。马灯舞自有一套传统的表演形式。

春节期间,马灯舞到每户农民家中祝贺新年。郭巨地区从农历正月初二至十八落灯,马灯舞在城隍庙、祠堂、场院、广场等地演出,有的还挨门挨户去演唱拜年。演唱前先要说些吉利活,唱词含尊敬长辈之意。马灯舞所到之处,主人家一般都要赠送年糕、大米等食物或红纸包赏金。马灯班中专有一人负责收赠礼,并分给跑马灯者作为酬劳。

旧时春节,当地村落几乎每天都会有一拨拨跑马灯的队伍过来,煞是热闹!还有个别跑马灯队伍中的人,会在晒谷场上放一条长凳,将羊角缚在脑后,扮成老妇人模样,立在板凳上唱滑稽戏,引人大笑。

此外,每逢郭巨东岳宫菩萨、城隍庙菩萨奉请仪式,家家户户的祠堂、祖宗堂祭祀,过年、办喜事、搬新家等各类民俗活动,当地人都会邀请马灯舞表演。其中,搬新家纳福活动中,马灯先串到新房家中,在雇主的堂前表演,跟随马灯的大头和尚则跑到屋里阴暗处帮着驱除妖怪,民间讨个"干干净净平安无事"的彩头。

马灯舞具有历史性意义的一次表演,是"行胜利会",也即庆祝舟山解放的大规模行会,声势浩大,极为隆重。郭巨离舟山很近,海对面就是舟山六横岛,所以马灯舞表演加入庆祝舟山解放活动。解放后的几年,马灯舞主要在元宵节、庙会中表演,演变成一种民间娱乐。庙会上,庆祝这一年五谷丰登、六畜兴旺,祈求来年风调雨顺,气氛非常活跃。我小时候看到过几次,印象很深刻。"文革"期间马灯舞中断。直到20世纪八九十年代郭巨城区闹元宵民间文艺踩街大巡游时,马灯舞才再次出现在人们的视线中。

我们西门村从1996年开始挖掘车子灯,2005年挖掘抬阁,2008年挖掘马灯。遗憾的是,村里见过"串马灯"的老人都已忘记了马灯的制作方法。于是我下了决心:自己设计,自己制作。我与村民们一起查找了很多关于串马灯的线索,还联系了广东等地有制作"走马灯"经验的人。但外地的"走马灯"制作和表演形式都与西门村本地的风俗不相适应。所以西门村的马灯只能靠自己设计完成。这张2007年的马灯图,是我亲手画的。今年是猪年,那个时候也是猪年,整好十二年。怎么画出马灯,怎样搭配颜色,多大的尺寸样子,都需要自己想。这是五官,这是头,这是身子,这是臀部,这是尾部,我都自己一样一样画,一样一样改,直到画出大家都满意、赞赏的马灯图。

设计完成后,村委会专门请了村里的竹篾匠姚裕仁来制作马灯。姚裕仁手艺精巧,村里的好多竹器都出自他手。这次的13只竹马,就以他为主力来做。马灯,用竹篾做成骨架。马头和马身体是分开的,不固定在一起。这样马的头会动,表演时更加活泼。马头和马脖子加起来大概80公分长,马的臀部40公分左右,制作这13只"马灯",一共用了160多斤的毛竹。马架子搭好后,村民们一起动手制作彩布。用的布是特地从新昌买过来的雨绒布,结实耐用,防水防蛀。这样,马灯用竹子制成,白、黄、蓝、红、黑、绿等各种颜色的棉布相互搭配。13只精美绝伦的马灯2009年制作完成,村民们感到非常欣喜。整个马灯制作花了25000多元。

2010年,由13名女性村民组成的"串马队"队伍和锣、鼓、镲乐队配合,"文革"间断后首次在郭巨元宵节活动中,公开表演《杨门女将——穆桂英挂帅》。2010年往后,西门马灯舞成为每年元宵巡演的必备节目,深受当地群众的喜爱。

马匹数量须成单,扬鞭穿插花样多

下面我给你们介绍一下,郭巨西门村马灯舞具体是怎么表演的。

(一)马灯舞的扮演角色。郭巨地区的马灯舞表演时,马匹数量不能成双,一定要单数,比如三只、五只、七只等,最多十三只。串马灯扮演的是戏剧中的角色。如"三只马"扮刘备、关公、张飞或白娘子、许仙和法海;"五只马"扮演关羽、张飞、赵云、马超、黄忠等五虎将;"七只马"扮演岳飞、岳云、高冲、张显、王贵、汤怀、牛皋等角色,还配马夫一人,需要会打虎跳、翻跟斗者担任;"十三只马"扮穆桂英及孟四娘、杜金花、黄琼女、单阳公主、杨七姐、马赛花、耿金花、邹兰英、杨秋菊、董月娥、杨九妹、杨排风等手下众将。

（二）马灯舞的服饰道具。服饰:表演者穿披风,戴头巾及红绒球头饰,下身着灯笼裤,脚蹬彩鞋。道具:各色马灯、马鞭、头牌。

马灯舞的基本动作。基本步法有趺步、小跑步、马灯后踢步、马灯倒退步、搭龙门等。其中,趺步时,左脚起,前脚掌先着地,每拍一下,双脚原地或小步向前交替踏步;小跑步时,上左脚,左小臂下压,右小臂上抬于脸右侧,上右脚时做对称动作。各种步法轻快矫健,如同骑马奔腾。

（三）马灯舞的表演形式。马灯串法有好多种:三只马,一只在中间,两只对串;五只马,一只在中间,一双四只对串;七只马,一只在中间,十二只对串,分左右二队,套大小 8 字,串圆心、破花等,形式多样,十分好看。马灯舞表演时还有一个领队。他身上插面小旗,带领跑马灯队伍到村口空旷地上敲锣打鼓,引来一路跟随嬉闹的孩子。队伍到了宽广的晒谷场或空场地,开始表演。先敲一番大小铜锣,演马灯的演员随着锣鼓的节奏,先跑一个圆场,再相对穿梭奔跑。表演时,演员左手拎马头、右手握马鞭,在场地中随着锣鼓节奏踏着舞步,甩动马头颈,用舞蹈动作扬鞭穿插、圆场,马灯一个紧跟一个跑出来,不断变换队形。马灯队形有时直线前进,有时曲折舞步,有时交叉奔驰,有时昂首漫步,变换成龙门阵、长蛇阵、剪刀阵、梅花串、燕子串等阵式。

（四）马灯舞的伴奏乐器。初为司锣一人、敲鼓一人、拉二胡两人。伴奏时,司锣者用红色长布缠腰,腰带背部固定一条长而有弹性的竹片,竹片一端则再安装个倒 U 形缠着彩色布条的竹架,竹架上悬挂小锣数面,下面再系一大锣。跑马灯表演时,锣可以敲出各种声调,鼓点以增强节奏,二胡则配合演奏"马灯调"等曲调。后来添加了其他乐器,主要有三弦、背架锣(大小三面)、鼓、小钹、大锣、胡琴两支、笛、月琴等。

（五）马灯舞的伴唱曲词。马灯舞是边舞边唱的,充满动感和气势。锣鼓一停,乐队奏马灯调过门,舞蹈演员齐唱马灯调四句。唱完接着敲锣打鼓,如此反复进行。马灯舞表演时,也可另安排嗓音较好的女性,站在乐队旁边演唱,唱词可随时编写。曲调一般以马灯调为主,还有细乐翻、三翻等曲牌,或选用《杨家将》《白蛇传》等戏中的词曲。主要演出的人还要一同唱"嗳格仑登呦",有时演唱的词不固定、随机应变即兴编唱。过去流行的唱词,有以下几首。

马灯调

上海码头第一大
各国通商生意做
百货商品有介多
白相来呀到外滩
轮船交交关也呀
大市明钟把时关
二个铜人祝纪念
大马路真闹孟呀
房子密密层层也
先司永安隔兴兴
对面就是跑马厅
静庵寺到红庙也
庙就是城隍庙呀
初一月半把香来烧
三月初三上龙华

新弄房

不防来真不防呀
隔壁还有新娘房
五双马灯封纱窗
早生贵子状元郎
大头师父跑进房
绸缎棉被二头扛
一对鸳鸯催成双
抬来媳妇像阿婆
粗细生活都会做
大家看看真同呵
廿年媳妇廿年婆
过了廿年做太婆
抱了儿孙笑呵呵

挨家挨户上门演唱时,马灯舞所唱内容多为吉祥话,如:

新年马灯串门庭

一年四季保太平

风调雨顺好年景

五谷丰登财神进

嗳格仑登呦

五谷丰登财神进

改革开放以后新编的马灯舞唱词，多为七字句，共四句。前三句唱完停一下，待敲了大小锣后，再唱最后面一句。比如：

正月里来（是末是）新春（嘞嗳）

家家户户喜盈盈

国富民强增欢庆

【锣声】嗳格仑登呦

改革开放向前进【锣声】

马灯舞所用的伴奏音乐《马灯调》，是宁波地区特有的一种地方民间舞蹈小调，老少皆能吟唱。它节奏欢快，曲调高亢明亮，演唱中，会不断重复"嗳格仑登呦"唱词。

（六）马灯舞的变化发展。最早郭巨马灯舞的表演者由十二三岁男女孩童担任，演员假马当真马骑，表演时根据不同剧情，如《穆桂英大战洪州》《杨家将》等，扮演各种角色，英勇威武，腰胯稳健，通过操兵摆阵，他们表演出振奋、乐观、勇往直前的精神。后逐渐有一些妇女担任，有的还能边唱边跳，同时还有放炮人、大头和尚各一个。

马灯基地在西门，保护得力传后人

2008 年 9 月，"马灯舞"被列入北仑区第二批非物质文化遗产代表性名录，我列为传承人。2018 年 5 月，"跑马灯"获批宁波市第五批非遗名录，我成为市级代表性传承人。

西门马灯自重新挖掘 2010 年首演以来，在宁波南塘老街、梁祝公园、北仑九峰山、牡丹园等地表演，在每年元宵佳节之际，多次参与郭巨、梅山保税区及柴桥河头、小港等展演，受到当地群众热烈的欢迎！近两三年，西门马灯助兴白峰年糕节，"烽火古韵，欢度元宵"郭巨街道踩街活动，郭巨街道年俗文化美食节，"非遗月"北仑市民体验郭巨非遗一日游，郭巨街健身节活动，白峰、郭巨、梅山文艺才艺大比拼，浙江"流动大舞台"走进郭巨等。

西门村综合性非遗基地在北仑文化馆、郭巨街道文化站的大力支持下挖掘、保护了马灯舞项目。目前，有固定的传承场所（教室、演练室、非遗陈列馆等），且达到一定规模。西门村非遗基地有三部分:1.面积250平方米的非物质文化遗产基地;2.面积300平方米西门村非遗基地实物陈列室;3.面积500平方米的非遗展示厅和传习排练厅。

我多年来致力于"马灯舞"的保护、传承工作。

一、做好项目的挖掘、恢复工作。深入群众调研马灯舞相关资料,恢复马灯舞传统表演。

二、做好项目的保护、传承工作。多次作为马灯舞培训的主讲者,不仅向学员传授马灯表演,而且传授马灯扎制技艺。

三、做好项目的展示、展演工作。每年正月初十,郭巨民间大巡游,亲临现场作为马灯舞表演的现场总指挥和协调,指导巡演方队的队形及表演方式,并参加巡演。

街道文化站及西门村非遗基地定期开展研讨,对地基的建设和项目的保护上投入人力财力。设有保护机构(如保护协会、保护办公室、工作小组等),制定保护制度(保护制度包含责任主体、保护内容、具体措施、奖惩办法等内容),并报请区非遗中心备案。下面是我们西门村在评为区级非遗后就制定的郭巨马灯舞保护制度。

郭巨马灯舞保护制度

为进一步贯彻落实宁波市非物质文化遗产"三位一体"保护精神,推进名录、传承基地、传承人的保护,加强我区非物质文化遗产传承、传播工作,切实把非物质文化遗产保护工作做好。

在北仑区人民政府的领导下,经北仑区非遗保护中心、郭巨街道文化站、西门村的认真研究,制定《郭巨马灯保护措施实施方案》。

一、目标、方针和原则

(一)保护目标

重视项目、传承人、传承基地的保护,切实实现"三位一体"保护制度,促进郭巨马灯的传承、发展;通过实施该保护措施,使我区珍贵的、具有历史、文化价值的郭巨马灯这一传统习俗科学化、规范化的保护。

(二)保护方针

正确处理抢救、保护和利用的关系,在确保马灯舞项目获得有效保护的前提下,促进抢救、保护、利用的有机结合和协调统一。同时借助当地的旅游资源,扩大项目的影响力。

(三)保护原则

始终坚持"保护为主,抢救第一、合理利用、传承发展"的非遗保护原则,重视郭巨马灯舞项目的本真性,尽可能做好"原汁原味"的保护。

二、保护对象、方式和主要实施内容

（一）保护对象

重视项目、传承人、传承基地,三者缺一不可,进行捆绑式保护。在传统民俗活动中,收集马灯舞的习俗、表演的技巧、道具的取材、工艺制作流程等资料,保护与其有关的代表性实物、原始资料、传承场所等。

（二）保护方式

第一,根据郭巨马灯的现况,制定保护规划。确定郭巨西门村作为郭巨马灯的传承基地,并加以保护。保护地域范围包括行会必经路径周边的文化空间的规划、保护与更新、道路交通规划、传统风貌协调规划等,做到整体式保护。

第二,在做到真实记录的基础上,对有限的珍贵资源进行整理、研究,以展示馆、传习场所等形式予以宣传展示,同时保存马灯相关实物。努力筹集资金、征集作品,筹建郭巨马灯艺术馆,展示和保管好郭巨马灯的文字资料、音像资料。同时,承担起郭巨马灯文化的宣传和传承工作。

第三,通过建立郭巨马灯传承基地,命名非物质文化遗产展示馆,对项目进行保护。成立文献资料征集办公室,全面征集与此有关的资料,包括郭巨马灯传说、歌谣、行会习俗、民间艺术品等。资料的形式多样化、全面化,包括文字资料、实物资料、音像图片资料等。

第四,通过对传承人的扶持和鼓励,建立非物质文化遗产项目郭巨马灯的传承机制。重要的是需要借助民间艺人,让他们把身口相传的习俗及相关技艺接力传递给下一代,以使无形遗产存活下来。因此,郭巨马灯的保护应重视采录传承人的口述史。

第五,深入挖掘郭巨马灯相关资料,以电子数据形式保存。采购专用设备,组织专家学者组成调查研究队伍,开展对养育郭巨马灯项目的文化空间进行实地调查和研究,运用文字记录、数码音像等现代化手段,予以全方位、无遗漏的保存和保护。

（三）主要实施内容

第一,研究郭巨马灯的现存情况,制定活动保护规划。大力借助传统节日资源活动,除了行会外,适当地将项目融入其他的展示展演活动中。

第二,建立完备的保护制度和体系,对珍贵的、具有历史文化价值的郭巨马灯进行系统的抢救和保护。

第三，扶持以西门村为首的、郭巨马灯传承和发展情况良好的村落，推进马灯传承、发展建设。

第四，合理开发利用非物质文化遗产郭巨马灯的资源，推动当地旅游业及第三产业的发展。

三、保障措施

（一）加强政策法规建设

（二）加强保护机制建设

（三）加强宣传教育工作

附：保护机构

马灯保护机构组成人员名单

组长：林布安（统筹协调）

副组长：姚继峰（档案整理）

顾问：林布安（项目传承、指导）

下设二个小组

马灯舞队：沃佩芬、李红花、童信红、陈亚珠、邵慧兰、汪红峰、吴士亚、张亚花、戴立萍。

大头和尚：蔡耕丰、林存华。

乐队组：赵信昌、纪广远、汪瑞孝、林金瑞、林铺锦、李万祥、徐福明、周志丰、虞仕福、黄忠良、纪南乔、潘善根、何瑞丰、汪万章。

我自己的儿子（37岁）也从小爱好这个，中专毕业去当兵，退伍之后在白峰搞宣传，他在部队也搞宣传。他现在在柴桥，对马灯也十分感兴趣，会画道具。孙子10岁，也非常喜欢画这些东西。家里墙上都贴满了画，他善于想象，可以直接画出来，非常有天赋，是学校里画得最好的。孙子话不多，喜欢画画，文科很好。儿孙从小爱好画画，都是遗传的。

马灯的队伍出去，最起码有150个人（注：应包括其他项目人数），要学一年，这个项目非常花精力。明天培训的十七八个人，是负责后面的乐器的。我打算申报省级的（非遗）传承人，如果省级申报成功，可以去申报国家级的。

五、车子灯传承人赵信昌口述史

采访时间：2019 年 03 月 08 日

采访地点：宁波市北仑区郭巨街道霓虹路 91 号西门村村委会，郭巨街道凤山路 16 号西门村原村委会

受访者：林布安（代）赵信昌①

采访人：沈燕红

口述整理：沈燕红、胡修远、沈姝辰

采访照片

① 因传承人赵信昌身体缘故，不宜接受访谈，由村书记林布安代做项目口述简单介绍。林书记说，郭巨一些项目，其实大家都在传承，申报时指定了一些传承人。他介绍了传承人之一汪玉痒老人。

赵信昌口述史(林布安代述)

车子灯,又称龙凤灯。车子灯舞是宁波地区流传甚广并较有特色的灯舞形式之一。相传在隋炀帝游江南时传入浙东,后作为沿海人民抗倭时筹集资金、传达军情和消息的工具,后来才慢慢地演变为参加节日娱乐表演的民间艺术样式。

20世纪30年代,郭巨城内东门、南门、西门、北门四个村子分别成立了以"东升"、"南熏"、"春园"、"平安"命名的车子灯社,一度享誉穿山半岛。逢春节、元宵节各地举办灯会、赛会,均请郭巨车子灯加盟。后来,庆祝舟山解放,郭巨举行盛大游行时,也有车子灯表演。1983年原镇海县举办首届元宵灯会,张兴祥为首制作的一对车子灯参加灯会,获一致好评。

车子灯用竹子做的骨架,扎成高约1.7米,边长约0.9米的框架,框架旁用两条竹竿分别从两侧向后伸出做车把,再用绸缎等布料围住四周。布料以大红、紫红为主,继以绿、黄相衬。顶端四角各装饰龙凤,向外挑出,意为"龙凤呈祥",也有扎四只红色彩球样式,上下两沿镶上排须。车子灯舞一般由两只车子灯成对同时表演。表演时,两个人钻进车内,扮车心,车子用宽带缚住挂在肩上,并用双手握住两边骨架。车子离地约0.1米,以看不到表演者双脚为宜。两辆车随音乐节奏,或绕场起舞,或两车对串。动作以圆场台步、进三步、退三步、四方步为主,主要队形为8字形、S形、走四角或穿中花等。同时,车子随着音乐有节奏地摆、荡,呈现起伏和悠悠晃动,犹如水中迎浪行驶的船只,具有浓郁的江南水乡生活气息。

表演车前,各有一大头娃娃穿长衫或彩色女装,手拿蒲扇,在车子左右前后不停跳舞、造势,或逗笑观众,或施之以礼,或用蒲扇驱赶拥挤进来的观众和小孩,其滑稽之状常引得观众捧腹大笑。

车子灯表演直至鼓点停住才结束。此时,唱曲开始,车子在原地随着曲子左右上下摆动,演唱者一般由嗓子较好的女孩担任,以唱马灯调为主,也有可以唱当地流行的各种小调。

郭巨车子灯发展至今已96年,传承至第三代:第一代傅锡常,第二代李进荣、张兴祥,第三代汪玉庠。

郭巨街道西门村、南门村、大涂塘村都有人会表演车子灯,并且能手工制作。每年郭巨闹元宵,车子灯作为传统表演项目之一,载歌载舞,以表达人民祈求风调雨顺、五谷丰登、消灾降福、吉祥如意、追求幸福和安宁生活的美好愿望。

2006年车子灯舞被列入第一批北仑区非物质文化遗产名录。非遗基地西门村作为项目的培训、演练场所,现保存有车子灯表演的全套道具,掌握车子灯的全套表演套路,并对车子灯的制作过程、表演套路、各届巡游活动等做了详细的记录,保存有相关原始资料及图片。2013 年建立郭巨非物质文化遗产陈列馆,以泥塑的形式展示了车子灯的表演过程。

基地聘请汪玉庠同志(1927 年 2 月出生)为车子灯的传承人,近几年来,汪玉庠同志致力于"车子灯"的传承保护工作:一是深入基层群众,调研和收集车子灯相关原始资料;二是多次担任车子灯培训的主讲者,向学员传授车子灯的制作方法及表演套路;三是负责车子灯日常排练指导工作;四是亲自带队车子灯参加各级各类民间巡游活动。

2009 年汪玉庠成为北仑区非物质文化遗产代表性传承人,2011 年被评为北仑区"十大优秀非物质文化遗产传承人",2013 年成为第二批"浙江省优秀民间文艺人才"。

六、"郭巨"述考：地名传说口述史

据郭巨街道有关文化人士、当地百姓，以及郭巨抬阁传承人林铺锦老人、马灯舞传承人林布安等人讲述，"郭巨"地名由"郭衢"、"霷霷"简化演变而来。郭巨，历代古书中多记载为"郭衢"。

唐初，郭巨西门外大涂塘村所在地还是一片浅海滩涂，山麓零星散居着几户人家，交通极为不便。《福民庙记》曾载："此地唐初海潮汩没，沿山斥卤，故名大涂洋。"相传，当时通往西面的道路崎岖，先民在大山头开山凿路，后来就四通八达了。大山头石岩脚开通那时，留下两块三公尺见方的巨大石头，看上去样子像石柜。当地人以柜为"衢"，以城谓"郭"，于是取名为"郭衢"。

郭衢陆域面积少，山多河少，水流又短，沿山之地百姓用水都要靠天下雨。但郭衢虽属海洋性气候，但其年降水量明显少于周边地区。雨水来去匆匆，雨量少，难留住，时有干旱发生，有"十日无雨则无麦，半月无雨则无禾"之说。昔日郭巨城隍庙内有楹联："分司镇邑东南地，永作衢城雨露天"，百姓希望城隍老爷保佑风调雨顺、五谷丰登。因盼雨心切，还在"郭衢"两字上添加了俩"雨"字头，写作"霷霷"。

北宋熙宁十年，属海晏乡，隶属定海县。南宋建炎年间，在此首设驿站，称为"郭衢驿"。郭衢，远在东海之滨，南宋在此设立驿站，可见其地理位置的重要性。随着宋室南迁、定都临安，大批中原人民为避金兵之扰，也纷纷南逃，一部分人从明州（今宁波）东迁至郭衢。至南宋末、元初，郭衢人口大增。洪武年间，明朝建立卫所军户制，抗击骚扰浙东沿海各地的倭寇，在郭衢建千户所城。《明史》载："于浙则有六总，一金乡、磐石两卫，一定海卫及霷霷、大嵩等所。"明郎瑛《七修续稿国事·浙江省倭寇始末略》作"郭衢"，可见"郭衢"、"霷霷"之地名。解放后，简化改成"郭巨"。

1950年，改称郭巨镇、盛厚乡、霞峙乡和峙头乡，之后又经镇、乡、公社并改。1992年5月，合并为郭巨镇。2003年8月，原白峰镇和郭巨镇合并成新的白峰镇。2016年7月，撤销白峰镇建制，设立白峰街道和郭巨街道。

2019年，郭巨街道下辖18个村，2个社区（东港、峰南）。总户数9006户，总人口2339人，其中城镇居民7851人，农村居民15548人。[①]

---

① 参见《北仑年鉴2020》，浙江人民出版社2020年版，第431页。

第八章　浙东区域非遗传承人口述史的文化机理

唐纳德·里奇(Donald A. Ritchie)在《大家来做口述历史》前言中提到："大多数的口述史家都是边干边学的。我们对访谈理论的理解和阐释往往也是做过访谈以后才形成的,并不是事前预设的。"①本章将从学理层面阐释传承人口述史的核心价值和文化样式。

第一节　口述史"人民性"与非遗保护

一、"口述史"概念的多样阐释

何为"口述史"? 从字面上理解,"口"即口头,"述"为叙述,"史"就是历史。简而言之,"口述史"就是口头叙述的历史,属于历史学的范畴。从词源上看,"口述史"来自英文 oral history,是 1948 年美国哥伦比亚大学口述史研究中心创立时,由创始人艾伦·内文斯(Allan Nevins)正式提出。自此,具有现代意义的"口述史"引起学术界广泛关注,并迅速在全球引发研究热潮,至今方兴未艾。

那么,如何界定"口述史"这一学术概念? 目前,学界尚无公认、统一的定义。不同的学者见仁见智,对"口述史"有各自的理解与表述。比较有代表性的定义,如:

美国口述历史协会第一任主席,也是艾伦·内文斯的学生与后继者路易斯·斯塔尔(Louis Starr),曾于 1977 年明确地提出:口述史是通过有准备的访谈,以录音机为工具,记录人们口述中得到的具有保存价值和迄今未获的主要原

---

① 唐纳德·里奇著,王芝芝、姚力译:《大家来做口述历史》,当代中国出版社 2006 年版,前言第Ⅵ页。

始资料。① 该定义,强调了口述访谈中录音机的使用,表明了现代口述史的流行,有赖于现代技术手段的便捷发展;口述所得原始资料的保存,主要用于弥补现有文献资料的空白或不足,体现了美国口述史早期"档案实践"②的特征。

英国著名学者、社会学家、国际口述史研究权威人物保尔·汤普逊,在 1985 年北京举办的一次口述史研讨会议中提出:口述历史是关于人们生活的询问和调查,包含着对他们口头故事的记录。③ 该定义,侧重于社会学史的角度,对口述访谈使用的工具并没做特别的强调。从现代口述史确立初期的访谈对象看,美国重点关注重大历史事件的重要参与者与见证者,而英国更偏向社会史,关注普通民众的生活和他们身上发生的故事,体现"关注底层"的口述史学取向。保尔·汤普逊认为:"口述历史是围绕着人民而建构起来的历史。……它认为英雄不仅可以来自领袖人物,也可以来自许多默默无闻的人。"④其 1978 年首版、2000 年第 3 版的口述史学理论专著 *The Voice of the Past*:*Oral History*(《过去的声音:口述史》),至今仍是口述史研究领域的经典著作,被誉为进入口述史学门槛的"金钥匙"。

美国另一位著名的口述历史学家唐纳德·里奇,在其 1994 年首次出版、2003 年第 2 版的口述史经典名著 *Doing Oral History*:*A Practical Guide*(《大家来做口述历史》)中有这样一段话:

What is oral history? (什么是口述历史?) Memory is the core of oral history, from which meaning can be extracted and preserved. (记忆是口述历史的核心,从中可以提取和保存意义。) Simply put, oral history collects memories and personal commentaries of historical significance through recorded interviews. (简而言之,口述历史通过记录的采访来收集具有历史意义的回忆和个人评论。) An oral history interview generally consists of a well-prepared interviewer questioning aninterviewee and recording their exchange in audio or video format.

① Louis Starr. Oral History, *Encyclopedia of Library and Information Sciences* (Vol 20), NewYork:Marcel Dekker, 1977, p. 440.

② 杨祥银:《当代美国口述史学的主流趋势》,《社会科学战线》2011 年第 2 期,第 68—80 页。

③ Thompson S , Thompson P and Liwen Y. Oral History in China. *Oral History* (Vol. 15), 1987(1),p. 22.

④ Paul Thompson. *The Voice of the Past*:*Oral History*. New York:Oxford University Press,3rd. ed. , 2000, p. 23.

(口述历史采访通常包括一个准备充分的采访者询问被采访者,并以音频或视频的形式记录他们的交流。)Recordings of the interview are transcribed, summarized, or indexed and then placed in a library or archives.(访谈记录被转录、汇总或索引,然后放置在图书馆或档案馆中。)①

唐纳德·里奇对口述史的界定,与路易斯·斯塔尔一样,也提到了"录音访谈"的方式,不只音频,还可有视频。随着现代科技的发展,使用录音、录像的设备与用笔记录谈话的方式相比,自然具有更多优势,可以将双方之间交流的内容,乃至说话的语气、语调、地方口音都能完整录下,文本转换时更能客观、准确、生动。该定义,开宗明义提出"记忆是口述历史的核心"理念,并与个人评价相连接,开启了后续口述史研究的新思路。唐纳德·里奇的《大家来做口述历史》一书,为人们口述史研究与实践带来实质性指导。

北京大学历史系教授杨立文认为:口述史就是收集当事人或知情人的口头资料;基本方法是调查访问,采用口述手记方式,收集的资料与档案核实,整理成文字稿。② 钟敬文先生长子、北京社科院历史所研究员钟少华认为:口述史是利用人类语言和科技设备,受访者与历史工作者合作,谈话录音都是口述史料,整理成文字稿,加工研究后,可写成各种口述历史专著。③ 杨教授和钟先生都强调将口述史料整理成文字稿,不同之处在于记录口述史的方式,杨教授提到"手记",钟先生要求"录音"。

青年"杰出学者"、著名口述史研究专家、现中国人民大学教授杨祥银认为:"口述史"就是指口头的、有声音的历史,它是对人们的特殊回忆和生活经历的一种记录。④ "简单而言,就是通过传统的笔录或者录音和录影等现代技术手段的使用,进而记录历史事件当事人或目击者的回忆而保存的口述证词。"⑤杨祥银教授对"口述史"概念的界定,是综合了现代口述历史发展不同阶段的特征,对上述各种定义的一次概括性描述。

---

① Donald A. Ritchie. *Doing Oral History*: *A Practical Guide*. New York: Oxford University Press, 2nd. ed., 2003, p. 19.

② 杨立文:《论口述史学在历史学中的功用和地位》,载《北大史学 1》,北京大学出版社 1993 年版,第 120 页。

③ 钟少华:《进取集:钟少华文存》,中国国际广播出版社 1998 年版,第 414 页。

④ 杨祥银:《与历史对话:口述史学的理论与实践》,中国社会科学出版社 2004 年版,第 5 页。

⑤ 杨祥银:《美国现代口述史学研究》,中国社会科学出版社 2016 年版,第 13—14 页。

总之,口述史是通过采访人与受访人的对话,透过受访人的回忆与陈述,重建过去专业经历、社会生活、个人心灵的历史;①既是一个人的生平阅历、历史经验和感情世界的记录,同时也是一个时代的历史事件的生动记录。② 口述史以底层社会和普通民众为重点研究对象,将受访者的个人经历、社会经验及访谈的内容,用录音、录像等现代技术忠实地记录下来,继而整理成文字材料,这是口述史研究的第一要件。

二、口述史"人民性"与传统史学比较

口述史的显著特性是什么? 口述史与传统史学有怎样的关系? 其实,当严肃的"历史",被冠以"口述"一词加以修饰,既表明两个概念之间的疏离,也产生了奇妙的颠覆性效果。

1. 口述史与传统史学关注视角不同

如同最古老的歌谣是口头歌谣一样,在文字书写发明之前,人类最早的历史记忆和历史讲述,只能是口述历史。正如保尔·汤普逊所言:"In fact, oral history is as old as history itself. It was the first kind of history. (事实上,口述史就如历史本身那样古老。它是历史的第一种类。)"③咱们的炎帝和黄帝,推行禅让制的三代圣贤尧、舜、禹,是口述史中的人物。《诗经》中的周民族史诗、藏族的《格萨尔王传》、西方的《荷马史诗》等,都是以口述形式流传下来的作品。被誉为"史家之绝唱"的《史记》,写作过程中也搜集了大量的口头传说,如《游侠列传》、《刺客列传》、《陈涉世家》等都收录了口述历史的内容。但长期以来,在正统的历史学或职业的史学家诞生以后,基本上把普通大众身份的口述者或亲历者排斥在历史大门之外。传统史学关注帝王将相、国家、民族的宏大叙事,强调对重大历史事件的记录与反思,较少关注普通民众的生活状态、生命历程以及他们在历史长河中的作用。那些乡曲小子、贩夫走卒、艺人工匠等普通人是正统历史的忽略对象、弱势群体或边缘人,几乎不占任何有价值的历史叙事空间。

如此,围绕人民而建构的口述史对传统史学的颠覆性意义,至少表现为:突破了以往历史著述偏重政治史的狭隘性和较多"自上而下"写历史的传统;将视角转向底层社会,关注普通人的生活经历与生命历程,书写人民大众对社会变迁、历史经验的认知,"自下而上"地写历史,由此使国家宏大叙事获得个体体验

---

① 陈墨:《口述史学与心灵考古——论文与演讲集》,人民出版社 2019 年版,第 29 页。

② 李向平、魏扬波:《口述史研究方法》,上海人民出版社 2010 年版,第 2 页。

③ Paul Thompson. *The Voice of the Past*: *Oral History*. New York: Oxford University Press, 3rd. ed., 2000, p.25.

和集体记忆的补充;也给原先被忽略、被无视、被边缘化的普罗大众获得倾诉、诉求,以及表达个体记忆、意见与愿望的可能性。"口述史意味着历史重心的转移"①,口述史的最大作用在于它给了我们一个机会,把历史恢复成普通人的历史,并使历史与现实密切相连。

2. 口述史与传统史学记录方式不同

传统的历史,即所谓的"正史"。其流传下来的历史资料,大都是以文字符号的形式记录的官方文献,多藏之于图书馆、博物馆。史学研究,也就是研究者运用这些"无一字无来历"的文献资料,对过去发生的历史活动、历史事件、历史现象等,通过文字加以描述、研究和诠释。显然,拥有文字权和拥有历史解释权之间存在互为同谋的因果关系。谁掌握了文字,谁就有发言权,谁就能对历史做出符合自身利益的权力解释。鉴此,在漫长的历史长河中,诠释历史的往往都是手中握有文字权、统治权的上层阶级,所记录的历史也常常是和"权力"相关的事、时、境、物、人。

口述史,记录"口述"访谈内容;现代意义上的口述史,记录方式借助录音、录像等科技手段。"口述"相对于"文字"而言,即通过一个人或一群人的访谈,记录他们口头叙述的生活史、生命史、职业史,以及对历史事件、历史经验的个体认知和集体记忆,以累积资料文本的方式,为进一步的口述研究、重建历史提供资料基础。口述史研究突破了传统史学源于文献资料的限制,把资料来源、历史题材拓展到访谈对象的口头叙述与录音录像之中,从而将历史的解释权回归于民间,回归于普通民众,契合了"人民是历史的创造者,人民是真正的英雄"的唯物史观,凸显了口述历史"人民性"的特点。

3. 口述史与传统史学对话程度不同

传统史学的文献资料是静态的、不可再生性的资料。文献是沉默的,不会说话。读者或研究者与文献,是读与被读、研究与被研究的单向关系。而口述史资料则是动态的、可再生性的资料。口述资料可以倾听,是源头活水。采访人与被采访口述者,可以多次约谈,可以不断碰撞,可以相互启发,在双向互动的访谈过程中,共同完成人生经验的再现、历史活动的回顾和历史意义的建构。口述史研究者既可以与同一采访对象反复不断对话,也可就同一主题与不同的采访对象重复对话,经过比较印证,多次验证结论,不断去伪存真,去芜存菁,使研究结论越来越趋近历史的真实。

---

① 保尔·汤普逊著,覃方明、渠东、张旅平译:《过去的声音——口述史》,辽宁教育出版社、牛津大学出版社 2000 年版,第 7 页。

其实,口述史研究的目的并非解释历史,而是印证和重现历史,并对历史进行补充和丰富。综观传统的历史文献与档案,载入史册的不是国家的重大事件,就是帝王将相重要人物的生平过往,或是社会各界上层精英的所见所闻。口述史旨在留住那些被历史车轮碾压却并不曾留下清晰印记的历史轨迹,留住即将逝去的普通人们的声音和证词。口述史被采访人一般是社会活动、历史事件的亲历者或参与者,其回顾与叙述的历史事实具有相当的真实度和客观性。换言之,口述史研究者更多关注的是能够为传统史学中处于弱势地位的普通百姓留下声音,以及为他们身上发生的、同样能反映时代真实面貌的事件留有位置。对于历史的研究,光靠文献史料、实物档案是有缺漏的,需要有充分、鲜活的口述史料作为补充。单向的文献研究与双向的口述访谈相辅相成,才能立体呈现历史本来的面目。

因此,在某种程度上,口述史突破了"精英"和"文字"的双重限制,让我们能更广泛地倾听"过去的声音",体现了"人民性"的显著特征。[1] 在历史范畴不断拓展和丰富的今天,口述史提供了"自下而上"纵深广阔的研究对象。"它为历史本身带来了活力,也拓宽了历史的范围。"[2]口述史研究,大的方面可以涵盖社会、历史、政治、经济与文化,小的方面可以是普通民众百姓的日常生活、生产经验、技能技艺、人生体验等。普通民众的口述访谈资料对于丰富历史的内涵具有深刻意义。口述史,也使史学工作者能从与世隔绝的书斋,走向鲜活生动的民间,同时使更多史学爱好者参与研究当中,其鲜明的"人民性"和社会性给当代史学研究带来新动力和新活力。

三、传承人口述史与非遗有效保护

1. 非物质文化遗产的民间性与口承性

自 2001 年联合国教科文组织公布首批人类口头和非物质遗产代表作名录,"非物质文化遗产"进入了人类文化遗产保护的视野。2003 年通过的《保护非物质文化遗产公约》,第一次明确提出"非物质文化遗产"理论概念,并给予定义:"非物质文化遗产是指被各社区、群体,有时是个人,视为文化遗产组成部分的各种社会实践、观念表述、表现形式、知识、技能以及相关的工具、实物、手工艺品和

---

① 杨祥银:《与历史对话:口述史学的理论与实践》,中国社会科学出版社 2004 年版,第159—159 页。

② Paul Thompson. *The Voice of the Past: Oral History*. New York: Oxford University Press, 3rd. ed., 2000, p.24.

文化场所。"①从此,"非遗"这一词汇,也走进了中国,进入千千万万中国人的社会经济和日常生活当中。

当然,非物质文化遗产并不是前所未有、从天而降的一种新东西,它只是对已有的文化现象进行重新认识、分类、编排,进而抽象、演绎、组合出来的一种新的文化名称、概念、类别。非物质文化遗产的范围非常广泛,除了历史留存的文物、建筑群、遗址等物质文化遗产,其他仍在人群中口耳相传、手工制造、身体行为及形象表演的文化艺术、民间文学、信仰习俗、技术技艺、生产知识等形形色色的民间文化,无不都是非物质文化遗产。这些口头的、表演的、手工的、技艺的、游艺的、信俗的、习俗的民间文化,在中国过去的学术传统里面,都是"下里巴人"的文化,属于俗文化的层面,登不了大雅之堂。②

非物质文化遗产概念的出现、受到广泛关注和在世界范围内传播,得力于联合国教科文组织的大力推动,以及全球化的推进。这些一向不受重视,被认为形式不雅、技艺不精、意义不大的非物质文化遗产,其价值得到重新认可,在很大程度上是一种文化理念和历史价值观的颠覆性突破。它的出现,"在人类文化遗产的大范围中,提出了一个崭新的认识领域,确认了一个新的对象的世界。而一个新的对象世界的产生,必须有一门崭新的学问或新兴学科去揭示它"③。21世纪以来,人类文化宝库、艺术殿堂新增一种"非物质文化遗产"的品种和样式,不仅在于它是一个全球化的文化行动,也在于它把这种新型的文化遗产的文化地位、文化价值进行了一次具有人类历史高度和历史意义的提升;不仅在于它改变了新世纪的文化发展格局和人类遗产保护格局,也在于它使21世纪的人类文化有了标志性的文化事件和文化象征。④ 这是人类文化史上的一次重大"观念变革",也是人类文化发展史上的一座崭新"里程碑"。

"非物质文化遗产"理念提出和价值认定,始终围绕、聚焦在遗产保护和文化传承上面。保护就是保留、保存、承传,它应对的是失传、消失、消亡。非物质文化遗产保护与民间文化抢救工程可谓一脉相承,民间文化的形式包括:语言文学、游戏神话、音乐舞蹈、礼仪习惯、手工艺、建筑术及其他,具有民间创造、口耳相传、代代承续的特点,其含义与"非物质文化遗产"基本一致。冯骥才先生认为:我们为之自豪的中华文化从来都是由两部分组成,一是精英和典籍的文化,二是民间文化。特别是民间文化,数千年来,积淀深厚,博大灿烂,是我们的人民

---

① 张仲谋主编:《非物质文化遗产传承研究》,文化艺术出版社2010年版,第1页。
② 向云驹:《非物质文化遗产博士课程录》,中华书局2013年版,第13页。
③ 王文章主编:《非物质文化遗产概论》,文化艺术出版社2006年版,第8页。
④ 冯骥才:《传承人口述史方法论研究》,华文出版社2016年版,第2页。

用双手和心灵创造的,凝结着人民的生活情感和人间理想。①

2.传承人口述史是非遗保护的有力手段

由于历史偏见,民间文化与精英文化的地位并不同等。非物质文化遗产因其民间性、口头性、身体性、行为性、不确定性等,长期以来未被记录,未留文字记载,不能登堂入室。技艺、习俗或表演等的传承通过目睹、口传、身授的方式在族群、家庭、师徒之间一代一代赓续交替,其传承人也未被认为是文化遗产的创作者而受到重视和关注,未能留音、留影、留名、留史。作为散布在乡野村落的底层社会群体,传承人一直都是上层精英为主体的传统历史叙事的"缺席者"。其实,非物质文化遗产口传心授、代代流传的方式相当脆弱,"一旦没有传承人,就如断线风筝,即刻消失,化为乌有"。②

传承人是非物质文化遗产传续、传播、传承的主体,他们是著名文化样式背后的无名创作者、真实拥有者、默默传播者,杰出、优秀的非遗传承人更是一座座藏品丰富而珍贵的宝库。基于非物质文化遗产传承性、口头性和活态性等特征,作为非遗传承主体和重要载体的传承人,自然应该成为非遗保护的重中之重。人在技在,人去技失;人在艺在,人亡艺绝。从某种意义上来说,保护非遗就是要保护非遗传承人。

中国民协原主席、文化学者冯骥才先生认为:口述史面向活着的人,而非遗的主体角色就是活着的传承人;口述史挖掘个人的记忆,而非遗保存在传承人代代相传的生产经验与文化记忆中;口述史是将传承人的口述素材记录,并转化为文本,唯有这样才能永久保存"口头文化遗产"(即非物质文化遗产)。③ 故而,重视口头传统并采用传承人口述史的研究方法,是非遗保护最关键、最核心的工作。

虽然,口述史作为一种特殊的研究方法与文本书写方式,在历史学、人类学、民俗学、社会学等领域得到了广泛的运用,涉及经济史、文化史、艺术史、妇女史、城市史、少数民族史、灾难史等。但"传承人口述史"的全新概念,是 2006 年冯骥才先生从非遗保护的角度创造性地提出来的。他用十年的时间展开非遗传承人口述史的实践,至 2015 年成立中国传承人口述史研究所:这在中国的民间文化

---

① 冯骥才:《庄严的宣布——在中国民间文化遗产抢救工程新闻发布会上的讲演》,见《冯骥才随笔精选》,长江文艺出版社 2016 年版,第 172。

② 冯骥才:《庄严的宣布——在中国民间文化遗产抢救工程新闻发布会上的讲演》,见《冯骥才随笔精选》,长江文艺出版社 2016 年版,第 173 页。

③ 冯骥才:《总序:年画艺术的口头记忆》,载郭平编:《凤翔年画邰立平》,天津大学出版社 2009 年版,序章页。

与非遗保护史中具有划时代的重大意义。非遗传承人口述史不仅能成为非遗保护的有力手段和有效方法,而且也代表着一种关注底层社会和普通大众的史学取向。口述史研究将中国民间最具代表性的非遗传承人作为口述采访的对象,记录他们的生活史、生命史和技艺史,以及他们赖以生存的地域、村落、族群环境,留下他们的声音、留下他们的记忆、留下他们的技艺,为民族和社会留下珍贵的非物质文化遗产。

综上,口述史为传承人留名留言、树碑立传;传承人口述史为非物质文化遗产保护注入新鲜血液,成为非遗保护强劲有力的手段,对非遗保护实际工作具有重要的指导意义。

第二节　传承人的文化记忆与口述表达

唐纳德·里奇如是说:记忆是口述历史的核心。① 口述历史,其实是对受访人个人记忆的采访记录和开发利用。非物质文化遗产传承人口述史,其传承人的口述行为也就是对自身记忆的选择性的表达和社会建构的过程。

记忆是什么? 从心理学的角度,记忆是人类的一种心智活动,是人脑对经历过的事物的反映。唐·杜甫《酬韦韶州见寄》诗:"养拙江湖外,朝廷记忆疏。"元·刘因《有客》云:"门前有客通名姓,一别十年记忆无。"记忆,即是对过去的印象,表现为人们对感知过的事物、体验过的情感、练习过的技能、想象过的图景等的识记、保持和再现。

根据记忆的内容,可将记忆分为:形象记忆、情绪记忆、逻辑记忆、动作记忆。

根据记忆的时间,可分为:瞬时记忆、短时记忆、长时记忆。

根据记忆的呈现,可有:个体记忆、集体记忆、公众记忆、文化记忆等。

一、个体记忆(individual memory)与口述传承

个体记忆,具有身体也即神经的和大脑生理的基础,代表着一个人对过去经历的事情、活动、感受和经验的印象累积。洛克认为,记忆是个体身份在时间中的延伸,在这种延伸作用下,我"本人才如同我自己";记忆本身是个人身份认同

---

① Donald A. Ritchie. *Doing Oral History: A Practical Guide*. New York: Oxford University Press, 2nd. ed., 2003, p. 19.

的一个标准,体现了主体亲历经验的"个我性",即自我意识模式。① 我的记忆不同于你的记忆,我们也无法将一个人的记忆转移到另一个人的记忆当中。

从非物质文化遗产的保护、利用和传播看,传承人始终贯穿期间,起到激发、支撑和主导的作用。他们是非物质文化遗产的创造人、传播人和享用人,其个体通过掌握记忆和技艺的方式,成为非物质文化遗产的主体拥有者和自我表达者。由于非物质文化遗产项目几乎囊括了民间文化遗产的所有内容,样式丰富、种类繁多,相应地不同类别、不同名录的非遗传承人数量庞大,其认定的代表性传承人也不在少数。可以说有多少种非物质文化遗产,就会有多少种非遗传承人。加之非遗目睹、口承、身授等不同的传承方式,也带来传承人群的多样化,加剧了非遗保护的难度和复杂度。唯有对传承人的生命个体和独特记忆进行深入的了解和理解,才能有效把握住传承人作为非遗保护重中之重的关键。我们认为,每一个非遗传承人都是独立的生命个体,个人记忆里有独特的成长经历、生命体验、从业过程、文化习得、技艺知识、心路历程等,这些都应成为传承人口述史挖掘和关注的对象和不可或缺的内容。

在非物质文化遗产传承人个体记忆的凝结与形成中,时间和空间是两大重要的影响因素。时间对传承人具有生命标识的作用,对个体记忆自然也极为重要。个体记忆具有"持存性"(retention)特点,即能将"过去"保留至现在,在时间上保持连续不间断。这种"过去"与现在之间的连续性,能使生命个体不间断地由当下一直回溯到童年的遥远往事。如采访年 92 岁的造跤传承人周德兴时,他向我们口述第一次参加造跤表演的情景:

> 我第一次表演造跤,在 9 岁那年。有一天,一个人叫我去做天伴,也就是站在一个成年人肩膀上,扮演一个补缸匠。这个节目呢,名称叫《王大娘补缸》。有两个角色,一个是王大娘,一个是补缸匠。王大娘的一口缸破掉了,没人补;刚刚碰到了一个补缸匠,帮她缸补好。于是呢,王大娘和补缸匠就谈起了恋爱。王大娘是一个老太婆,但实际不是很老,只是妇女的一种称呼;补缸匠是小伙子,年纪稍微轻一点。王大娘也是由一个小姑娘立在成人肩上扮演,和我演对手角色。我就是从这么一个角色,开始造跤表演的。

9 岁那年的时间与第一次造跤表演这个特定的事件连接,时间就被赋予了

---

① John locke. *An Essay concerning Human Understanding*,Oxford:Clarendon press 1975,Vol2,Chapter27.

特殊的意义,时隔八十多年,依然被传承人深刻记忆。铭刻着意义的时间,是传承人个体生命的重要历程,因而也成为记忆的素材和线索。下面是梅山舞狮传承人沈海迪口述家族习武传统对自己舞狮兴趣的激发:

> 我对舞狮的兴趣,从源头来说,来自沈氏家族的传统和我爷爷、父亲的影响。爷爷长期练武,在我小时候,他就会教我几招武术的动作。……我的父亲,最早是文工团里敲鼓师,他既会武术,也会舞狮。
>
> 沈氏家族有个规矩,小辈七八岁始,一定要跟着本族舞狮队一起走街串巷,参与闹元宵或其他节日活动。一天表演结束,大人们会奖励小孩一包糖或者其他零食,这样我们就非常开心,也受到了潜移默化的影响。那时候的风气真的很好,沈家是习武之家,先有武术,后来武术和舞狮结合。除了沈家,当初没有其他姓氏的人学,都在沈氏里面。沈氏武术、舞狮传男不传女,也不传外人,这又是一项规矩。后来慢慢地放开了,女的、别的姓氏或者别的村都可以来学了。

梅山狮王沈海迪深情回忆爷爷的音容笑貌和当年自己小时候走街串巷表现舞狮的情景。"记忆,是一种穿越时间、在时间中回想的能力,在这一过程中,原则上没有任何东西禁止这一运动的不间断进行。"[1]

同样,传承人的个体记忆也根植于一定的空间,特别是深受地域空间的形塑和制约。这空间如同村落山谷之于那里的农民、城市之于它的市民、某个地区之于该地区的居民,即使当它们不在场,也会被当作"故乡"在回忆里扎根。围绕着"我"及"我"的所属物的世界也是这空间的一部分,它作为"物质随从"为这个自我提供了支撑和载体。[2]　具体到非遗传承人的口述,比如过往的村落环境,他可在心理上实现对客观空间的占有,在富有质感的可视化的空间中,触景生情,追溯记忆。换言之,他可以通过对空间的特殊感知,触发记忆,生成回忆,并用自己的语言描述出来。如春晓街道的纱船传承人郑国定有这样一段口述:

> 旧社会这边岙口叫慈岙,所以现在中心村就叫慈岙。海陆过去叫丁街,海口叫王家,慈东叫林氏岙,慈峰叫林家底,上横有两个名称横桥头和上横岙,这些都是旧名、土名,主要跟村里住的大多数人姓氏有关。后来,五个小村名字改了。慈东,因为在慈岙的东边;慈峰,有座山峰;

---

① 保罗·利科著,綦甲福译:《过去之谜》,山东大学出版社 2009 版,第 37 页。

② Arnold Gehlen. *Urmensch und Spätkultur*, Bonn: Athenäum, 1956, pp. 25-26.

上横,一座横桥的上面;海口,就是溪水的入海口,这里离大海很近,头两千公尺外就是大海了;海陆,海口旁边的一块陆地。所以,改后的各个村名主要跟地理方位和特征有关。整个呇呢,就叫慈呇。……因为靠海,春晓人自古以来爱船,把船看做吉祥物,船是重要的生产和交通工具。村里渔民出海时,希望一帆风顺;回来时,希望满载而归。所以呢,纱船就成为渔民的吉祥物。

传承人在个体记忆中,对纱船习俗形成的空间一一勾画,包括村落的位置、村名的来历和演变、纱船习俗与村落靠海的缘由等。空间成为传承人记忆的又一重要线索和元素,特定的事件在特定的空间中展演,组成了口述史的重要画面。又如采访时年82岁的白峰漆塑传承人唐美定,对自己幼时接受教育的时空记忆:

> 我小学文化,1953年1月3日毕业,我记得很清楚。那时候小学毕业已经相当好,至今60多年了,毕业证书我一直保留着。我是白峰小学的第一届毕业生,一个乡毕业班只有7个人,2个女生5个男生。当时,整个小学只有150个人。白峰小学的校址就在这里的白峰成人学校。不过,当初不是楼房,是低房子,前后两进4间教室,这我紧紧记得。那时的小学,语文、算术、常识是三门主要课程,也有体育、美术等课程,高年级还有地理、历史。我读书时,相当爱好美术。记得在开学第一天,父亲就曾叮嘱我:"一定要学好图画课,这是你今后的谋生之路。将来做个油漆工,不会描画是没有出息的。"每逢上美术课,我总是专心听课,认真学画,但其他功课也不放松。

个体记忆是对非物质文化遗产传承人生命史和生活史的承载,通过激发、找寻和挖掘时空交织的个体记忆,可以了解传承人的成长经历、非遗人生、从艺过程、制作技艺(或表演艺术)、作品内容、师承关系、心路历程、情感和生命体验等。

二、集体记忆(collective memory)与口述表达

"源始地讲,记忆究竟是个人的,还是集体的? 与记忆的获得相应的情感,以及包含在记忆的寻找之中的实践,两者可以合理地归因于谁?"①一般地认为,记

---

① 保罗·利科著,李彦岑、陈颖译:《记忆,历史,遗忘》,华东师范大学出版社2018年版,第142页。

忆是一种个体的心理感官行为。但法国社会学家莫里斯·哈布瓦赫（Maurice Halbwachs）认为，记忆是一种社会的集体的行为。

哈布瓦赫吸收了老师涂尔干提出的"集体意识"和"集体欢腾"概念，在克服柏格森的主观时间、个体主义意识基础上，继而把记忆作为一种社会现象，由此提出了"集体记忆"的概念。他在《记忆的社会框架》（1925）、《福音书中圣地的传奇地形学：集体记忆研究》（1941）、《论集体记忆》（1950 年遗稿，写作时间可追溯到 20 世纪 30 年代初）三本著作中，系统地研究了集体记忆理论，可谓集体记忆研究的开创者和集大成者。

关于什么是"集体记忆"，哈布瓦赫指出，"集体记忆不是一个既定的概念，而是一个社会建构的概念。它也不是某种神秘的群体思想。"① 人们通常是在社会交往之中获得他们的记忆。"也正是在社会中，他们才能进行回忆、识别和对记忆加以定位"。② 换言之，所谓集体记忆，"是一个特定社会群体的成员共享往事的过程和结果，存在于社会交往中，并以群体意识的需要为条件进行传承。"③ 可以说，在一个社会中有多少个社会群体和机构，就会有多少种类的集体记忆。

非遗传承人大多生活在乡村僻野，处于村落与社区的群体环境中。他们世世代代口耳相传，默默接力着民间技艺与文化，使得当地珍贵的非物质文化遗产赓续不断、历久弥新。作为传承人，对非遗的记忆、保护、留传，必然要受到其生存的自然环境、居民群体、村落文化的潜移默化的影响。他们鲜活的记忆总是在他们生活的集体环境中养成，呈现出集体记忆的特点；离开了集体，他们就无法进行回忆和再忆。在对传承人进行口述史作业时，无疑要考虑作为主体性的具有鲜明的"个我性"的人与地域自然、与社群他人、与村落社会的各种复杂关系。记忆不仅指向个体的内心，也与外部世界中的社会、集体紧密关联。传承人的集体记忆框架即是以方言表达为载体、以社会交往为纽带、以当下需求重构过去为特征，并以身体和物质资料为补充建立起来的。

1. 方言表达：口述者承载群体记忆的工具

记忆的发生是以语言、思维、观念、逻辑等为前提，但这些本领并非与生俱来，而是个人在集体与社会之中不断习得的结果，难免会深深地打上"集体"的烙

---

① 莫里斯·哈布瓦赫著，毕然、郭金华译：《论集体记忆》，上海人民出版社 2002 年版，第 39—40 页。

② 莫里斯·哈布瓦赫著，毕然、郭金华译：《论集体记忆》，上海人民出版社 2002 年版，第 69 页。

③ 冯骥才：《传承人口述史方法论研究》，华文出版社 2016 年版，第 119 页。

印。① 对于建构集体记忆来说,语言是最重要的工具。哈布瓦赫《记忆的社会框架》一书,从梦、意象、语言、家庭、宗教、社会阶级及其传统等层面,系统阐述了集体记忆的内在机理。在"语言与记忆"一章中指出:"没有记忆能够在生活于社会中的人们用来确定和恢复其记忆的框架之外存在。"哈布瓦赫认为,除了梦和失语症这两种状态,记忆的领地非常典型地变得狭小之外,其他处于清醒状态的人的语言表述都会受到社会框架的制约。也就是说,由于个体在社会中交往中必然会使用言语的习俗等具有社会沟通性质的工具,个人的记忆自然与集体记忆保持着联系。

作为口述史研究中的非遗传承人,大多长期生活在乡村,浸润于村落文化的环境,接受着民间技艺的涵化,文化程度普遍不高,习惯用方言与人交流。语言是人类基本的交际工具,所谓"十里不同风,百里不同俗",不同地域的人使用方言也可能大不一样。方言,体现了某一地域、某一群体的集体属性,他们用方言叙述着集体的过去、现在乃至将来,建构和承载着群体的记忆。方言之中有当地人习以为常的语汇、概念、逻辑以及其他地方性知识,这些独具地域特色的知识体系、族群意识与口述传统,直接影响着非遗传承人记忆的形成、再现、描述与表达。如我们采访唱新闻传承人应振爱,他提出了收徒弟的标准是"一定要讲北仑本地话":

> 我收徒弟,主要是一定要讲北仑本地话。最难的地方也是教她们土话,教年纪轻的人没办法。年纪大的人像我这样的随便教教,他是讲这里的话,那会唱就好了。一个姓顾的人大概也50多岁了,很早的时候,人家唱新闻,他每次都去听。这样子听过了,要上台表演了,跟我说:应师傅,我敲鼓不会。那我就教他几下子。那后来到现在呢,他登台表演实际上来说比我好,到市里也去表演过了。现在我记性不好,自己写的东西自己要忘记的。我和文化馆人讲,要把这人留下来,他舞台形象各方面都比我好。(唱新闻传承人应振爱口述)

本地话,就是方言,也称为土话。应振爱老人说,也有年轻人想用普通话跟他学唱新闻,他说那就不叫"唱新闻"了,没有意义了。

我们采访响器木偶传承人纪昌德,满口的当地方言:

---

① 冯骥才:《传承人口述史方法论研究》,华文出版社2016年版,第117页。

郭巨老百姓对木偶响器概念相当深,因为是传统,是祖辈创造出来的,也是郭巨的文化特色。之后,老年人走拢讲起来,响器木偶这个节目交关好。你做木匠,你来弄一弄。我呢,2008 年跟林(布安)书记商量。林书记说,这个事情可以耶,侬要是弄得出来,非常好。(响器木偶传承人纪昌德口述)

概念,感情、印象;走拢,聚集在一起;交关,相当、非常;弄,做、搞;侬,你。正如哈布瓦赫所述:"言语的习俗构成了集体记忆最基本同时又是最稳定的框架。"[1]这次的口述史作业,非遗传承人口述史的"对话之旅"基本以方言得以实现,更具"口头性"和集体记忆的意涵。

2. 社会交往:传承人集体记忆维持的纽带

社会交往是传承人口述集体记忆维持或实现的纽带,换言之,"过去是由社会机制存储与解释的"[2]。哈布瓦赫认为,一个人在完全孤立的情况下长大是没有记忆的,人只有在社会交往的过程中才形成记忆,在与他人的交流中激发集体记忆,即便最私人的回忆也只能产生于社会团体内部的交流与互动。记忆在交往中生存和延续;交往的中断及其参照框架的消失或改变会导致遗忘。[3] 这提示我们在非遗传承人口述史采录与研究中,要对传承人的社会交往史以密切关注,包括人际交往圈、交往范围和方式等,这些都是影响他们传承非遗积极性、保护民间文化热情的重要因素。我们在采访胡琴制作技艺传承人王忠康师傅时,有这样一段口述:

在北仑地区,喜欢制作胡琴的同行,经常到我这里取经,相互切磋交流。我的师傅乐中良现居住在深圳,也跟我长年保持着联系。他在深圳每天拉琴,他拉的就是我做的胡琴。我们通过电话、视频,有时晚上聊天,聊聊过去和现在做琴、拉琴情景,一聊就几个小时。常州越剧团,上海越剧团,北仑、宁波各剧团来定制专业胡琴,主胡都是出自我这里。无锡、苏州那边的二胡制作技艺很多,但那边人的越胡,都到我这

---

① 莫里斯·哈布瓦赫著,毕然、郭金华译:《论集体记忆》,上海人民出版社 2002 年版,第 80 页。

② 扬·阿斯曼著,金寿福、黄晓晨译:《文化记忆:早期高级文化中的文字、回忆和政治身份》,北京大学出版社 2015 年版,第 29 页、43 页。

③ 扬·阿斯曼著,金寿福、黄晓晨译:《文化记忆:早期高级文化中的文字、回忆和政治身份》,北京大学出版社 2015 年版,第 28 页。

里蒙皮。杭州的一些胡琴蒙皮都带到我这里来。……还有一个华侨，在霞浦看到了我做的胡琴，特意跑过来，买去了好几把琴，带到了法国巴黎，我的琴也走出了国门，走向国际。

因为胡琴，我认识了很多琴友，结交了很多朋友，生活面、交际面都扩展了。平时除了制琴，我常去宁波鼓楼后面的中山广场、北仑的一些公园，那里有很多拉唱的人。他们跟我都熟悉，见到我很热情打招呼：王师傅、王师傅！（胡琴制作技艺传承人王忠康口述）

我们了解到王师傅以胡琴为媒介，与很多同行及胡琴爱好者保持着友好交往，也使其胡琴制作技艺越来越精湛，所制胡琴走出了国门，走向国际。

我们采访的传承人当中，其中少数几人年纪较轻，如师范毕业的新碶民间剪纸传承人胡维波，是高塘小学老师，她用普通话口述剪纸的历史、艺术和传承过程，特别强调交流研讨对获取剪纸知识的重要性。她介绍自己的经验说：

交流是思维的碰撞，我和别的老师交流都是取长补短。我其实不在乎培训老师讲了多少内容，同行相互之间的交流研讨才是精华。因为每个人在这个行业从业十几年甚至二十几年，都有他的拿手绝活。他（她）在当地做得非常好，我们不可能都跑过去学习。因此，这么好的集中在一起的培训班，大家互相学习。我来教你一招，你来教我一招，可以学到很到剪纸的知识技能。

我还督促自己、鞭策自己，创作新作品参加各种比赛，创造学习的机会。我们每一次出去比赛活动，一般都有两天时间。头一天报到，那天晚上几乎不睡的，最最起码要到深夜12点、1点以后，到各个房间串门。那都是专家、各地来的爱好者，互相之间要取经、要学习。第二天去参观参赛作品的展览，还会有一本获奖的作品集，拿过来就是研究的方向。我们这个都没有老师教，都是自己研究、自己想的。（新碶民间剪纸传承人胡维波口述）

参加培训、交流研讨、参观展览、比赛获奖、创造机会，取长补短，吸纳他人经验，融入作品创作，胡维波老师口述中的剪纸，既是她个人作为传承人的从业经验与记忆，又是剪纸行业的群体经验与记忆。

交往记忆是非遗传承人与同时代的人共同拥有的回忆，随着历史演进而产生于集体之中，代际记忆是其典型范例。这种记忆随着时间而产生，也随着它的承载者的消失而消亡。

3. 立足当下——口述史重构过去的记忆特征

哈布瓦赫指出："我们关于过去的概念，是受我们用来解决现在问题的心智意象影响的，因此，集体记忆在本质上是立足现在而对过去的一种重构。"①费孝通先生在《乡土中国》中对"记忆"的阐述有异曲同工之妙："记"带有在当前为了将来有用而加以认取的意思，"忆"是为了当前有关而回想到过去经验。② 记忆需要来自集体源泉的养料持续不断地滋养，并且是由社会和道德的支柱来维持的。可见，集体记忆的本质是基于现实道德和社会的需求而对过往事实的重新建构，集体记忆虽定格于"过去"，但却由"当下"所限，是站在现在回望过去，且在某种程度上还规约着未来。

非遗传承人作为地域性和社会性的存在，其出生、成长，乃至生活一辈子都不曾离开的土地，其所在村落、社区、街道等各个阶层、各个组织的各种制度、文化、观念，地域群体的行为方式、思维模式、集体价值理念等都不可避免地对其记忆产生深深的影响。这些基本的框架都将直接作用或约束着传承人的记忆和回忆的形式与内容。

我们在西门村村委会办公室采访了郭巨抬阁传承人林铺锦，其在口述郭巨抬阁非遗技艺的记忆时，始终根源于西门村集体的共同利益，凝结于村集体的共同目标。

　　　可惜，郭巨抬阁在"文化大革命"时中断。村里上了年纪的老人都非常担心：抬阁、鼓阁、车子灯、马灯舞、响器木偶等郭巨过去的一些特色文艺在下一代人中消失。

　　　2005 年，西门村在充分征求村民意见后，决定从村集体资金中拨出专款制作抬阁。当时，村里只有 60 岁以上的老年人曾经看过抬阁，因此他们到处走访曾看过传统抬阁的老人。老年协会副会长汪玉痒（1927 年 2 月出生）比我大 2 岁，跟我一样，也在六十年前看到过抬阁表演。他成为西门抬阁的主要设计者，凭着多年的印象，设计出了抬阁的雏形。后来，我们这些曾看到过抬阁表演的老人，共同商讨了设计上的细节问题，其中包括大旗、旗锣、方牌、莲灯、花篮等。设计完后，村里四处采购材料。抬阁前的 2 条龙是到义乌请有名的东阳木雕艺工专门

---

① 莫里斯·哈布瓦赫著，毕然、郭金华译：《论集体记忆》，上海人民出版社 2002 年版，第 59 页。

② 费孝通：《乡土中国》，人民出版社 2008 年版，第 21 页。

雕刻的,两面大铜锣从武汉买来,其他材料则从杭州购买,花费 4 万多元。制作抬阁的木匠、漆匠都是技术精湛的西门民间艺人,做这个抬阁前后花了 100 多天功夫。(郭巨抬阁传承人林铺锦口述)

老人的口述似乎都表明,不管是非遗的过去还是记忆的过去,不是被保留下来的,而是因当下的需要被设计和重新建构出来的。记忆不断经历着重构,集体框架恰如工具。持续向前的当下生产出不断变化的参考框架。重构过程,可以根据当下的情况进行选择、删减和完善,并保持与社会主导思想一致。

三、文化记忆(cultural memory)与口述传统

"集体记忆是在一个由人们构成的集合体中存续着,并且从其基础中汲取力量,但也只是作为群体成员的个体才进行记忆。"① 而个体记忆也须植根在特定群体情境中,才能回望过去。之后,德国著名学者扬·阿斯曼(Jan Assmann)在集体记忆讨论的基础上,提出"文化记忆"的命题,"过去并非自然生成,而由文化创造"。② 文化记忆的概念包含特定社会所特有的、可以反复使用的仪式系统、意象系统、文本系统等,是在反复进行的社会实践中一代一代地获得的知识,可以称为"记忆的形象",其"教化"作用服务于稳定和传达那个社会的自我形象。③

1. 仪式与节日的文化记忆

柏拉图曾经说过:节日将我们在日常生活中晦暗的存在重新照亮。在无文字社会中,让集体成员获取文化记忆的最佳途径是参加集会,而集会需要理由,那就是节日。节日的一个重要特点是周期性的仪式活动,仪式的重复在空间和时间上保证了群体的聚合性,并将时间划分为日常时间和节日时间。在宏大聚会的"黄金时间"中,节日变成了一种可供特殊、另类的秩序、时间和回忆栖居的所在。在此意义上,作为文化记忆首要组织形式的节日和仪式,保证了巩固认同的知识的传达和传承,并由此保证了文化意义上的认同的再生产。

比如,在非遗传承人采访过程中,经常听到对行会(庙会)的描述:

---

① 莫里斯·哈布瓦赫著,毕然、郭金华译:《论集体记忆》,上海人民出版社 2002 年版,第 39—40 页。

② 扬·阿斯曼著,金寿福、黄晓晨译:《文化记忆:早期高级文化中的文字、回忆和政治身份》,北京大学出版社 2015 年版,第 41 页。

③ 简·奥斯曼著,陶东风译:《集体记忆与文化身份》,《文化研究》第 11 辑,社会科学文献出版社 2011 年版,第 3—10 页。

历史上，北仑区民间艺术活动十分活跃，老百姓为了祈求菩萨保佑，消灾纳福，年年都要举行各种庙会，如礼拜会、青苗会、稻花会、请会龙等。每逢集会各地的民间艺术队伍便相继集中到柴桥、郭巨、大碶三大集镇举行游行活动。各种形式的民间艺术队伍一个接一个，马灯舞就是其中重要的一个表演节目，沿途观看的群众不计其数。（郭巨马灯舞传承人林布安口述）

按我们北仑柴桥当地习俗，农历四五月，即早稻播种完毕，每隔一年要举办声势浩大的"芦江庙会"。届时，各村均要彩排传统节目，参加游行集会，同时趁中心角逐，为本村争光。"沃家狮象窜"由于舞蹈技艺独特，动中有静，象征吉祥如意，总被安排在会首"开道"。（狮象窜传承人沃凡诚口述）

我很小的时候在庙会上就看到过纱船，大概在1952、1953年。庙会可热闹了，前面有人背着大旗，后面有纱船表演，我们称"龙凤"。一只船是龙头，一只船是凤凰，龙凤成双两只船。船上有亭台楼阁，有戏剧人物，船身七彩纱线装饰，非常漂亮！（纱船传承人郑国定口述）

庙会，作为一种古老的民俗活动，一般在菩萨生日及农耕、渔猎等生产性规定日期里举行。过去的年代，在民众心中，庙会就是一个值得期待、可以聚会的最热闹的节日。其定期反复举行的庆典仪式，已成为一种文化记忆，深深烙印在非遗传承人和普通民众的脑海中。庙会包蕴着祈求保佑、消灾纳福、庆祝丰收等文化意义。

2.空间和场所的文化记忆

记忆需要地点并趋向于空间化，各种类型的集体都倾向于将回忆空间化。任何一个群体，如果它想稳定下来，都必须想方设法为自己创造些这样的地点，并对其加以保护，因为这些地点不仅为群体成员间的各种交流提供场所，而且是他们身份与认同的象征，是他们回忆的线索。群体与空间在象征意义的层面上构成了一个有机共同体，即使此群体脱离了它原有的空间，也会通过对其神圣地点在象征意义上的重建来坚守这个共同体。[1]

灵峰寺葛仙翁信俗传承人释可善口述中有这样两段话：

① 扬·阿斯曼著，金寿福、黄晓晨译：《文化记忆：早期高级文化中的文字、回忆和政治身份》，北京大学出版社2015年版，第32页。

关于葛洪的文物现在也有不断地出土。比如在宁波东钱湖，挖出来葛洪宋代的塑像、碑刻；北仑乌隘，挖出了康熙年间葛洪的一块碑，现放在北仑博物馆。宁海博物馆、镇海博物馆、天一阁藏书楼都有关于葛洪的一些资料。

灵峰寺葛仙翁信俗，是一种民间信仰。信是信仰，俗是民俗，是源于人们对葛洪的景仰而逐渐形成的一种民间信仰习俗。这个信俗不是我们到灵峰寺后才有，而是上千年传承下来的。

灵峰寺，就是这样一个记忆的神圣空间。正如传承人释可善师傅所言，民众对葛洪的景仰，变成了一种信俗。北仑的灵峰寺因是葛洪信俗的祖庭，祭拜的人最多，也成为四面八方信众共同的文化场所和记忆的空间。

3. 符号与意象的文化记忆

"集体记忆的作用方式是双模的：它既是指向群体起源的巩固根基式回忆，又是指向个体的亲身体验、框架条件（即'晚近'）的生平式回忆。"[①]前一种回忆总是通过一些固定下来的客观外化物，包括仪式、舞蹈、神话、图式、服装、饰物、文身、路径、绘画、景象等发挥作用，所有这些都可以被转化为符号用以对一种共同性进行编码，这里面包含各种各样的符号系统，凝结成一个个的意象，其背后具有象征性意义。这些符号系统具有支撑回忆和认同的技术性作用，是承载文化记忆的重要形态。通过符号、意象的媒介，集体的认同得以构建并世代相传。

在采访非遗传承人的过程中，他们经常会介绍这些图案、饰品、服装、什物，代表什么意思，有什么象征意义。

这款虎头鞋是当地人给婴儿满月时穿的鞋，鞋底软软的，俗称"软壳鞋"。鞋面上用绣花线绣出老虎头的样子，鼻子大、眼神凶猛、虎牙锋利，额头上"王"字意思（是）老虎呢，是兽中之王，虎虎生威，可以保护幼儿平安、健康成长。在鞋的侧面（鞋帮）处绣上两只蝙蝠，希望孩子未来幸福的。双股鞋袢使鞋子穿着时不易脱落，增加了鞋子牢固性和美观性。（虎头鞋传承人乐翠娣口述）

新碶民间剪纸的传统主题有"年年有余"、"喜上眉梢"、"五福临门"等，运用谐音、象征等表现方法，寄托百姓对吉祥和美好生活的向往。

---

① 扬·阿斯曼著，金寿福、黄晓晨译：《文化记忆：早期高级文化中的文字、回忆和政治身份》，北京大学出版社 2015 年版，第 46 页。

如莲花、鲤鱼等图案有"清风廉洁"、"连年有余"、"鲤鱼跳龙门"多种寓意,寿桃、松柏、仙鹤等寓意"延年益寿"、"松鹤延寿",万字结、玉如意等寓意"吉祥如意"、"万事如意",等等。(新碶民间剪纸传承人张其培口述)

在当地,有一句俗话"不识秤花,难以当家",过去家家户户都备着一杆秤。旧时农家把秤称为"当家财神",并有"有秤当家,家业兴旺"的说法;有些经商的富裕人家,特地选用乌黑油亮的大号杆秤,悬挂在祖堂正中央,寓意"称心如意";新屋落成,当地人乔迁,也是先将木杆秤先置于堂中,然后再搬迁其他家什;逢年过节,将红纸条粘贴在秤杆头上,祈祷人气兴旺,财运亨通;有的甚至将杆秤视为龙的化身,秤钩比作龙嘴,秤钮是龙眼,秤杆为龙身,秤花喻龙鳞,据传能镇邪避灾。故木杆秤为农家必备称量工具,流传至今。(木杆秤制作传承人郑银娥口述)

口语、文字、图像等形式,是人类特有的文化符号。非物质文化遗产传承人的文化记忆,更多地依靠社会性的师徒传承方式而代代相传,意象符号类记忆素材往往是其最为直观和丰富的传承方式。

非遗传承人口述史的研究,可以透过受访者的记忆,即从个体记忆到集体记忆再凝结成文化记忆,了解其个人经历、生命体验与社会事项,以重建历史、保存技艺,达到非物质文化遗产保护与传承的目的。

第三节　非遗传承人口述史的文化意义

"传承人口述史是当前非遗保护新呈现的一个最鲜活、最重大的理论问题和理论创新,是我们为世界非遗保护提供的中国方案、中国智慧、中国创造。我们必须把传承人口述史放在一个紧迫、严峻、重要的地位予以严重关切和强力推行,否则我们将继续失去……"[1]

口述史是 20 世纪中叶在美国兴起的一门史学分支学科,以挖掘史料与再现底层声音的特色优势盛行于当代国际学术界。传承人是非物质文化遗产的承载者和传递者,是非遗代代相传、生生不息的代表性人物,也是非物质文化遗产是否濒危的检验标准。"非物质文化遗产是无形的、动态的、活动的,是不确定的,

---

[1]　向云驹:《记录传承人口述史十万火急》,《光明日报》,2018 年 06 月 30 日 05 版。

它保存在传承人的记忆和行为中,想要把非遗以确定的形式保存下来,口述史是最好的方式。"①

本世纪初,时任中国民协主席、文化学者冯骥才创造性地将口述史的理论与方法应用到民间文化遗产保护工作中,并于2006年从遗产学的角度提出了"传承人口述史"的全新概念,又于2015年依托天津大学成立了中国传承人口述史研究所。在5月16日的成立仪式上,冯骥才形容"传承人口述史"是非遗工作的"灵丹妙药","我们用13年的时间地毯式普查中华大地的民间文化遗产,已经摸清了我们的家底,对我们有哪些非遗做到了心中有数。然而,80%以上的非遗至今没有档案。在社会转型时期,我们必须为文化遗产建立档案,而这个工作必须由学界主动来做。"②

如何保护与抢救渐行渐远的文化遗产,立足于地域,聚焦每一个区域,挖掘珍贵的非遗资源,做好非遗传承人口述史研究工作,成为刻不容缓的课题。因此,"浙东区域非遗传承人口述史研究"具有重要的文化意义和实际应用价值。

1. 浙东区域非遗传承人作为地域非遗的创造者与持有者,其主体性的角色地位理应受到实务工作者和理论研究者的关照。通过田野调查、口述史访谈手段,搜集、记录作为活态民间文化的生产者、承享者的非遗传承人的生命史和文化记忆,对区域非物质文化遗产保护具有基础意义。

2. 浙东区域非遗传承人口述史项目,将镜头聚焦于浙东某个区域,"关注不见经传的代代相传的口头和行为文化,关注文化的活化石或活的历史",体现出一种进步的历史观和先进的文化实践,有利于非物质文化遗产理论和口述史理论体系的丰富和完善,因而具有重要的学术价值。

3. 浙东区域非遗传承人口述史项目,对某一区域的省、市级的几十名传承人和周围相关人群进行口述采访,以留住区域传统、凸显地域特色、保存文化印记,扩大地域文化的影响力,并能为其他区域非遗传承人口述史研究提供个案借鉴,因而具有广泛的文化意义和现实价值。

此外,如前言所述,本书呈现显著的文化特征。

地域性和历史性。浙东宁波,书藏古今,港通天下,人文积淀丰厚,历史文化悠久。千百年来,先民在长期的劳动与生活实践中形成了种类多样、内涵丰富、风格独特的非物质文化遗产,包括民间文学、民间音乐与舞蹈、民间美术、戏剧曲

---

① 冯骥才:《"传承人口述史"是"非遗"保护最好方式》,http://roll.sohu.com/20150622/n415435693,2015年06月22日。

② 冯骥才:《"传承人口述史"是非遗工作的"灵丹妙药"》,http://www.chinanews.com/cul/2015/06-17/7350338.shtml,2015年06月17日。

艺、杂技与竞技、手工制作技艺、传统医药、民俗等各个方面,有着天才的艺术创造和极高的历史价值。北仑,属宁波市辖区,濒临东海。海港北仑,人文荟萃,得天独厚,孕育了多姿多彩的非物质文化遗产。我们深入街道各个角落,寻找那些"隐藏历史",挖掘村落文化、家族背景以及个人生命史,唤起传承人的文化自觉意识。考察区域非遗传承人的口述史,我们发现:这些代代相传、历久弥新的非遗文化,凝结着北仑民众的智慧力量和审美情感,体现了独特的文化信仰和历史精神。

口头性和人民性。口述史自然具有口头性的特点。非遗传承人大多长期生活在乡村,浸润于村落文化中,接受民间技艺的涵化,多是普通民众,且大多年事已高。绝大多数传承人年龄在 60—89 岁之间,有几位已 90 多岁高龄,如造趺传承人周德兴、郭巨抬阁传承人林铺锦等。那个年纪且一辈子从事技艺的人,大多家境贫困,初中文化已是不错的学历,有的是小学文化甚至未曾上学。因此,非遗传承人口述史的"对话之旅"①基本以方言进行,更具"口头性"。与传统史学关注重大历史事件和重要历史人物的宏大叙事不同,倾听那些来自底层百姓的声音,也凸显了口述史"人民性"的重要特征。正如英国口述史大家保尔·汤普逊言:"口述历史用人民自己的语言把历史交还给了人民。它在展现过去的同时,也帮助人民自己动手构建自己的将来。"②

① 李向平、魏杨波:《口述史研究方法》,上海人民出版社 2020 年版,第 41 页。
② Paul Thompson. *The Voice of the Past*: *Oral History*, p. 265. 转引自杨祥银《口述史学:理论与方法——介绍几本英文口述史学读本》,《史学理论研究》2002 年第 4 期,第 146—154 页。

第九章 浙东区域非遗传承人口述史的访谈方法

唐纳德·里奇在《大家来做口述历史》前言中还提到:为那些正在从事规划、处理和收集口述访谈的人们提供切实可行的建议和合理的解释,其重点就是去"做"。[①] 承接第八章传承人口述史文化机理的分析,本章从方法层面总结传承人口述史的操作技巧,形成具体的、具象的、实际的传承人口述史方法体系。

第一节 传承人口述史的访谈准备

口述史研究实践性和操作性较强,为保证区域非遗传承人口述史料的客观性和准确性,从代表性传承人的遴选、口述史访谈提纲的编制、现场采录方法和工具的使用等,都需提前设计和准备,以达到访谈操作的规范化,提高口述史采录的有效度。

一、阅读文献奠定口述访谈基础

查看国内外相关文献,包括领域内各个阶段的探索与国内外研究成果,分析相关资料,寻找理论指导。

以本项目为例,充分阅读国内外口述史研究的理论著作和实践文本,特别对美欧国家口述史的起源、发展、特征、方法、运用有明晰的理解和把握,并与中国口述史实践进行比较与分析,从而为非遗传承人口述史实践研究奠定学理基础、找到文本范例、搭建访谈框架。一些国内外大家、著名学者的经典著作不可不读,可为非遗传承人口述史研究提供实践性的指导意义,如:唐纳德·里奇《大家

---

① 唐纳德·里奇著,王芝芝、姚力译:《大家来做口述历史》,当代中国出版社 2006 年版,前言第Ⅵ页。

来做口述历史》①,保尔·汤普逊《过去的声音:口述史》②,杨祥银《与历史对话:口述史学的理论与实践》③,李向平、魏扬波《口述史研究方法》④,冯骥才《传承人口述史方法论研究》⑤,赫伯特·J.鲁宾、艾琳·S.鲁宾《质性访谈方法:聆听与提问的艺术》⑥,等等。

二、深入区域遴选非遗访谈对象

基于非遗中特别富有活力的一面,惟有在其所属的区域社会中才能真正得以理解,因此需深入到区域的每一个角落,特别关注社会底层平民的生活,寻找那些处于边缘位置的人们的"隐藏历史",挖掘村落文明、家族背景以及个人生命史,唤醒传承人的文化自觉意识,以达到传承人口述史采录的最大有效化。而对于民众非遗口述内容的理解,也只有深入理解所属的区域文化体系,才能真正实现,并进而在不同的地域层级中分析非遗口述史的多种文化意义。

以本项目为例,课题组首先与浙东宁波北仑区文广局、非遗办、档案馆、史志办、街道村落、各传承基地等取得积极联系,寻求相关部门的帮助和支持,并多次于本地图书馆、博物馆等场所,查阅地方志及其他地域文献资料,考察区域人文历史、生态环境、非遗分布,及传承人的历史与现状。重点对北仑区政府于2006年、2008年、2010年、2012年、2016年先后公布的五批区级非物质文化遗产名录、代表性传承人、非遗基地进行排摸和梳理。五批区级非遗认定与发布如下。

2006年6月,北仑区政府将造趺、唱新闻、蛟川走书等12项民族民间艺术项目列为第一批北仑区区级非物质文化遗产名录,分别为音乐(1项)、舞蹈(8项)、曲艺(2项)、美术(1项),见表9-1。

---

① Donald A. Ritchie. *Doing Oral History: A Practical Guide*. New York: Oxford University Press, 2nd. ed., 2003.(英文版)/唐纳德·里奇著,王芝芝、姚力译:《大家来做口述历史》,当代中国出版社2006年版。

② Paul Thompson. *The Voice of the Past: Oral History*. New York: Oxford University Press, 3rd. ed., 2000.(英文版)/保尔·汤普逊著,覃方明、渠东、张旅平译:《过去的声音——口述史》,辽宁教育出版社、牛津大学出版社2000年版。

③ 杨祥银:《与历史对话:口述史学的理论与实践》,中国社会科学出版社2004年版。

④ 李向平、魏扬波:《口述史研究方法》,上海人民出版社2010年版。

⑤ 冯骥才:《传承人口述史方法论研究》,华文出版社2016年版。

⑥ 赫伯特·J.鲁宾、艾琳·S.鲁宾著,卢晖临、连佳佳、李丁译:《质性访谈方法:聆听与提问的艺术》,重庆大学出版社2010年版。

表 9-1　第一批北仑区区级非物质文化遗产名录(共 12 项)

项目类别	序号	项目编号	项目名称	项目主要分布区域
音乐(1项)	1	Ⅱ－1	鼓阁	白峰镇、大碶街道
舞蹈 (8项)	2	Ⅲ－1	造趺	柴桥街道、梅山乡
	3	Ⅲ－2	梅山狮子	梅山乡
	4	Ⅲ－3	狮象串	柴桥街道
	5	Ⅲ－4	车子灯	白峰镇
	6	Ⅲ－5	九节布龙	梅山乡
	7	Ⅲ－6	大补缸	柴桥街道
	8	Ⅲ－7	高跷	霞浦街道
	9	Ⅲ－8	跳蚤会	白峰镇
曲艺 (2项)	10	Ⅴ－1	唱新闻	大碶街道
	11	Ⅴ－2	蛟川走书	大碶街道
美术(1项)	12	Ⅵ－1	剪纸	新碶街道

资料来源:《关于公布第一批北仑区区级非物质文化遗产名录的通知(仑政〔2006〕121 号)》。

2008 年 9 月,公布了第二批北仑区非物质文化遗产名录共 12 项,按民间文学(1 项)、传统音乐(2 项)、传统舞蹈(2 项)、传统体育、游艺与杂技(1 项)、传统技艺(4 项)、民俗(2 项)分类,见表 9-2。

表 9-2　第二批北仑区区级非物质文化遗产名录(共 12 项)

项目类别	序号	项目名称	申报地区或单位
民间文学 (1项)	1	乐涵先生传说	小港街道、戚家山街道
传统音乐 (2项)	2	马灯调	白峰镇、霞浦街道
	3	敲酒杯	春晓镇
传统舞蹈 (2项)	4	马灯舞	白峰镇、梅山乡、霞浦街道
	5	纱船	春晓镇
传统体育、游艺 与杂技(1项)	6	水浒名拳	梅山乡

续　表

项目类别	序号	项目名称	申报地区或单位
传统技艺 （4项）	7	竹梢晒盐	梅山乡
	8	操笋绳技艺	柴桥街道
	9	传统年糕制作工艺	大碶街道、戚家山街道
	10	木秤制作技艺	柴桥街道、白峰镇
民俗 （2项）	11	坐火柜头	白峰镇、梅山乡
	12	郭巨婚俗	白峰镇

资料来源：《关于公布第二批北仑区区级非物质文化遗产名录的通知（仑政〔2008〕61号）》。

之后，2009年6月，首次发文公布非遗基地和传承人：命名梅山小学等8个传承基地为第一批北仑区非物质文化遗产传承基地，傅信阳等12人为第一批北仑区非物质文化遗产代表性传承人，见表9-3。

表9-3　第一批北仑区非物质文化遗产传承基地和代表性传承人

第一批北仑区非物质文化遗产传承基地	第一批北仑区非物质文化遗产代表性传承人
梅山小学"水浒名拳"传承基地	傅信阳　水浒名拳传承人
梅山乡梅港村"梅山舞龙"传承基地	林国成　梅山舞龙传承人
梅山乡梅中村"梅山舞狮"传承基地	沈国平　梅山舞狮传承人
大碶街道灵山学校"马灯舞"传承基地	方兆兴　马灯舞传承人
大碶街道灵岩社区灵岩书场"唱新闻、蛟川走书"传承基地	应振爱　唱新闻传承人
新碶街道高塘小学"剪纸"传承基地	乐静　蛟川走书传承人
柴桥街道柴桥实验小学"造趺"传承基地	张其培　剪纸传承人
白峰镇西门村"抬阁"传承基地	乐翠娣　剪纸传承人
	周德兴　造趺传承人
	汪玉庠　抬阁传承人
	郑银娥　制秤技艺传承人
	屠明华　鼓阁传承人

资料来源：《关于公布第一批北仑区非物质文化遗产传承基地和代表性传承人的通知（仑文体〔2009〕19号）》。

2010年5月，命名神宇雕塑厂等11个传承基地为第二批北仑区非物质文化遗产传承基地，柯建云等9人为第二批北仑区非物质文化遗产代表性传承人，见表9-4。

表 9-4　第二批北仑区非物质文化遗产传承基地和代表性传承人

第二批北仑区非物质文化遗产传承基地	第二批北仑区非物质文化遗产代表性传承人
大碶街道文化站鼓阁传承基地	丁孟素　后所大补缸传承人
柴桥街道后所村后所大补缸传承基地	沃凡诚　沃家狮象窜传承人
柴桥街道沃家村沃家狮象窜传承基地	柯建云　宁波传统造像技艺传承人
春晓镇慈岙村纱船传承基地	贺信华　锡器制作技艺传承人
神宇雕塑厂宁波传统造像技艺传承基地	鲁孟君　绿茶制作技艺传承人
柴桥街道芦南社区木杆秤制作技艺传承基地	丁培义　丁氏中医传承人
春晓孟君茶叶有限公司绿茶制作技艺传承基地	郑国定　慈岙纱船传承人
新碶街道紫荆社区锡器制作技艺传承基地	释可善　灵峰寺葛仙翁信俗传承人
春晓镇卫生院丁氏中医传承基地	释妙永　茅洋寺葛仙圣母信俗传承人
灵峰寺葛仙翁信俗传承基地	
茅洋寺葛仙圣母信俗传承基地	

资料来源:《关于公布第二批北仑区非物质文化遗产传承基地和代表性传承人的通知(仑文体〔2010〕21号)》。

2010 年 6 月,发布了第三批北仑区非物质文化遗产名录,共计 12 项,包括民间文学(2 项)、传统美术(5 项)、传统技艺(2 项)、传统医药(1 项)、民俗(2 项),见表9-5。

表 9-5　第三批北仑区区级非物质文化遗产名录(共计 12 项)

项目类别	序号	项目名称	申报地区或单位
民间文学 (2 项)	1	王安石的传说	柴桥街道
	2	戚家军抗倭传说	戚家山街道
传统美术 (5 项)	3	大碶女红	大碶街道
	4	芦江农民画	柴桥街道
	5	风筝制作技艺	戚家山街道、北仑区教育局
	6	白峰漆塑	白峰镇
	7	脱胎漆艺	神宇雕塑厂

续　表

项目类别	序号	项目名称	申报地区或单位
传统技艺 （2项）	8	锡器制作技艺	新碶街道
	9	绿茶制作技艺	春晓镇
传统医药（1项）	10	丁氏中医	春晓镇
民俗 （2项）	11	灵峰寺葛仙翁信俗	大碶街道、灵峰寺
	12	茅洋寺葛仙圣母信俗	小港街道、茅洋寺

资料来源：《关于公布第三批北仑区非物质文化遗产名录的通知（仑政〔2010〕4号）》。

2012年6月，决定将"古阿育王寺传说"等民俗民间艺术、技艺项目列为第四批北仑区非物质文化遗产名录，其中新增项目9项，扩展项目1项，同时将名录连同项目的传承基地和传承人予以公布，见表9-6。

表9-6　第四批北仑区区级非物质文化遗产名录（10项）及传承基地、传承人

项目大类	项目细类	序号	项目名称	申报单位（传承基地）	传承人
新增项目 （共9项）	民间文学 （2项）	1	古阿育王寺传说	大碶街道文化站	乐炳成
		2	葛仙翁传说	大碶街道文化站	乐炳成
	传统舞蹈 （2项）	3	板凳龙	新碶街道星阳村 村民委员会	贺裕成
		4	咸昶戏灯	春晓镇咸昶村村民委员会	缪松华
	传统戏剧 （1项）	5	响器木偶	白峰镇西门村 村民委员会	纪昌德
	传统体育、 游艺与杂技 （1项）	6	民间儿童游戏	九峰幼儿园	王秋红
	传统美术 （1项）	7	古船模制作技艺	宁波经济技术开发区 滨港船模工艺有限公司	陈霖
	传统技艺 （1项）	8	拓印术	默元雕刻工作室 俞启慧工作室	王智成 罗超阳
	民俗 （1项）	9	郭巨抬阁	白峰镇西门村 村民委员会	汪玉庠
扩展项目 （共1项）	民间音乐 （1项）	1	碑塔鼓阁	梅山乡碑塔村 村民委员会	洪正伟

资料来源：《关于公布第四批北仑区非物质文化遗产名录的通知（仑政〔2012〕49号）》。

2016年10月,决定将"弹弓竞技"等7个项目列入第五批北仑区非物质文化遗产代表性项目名录,"外岙造趺"等2个项目列入北仑区非物质文化遗产代表性项目名录扩展项目名录,同时将名录、传承基地、传承人一并予以公布,见表9-7。

表 9-7　第五批北仑区区级非物质文化遗产代表性项目名录(7项)和
扩展项目名录(2项)以及传承基地、传承人

项目大类	项目细类	序号	项目名称	申报单位(传承基地)	传承人
代表性项目名录(共7项)	传统体育、游艺与杂技(1项)	1	弹弓竞技	北仑区霞浦霞风文化发展服务中心	严从平
	传统美术(2项)	2	宫灯制作工艺	北仑区小港街道高河塘社区居民委员会	周富澄
		3	骨木镶嵌	北仑南海雕刻工艺厂	陈海成
	传统技艺(3项)	4	胡琴制作技艺(宁波康宁轩胡琴制作技艺)	北仑区大碶康宁乐器厂	王忠康
		5	彰髹漆艺	宁波明川文化艺术有限公司	姚炬炜
		6	木胎干漆夹苎技艺	北仑南海雕刻工艺厂	陈海成
	民俗(1项)	7	端午节习俗(龙舟赛)	北仑区小港街道文化站	群体传承
扩展项目名录(共2项)	传统舞蹈(1项)	1	外岙造趺	北仑区梅山街道梅中村外岙股份经济合作社	俞世华
	传统美术(1项)	2	虎头鞋(谢墅虎头鞋制作工艺)	北仑区小港街道谢墅公共服务中心	沈翠珠

资料来源:《关于公布第五批北仑区非物质文化遗产代表性项目名录的通知(仑政〔2016〕73号)》。

从以上批次的传承人中按照入选省、市、区(县)不同级别(截至2020年12月底,实有省级4人,市级25人,区县级48人,下级别均含上级别人数),遴选代表性传人,确定口述史重点访谈对象,并按区域集中、年长优先、时间方便的原则做好传承人口述采访的计划安排。

三、了解背景设计针对性访谈提纲

"研究者必须认真、审慎地确定访谈什么,为什么访谈,怎样访谈,访谈谁,访

谈的时间和地点。他们在研究开始之初，必须尽可能地明确、聚焦自己的研究意图。"①这种规划，可周密而细致地体现在访谈提纲的设计中。

传承人口述史访谈的重点是传承人的个人生命史、家族传承史、传承事象具体内容、细节及其文化内涵和该事象对该地域民众生活的意义所在。② 其中，传承人生命史、从业史、学艺史、及传承技艺（或表演）的独特创造等的记忆，具有特殊的文献性意义，必须加以深度挖掘。鉴此，我们对非遗传承人口史访谈提纲从学艺经历、制作技艺（或表演艺术）、技艺（或艺术）传承、非遗扶持、总体感悟几块内容进行提纲设计。访谈提纲，其实就是一个围绕主题和目标进行口述访谈的问题清单。问题是口述访谈的中心，提纲是访谈思路的外化和成果。③

在提纲设计之前，首先要尽可能地搜索、查阅、了解被访传承人的既往资料。比如省、市、区各级非遗网站对传承人及其项目的简单介绍，地方政府网站对区域非遗相关的历史文化的展示，在特定节日里曾经可能被记者采访的新闻报道，其他人先前有过对该传承人的采访并发表的文章，文化主管部门掌握的传承人生平和技艺介绍等，对传承人的社会背景、人生经历、技艺情况事先有所了解的情况下，访谈提纲的设计更有针对性，更有利于发现记忆的线索，采录之前未被挖掘的深度记忆。正如唐纳德·里奇提出的建议：

> 要使自己熟悉有关一般主题和被采访人、他们的家庭、社区、工作、成功和失败的一切现有信息。采访者首先要了解被采访人的生活概况，然后让他们补充细节。阅读任何已出版的资料，如家族史，城镇或机构的历史，个人经历的事件的历史，以理解和制定问题。过期的报纸和杂志，出版和未出版的家谱，和其他可能在图书馆或互联网网站的当地历史部分找到的资源，是你研究的自然开端。④

但事实上，作为区域村落的非遗传承人，向来所获关注度很少，文字上能获得的个人资料更加少之又少。你大多只能在节日新闻里，找到一些非遗项目的群体描述，以及对个别代表性传承人的几句话的采访。寻着各种线索，终于在街

---

① 赫伯特·J.鲁宾、艾琳·S.鲁宾著，卢晖临、连佳佳、李丁译：《质性访谈方法：聆听与提问的艺术》，重庆大学出版社 2010 年版，第 43 页。

② 冯骥才：《传承人口述史方法论研究》，华文出版社 2016 年版，第 261—262 页。

③ 李向平、魏扬波：《口述史研究方法》，上海人民出版社 2010 年版，第 92—94 页。

④ Donald A. Ritchie. *Doing Oral History：A Practical Guide.* New York：Oxford University Press，2nd. ed.，2003，p85.

道获得了大碶手艺人《二胡声声戚,匠人缓缓行》小视频,是一则配有文字的胡琴制作技艺录制短视频。于是,我们确定了项目的第一位访谈对象——胡琴制作技艺传承人王忠康,其口述史采访提纲,主要列了以下访谈问题。

1. 学艺经历

访谈说明:访谈从学艺经历开始,在这一部分,也包含了个人生命史、家族传承史。所有采访开头,都从传承人年龄和是否本地人开场,除了询问师傅的基本信息,引出学艺经历,还要关注传承人所处年代、所在村落,以及原生家庭、婚姻状况、文化程度等情况,留意那些对传承人学艺有重要影响的环境、背景及事件。

(1)您今年多大岁数/您是哪一年出生的?

(2)您是本地人吗?祖辈一直住在这里吗?

(3)据说您的祖辈跟胡琴制作都有关系,请说说您的太祖、爷爷、伯父、父亲他们当时从事什么行业,跟胡琴制作有怎样的渊源?(也就是说说您祖辈的故事,以及对您的影响)

注:事先我们获得了王忠康师傅非遗申报书上,自己所填写传承谱系中的上辈姓名及生辰年月信息,跟胡琴制作有渊源关系。故做进一步了解。

太祖王诒进:生于咸丰七年四初二日,卒于光绪二十年十二月初四日

爷爷王谋鑑:生于光绪十二年五月十六日,卒于一九六一年六月二十五日

伯父王燕松:生于一九二二年,卒于二〇〇七年

父亲王燕柏:生于一九二五年七月初一日

本人王忠康:生于一九五五年润三月十八日

(4)您从什么时候开始学习/接触胡琴制作这门技艺的?

(5)说说当年您家里的情况,您的兄弟姐妹在做什么?

(6)您当年生活的环境怎样?那个时候周围其他人有学习胡琴制作的吗?同龄人都在从事什么行业?

(7)当年您跟谁学艺?有没有师傅教?学了多久出师?

(8)您后来专业制作胡琴,从什么时候开始?源于怎样的契机?

注:事先我们了解,王忠康师傅胡琴制作有一个业余和专业的过程,故设计这样一个问题。

(9)您制作胡琴,16岁到30岁、30岁到40岁、40岁到50岁,您觉

得每个阶段有什么变化？如胡琴制作工艺变化、本人变化、环境变化等。

（10）您能长期坚持下来做胡琴，动力来自哪里？

（11）您在学校里读过多少年书？

注：这个问题，有时传承人在讲述自己小时候对技艺有兴趣，顺便也会把受教育的情况一并口述了，就不必再询问。

（12）给我们讲一下您小时候印象最深刻的几件事情。

（13）您什么时候结婚的？对方是做什么的？爱人支持你的工作吗？

2. 制作技艺

访谈说明：了解制作技艺的流程，以及过程中遇到的印象深刻的故事。其技艺的独特创造，具有文献记录的价值。而其材料找寻和制作发生困难时，往往会有一些记忆深刻的场景，既是个人生命体验的回忆，又是与人交往的集体记忆，需要采访者激发、引导和挖掘。

（1）能否介绍一下胡琴的发展历史？

注：传承人一般说，他不了解历史；也有传承人会说上一段，从哪个朝代开始就有，但大多也不准确。

（2）胡琴有哪些种类？不同种类的胡琴有什么特点和区别？

（3）一把胡琴的构造由哪几部分组成？

注：访谈之前，首先要熟悉胡琴基本构造，并做好记录：胡琴一般是由振动膜、琴筒、琴杆、琴头、琴轸、千斤、琴马、弓子和琴弦等组成，在访谈过程能请传承人仔细介绍各个部件，并与记录内容对照。

（4）胡琴的制作工具和材料分别有哪些？对质量有什么要求？您是怎么找到这些材料的？您在找材料的过程中，发生过怎样印象深刻的故事或场景？

（5）胡琴的制作工艺流程是怎样的？分为哪几个主要步骤？

（6）您觉得在整个工艺流程中，最关键的步骤是什么？最难操作的步骤又是什么？

（7）您懂音律吗？怎样调音？胡琴的音色有哪些特点？适合演奏或伴奏哪些曲目？

（8）您在胡琴制作过程中，发生过哪些困难的事情吗？最后怎样解决的？

（9）胡琴做成后，怎样销售出去的？卖出去的胡琴若坏了，怎样修理？

（10）因为胡琴，您结交了哪些社会上的朋友？

（11）您的作品曾经在哪些场合展示过？印象最深刻的是哪几次？

（12）您的作品是否曾经获得奖励或荣誉？哪些重要的人物对你评价过？或做宣传报道？

3. 技艺传承

访谈说明：这一部分主要了解受访者技艺往下传承的情况，关注受访者子女（家属）对该技艺的继承情况，受访者收徒情况和技艺传授方式。从中，我们发现该项目目前的传承现状，以及是否面临濒危的情况。

主要问题：

（1）您有几个孩子？他们都多大岁数了？

（2）目前他们在做什么？您想把此技艺传给他们吗？

（3）您招过徒弟吗？徒弟是哪里人？他们怎样找上您的？

（4）您主要用什么方法教他们？您对徒弟通常有哪些要求？

（5）学会制作胡琴需要多长时间？一般要经历哪几个学习阶段才能出徒？

（6）您觉得教徒弟最难的地方是什么？

（7）您理想中的徒弟是什么样的？

（8）徒弟学成后，一般去做什么？

（9）您觉得还有没其他的方式可以让您的技艺传下去？

（10）您觉得胡琴制作还好往下传吗？主要的问题是什么？

（11）您希望自己掌握的胡琴制作传下去吗？接下来有什么打算？

4. 非遗扶持

访谈说明：这一部分主要了解国家和地方政府对传承人的扶持情况，以及传承人对国家相关政策和措施的认知、反应与满意度等情况，以期能对政府设计出台非遗传承人保护政策提供底层民众的心声和借鉴参考。

主要问题：

(1)最近几年国家出台了一些保护民间文化的政策和措施,比如,定期评选非物质文化遗产项目的传承人,申请成功后,国家每年都会给予一定的资金支持,对于政府的这些措施,您了解吗?

(2)您参加过市级非物质文化遗产传承人的评选活动,您希望继续参加省级、国家级非遗传出人评选吗?

(3)这些年来当地政府给过您一些怎样的支持和帮助?

5. 总体感悟

访谈说明:这一部分主要是对上述访谈的一个总结、补充和完善,强调传承人的心灵史,关注传承人对手艺的理解和态度,对时代变迁的感触,对年轻一代的期望,对生活经验的提炼。

主要问题:

(1)您从接触此技艺到现在算起来有很长时间了,今后打算一直做下去吗?

(2)胡琴制作对您来说意味着什么? 胡琴制作在您的生活当中占居什么地位?

(3)您觉得现在的年轻人和过去的年轻人有哪些不一样?

(4)您对现在的年轻人有什么期望吗?

(5)在过去的生活中,胡琴技艺对您影响最深刻的事情有哪些,还能再补充几件吗?

同一作业项目的区域非遗传承人口史访谈提纲设计框架和思路大体相同,保持一致性和规范性,但因传承事项不一,就有不同类型的非遗传承人,如技艺类、表演类、民俗类,提纲的主要区别在第二块访谈内容,或为制作技艺,或为表演艺术,或为信俗内容等。

比如,我们采访造趺传承人周德兴老师,按照表演类非遗特点,第二部分表演技艺的采访提纲设计如下:

访谈说明:主要了解表演的流程,以及过程中遇到的印象深刻的故事。

(1)能否介绍一下造趺名称的含义? 它的来历? 造趺表演的发展历史? 和流传的地域?

注：造跋，不是大众化的一种非遗，是北仑区域特有的非遗事项，我们在深入采访前，甚至都没有听说过这个名称，因此事先查阅了当地的一些相关资料。本次口述采访中，有三位造跋非遗传承人，分布在柴桥和春晓两个街道，需要了解他们对造跋的含义各有怎样的解释。

（2）造跋表演的道具有哪些？什么名称？用什么材料做的？服饰有什么特点？

（3）造跋表演，有几个角色？有多少人参与？

（4）表演分为几个环节？舞蹈动作怎样的？表演过程中难度最大的动作是什么？

（5）造跋表演的传统剧目有多少种？具体名称列举几个？不同时期，又创作了哪些新剧种？

（6）学会造跋表演需要多长时间？

（7）您第一次参加造跋表演是在什么时候？说说当时的情境？

（8）您参加过几次造跋表演？您印象最深刻的造跋表演是哪一次？说说当时的故事。

（9）造跋表演有哪些功能？或者说作用？

（10）您的表演是否曾经获得奖励或荣誉？哪些重要的人物对你评价过？或做宣传报道？

又如，我们采访灵峰寺葛仙翁信俗传承人释可善师傅，按照信俗类非遗特点，第二部分信俗内容采访提纲设计如下：

（1）北仑灵峰寺的历史、地理、规模、地位。

（2）葛仙翁信俗的历史渊源。

（3）葛仙翁信俗由哪几大内容组成？具体描述一下信俗的具体活动仪式或盛况。

注：因采访寺庙的主持师傅，关涉信仰和民俗，需要做些更加细致的准备，是否有禁忌等等。准备中了解到：葛仙翁信俗，源于人们对葛洪的景仰而逐渐形成的一种常规化的民间信俗，已有千余年的历史。具体表现为三类。一、庙会香期。二、民间习俗：①坐夜，也叫坐庚申；②点庚申灯；③取丹井仙水；④请葛牒；⑤采仙草；⑥顶牒；⑦朝圣母。三、传说故事。

（4）有哪些葛仙翁的传奇故事？这些故事可以分几类？

（5）您亲历的、印象最深刻的信俗有哪几次？

　　（6）葛仙翁信俗流传的范围和影响。

　　（7）灵峰寺葛仙翁信俗的特征有哪些？

　　（8）作为一种信仰和民俗，灵峰寺葛仙翁信俗有哪些价值？

　　访谈之前把握既有资料，了解传承人背景概况，根据不同类型传承事项，在基本架构一致的前提下，围绕传承人个人生命史、从艺经历、代表作品、传承谱系、地域文化环境等，有针对性地设计口述访谈提纲，有利于后续访谈顺利展开，并深入挖掘和忠实记录传承人的个人记忆，以及蕴含着的集体记忆、文化记忆，这是非物质文化遗产抢救和保护的重要准备环节。

四、访谈前预约传承人及相关准备

　　与传承人联络，预约采访有几种途径。一是个人查询传承人的联系方式，直接电话预约；一是通过街道、村落、居委会等部门，联系预约当地传承人；三是委托区域非遗保护中心，即非遗项目及传承人的主管部门，帮助预约传承人。对于需要采访较多传承人的项目，第三种是相对最有效的方法。但预约是一件非常辛苦，有很多不确定因素的环节。

　　每次拟采访前，我们先跟北仑区非遗保护中心的负责老师联系，把想要采访的区域、几位传承人、可选的几个时间段、采访时长发过去。非遗中心老师根据我们的要求和计划，再跟村委会联系或跟传承人直接联系，把结果反馈给我们。一般会有几种情况：一种可以在我们预选的时间段采访；一种可以采访，但需要换时间；一种身体状况不好或最近外出或其他原因，近期不宜采访，需要以后另约；还有一种传承人病重住院，或年龄过高、记忆不清，无法进行采访。

　　待确定可以采访的时间段后，我们根据非遗中心老师提供的传承人联系方式，在采访前一天，亲自跟传承人电话联络。电话联络为访谈联系中必要的第一步。这第一次的电话联络非常重要，是访谈的首次暖场。电话中礼貌地介绍自己，尊称传承人为老师，对自己如何获得对方姓名和联系方式进行解释，确认是否方便现在简单通话？以给对方足够的尊重；然后，告知此次访谈的目的，商定具体的会面时间和采访地点。访谈的地点完全由传承人自由决定，他们根据自己的身份和非遗项目的情况，一般会选择这样几个地方：家里、村委会办公室、传承人工作地办公室、非遗传承基地、非遗作品存放地、非遗工作室、寺庙等。

　　电话确认后，从高德地图查阅访谈的具体地点，确定哪种交通工具出行，留出行程所需要足够时间，以免迟到。准备好拜访礼品，抗噪音的索尼录音笔，打印好访谈提纲，带上笔和笔记本等必备工具。

　　"作为口述历史计划完整过程的一个最为重要的核心环节，口述历史访谈过程的适当记录是保证和实现口述历史资料后续处理及有效性应用的重要因素。"① 口述史访谈的记录工具随着现代科技和记录技术的发展,从一开始的用笔在纸上速记,进入到录音机模拟记录,到现在数字记录,采访者大都使用录音笔或者摄录一体的设备进行访谈记录。录音笔等数字记录最大的优点,就是能够一字不漏地记下当时访谈的内容,记下方言俚语,乃至访谈者的语气语调,可以输出转存,反复聆听,它使口述历史真正成为"有声音的历史",为整个口述史学提供了便利性、即时性、全新性。②

"记录设备的进步使得所有这些发展成为可能"③,为口述史的人民性提供了坚实的物质基础与技术条件,也部分实现了卡尔·贝克(Carl L. Becker)20世纪30年代所提出的"人人都是他自己的历史学家"这一伟大目标。④

当然,我们在传承人口述采录时,除了用上高清录音笔这样的现代设备,还是要带上传统的笔和纸。一则对重点内容,直接在纸上做记号;二则适当地边听边记,会让受访的传承人获得一种受尊重感,暂时忘却录音设备全程实录带来的紧张感。

第二节　传承人口述史的访谈艺术

口述史访谈本质上是一场平等的"对话之旅",访谈想要成功,需要讲究访谈艺术,恰当运用访谈技巧。在访谈过程中,研究者要创造出一种平等友善的情境,让传承人能围绕主题主动谈论人生经历,深刻挖掘非遗记忆,充分表达生命认知。同时,访谈者要懂得倾听,并适时提出问题,引导话题,有针对性收集研究所需口述资料,丰富相关历史信息。

一、开启一场平等友善的"对话之旅"

传承人口述史访谈本质上是一场平等的"对话之旅"。在口述访谈过程中,

① 杨祥银:《美国现代口述史学研究》,中国社会科学出版社 2016 年版,第 238 页。

② 杨祥银:《美国现代口述史学研究》,中国社会科学出版社 2016 年版,第 244 页。

③ Donald A. Ritchie. Introduction: The Evolution of Oral History, in Donald A Ritchie(ed), *The Oxford Handbook of Oral History*. Oxford and New York: Oxford University Press, 2011, p. 6.

④ Carl L. Becker. Everyman His Own Historian, *American Historical Review*, 1932, 37(2), pp. 221-236.

采访研究者与受访传承人是一种合作关系,双方基于人格平等的立场,积极参与谈话沟通,通过口头语言与身体语言的交流互动,达到记忆的呈现、情感的碰撞和意义的建构,从而达成口述访谈的最终目的。

每一次的口述访谈都是一种人际关系的互动;而每次的口述访谈结果,就不会局限于故事的叙述和问题的回答,它同时也是社会关系、人际互动的美好结果。[1] 因此,访谈是相互影响的、随机动态的社会性质,决定了口述访谈所能获取知识的性质和访谈的质量。"一个成功访谈的关键在于访谈者与受访者之间和睦关系的建立",[2]而这种关系的确立,"始于访谈者与受访者的首次接触"[3]。非遗项目采访者的首要任务是如何创立一个友善的、惬意的、开阔的氛围,激发受访即传承人的主体意识和表述热情,以使其能开诚布公地向你讲述他(她)的生命经历和有关非物质文化遗产的记忆。

与传承人首次见面,而且大多数都是老年人,前往访谈时带上一点礼物,以表示对传承人的尊敬,这是非常有必要的。礼不重,但情义重,一下子就能拉近双方的距离。有几个项目的老人,也曾接受过新闻记者、大学生的采访:大都通过官方介绍过来,或是公务任务,或是学生社会实践项目,并无礼品相赠,也无谢意,采访结束一拍走人,还耽误传承人手头活儿,浪费老人时间,有时他们也并不开心。因此,见面礼是建立温暖、和睦关系,构建平等对话之旅的必要开场。

待一番寒暄,大家正式落座之后,采访者须将自己的身份,本次访谈的目的,访谈会有什么成果,对传承人事迹的传播可能带来怎样的好的影响,花几分钟时间表述清楚。特别跟传承人表示我们这个口述史采访项目可能与您过去曾有过的新闻采访记者不一样的地方,既然是"史"的项目,我们需要了解你过去的一些历史,比如生平经历,包括家人情况、受教育情况等比较私下的问题,还喜欢您能讲一些从事行业历程、技艺表演、收徒带徒、非遗传承中的一些印象深刻的故事和您所处的村落环境、历史变迁等情况。访谈开启知情同意的进程,这几乎对所有的访谈研究来说,都是很重要的。在征得了传承人的点头同意后,即消除了可能的抵触或紧张情绪,同时激发传承人的主体意识和自我意识。

对所有传承人的访谈,我们所提出的第一、第二个问题都是一致的:

① 李向平、魏扬波:《口述史研究方法》,上海人民出版社 2010 年版,第 42 页。
② 杨祥银:《与历史对话:口述史学的理论与实践》,中国社会科学出版社 2004 年版,第 65 页。
③ 赫伯特·J.鲁宾、艾琳·S.鲁宾著,卢晖临、连佳佳、李丁译:《质性访谈方法:聆听与提问的艺术》,重庆大学出版社 2010 年版,第 119 页。

(1)您今年多大岁数(您是哪一年出生的)?

(2)您是本地人吗?祖辈一直住在这里吗?

这是传承人最基本的个人信息,关涉两个点——出生时间和出生生活地,年代和村落,时间和空间,为进一步拉近访谈双方距离和后面"史"的展开做最基础的铺垫。传承人开头的介绍,整理后大致是这样的,举例如下:

> 我今年虚岁64,我们当地人习惯用虚岁表示年龄,周岁63,属羊,1955年6月出生,北仑区大碶人。原来住在大碶街道鲤蛟村,后因拆迁买了新房子,搬到现在的竹山头103号,也属于大碶地块。(胡琴制作技艺传承人王忠康,2018年12月2日访谈)

王忠康师傅是我们口述史项目采访的第一位传承人,当我们把这一信息传递给王师傅时,王师傅和他的儿子王宁既惊讶又开心,说是昨天北仑文化部门有一档节目也正好在给他们拍视频,他们是第二家被拍摄的。自然,这种巧合创造了良好的氛围,得到了认同感,对话非常顺利地展开了。王师傅在告知年龄时,非常细心,给了当地人习惯的虚岁、实际年龄周岁、生肖属相、具体出生年月,以及住地变迁的信息。原本设想2个小时的访谈,一直饶有兴趣地持续了一个下午。

> 我1951年5月出生,虚年龄68岁,沃家村村主任。村民要选我嘛,我就继续当着,为大家做点事。我是本地人,前几辈人都居住在这里——北仑区柴桥街道沃家村。(狮象甯传承人沃凡诚,2018年12月21日访谈)

我们来到沃家村村委会办公室,工作人员让我们稍等,说沃书记马上就到。我们正迷糊,传承人是村书记?还是传承人不在,由村书记跟我们谈?一会进来了一位面带微笑、相当和善儒雅,看上去是知识分子的中年男子。他说他就是狮象甯传承人沃凡诚,也是这个村的村书记。当他告诉今年68岁时,我们一行更觉得不可思议,这个年龄应该退休了,但沃老师看上去也才50多岁的模样。一般地,自己的年龄被估小,总是一件开心的事情,何况沃书记真的显年轻。接下去的话闸子自然地打开了,沃书记很热情地为我们讲述了沃家狮象甯的来龙去脉。

> 我1940年8月出生,今年虚岁80,出生于宁波镇海。1963年我调到北仑大碶粮管所工作,居住芦山村庙后路33号职工宿舍,宁波市北仑区大碶街道坝头社区人。后因拆迁,搬到了现在的大碶街道周隘陈村老年房。我老婆就是周隘陈村人。(唱新闻传承人应振爱,2019年03月23日访谈)

因老人未提供"周隘陈村老年房"的具体地址,下车后我们询问当地多人,给指点了多个地方,或老年俱乐部,或大碶养老院,结果均不是。眼看约定时间快到,与应振爱老人电话联系,还是不清楚具体方位,只好约定在附近街道热闹的十字路口等着。老人家很快找来,远远跟我们打招呼。老人家八十高龄了,但岁月并没有在老人身上留下深深的印记,第一眼看到的应师傅,抖擞的精神,红润的面颊,稳健的步伐以及有条不紊的谈话,让人深深地感慨,不愧是唱新闻的传承人!应老师领着我们到了他的住所,在很小的客厅里,给我们讲述了他的生平经历和演示了唱新闻的故事。

> 我1928年9月出生,虚岁92,北仑区柴桥穿山村人。穿山出生,祖宗三代都是穿山人。我是造趺第三批省级非遗传承人、穿山造趺的第六代传人,但不是从自己的长辈继承过来的。我的爷爷、父母是否学过造趺,我不知道。儿子、孙子的,我知道。我儿子做过造趺地盘,我孙子做过造趺天伴,外孙也做过天伴。(造趺传承人周德兴,2019年06月25日访谈)

我们第二次来到柴桥穿山村,又是一个下雨的天气,踩着古朴的石板小路,穿过曲折的小弄堂,按门牌找到了周德兴老人的家,结果不遇。原来村里通知他有人要来采访,早早地在村委会等着了。我们速速再往村委会,92岁的周老师热情地迎接了我们,是一个和蔼、健谈的老爷爷,分享了之前我们没有听闻过的一些老故事。

传承人口述史访谈关系中,采访者的开场表现会极大地影响与访谈对象的交流质量和访谈效果。如何激发受访者的主体意识,并主动进行表达,首先取决于访谈者的热情和尊重与否。特别是对年长的传承者进行访谈时,如果我们能真诚地以谦卑的态度来请教他们,以晚辈的身份来倾听他们的人生经历和非遗传承故事,那么从被访者的角度来说,他们不会感受到这是一种被指派的任务而机械、生硬地回答,而是一种从内心自然流淌出来的真心表述。"一旦建立关系后,多数人会愿意谈论自己的人生,享受这种社会关系和成就感并且为有人对他们的谈话内容感兴趣而高兴。"①

几乎跟所有采访的传承人，我们都有一个非常好的开头：我们尊称传承人为"老师"，他们都愿意主动地分享他们的人生经历、成长经验、生命知觉、技艺表演、社会生活、文化习得、个人心路等。其个人记忆里，蕴含着集体记忆、文化记忆，有史料或史学价值，还有丰富的人文和社会科学信息资源。

二、访谈中要善于倾听和追问细节

1. 学会倾听

成功的访谈员必须具备某些基本素质：他不仅要关心对方，而且要尊重对方，还要能灵活地应对；他需要对别人的观点表示理解和同情；最重要的是，愿意坐下来静静地听。② 学会倾听，是访谈者的基本素养。

口述史研究者通过传承人的口述访谈来收集资料的过程中，"倾听"比"言说"更加重要。"倾听"可以有很多种表现，比如：仔细地听、认真地听、安静地听、耐心地听、专心地听……有口述史学家强调"倾听"就是要"积极地听，而不是无谓地听见"③。有时，为了表达对受访者的尊重，不管对方说什么，一刻不停地"是是是"、"对对对"，这个没有必要，传承人会觉得你只会奉承，反而尴尬，会中断回忆的思路。

由于传承人个体的知识、经验、思维、年龄等情况不同，正式访谈时，传承人的反应和我们的互动方式也各有不同。"有些谈话伙伴是自我启示的，另一些人则是较为拘谨和形式主义的；有些人需要鼓励才会详细说明，另一些人则是滔滔不绝的；有些人有良好的记忆并且提供了大量的证据，而另一些人则只是猜测性地讲述或习惯给出推测性的结论。"④

的确，我们的访谈也是如此。

有的传承人，比如新碶剪纸传承人胡维波，是个小学老师，平时有上课经验和口才基础，又是传承人中的年轻者。一听我们的介绍，就明白项目研究的目

① 赫伯特·J.鲁宾、艾琳·S.鲁宾著，卢晖临、连佳佳、李丁译：《质性访谈方法：聆听与提问的艺术》，重庆大学出版社2010年版，第78页。

② 保尔·汤普逊著，覃方明、渠东、张旅平译：《过去的声音——口述史》，辽宁教育出版社、牛津大学出版社2000年版，第241页。

③ Valerie Yow Raleigh. *Recording Oral History: A Practical Guide For Social Scientists*. Sage Publication, Inc, 1994, p.76.

④ 赫伯特·J.鲁宾、艾琳·S.鲁宾著，卢晖临、连佳佳、李丁译：《质性访谈方法：聆听与提问的艺术》，重庆大学出版社2010年版，第13页。

的,也有被采访的经历,知道访谈者准备了提纲,她就说:你问什么,我就答什么;你怎么问,我就怎么答。这样,基本能按照我们设计的提纲,比较有条理地回答下来,项目组也可收集到预想的比较丰富详尽的口述史记忆资料。在倾听的过程中,只要对其中不太明白的地方,进行追问和补充即可。

有的传承人,比如曲艺类的唱新闻传承人应振爱老人、蛟川走书传承人乐静老师,从小就是表演爱好者,有艺术天赋和很强的个体记忆力,自己能编写故事,创作作品,上台表演,因此,当我们提出要从人生经历、表演艺术、非遗保护等几个方面访谈时,基本上他们能一气呵成把其中一块内容的记忆,生动、形象、连贯清晰地讲述下来,我们就像一位听众静静地观演,细细地倾听,身临其境,酣畅淋漓。等他们一段故事讲完,对其中一些曲艺知识做些提问,基本能感同身受了。

有的传承人,比较乐意与别人分享他的故事,往往还没等你提问,开始了自己的长长的叙述和回忆。这时候,我们也要微笑地、耐心地倾听老人对遥远年代的记忆,看准其中叙述的一个点,把回忆和思绪拉到我们的主题上来。

也有的传承人,完全不按我们设计的框架,不谈制作技艺,或认为工艺流程都是小事,或工艺太专业访问者听不懂,更愿意分享人生的感悟和哲理,我们也乐意倾听,思考和关注传承人的表达思路和生命体验。

也有某些相对简单的表演类非遗项目,传承人半路接过来,本身也不太善讲,在倾听与提问下,也没讲出教多内容和体验,这个会有点遗憾。

无论谈话伙伴的具有怎样不同的个性特点,采访人第一条就是要耐心地倾听,做一个好的听众。学会倾听,就是指传承人口述史研究者要积极地融人受访者的人生经验中,感同身受地接受并努力进入非遗传承人的各种记忆和体验中。研究者在用心倾听非遗传承人口述谈话过程中,认真把握他们在口述中究竟呈现了那些记忆的内容,属于个人记忆、集体记忆,还是文化记忆? 以及传承人是如何表达这些记忆的? 这才是我们项目研究应该关心的重点。

2. 追问细节

如前所述,口述史访谈一场平等的“对话之旅”,这种平等主要指的是访谈者和受访者双方人格、身份上的平等。它强调:访谈不是强制行为,须征得受访者的同意,在自愿情况下进行访谈;访谈也不是一种居高临下的审判模式,不是访谈者完全按照提纲提问,受访者仅仅根据问题作答。

但就史料开挖的角度和完成一项具体的访谈合作任务看,访谈者和受访者具有各自的分工。从某种程度上来说,访谈者在整个口述史访谈关系中始终处于主导地位,因为整个传承人口述访谈是在访谈者的精心策划和准备下进行的。无论是研究项目、研究思路、研究方法的确定,还是传承人采访对象的遴选、口述史访谈提纲的编制、以及最后访谈时间的选择,基本都是在访谈研究者的框架安排之下。访谈始终围绕着访谈设计的主题而进行,传承人根据主题框架叙述自己的过往人生和非遗故事。另外,就本次口述史项目看,访谈之前,访谈者与被访谈者不曾认识,从未接触。个别传承人的非遗事项,也仅从网络、报纸上的旧新闻了解一二,但传承人的人生经历及细节故事,对于访谈者来说几乎一片空白。除了围绕主题提出问题,耐心倾听,须运用访谈艺术和技巧,追问细节以唤醒传承人对过往经历的回忆,从而完成意义的建构。

传承人口述史的真实性、丰满性、立体性依靠细节展示出来。访谈中,最重要的是在仔细倾听中跟进访谈内容,针对某个具体的事项进行追问,激发访谈对象讲述细节的热情。传承人对技艺的爱好,一般都会讲到受父辈的影响,从小就喜欢等等,属于生命历程和从艺历程的重要起点。追问一下,就会有小时候印象深刻的细节故事:

> 我老爸是做石匠的,这对我的影响应该很大。因为老爸一直跟石头打交道,我从小就接触这一块,也很喜欢,经常拿着小小的瓦片、瓦砾磨啊磨的。读小学时,自己雕出来的东西还可以拿去展览,所以祖辈是有很大影响的。
>
> 记得小时候,有一件印象深刻的事情。大概我十三四岁,有一次去一个有流水的洞里面躲雨,结果发现下面一块石板,雕刻有关公像,"上马提金、下马提银"的题材,精致的图案,很漂亮很漂亮的。它是墓穴里的一块石板,这个石板打动了我,印象特别深。等我年龄稍微大一点,我有能力的时候,问爸爸:这块石板能不能挖出来?它是清朝的东西,他们都知道石板是谁雕的,说起来其实是一种文物。(脱胎漆器传承人柯建云口述)

传承人在非遗表演过程中,也总会留下难忘的深刻印象,一些细节经常历历在目,记忆犹新,可以挖掘。如:

> 我带队参加过多少次表演?那数不清了,每年最起码有一次演出。比如上上年巡回演出,北仑文化馆选上我们造趺,一天两场,下午一场、晚上一场。演出的时间倒不多,每场 4—5 分钟。但准备工作大量,服装要穿、化妆要化。北仑、宁波、象山、横溪、杭州、上海都去表演过,我印象最深刻的是世博会演出。
>
> 世博会时,10 个人一起演出的,两个人一对一个曲目,孟丽君-万

岁、孙悟空-白骨精、杨宗保-穆桂英、岳云-金兀术、双阳公主-狄青。世博会上，美国人、加拿大人等外国人看到我们小孩子穿着戏服、带着田鸡毛、背着四面威风旗，很羡慕，说他女儿大点可以到我们那里学习吗？我说可以的。

世博会演出回来，我又瘦了 5 斤，世博会照片拍的脸很瘦的，下巴很尖。过了一段时间，才恢复过来。（造趺传承人周翠珠口述）

又如：

郭巨这次的表演，我印象最深刻。为了演出效果，我们仍用 1957 年春节演出的原班人马。乐队、地伴原班人马不稀奇，主要是孩子长大了背不动，但那时的人热情高，有集体荣誉感，能吃苦，做地伴的硬是把十三四岁以上的孩子从那么高的官山岭背上去。当时我已经虚岁 16 岁，表演《卖花秧》节目，一个人扮天盘。不像现在天盘，小朋友才五六岁。老早，梅山到郭巨有一条廿里地的山路，很难走。地盘非常卖力，他一直背着我，我都不好意思。……这样，路上就花了好两个小时。两边观看的人相当多，摩肩接踵，人山人海。走在前面的人简直是倒退着走进城去的，正像拉琴的阿国师傅回忆"我胡琴拉勿来，手骨也递勿开嘞"，真是盛况空前。（造趺传承人俞世华口述）

另外，一些制作技艺类和表演类非遗，我们都会通过一些细节追问，来搞清楚有关技艺加工知识和表演曲目等知识。"你询问那些不明白的关键概念时，被访者就会明白，他们需要向你解释某些技术术语、缩写概念甚至流程，这些对他们来讲都很平常，但像你这样的外人可能就不知道。"①如：

关于绿茶制作的历史，阿拉（我们）也说勿清楚。这里的绿茶制作从小印象中就有了，老早不是屋里柴火烧烧，用两块木板锅里炒炒，炒好以后再用手揉揉。

茶叶老早（最初）是不分类的，后来根据加工工艺的不同，可以分为红茶、绿茶、白茶、黄茶、黑茶、青茶六种。以红茶为例，它并不是本来就是红色的，是加工出来的。也就是说，长在茶树上的新鲜茶叶都是绿色

---

① 赫伯特·J.鲁宾、艾琳·S.鲁宾著，卢晖临、连佳佳、李丁译：《质性访谈方法：聆听与提问的艺术》，重庆大学出版社 2010 年版，第 124 页。

的,摘下来可以做成红茶、绿茶、白茶、黄茶、黑茶、青茶的任何一种,只是加工工艺不一样。但比较重要的是,不同茶树的品种,按哪种工艺加工成哪种茶叶是有讲究。比如说某个茶树品种,加工成绿茶也可以,加工成红茶也可以。但加工成绿茶品质会好一点,加工成红茶可能不太好喝,这个是有关系的。像现在安吉白茶不是比较有名吗?你们说属于什么茶?顾名思义,一般都以为是白茶。但它其实属于绿茶,按绿茶的工艺加工而成的。(绿茶制作技艺传承人鲁孟军口述)

典型的口述史访谈通常是围绕少数问题、少量必要的追问以及一些探测性问题展开的。仔细地聆听非遗传承人所讲述和描述的,在听到足够多的信息时,从中选择某些特定的概念或者主题,引导传承人讲述更多的细节,可以使口述史更加生动、微妙、丰富,更具原生态和真实感。

三、挖掘传承人身体记忆和传说记忆

非物质文化遗产具有"口传心授"的特点,尤其是基于身体为媒介的表演类非遗,如传统舞蹈中的舞龙、舞狮、造趺等与其他艺术形式的本质区别在于人的肢体动作、身体传达是根本和关键。身体实践作为特有的文化种类,保持和延续了族群记忆与文化记忆,但是很多的身体经验和智慧,以及表演的"艺诀"仅存储在传承人的脑海里,并没有用文字记录下来。

因此,在与舞蹈表演类非遗传承人访谈时,我们都会有这样一个常规的访谈问题:"表演分为几个环节?舞蹈动作怎样的?表演过程中难度最大的动作是什么?"一般情况下,他们更愿意挑选几个动作,直接用身体或手势一边演示一边解释。作为访谈者,我们一边观察一边询问动作名称、含义,以及现场未演示的其他动作内容。如采访梅山舞狮传承人沈海迪,在他的演示和口述后,我们记录下他的身体记忆。

梅山舞狮的基本步骤:第一步开四门,东南西北;第二步打擂;然后是狮子的一些表情动作,如舔毛等;接着出门表演。不管北狮也好,南狮也好,喜怒哀乐、望闻惊叹,都要把它表现出来。不高兴了怎样,发怒了怎样,通过人的肢体跟道具相结合,把它完美体现,做到活灵活现,比如下面的一些表情和动作、鼓点的配合。

喜:高兴、喜悦。动作:狮子眨眼微笑、轻摆狮头或轻跳转身,配弓步、马步、上膝或独立步等。鼓点:轻、快、欢乐。

乐:欢喜、快乐。狮子摇头摆脑,眼、嘴随鼓点节奏而开合,配小跳、秧歌步、小步跑等步法。鼓点：轻、快、重。

怒：生气、发怒。动作：狮子怒目瞪眼，开口吼叫，狮头用力抖动，配马步、弓步、站立步等。鼓点：重、急、快。

醉：迷离、醉状。动作：狮眼半开半合，身体微抖，垂首拖步，踉踉跄跄，配合各种步法。鼓点：轻、慢。

醒：醒来、恢复。狮眼从微开、半开、大开过度，伸懒腰与打哈欠结合，狮口开合，左右观望。鼓点：先轻后重，先慢后快。（梅山舞狮传承人沈海迪口述）

在访谈中，我们获知有些非遗项目名称和事项，在历史渊源上跟民间传说和故事有着关联，大家都希望能把自己传承的非遗项目能追溯到历史的源头，梳理清楚脉络。因此，访谈时可以挖掘这样一种文化记忆。如：

据我所知，梅山的水浒名拳到现在可能将近两百年左右历史。当时我们里吞沈家的一个老族长，邀请了慈溪那边一个会武功的师傅，来给沈家的十兄弟教武术。沈家是一个大户人家，他们家烧饭的一个人，得到了武师的真传。这个烧饭的本来是佣人，名叫沈天童，他成了我们梅山水浒名拳的第一代传人。沈家人尊称他为"天童太公"。后来据家谱考查，实际上我们土话一直在喊的沈天童，实际上是沈天重，重阳的"重"。

对于当年来到梅山传授武术的武师，我们后来也去慈溪调查。慈溪那边并没有这种功夫，师傅究竟是怎么来的最终也没搞清楚。当然，梅山里吞沈家人现在还在追溯、研究沈氏与水浒名拳的历史渊源关系。（水浒名拳传承人傅信阳口述）

据传，舟山六横的桃花老龙投胎到霞浦一家百姓为女儿，长成大姑娘后在洗澡时被人发现是龙，龙受惊穿山入海，留下"望娘十八弯"。穿过的这个山，叫"穿山"，成了地名。母龙为"蛟"，公的是龙，母的是蛟。龙本来生活在水中，"川"即水，"穿"、"川"又同音。这个"蛟川"，名字是这样取过来的。（蛟川走书传承人乐静口述）

有些非遗项目本身就是通过表演来诠释一个民间传说，表达人们祈求平安生活的愿望，这类题材的非遗，传承人访谈中讲演结合。此类访谈，能同时记录身体记忆和传说记忆。如：

表演情节:有一日济公和尚得知火神要去焚烧净慈寺,前去阻拦。火神化作女身,但被济公识破,百般勾引济公,但济公不为所动。两人用形体动作表演,一个要前往,一个要阻挡,以此形成舞蹈。以男舞为主,"大八字步半蹲"跳走为基本步法,带有挑逗性;反串者为辅,躲闪、避让,做害羞表情。

表演形式:济公与火神时而对舞,时而走圆场,行进中多为两人对舞动作。对舞多为进进退退的形式,济公退火神进或者济公进女火神退,每个动作的间隔几乎都要做一个两人一进一退的动作。表演时步似跳蚤,转如旋风,脚步随锣鼓曲谱跳跃式戏耍,由锣鼓伴奏。表演者除表现济公阻挡火神前行的舞姿外,有时会即兴增加表演动作。(跳蚤会传承人李根荣口述)

"艺在人身,艺随人走",如果不把这些活记忆、活资料、活档案保存下来,这种宝贵的身体经验、身体记忆、民间传说和文化故事记忆,就会很快消失在历史的长河中。

口述史访谈是一门艺术,是一种思想交流、生活经历的良性互动。一场氛围良好的口述访谈,受访者不再是一个单纯提供资料的简单机器,而是在面对自己的生命经验和人生际遇。非遗传承人在接受访谈,使用口头语言和身体语言向他人叙说非遗故事和人生经历的过程中,能够重新检视自己的个体生命意识,审视所传承的非遗项目的文化意义,更加了解自己与赖以生存的社会环境。

第三节　非遗传承人口述史的文本书写

一、口述史文本的书写原则

本文坚持非遗传承人口述史的记忆性和原真性——客观中立的书写方式。口述史具有自我言说和个人记忆的显著特点,而每个人的生命都是独一无二的。传承人个体的生命记忆、生平讲述和技艺回顾,都有无可替代的独特价值。每个人的年龄、职业、受教育程度、社会生活状况不同,每个人的人生经历、心灵情感、表达方式不同,每个人的逻辑思维、记性好坏、记忆强度不同,乃至提取记忆的方法和运用的技巧不同,以及采访人使用的提问方式、是否及时捕捉信息并加以引导等,从不同的非遗传承人身上采访到的口述史都会呈现明显的个性特征。这些凭借个体记忆的口述史,虽然带有相当的主观成分,甚至其真实性或可信度也可能要打点折扣,但毕竟个人口述与记忆中,蕴含着极其丰富的人类集体生活信息和社会发展变迁的内容,具有极高的文化与史料价值。

口述历史原始资料不仅包含事实性陈述,而且在很大程度上还是文化的表达与再现,因此,除字面叙述之外,还包含记忆、意识形态与潜意识欲望等维度。[1] 口述历史的多样性由这样一个事实构成:即使是"错误的"叙述,在心理上仍然是"真实的",而这种真实与事实上可靠的叙述同等重要。口述历史学家应该超越传统的局限于记忆或访谈内容的片面关注,而更应该思考受访者为什么记忆(遗忘)、如何记忆,以及记忆的意义等更为深层次的问题。[2]

正如口述史专家陈墨所言:"正确对待人类的记忆和陈述中存在缺漏、错误乃至谎言……须尽可能保持其记忆和陈述的原初模样,而不必甚且不能由采访人或编纂者越俎代庖、任意改变其信息内容和表达方式。"[3]因此,本文在口述材料的整理与文本转换过程中,遵循客观中立的书写原则,以尽可能保证传承人口述史研究的原生态、历史性与深广度。

二、口述史文本的书写方法

从传承人口述访谈录音到文本书写的转化又是一个非常复杂、辛苦的过程,期间需要耗费大量的时间和精力,远比访谈需要做更多的工作。大致可以分为以下几个步骤。

第一步,录音稿的初次完整转录。

要在访谈结束后的最短时间内,将口述访谈的录音初稿整理出来,整理的方式有两种。一种是一问一答的方式。清晰体现问答的脉络,还原访谈现场的内容,按时间顺序展开。提问方,用"问"或者采访人的"姓"加冒号领起;回答方,用"答"或者被访者(传承人)的"姓"加冒号标注。另一种是隐去访谈者的问题,逐字逐句转录被访者(传承人)口述的内容,包括方言俚语、象声词、惯用词、中间的停顿、口头禅等,再现传承人口述的所有内容及其语气语调、音容笑貌,按照口述内容大致分段。

录音毛坯稿的文字转录,一般由现场采访者本人亲自完成,或者请懂本地方言的课题组成员或助手转录,并由采访人亲自审定,是否与现场内容一致。要把

---

[1]　Luisa Passerini. *Work Ideology and Consensus under Italian Fascism*. History Workshop,1979(8),p. 84.

[2]　杨祥银:《美国现代口述史学研究》,中国社会科学出版社 2016 年版,第 205 页。

[3]　陈墨:《口述史学研究:多学科视角》,人民文学出版社 2015 年版,第 20 页。

口述内容用电脑逐字逐句输入，需要反复回播聆听，注意上下谈话背景，遇到俚语俗语找不到对应词语或被访者思维跳跃度过大，跑题太远，更需停下思考，如何确保记录的原始性和准确性。往往一份口述材料，初稿全部整理出来，大概需要一周时间。

在初稿转录期间，还要及时记录采访信息，收集现场照片，并写好一份采访手记。包括：采访时间、采访地点、受访者、采访人、初步口述整理人等信息，备注照片，同时撰写1000字左右的采访手记，放到一个文件夹下面。文件标上"XXXX传承人口述史采访"字样，并按采访顺序编号。

第二步，文本原始稿的组合删减。

录音转录后的文本原始稿出来后，因为时间和其他的缘故，没能马上进入下一步的整理。一般过了几个月后，在寒暑假，集中回头按编号去看几份文本原始稿。重新回忆当初访谈场景，再次回放录音，浏览全部文本内容。之后，（1）确立文章架构。根据传承人口述采录内容的文字量和丰富度，按采访提纲的学艺经历、制作技艺（表演艺术）、技艺传承、非遗保护、人生感悟等大致层次，分成三至五块内容，并初拟小标题。（2）上下调整组合。根据文章框架，对口述史原始稿内容进行上下调整和组合，将传承人在不同时间段口述的同类内容，或是谈话结尾处补充的内容集合到同一小标题统领的模块下。（3）删除重复冗余信息。在不改变传承人口述原意的情况下，删除冗余无关的信息，这是口述史文本书写必做的工作。唐纳德·里奇认为："只要不失去原意，为求清楚明白而把无关要旨的部分删去，重新编组访谈，这都是合情合理的。其目的则是要在不牵强附会、不扭曲原意之下，让访谈的焦点更加凸显。"①（4）合理标点，连贯语意。传承人在口述访谈过程中，言语大多不完整，单词、散句、串词、跑题、语言跳跃等各种现象，词不成句，句不成言，需要整理成大致通顺，又不失原来表达方式的句式。（5）方言俚语转录。作为采访者和被访者都懂本地方言的情况下，方言俚语的辨识不是件难事。关键是有时找不到对应的音意结合的汉字来书写某个方言，是件令人极为头疼的事情。为了保持民间文化的地域性特点，访谈时要鼓励传承人使用本地语言，保留方言俚语。转录时，尽量保持口述原貌，尊重传承人的口语表述，对过于生僻地方词汇，括号加注。过于书面化，或者完全用普通话进行文本书写，就会失去地域文化和民间非遗的特色。

第三步，口述史文本的叙事与定稿。

口述史文本的叙事有多种方式：问答式叙事、第一人称叙事、第三人称叙事

---

① 唐纳德·里奇著，王芝芝、姚力译：《大家来做口述历史》，当代中国出版社2006年版，第125页。

等。问答式叙事,跟初始毛坯稿形式可以一致,是一种对话型叙事。能让读者明了文本内容,体验访谈即时情境。但问答式也并非原汁原味的访谈,而是经过了精心的选择与编辑。一来一回的问答,就像在时间和空间当中的来回奔跑,有时反而让人感觉繁琐。访谈者的问题有时显得突兀,难免有强行嵌入感的缺陷。第三人称的叙事模式,是他者的视角,新闻采访稿常用模式,不能深入被访人的内心世界和回忆历史的情景当中。

口述史文本叙事,最普遍的是第一人称自叙法,本项目也是采取第一人称叙事模式。巴尔认为,第一人称的叙事,是"我"在讲述我自己的事。① 第一人称叙述者"是这个世界里的一个人物,一个真切的、活生生的人物。"②第一人称叙事突出口述史的真实感与临场感,使阅读者认知和接受意义的过程更为直接;第一人称叙事使传承人完全置身于所回忆的历史之中,既是历史的经验者,也是历史的见证者,还是历史的观察者。③ 第一人称自叙模式,最大限度将话语权交给了传承人,虽然书写者并非传承人本人。自然,我们也给每一位传承人凝练了简介,放在文本前面;也精选几张采访者与传承人访谈的现场照片,并以一篇手记导引;然后就是传承人口述史文字文本。

冯骥才先生说:访谈者必须对文化遗产传承人的口述内容进行各方面的完整记录,一般包括文化事象的历史(起源、形成、发展、变迁现状、文化特色或艺术特点等)、个人的历史(个人史、家族史家族谱系、传承谱系、传承情况等)、环境状况(村镇位置、自然条件、生产生活、形成与发展过程、民风民俗、故事传说等)、文化事象在村落或在生产生活中的应用方式等。④ 因此,地域名称由来这一特殊的口述非遗文化,以及北仑区及其所辖街道的地理历史与文化生态,成为本书不可或缺的重要组成部分。

① 巴尔:《叙事学》,多伦多大学出版社 1985 年版,第 122 页。
② 罗钢:《叙事学导论》,云南人民出版社 1994 年版,第 169 页。
③ 冯骥才:《传承人口述史方法论研究》,华文出版社 2016 年版,第 326 页。
④ 冯骥才:《传承人口述史方法论研究》,华文出版社 2016 年版,第 290—291 页。

参考文献

纸质文献

1. 杨祥银：《美国现代口述史学研究》，中国社会科学出版社 2016 年版。

2. 杨祥银：《与历史对话：口述史学的理论与实践》，中国社会科学出版社 2004 年版。

3. Donald A. Ritchie. *Doing Oral History*：*A Practical Guide*. New York：Oxford University Press，2nd. ed.，2003.（英文版）/唐纳德·里奇著，王芝芝、姚力译：《大家来做口述历史》，当代中国出版社 2006 年版。

4. Paul Thompson. *The Voice of the Past*：*Oral History*. New York：Oxford University Press，3rd. ed.，2000.（英文版）/保尔·汤普逊著，覃方明、渠东、张旅平译：《过去的声音——口述史》，辽宁教育出版社、牛津大学出版社 2000 年版。

5. JanVansina. *Oral Tradition as History*. Madison：University of Wisconsin Press，1985.

6. 莫里斯·哈布瓦赫著，毕然、郭金华译：《论集体记忆》，上海人民出版社 2002 年版。

7. 扬·阿斯曼著，金寿福、黄晓晨译：《文化记忆：早期高级文化中的文字、回忆和政治身份》，北京大学出版社 2015 年版。

8. 阿莱达·阿斯曼著，袁斯乔译：《记忆中的历史——从个人经历到公共历史》，南京大学出版社 2017 年版。

9. 保罗·利科著，李彦岑、陈颖译：《记忆，历史，遗忘》，华东师范大学出版社 2018 年版。

10. 保罗·利科等著，綦甲福、李春秋译：《过去之谜》，山东大学出版社 2009 年版。

11. 保罗·康纳顿著，纳日碧力戈译：《社会如何记忆》，上海人民出版社 2000 年版。

12. 陈墨:《口述史学研究:多学科视角》,人民出版社 2015 年版。

13. 陈墨:《口述史学与心灵考古——论文与演讲集》,人民出版社 2019 年版。

14. 冯骥才主编:《传承人口述史方法论研究》,华文出版社 2016 年版。

15. 李向平、魏扬波:《口述史研究方法》,上海人民出版社 2010 年版。

16. 周新国主编:《中国口述史的理论与实践》,中国社会科学出版社 2005 年版。

17. 赫伯特·J.鲁宾、艾琳·S.鲁宾著,卢晖临,连佳佳,李丁译:《质性访谈方法:聆听与提问的艺术》,重庆大学出版社 2010 年版。

18. 埃文·塞德曼著,周海涛主译:《质性研究中的访谈:教育与社会科学研究者指南》,重庆大学出版社 2009 年版。

19. 罗钢:《叙事学导论》,云南人民出版社 1994 年版。

20. 乌丙安:《非物质文化遗产保护理论与方法》,文化艺术出版社 2010 年版。

21. 向云驹:《非物质文化遗产博士课程录》,中华书局 2013 年版。

22. 王文章主编:《非物质文化遗产概论》,文化艺术出版社 2006 年版。

23. 钟敬文:《民间文学概论》,上海人民出版社 1980 年版。

24. 张晓:《西江苗族妇女口述史研究》,贵州人民出版社 1997 年版。

25. 定宜庄:《最后的记忆:十六位旗人妇女的口述历史》,中国广播电视出版社 1999 年版。

26. 定宜庄:《老北京人的口述历史》,中国社会科学出版社 2009 年版。

27. 刘小萌:《中国知青口述史》,中国社会科学出版社 2004 年版。

28. 王文章主编:《中国民间艺术传承人口述史丛书》,中央编译出版社 2010 年版。

29. 李珂:《中国劳模口述史(第一辑)》,社会科学文献出版社 2018 年版。

30. 高舒:《漳州布袋木偶戏传承人口述史》,暨南大学出版社 2016 年版。

31. 李延声:《神工——李延声国家级非物质文化遗产传承人写真(第一集)》,文化艺术出版社 2012 年版。

32. 阎晓明:《文化印记——致我们正在消逝的戏曲乡音》,中国广播影视出版社 2018 年版。

33. 北京非物质文化遗产中心:《北京非物质文化遗产传承人口述史》,首都师范大学出版社 2015 年版。

34.《浙江档案》杂志社编著:《传人——浙江省国家级非物质文化遗产传承人口述档案集萃》,浙江摄影出版社 2011 年版。

35. 浙江省政史委编著:《我与非遗的故事:口述历史》,中国社会科学出版社 2012 年版。

36. 蔡亮、胡智文主编:《用声音叙事:我是"非遗"传承人》,浙江大学出版社 2016 年版。

37. 陈文华主编:《留住传承人》,浙江工商大学出版社 2013 年版。

38. 王迎、杨光羲主编:《海岛非遗的文化记忆——舟山非物质文化遗产传承人小传》,浙江工商大学出版社 2014 年版。

39. 宁波市文化广电新闻出版局:《甬上风华——宁波非物质文化遗产大观(北仑卷)》,宁波出版社 2012 年版。

40. 宁波市文化广电新闻出版局:《甬上风物——宁波市非物质文化遗产田野调查(北仑区)》,宁波出版社 2009 年版。

41. 张伟、张如安:《灵峰寺志》,浙江大学出版社 2014 年版。

42. 黄海:《问道灵峰》,中国文史出版社 2011 年版。

43. 唐美定:《白枫红叶》,香港天马出版社 2013 年版。

44. 张其培:《剪下春秋——张其培剪纸四十年作品集》,福建美术出版社 2016 年版。

45. 宁波市北仑区人民政府地方志办公室:《北仑年鉴 2020》,浙江人民出版社 2020 年版。

46. 宁波市北仑区地方志编纂委员会:《宁波市北仑区志》,浙江人民出版社 2013 年版。

47. 宁波市北仑区地方志办公室:《北仑地方志》(内刊),2015—2019 年版。

48. 宁波市北仑区地方志编纂委员会:《北仑文物古迹》(内刊),2006 年版。

49. 于万川修,俞樾纂:《新修镇海县志》,清光绪五年。

电子文献

1. 宁波市人民政府网:http://www.ningbo.gov.cn

2. 宁波舟山港股份有限公司:http://www.nbport.com.cn

3. 宁波市北仑区人民政府网:http://www.bl.gov.cn

4. 浙江省人民政府网:http://www.zj.gov.cn/

5. 宁波市非物质文化遗产网:https://www.ihningbo.cn

6. 中国民俗学网:https://www.chinesefolklore.org.cn

7. 中国知网:https://www.cnki.net/

8. 杨祥银博士:"口述历史"微信公众号

附录　北仑区各级非遗项目传承人表演（技艺）照片选粹[①]

2019 年 6 月，博地影秀城，《北仑印记》首映式非遗展演

---

① 照片来源：本书作者拍摄、传承人本人及北仑区非遗保护中心提供。

彰髹漆艺传承人姚炬炜作品《渔歌唱晚》

彰髹漆艺瓶

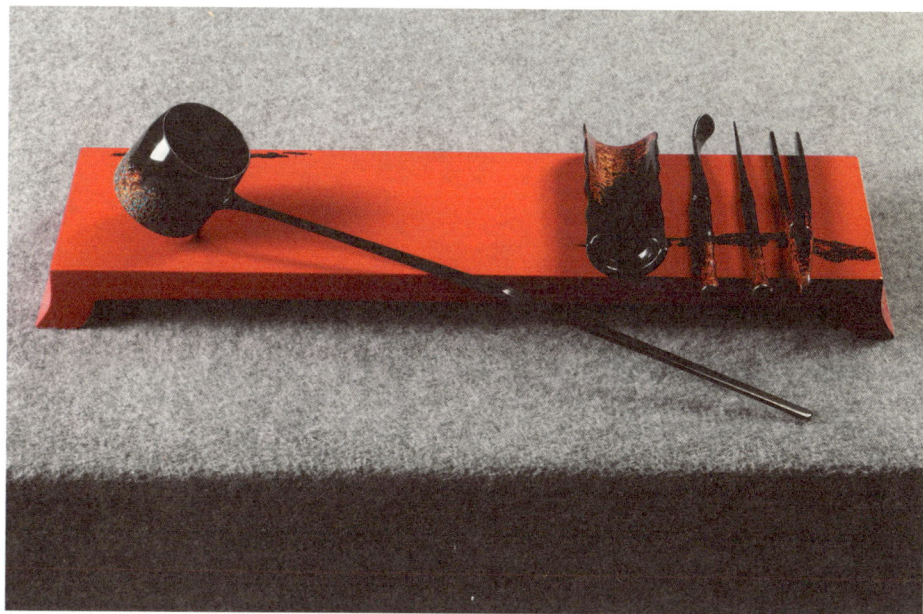

彰髹漆艺六件套

彰髹漆艺之杯盏 1

彰髹漆艺之杯盏 2

白峰漆塑传承人唐美定作品《鲤鱼跳龙门》

穿山造趺天盘妆扮（传承人周德兴、周翠珠）

大补缸表演（传承人丁孟素）

风筝制作技艺（传承人林明良）

古船模制作技艺（传承人陈霖）

鼓阁巡游（传承人屠明华）

虎头鞋传承人乐翠娣作品

蛟川走书传承人乐静曲艺表演

乐涵故居（乐涵的传说传承人陈性立）

芦江农民画《民间大型庙会》（局部，群体传承）

梅山舞龙表演（传承人林国成、沈国平）

梅山舞狮传承人沈海迪在北仑区府广场表演

纱船之凤船(传承人郑国定、王志初)

水浒名拳传承人傅信阳晨间练武

锡器制作技艺传承人贺信华作品酒壶

咸昶戏灯闹元宵(传承人缪松华)

响器木偶闹元宵(传承人纪昌德)

新碶民间剪纸传承人张其培作品《古宅新韵》

竹梢晒盐（群体传承）

后　记

　　"每一分钟,我们的田野里、山坳里、深邃的民间里,都有一些民间文化及其遗产死去。"冯骥才先生的这句话,触动了多少人心中的软肋!行走于乡野阡陌,穿梭在街巷里弄,上峰岭,下海边,去山岙,往古城……在季节的变换里,遍走区域的各个角落,追寻即将逝去的"过去的声音",与那些"不见经传的代代相传的口头和行为文化"相遇,关注渐行渐远的"文化的活化石或活的历史",成了我们内心不绝的念想。

　　2018年3月,我们以"挖掘区域非遗资源,拓展文化育人空间——'我'是非遗传承人口述史调研"为题,申报了宁波职业技术学院第一批思想政治教育品牌建设项目,获得了立项。后经过深化与提升,以"浙东区域非遗传承人口述史研究"为题,申报教育部人文社科研究项目,并于2019年3月获得规划基金项目立项。至今,对于区域"非遗传承人口述史"研究,我们已经做了三个多年头。

　　2019年底新冠肺炎疫情的爆发,给人类的生命带来了巨大威胁,也扰乱了人们正常的生活和工作节奏,同样地给我们的研究带来了一定的困难。好在疫情爆发之前的2019年内,课题组已基本完成浙东北仑区域内重要非遗项目(含地名文化)代表性传承人的口述史采录、照片拍摄等,获取了第一手资料;疫情全封闭期间和后续的几个月,我们反而能静下心来,集中精力进行录音的转录、甄别、梳理与分析。但也有个别省、市级传承人因年事已高,或身体不适,一时不能采访,数次预约不成,疫情爆发后更加不宜,留下了些许遗憾。

　　口述史研究和专著的写作终究是一项非常辛苦的工作,其间也得到了诸多人的帮助,在此我想表达由衷的感谢!

　　首先要特别感谢北仑区文化馆原馆长、文化和旅游部优秀专家朱伟老师,正是朱馆长的大力支持,我们对北仑区域非遗的调研才得以顺利展开。非常感谢区非遗保护中心主任徐巧妮老师,徐老师不厌其烦地协助联络各个街道村落或非遗传承人本人,为我们采访传承人提供了极大的便利;她还给我们介绍了区域非遗和街道村落分布的基本情况,分享了部分传承人信息和若干照片,使我们访谈前期的工作准备更加充分。

　　感谢先后加入我带队的地域文化调研小组的近 20 位学生,每次有三四位一同跟随采访,他们担任了访谈现场照片拍摄的主要任务。大多数同学虽然不太能听懂当地方言,但每次采访回后,还会努力写上一篇感悟文章,由老师指导修改后,发表在地方报纸和宁职院院报。学生锻炼了社会实践的能力,也为课题做了一点贡献。

　　在本书写作的过程中,口述访谈录音的整理是比访谈本身更花时间和精力的工作内容,需要研究者具备相关知识的支撑和一定的学术能力。兼有史学、经济学、信息技术等跨学科背景的课题组成员、本书第二作者胡修远,具有扎实文科知识、熟悉甬舟方言和地域文化生态的山东师范大学地理科学专业在读学生沈姝辰,是我的得力助手,也是专著的主要贡献者。本书涉及的所有外文资料,由胡修远搜集并翻译。

　　还要感谢在课题申报立项和口述史采访中,给予了各种支持和工作环境的宁职院原校团委书记赖敏雅、原学工部部长张定华、原宣传部常务副部长戚音、艺术学院副院长万剑、科研处长杨林生、党委委员、宣传部部长岑咏等,感谢学校给予科研经费的配套支持;感谢区域文广局、文化馆、非遗办、档案馆、史志办、图书馆、街道村落、各传承基地及相关部门的文史专家。

　　借用一句话:"笔是我的,故事是你们的。"感谢所有接受口述史访谈的非遗传承人,不管年长的,还是年轻的,感谢你们! 是你们保存了区域的文化记忆,让优秀传统文化生生不息!

　　最后感谢浙江大学出版社的吕倩岚老师和宋旭华老师!

沈燕红

2021 年 6 月 16 日